Frank Eckgold

Virtual Reality

Aus dem Bereich Computerfachliteratur

Systemnahe Programmierung mit Borland Pascal
von Christian Baumgarten

**SuperVGA – Einsatz
und professionelle Programmierung**
von Arthur Burda

C/C++ Werkzeugkasten
von Arno Damberger

Systemprogrammierung OS/2 2.x
von Frank Eckgold

Virtual Reality
von Frank Eckgold

Grafik und Animation in C
von Herbert Weidner und Bernhard Stauss

Telekommunikation mit dem PC
von Albrecht Darimont

**Online-Recherche
Neue Wege zum Wissen der Welt**
von Peter Horvath

Vieweg

Frank Eckgold

Virtual Reality

Methoden, Algorithmen und C-Funktionen
zur Realisierung virtueller Welten unter Windows

Die Deutsche Bibliothek - CIP-Einheitsaufnahme

Das in diesem Buch enthaltene Programm-Material ist mit keiner Verpflichtung oder Garantie irgendeiner Art verbunden. Der Autor und der Verlag übernehmen infolgedessen keine Verantwortung und werden keine daraus folgende oder sonstige Haftung übernehmen, die auf irgendeine Art aus der Benutzung dieses Programm-Materials oder Teilen davon entsteht.

Alle Rechte vorbehalten
© Friedr. Vieweg & Sohn Verlagsgesellschaft mbH, Braunschweig/Wiesbaden, 1995

Der Verlag Vieweg ist ein Unternehmen der Bertelsmann Fachinformation GmbH.

Das Werk einschließlich aller seiner Teile ist urheberrechtlich geschützt. Jede Verwertung außerhalb der engen Grenzen des Urheberrechtsgesetzes ist ohne Zustimmung des Verlags unzulässig und strafbar. Das gilt insbesondere für Vervielfältigungen, Übersetzungen, Mikroverfilmungen und die Einspeicherung und Verarbeitung in elektronischen Systemen.

Druck und buchbinderische Verarbeitung: Hubert & Co., Göttingen
Gedruckt auf säurefreiem Papier
Printed in Germany

ISBN 3-528-05398-4

Inhaltsverzeichnis

1 Einleitung 1
   1.1 Virtuelle Realität : ein Überblick 2
   1.2 Aufbau des Buchs 6

2 Vektortransformationen 9
   2.1 Übersicht 9
   2.2 Mathematischer Hintergrund 11
   2.3 Transformationsalgorithmen 26

3 Projektionen 31
   3.1 Übersicht 31
   3.2 Mathematischer Hintergrund 33
   3.3 Projektionsalgorithmen 37
   3.4 Beispielprogramm Zentralprojektion 42

4 Modelle und Objekte 47
   4.1 Übersicht 47
   4.2 Datenstrukturen 48
   4.3 Programmierung von Modellen 54

5 Oberflächengeometrie 61
   5.1 Übersicht 61
   5.2 Polygone 61
   5.3 Gekrümmte Flächen 76
   5.4 Funktionsoberflächen 151

6 Modelldarstellung ... 159
- 6.1 Übersicht ... 159
- 6.2 Inverse Projektion ... 160
- 6.3 Z-Puffer Algorithmus ... 164
- 6.4 Methodenübersicht ... 168

7 Licht ... 181
- 7.1 Physikalische Grundlagen ... 181
- 7.2 Wechselwirkung von Licht mit Oberflächen ... 187
- 7.3 Farben ... 203
- 7.4 Programmierung ... 217

8 Strahlverfolgung ... 219
- 8.1 Grundidee ... 219
- 8.2 Optische Parameter ... 222
- 8.3 Basisverfahren ... 230
- 8.4 Programmierung ... 236
- 8.5 Strahlschnittpunkte ... 262
- 8.6 Verfahrenserweiterungen ... 279

9 Strahlungsfeldverfahren ... 301
- 9.1 Grundalgorithmus ... 301
- 9.2 Formfaktoren ... 305

10 Oberflächenstrukturen ... 321
- 10.1 Texturen ... 322
- 10.2 Texturabbildungen ... 323
- 10.3 Unebene Oberflächen ... 337
- 10.4 Oberflächengenerierung ... 348

11 Bewegungen 355

    11.1 Bewegungsparameter 357

    11.2 Gradlinig gleichförmige Bewegung 357

    11.3 Gradlinig beschleunigte Bewegung 359

    11.4 Krummlinig gleichförmige Bewegung 359

12 Anhang 1 – Oberflächenformung 363

    12.1 Bedienung von SPLTOOL 363

    12.2 Programmaufbau von SPLTOOL 370

13 Anhang 2 – Datentypen, Strukturen und Funktionen 389

14 Sachwortverzeichnis 399

1 Einleitung

Man ist versucht, ein Buch mit dem vorliegenden Titel mit der unspezifizierten Frage zu beginnen: Was ist eigentlich virtuelle Realität (engl.:virtual reality)?

Tatsächlich ist der Inhalt der folgenden Kapitel weit mehr geprägt durch die Konkretisierung dieser Frage:

- *Welche mathematischen Hintergründe und welche Algorithmen beschreiben die grafischen Aspekte einer virtuellen Realität?* und vor allem:
- *Wie sehen Programme und Funktionssammlungen (programmiert in C und in Windows 3.1 eingebunden) aus, die solche Grafiken erzeugen?*

Damit ist auch schon umschrieben, an welchen Leserkreis sich dieses Buch wendet. Wer

- die *Programmiersprache C* beherrscht und *eigene Programme unter Windows* 3.1 zum Thema Virtuelle Realtität[1] erzeugen möchte,
- dazu umfangreiche und kommentierte *Unterprogrammbibliotheken* in C-Quellcode sucht,
- darüber hinaus verstehen möchte, welche *Algorithmen* und *Datenstrukturen* hinter der VR-Grafik stehen und
- ein *Nachschlagewerk* sucht, das auch die mathematischen Hintergründe darstellt; hierzu wollen wir gleich zu Anfang Klarheit schaffen: *alle* Inhalte der folgenden Kapitel sind bewußt so formuliert, daß
  - die Algorithmen und die Programmierung vollkommen *unabhängig* von den mathematischen Hintergründen sind. Darüber hinaus ist auch die in diesem Buch verwendete Mathematik in erster Linie ein
  - besonders für den Nichtmathematiker *anschaulich eingesetztes Werkzeug* und kein Selbstzweck - Mathematiker seien gewarnt: es geht hier um die Herleitung direkt verwendbarer Formeln und nicht etwa um formale Beweise!

---

[1] Wir verwenden i.f. abkürzend den Begriff VR für virtuelle Realität

wird die folgenden Inhalte direkt praktisch umsetzen können und finden, daß manche bislang unverständliche mathematische Herleitung oder komplizierter Algorithmus gar nicht so schwer nachzuvollziehen ist - nicht zuletzt auch wegen der vielen Grafiken dieses Buchs.

Wir wollen hier aber auch sagen, für wen dieses Buch eigentlich nicht geeignet ist. Zwar finden sich auf der beiliegenden Diskette Demoprogramme, die direkt unter Windows 3.1 ausführbar sind und Themen wie

- perspektivische Projektionen,
- verdeckte Flächen,
- Editierung gekrümmter Oberflächen und
- Strahlverfolgung (engl.: ray tracing)

behandeln (diese Programme können gut als Ausgangsbasis eigener Entwicklungen dienen); wer allerdings nicht an den Hintergründen interessiert ist und eigentlich nur VR-Bilder erzeugen möchte, der ist besser aufgehoben bei professionellen VR-Programmen, die lediglich eine Editieroberfläche zur Verfügung stellen und natürlich keinen tieferen Einblick in die verwendeten Algorithmen gewähren.

1.1 Virtuelle Realität : ein Überblick

Beschäftigen wir uns zum Auftakt kurz mit einer begrifflichen Einordnung des Schlagworts *Virtuelle Realität*.

Dieser Begriff wird - in letzter Zeit häufig genannt - für eine Vielzahl unterschiedlicher Zusammenhänge verwendet.

1.1.1 Umgebungen

Wir finden ihn beispielsweise da, wo mittels Datenhandschuh[2] und 3D-Brille[3] die direkte Manipulation per Fingerzeig von

---

[2] Ein Datenhandschuh ist eine an der Hand des Anwenders zu befestigende Sensorkombination, die Bewegungen der Hand, der Finger etc. aufnimmt und in geeigneter Form einem Programm zur Verfügung stellt, das dann auf diese Bewegungen reagieren kann. Da ein Abbild der Hand i.d.R. zusammen mit einer Szene dargestellt wird, kann der Anwender in seiner virtuellen Umgebung z.B. auf eine Tür in der Szene weisen, die dann vom Programm *geöffnet* wird. Eine Erweiterung des Datenhandschuhs ist der Datenanzug, der auch Körperbewegungen in programmlesbare Daten umwandelt.

Räumlichkeiten oder Objekten ermöglicht wird, die über die beiden Bildschirme der Brille räumlich dargestellt werden. Dieses Szenario ist aktuell technisch durchaus erweiterbar um die Einbeziehung von Körperbewegungen (z.B. kann sinnvoll die Kopfbewegung abgefragt und in eine entsprechende Drehung der dargestellten Perspektive umgesetzt werden) oder akustischen Signalen (z.B. via Kopfhörer).

Eingesetzt werden solche *VR-Umgebungen* (engl.: virtual reality environment, ggf. virtual reality device) in einem überraschend vielfältigen Spektrum zwischen anspruchsvoller bis hin zu vollkommen sinnloser Verwendung.

Da kann in VR-Umgebungen, die mittels äußerst aufwendiger und teurer Rechnertechnik realisiert werden, der Umgang mit komplizierten Maschinen wie z.B. einem Flugzeug (fast) real trainiert werden - mit dem entscheidenden Unterschied zur Realität, daß dort eine Bruchlandung u.U. einige Millionen Dollar teurer sein dürfte. Hier werden natürlich auch militärische Verwendungen trainiert - wo eine solche Anwendung in obigem Spektrum einzuordnen sind, überlassen wir der Einschätzung des Lesers.

In Erprobung befinden sich aktuell Systeme im chirurgischen Umfeld, bei denen nicht nur Bereiche des Körperinneren (z.B. vor einer Operation) räumlich darstellbar und von allen Seiten und Tiefenschichten betrachtbar sind (das wird in der Praxis schon gemacht!), sondern wo der chirurgische Eingriff selbst in der VR-Umgebung simuliert geprobt werden kann. Der Datenhandschuh führt dann dabei ein simuliertes, virtuelles Skalpell und das ebenfalls virtuelle innere Organ reagiert simuliert auf entsprechende Eingriffe. Eine möglicherweise sinnvolle Erweiterung dieses Ansatzes könnte die direkte Hinzuziehung mechanischer Bewegungsumsetzer unter teilweiser Feinsteuerung geeigneter Software sein - die dann tatsächlich den Eingriff am Patienten durchführt und u.U. Fehler vermeiden hilft.

Ein (für den, der's mag) sicherlich faszinierendes Einsatzgebiet von VR-Umgebungen ist der Unterhaltungssektor: mittels der entsprechenden Technik (Datenanzug, 3D-Brille, Akustikset) sieht man sich in eine grafisch noch recht einfach dargestellte

---

[3] Vor jedem Auge des Anwenders befindet sich ein nur von diesem Auge sichtbarer kleiner Bildschirm; beiden Bildschirmen wird ein um den perspektivischen Betrachtungswinkel korrigiertes Bild zugeleitet, so daß insgesamt ein dreidimensionales Sehen simuliert wird.

Umgebung versetzt, in der man dann - je nach den Möglichkeiten der zugrundeliegenden Spielsoftware - aktiv werden kann.

Dieses letzte Beispiel aus dem Bereich der VR-Umgebungen weist deutlich auf einen entscheidenden Engpaß hin: sobald dynamische (d.h. ähnlich einem Film sich zeitlich ändernde) Umgebungen dargestellt werden müssen, reicht die aktuell verfügbare Rechnerleistung nur für Einzelbilder aus, die vielleicht eine etwas bessere Bildqualität als ein Fernsehbild haben, aber nur wenig detailreiche Szenen darstellen können. Typisch sind hier Bilder, bei denen die Verwendung großer, ebener Flächen auffällt und eine sehr unnatürliche Beleuchtung ohne Feinheiten wie Spiegelungen oder Lichtbrechungen verwendet wird - aber immerhin: die Simulation bewegter virtueller Realität ist schon recht ansprechend möglich.

Hierzu wird allerdings eine Rechnertechnik vorausgesetzt, die sicherlich nur (finanziell) professionellen Anwendern offen steht. Beschränken wir uns auf den heimischen PC, so wäre zwar eine Darstellung bewegter VR-Bilder (allerdings mit nur wenigen Bildern pro Sekunde) möglich - die Bildqualität (Pixelzahl, Farbtiefe) und vor allem die Bildkomplexität (Anzahl zur Objektbeschreibung verwendeter Teilflächen) wären aber äußerst unbefriedigend.

1.1.2 Grafiken

Ist man nicht darauf angewiesen, Anwenderaktionen unmittelbar in grafische (oder andere) Reaktionen der VR-Umgebung umzusetzen, sondern kann man für die Berechnung einer VR-Ausgabe (gleichgültig ob nun visuell oder akustisch) längere Rechenzeiten verwenden, so können (wir beschränken uns auf den grafischen Bereich) Bilder sehr hoher Qualität und realitätsnaher Komplexität erzeugt werden. Einer bildweisen Berechnung und Abspeicherung einer Filmsequenz steht darüber hinaus nichts im Wege.

Die Erfahrung mit VR-Bildern zeigt, daß ein Bild als von der Qualität her praktisch realitätsidentisch erscheint, wenn es mit ca. 4096^2 Bildpunkten und einer Farbtiefe von 16 bit (dies mag überraschen: schon 64k Farben sind in der Lage, fast realitätsidentische Eindrücke zu liefern) berechnet wird. Diese Daten ernüchtern sicherlich den Besitzer eines PC mit Standardgrafikkarte - teilweise zu Unrecht!

Schon mit etwas über VGA-Standard liegenden 800*600 Bildpunkten und 256 Bildfarben lassen sich sehr schöne VR-Bilder darstellen.

Zurück zur Anwendungsgeschichte: schon seit mehreren zehn Jahren werden Konstruktionssysteme eingesetzt, die neben der dreidimensionalen Gestaltung von (i.d.R. technischen) Objekten (CAD-Systeme) in näherer Vergangenheit auch ihr realitätsnahes Aussehen vor ihrer eigentlichen Fertigstellung simulieren können.

Architekten z.B. zeigen ihren Kunden, wie ein Gebäude samt Umgebung aussieht. Dabei können Bilder des Gebäudes von außen und innen mit realistischen Beleuchtungseffekten berechnet werden.

VR-Bildsequenzen sind in vielen Filmproduktionen insbesondere der letzten Jahre zum tragenden Element geworden. Hier wird ausgenutzt, daß die Berechnung von Einzelbildern, für die je Bild durchaus Rechenzeiten von vielen Stunden erforderlich sein können (solch komplexe Bilder berechnen wir besser nicht auf unserem PC!), durch das spätere separate Zusammenfügen der Einzelbilder zu einer Sequenz hochkomplexe Bildgestaltungen - und damit von der Realität praktisch nicht mehr zu unterscheidende VR-Bilder - erlaubt.

1.1.3 Weitere Aspekte

Der Begriff *virtuelle Realität* erhebt semantisch einen sehr hohen Anspruch; die uns umgebende Realität ist nämlich zunächst einmal aus naturwissenschaftlicher Sicht derart komplex, daß wir sie durch unsere natürlichen Sensoren (Auge, Ohr, Haut,...) nur ausschnittsweise und dann auch meist verfälscht erkennen können.

Beispielsweise ist unser räumliches Erkennen auf ein kleines Größenintervall beschränkt - Vorgänge im molekularen Bereich ebenso wie im astronomischen Bereiche (also sehr kleine und sehr große Distanzen) - können wir nur durch Hilfsmittel wahrnehmen. Trotzdem gehören sie zu unserer uns umgebenden Realität. Relativistische Effekte können wir nur mittels einer theoretischen Grundlage verstehen - nicht aber direkt real wahrnehmen.

Dies kann also nicht Inhalt des Begriffs *Realität* im Zusammenhang mit VR sein, sondern wohl eher ist hier die natürlich wahrnehmbare Realität gemeint.

Aber auch bei dieser Einschränkung stoßen wir schnell (z.Zt. wenigstens) an Grenzen: zwar können visuelle, akustische und Hautoberflächenreize aktuell simuliert werden - unsere empfundene Realität aber weist noch viele weitere Reize (z.B. Geruchs-, Temperatur-, Geschmacks- und Schwereempfinden) auf.

Schwereempfinden (also die Wirkung von Beschleunigung auf den Körper) wird zwar eingeschränkt in speziellen, beschleunigungsfähigen Geräten wie z.B. bei Flugsimulatoren als virtueller Reiz nachgebildet; hier sind aber physikalische Grenzen gesetzt: eine steuerbare oder beliebig lang wirkende Verringerung der Erdschwerkraft z.B. ist technisch unrealisierbar.

Genug der (fast) philosopischen Betrachtung: es soll die Erkenntnis ausreichen, daß VR sicherlich interessante Einzelaspekte der Realität ebenso methodisch interessant nachbilden kann - aber wohl nicht als Realitätsersatz geeignet ist.

1.2 Aufbau des Buchs

Wir wollen in den folgenden Kapiteln viele bekannte, aber auch einige neue Verfahren beschreiben, die alle zur Generierung von Bildern der virtuellen Realität geeignet sind. Wir werden uns also (detaillierteres zeigt das Inhaltsverzeichnis) mit

- der Projektion räumlicher Objekte auf eine Bildebene,
- der Gestaltung räumlicher Objektoberflächen (auch gekrümmten Oberflächen),
- mit Farbdarstellung und
- mit quasirealistischen Effekten wie z.B. Lichtspiegelung und Lichtbrechung

(und einigen anderen Themen mehr) beschäftigen. Jedem Hauptthema wird dabei ein eigenes Kapitel gewidmet. Der jeweilige Kapitelaufbau ist dabei i.d.R.

- Herleitung der notwendigen Formeln,
- Beschreibung der möglichen (und bekannten) Algorithmen und vor allem
- Programmierung und Handhabung der C-Funktionen.

Wir wollen noch einmal darauf hinweisen, daß das Schwergewicht auf der Darstellung der Algorithmen und ihrer programmtechnischen Umsetzung liegt - nicht auf einer formal anspruchsvollen mathematischen Begründung. Alle im Text benannten und auch noch einige weitere unbenannte C-Funktionen liegen als Quelltext auf Diskette bei - komplett mit Anwendungsbeispielen (Demoprogrammen) und notwendigen Headerdateien.

Die Beispielprogramme nutzen alle die grafische Oberfläche von Windows 3.1; die Verwendung spezifischer Betriebssystemfunktionen von Windows in den VR-Funktionen ist allerdings auf nur wenige Funktionen (die die eigentliche Grafikausgabe tätigen) beschränkt, so daß die Funktionssammlung mit geringem Aufwand auch unter beliebigen anderen Betriebssystemen eingesetzt werden kann.

Eigentlich müssen lediglich die zwei Funktionsbereiche

- Clipping auf Fensterausgabebereiche und
- Speicherallozierung

auf ein anderes Betriebssystem umgestellt werden. Die Quelltexte selbst sind zur besseren Verständlichkeit umfangreich kommentiert; hinzu kommen im Anhang lexikalische Zusammenfassungen von Variablentypen, Strukturen und Funktionen, um die Programmierung und Funktionsverwendung zu unterstützen.

Die eigentliche Umsetzung der Algorithmen in Bibliotheksfunktionen wurde unter dem Gesichtspunkt der didaktisch *leichten Verständlichkeit* durchgeführt; dies bedeutet andererseits, daß einige Algorithmen nicht zeitoptimiert sind, da hierbei relativ unverständlicher Code erzeugt worden wäre. Eine solche Optimierung der Funktionscodes soll dem Leser überlassen bleiben.

Noch ein Wort zu Rechenzeiten: das Buch wendet sich an den interessierten, programmiererfahrenen PC-Besitzer, wobei sicherlich davon ausgegangen werden kann, daß hier i.d.R. für diese Rechnerklasse schon recht schnelle Geräte im Einsatz sind.

Die Demoprogramme dieses Buchs z.B. wurden auf PC's mit 80386/20MHz, 80486/33Mhz und 80586/60Mhz mit zwischen 4MB bis 16MB RAM getestet; je nach Komplexität der Szene können hierbei schon Rechenzeiten im Stundenbereich bei der Durchführung einer Strahlverfolgung erreicht werden. Dies erscheint uns aber angesichts der ansonsten um mehrere 10er-Potenzen teureren professionellen Hardware insgesamt vertretbar - immerhin können schon recht interessante VR-Bilder damit auf dem heimischen PC produziert werden. Professionelle VR-Programme sind übrigens wg. der optimierten Algorithmen schneller als die Demoprogramme dieses Buchs.

Aufgrund der Spezialisierung auf Hardware des PC-Bereichs wurde auch nicht genauer auf die Verwendung spezieller Gra-

7

fikhardware, die z.B. Strahlverfolgungen wegen ihrer hardwareunterstützen Schnittpunkttests wesentlich schneller macht, eingegangen - alles i.f. Beschriebene ist auf einem Standard-PC mit Windows 3.1 implementierbar.

2 Vektortransformationen

2.1 Übersicht

Ein Grundproblem bei der Darstellung von Objekten im dreidimensionalen Raum $\Re^3$ ist die Definition und räumliche Verschiebung von Punkten; alle komplexeren Probleme wie z.B. die Manipulation von Strecken, Kurven oder Oberflächenelementen lassen sich auf das Grundproblem

- wie definiere ich einen Punkt $\mathbf{x} \in \Re^3$?

und

- wie beschreibe ich geometrische Ortsänderungen dieses Punktes im Raum ?

zurückführen. Die Modellierung von Objekten vollzieht sich nämlich zunächst im dreidimensionalen Raum - wir konstruieren also als Grundlage jedes VR-Bildes zunächst ein tatsächlich dreidimensionales Abbild unserer *virtuellen Realität* im Raum. Gleichgültig wie die Oberflächen von Gegenständen u.ä. mathematisch beschrieben werden - wir werden immer Punkte im Raum angeben und wir werden diese Punkte ebenfalls im Raum verschieben müssen, um unsere Oberflächen modellieren zu können.

Zusätzlich müssen wir natürlich - weil wir alle diese Manipulationen innerhalb eines Programms realisieren wollen - bestimmte Forderungen an den resultierenden Algorithmus stellen :

- Die Beschreibung von Punkten soll speicherplatzsparend erfolgen und
- die Berechnung von geometrischen Manipulationen (räumlichen Punkteverschiebungen) soll rechenzeitsparend durchgeführt werden können.

Die Forderung nach *speicherplatzsparender Beschreibung* ist bei der Definition einzelner Raumpunkte, die jeweils durch ihre drei Koordinaten für die (x,y,z)-Achse definiert sind, nicht weiter zu erfüllen; es werden jeweils $3 * \text{sizeof}(\text{float})$ byte je Vektor (Punkt) benötigt. Aber schon bei der Definition von Strecken - definiert durch ihre zwei Endpunkte - kann dafür gesorgt werden, daß gemeinsame Streckenpunkte (z.B. bei Polygonen) jeweils nur einmal gespeichert werden müssen.

Wesentlich interessanter ist an dieser Stelle die Forderung nach *rechenzeitsparender* Ausführung von geometrischen Manipulationen an einem Vektor. Zunächst halten wir fest, daß sinnvoll

- ein Punkt im Raum verschoben (Translation **T**),
- der den Punkt beschreibende Vektor verkürzt oder verlängert (Skalierung **S**),
- der den Punkt beschreibende Vektor um eine Koordinatenachse mit einem bestimmten Winkel gedreht (Rotation **R**) und zuletzt
- der den Punkt beschreibende Vektor geschert (Scherung **V**)

werden kann; Abbildungen 2.1 bis 2.4 zeigen diese 4 Grundoperationen zur Vereinfachung der Darstellung anhand flächiger Vektoren $\mathbf{x} \in \Re^2$.

Punkte werden durch den auf diesen Punkt weisenden Vektor im dreidimensionalen euklidischen (d.h. Koordinatenachsen stehen senkrecht aufeinander und Koordinatenwerte sind reelle Zahlen) Raum beschrieben; daher können fast alle geometrische Manipulationen durch geeignete Matrizenmultiplikationen realisiert werden - ist hier die notwendige Mathematik bekannt, so vereinfacht diese Möglichkeit das Umgehen mit Raumpunkten und ihren Verschiebungen ganz erheblich.

Wir werden nachfolgend zeigen, daß sich zunächst *bis auf die Translation T* die drei anderen Grundoperationen durch die Multiplikation des Punktvektors mit einer geeigneten 3x3-Matrix beschreiben lassen.

In Hinblick auf rechenzeitsparende Realisierung dieser Transformationen ist es wichtig, daß sich mehrere aufeinander folgende Operationen (im Beispiel eine Rotation R_2, dann eine Scherung V, eine Skalierung S und zuletzt eine weitere Rotation R_1) zunächst mittels Matrizenmultiplikation zu einer Gesamtoperation zusammenfassen lassen und erst danach auf einen Punktvektor angewendet werden können.

$$\mathbf{a'} = \underbrace{\mathbf{R_1}(S(V(\mathbf{R_2}\mathbf{a})))}_{\text{4 Einzeloperationen}} = \underbrace{(\mathbf{R_1}(S(V\mathbf{R_2})))}_{\substack{\text{Gesamttransformations-}\\\text{matrix}}} \mathbf{a}$$

Die Rechenzeiteinsparung ergibt sich dann einfach aus der Tatsache, daß i.d.R. dieselbe Gesamttransformation auf sehr viele

Vektoren gleichzeitig anzuwenden ist. Hat man hierzu einmal zu Anfang der Transformation die Matrix der Gesamttransformation ermittelt, so muß jeder Vektor genau einmal mit *einer* Matrix multipliziert werden; ansonsten müßte jeder Vektor mit *allen* m Transformationsmatrizen der Gesamttransformation separat multipliziert werden - der Vergleich der notwendigen Rechenzeiten wird etwa proportional zur Anzahl m der Einzeltransformationen zugunsten der Gesamtmatrixmethode ausfallen.

Im folgenden Abschnitt werden wir auch eine Lösung für den zunächst bedauerlich erscheinenden Umstand finden, daß die Translation T durch eine Vektoraddition beschreiben wird und sich der Einbeziehung durch Multiplikation in eine Gesamttransformationsmatrix verschließt - Translationen müßten demnach vektorweise separat berechnet werden und würden die Bildung einer Gesamttransformationsmatrix verhindern.

2.2 Mathematischer Hintergrund

Wir wollen die Grundlagen der linearen Algebra, hier im wesentlichen Vektor- und Matrizenrechnung als bekannt voraussetzen - eine ganze Reihe von Standardwerken[1] stellt diese Kenntnisse ansonsten zur Verfügung.

Wir beschreiben Vektoren $\mathbf{x} \in \Re^3$ durch ihre Koordinaten bzgl. der drei ein Orthonormalsystem bildenden Einheitsvektoren als

(1) $\quad \mathbf{x} := [x_1, x_2, x_3]$

Wir vereinbaren weiterhin als Schreibweise einer Matrizen-Vektormultiplikation

(2) $$\mathbf{x}' = \mathbf{M}\mathbf{x}^T = \begin{bmatrix} m_{11} & m_{12} & m_{13} \\ m_{21} & m_{22} & m_{23} \\ m_{31} & m_{32} & m_{33} \end{bmatrix} \begin{bmatrix} x_1 \\ x_2 \\ x_3 \end{bmatrix}$$
$$= [m_{11}x_1 + m_{12}x_2 + m_{13}x_3 \quad m_{21}x_1 + m_{22}x_2 + m_{23}x_3 \quad m_{31}x_1 + m_{32}x_2 + m_{33}x_3]$$

---

[1] Grundlagen vermitteln hier z.B.
Lingenberg, Rolf, Lineare Algebra, BI Hochschultaschenbücher
Kowalsky, H.J., Einf.i.d. Lineare Algebra, de Gruyter
Numerische Verfahren zur linearen Algebra finden sich z.B. in
Engeln-Müllges, G., Reuttner, F., Formelsammlung zur Numerischen Mathematik, BI Wissenschaftsverlag

2.2.1 Transformationen

Die bereits genannten 4 Grundtransformation lassen sich mathematisch zunächst - d.h. ohne Berücksichtigung der bekannten Sonderstellung der Translation bei der Bildung von Gesamttransformationen - wie folgt beschreiben.

Translation

Die Translation verschiebt einen durch einen Vektor **a** beschriebenen Raumpunkt um den Translationsvektor **t**; gemäß Abb. 2.1 wird die Translation durch eine simple Vektoraddition realisiert.

(3) $\quad \mathbf{a'} = \mathbf{a} + \mathbf{t}$

oder komponentenweise

$$[a'_1 \quad a'_2 \quad a'_3] = [a_1 + t_1 \quad a_2 + t_2 \quad a_3 + t_3]$$

Abb. 2.1: Translation eines Vektors

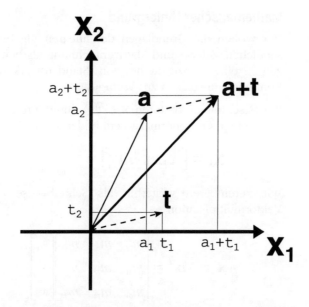

Rotation um Koordinatenachsen

Die Rotation um eine der 3 Koordinatenachsen (x,y,z) läßt sich unmittelbar aus der Abb. 2.2 ableiten; wir stellen uns dabei vor, daß die dritte Koordinatenachse senkrecht auf der Papieroberfläche steht; damit bleiben alle 3ten Vektorkomponenten von der Rotation unberührt.

2.2 Mathematischer Hintergrund

Abb. 2.2:
Rotation eines Vektors

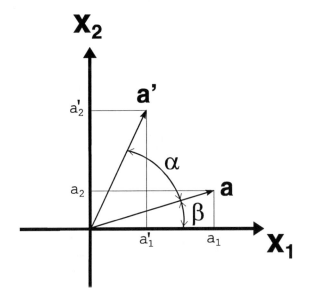

Der Vektor **a** soll um einen Winkel α um die z-Achse gedreht werden. Zunächst gilt mit

$$r = \sqrt{a_1^2 + a_2^2}$$

für die einzelnen Vektorkomponenten

$$a_1 = r\cos\beta$$
$$a_2 = r\sin\beta$$

und für die rotierten Komponenten

$$a'_1 = r\cos(\alpha+\beta) = r\cos\beta\cos\alpha - r\sin\beta\sin\alpha$$
$$a'_2 = r\sin(\alpha+\beta) = r\cos\beta\sin\alpha + r\sin\beta\cos\alpha$$

Einsetzen liefert dann unter Wegfall der Abhängigkeit von r

$$a'_1 = a_1\cos\alpha - a_2\sin\alpha$$
$$a'_2 = a_1\sin\alpha + a_2\cos\alpha$$
$$a'_3 = a_3$$

oder in Matrixschreibweise

(4)
$$[a'_1, a'_2, a'_3] = \begin{bmatrix} \cos\alpha & -\sin\alpha & 0 \\ \sin\alpha & \cos\alpha & 0 \\ 0 & 0 & 1 \end{bmatrix} \begin{bmatrix} a_1 \\ a_2 \\ a_3 \end{bmatrix}$$

oder

$$\mathbf{a}' = \mathbf{R}_3 \mathbf{a}^T$$

Die Rotationsmatrizen für die Rotation um die anderen beiden Achsen sind entsprechend

(5)
$$\mathbf{R}_1 = \begin{bmatrix} 1 & 0 & 0 \\ 0 & \cos\alpha & -\sin\alpha \\ 0 & \sin\alpha & \cos\alpha \end{bmatrix}$$

und

$$\mathbf{R}_2 = \begin{bmatrix} \cos\alpha & 0 & \sin\alpha \\ 0 & 1 & 0 \\ -\sin\alpha & 0 & \cos\alpha \end{bmatrix}$$

Die Rotation um eine beliebige, nicht notwendigerweise mit einer Koordinatenachse zusammenfallende Achse wird im Folgekapitel beschrieben.

Skalierung

Bei der Skalierung eines Vektors wird jede Vektorkomponente separat mit einer reellen Zahl multipliziert; Abb.2.3 zeigt die Wirkung einer Skalierung, bei der alle Vektorkomponenten mit der selben reellen Zahl multipliziert wurden - die Richtung des Vektors bleibt dann unverändert.

Abb. 2.3:
Skalierung eines Vektors

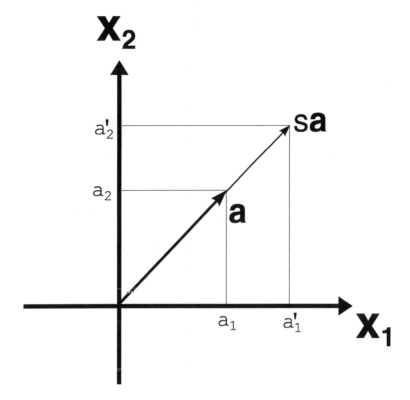

Die zugehörige Skalierungsmatrix kann unmittelbar als

(6) $$\mathbf{S} = \begin{bmatrix} s_1 & 0 & 0 \\ 0 & s_2 & 0 \\ 0 & 0 & s_3 \end{bmatrix} \text{ mit } s_1, s_2, s_3 \in \Re$$

geschrieben werden.

Scherung

Im Gegensatz zur Skalierung werden bei der Scherung bzgl. einer festen Koordinate die Vektorkomponenten bzgl. der beiden anderen Koordinaten verändert.

Abb. 2.4:
Scherung eines Vektors

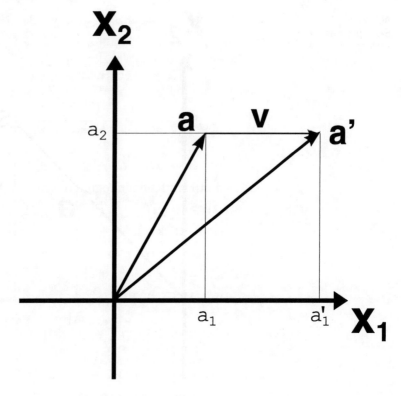

Aus der Abb. 2.4 kann man unmittelbar die Scherungsmatrizen bzgl. der ersten Vektorkomponente zu

$$\mathbf{V}_1 = \begin{bmatrix} 1 & v_1 & v_2 \\ 0 & 1 & 0 \\ 0 & 0 & 1 \end{bmatrix}$$

(7)

oder für alle Komponenten gleichzeitig

$$\mathbf{V}_{123} = \begin{bmatrix} 1 & v_1 & v_2 \\ v_3 & 1 & v_4 \\ v_5 & v_6 & 1 \end{bmatrix}$$

bestimmen.

2.2.2 Homogene Koordinaten

Da neben Rotationen in der VR auch sehr häufig Translationen in eine Gesamttransformation einzubeziehen sind, verhindert die *Nichtmatrixformulierung* der Translation in (3) die Bildung von

Gesamttransformationsmatrizen - dies würde zu Lasten der Rechenzeit gehen.

Wir müssen also einen Weg finden, die Translation ebenfalls durch eine mit den anderen Transformationsmatrizen für Rotation, Skalierung und Scherung kombinierbare Matrix zu beschreiben.

Hierzu führen wir *homogene Koordinaten* wie folgt ein.

(8)
$$\text{Sei } \mathbf{a} = [a_1,\ a_2,\ a_3] \in \mathfrak{R}^3$$
dann sind die homogenen Koordinaten hierzu
$$\tilde{a}_1 = w * a_1$$
$$\tilde{a}_2 = w * a_2$$
$$\tilde{a}_3 = w * a_3$$
$$\tilde{a}_4 = w$$
$$\text{mit } w \in \mathfrak{R}, w \neq 0$$

Zur Vereinfachung der Schreibweise lassen wir i.f. für homogene Vektoren und ihre Koordinaten das Tildezeichen weg.

Wir wollen hier lediglich $w = 1$ zulassen; für andere Werte $w \neq 1$ vereinbaren wir hierzu eine Normierung $\|\mathbf{a}\|$ wie folgt:

(9)
$$\text{Sei } \mathbf{a} = [a_1,\ a_2,\ a_3,\ w] \text{ mit } w \neq 1, w \neq 0$$
dann gilt
$$\|\mathbf{a}\| := \left[\frac{a_1}{w},\ \frac{a_2}{w},\ \frac{a_3}{w},\ 1\right]$$

Die Definition (8) bedeutet u.a., daß ein und derselbe Vektor $\mathbf{a} \in \mathfrak{R}^3$ durch verschiedene homogene Koordinaten beschrieben werden kann.

$$\mathbf{a} = [a_1,\ a_2,\ a_3,\ w] \neq \mathbf{a}' = \left[ua_1,\ ua_2,\ ua_3,\ \frac{w}{u \neq 0}\right]$$

2.2.3 Homogene Transformationen

Für alle 4 Grundtransformationen werden wir im folgenden jeweils Transformationsmatrizen definieren, die auf homogenen Koordinaten basieren und es ermöglichen, nun auch die Translation als Transformationsmatrix zu formulieren.

Damit sind alle Transformation in beliebiger Reihenfolge jeweils zu einer Gesamttransformationsmatrix zusammenfaßbar - mit der bereits diskutierten Rechenzeiteinsparung. Da die zur Beschreibung von Vektoren im dreidimensionalen Raum notwendigen homogenen Koordinaten 4 Komponenten besitzen, werden alle Transformationen natürlich als 4x4-Matrizen zu definieren sein.

Bei der Kombination von Einzeltransformationsmatrizen muß berücksichtigt werden, daß

- die Reihenfolge der Kombination (der Matrizenmultiplikation) nicht beliebig ist, d.h. $A * B \neq B * A$
- die Kombination von rechts nach links erfolgen muß, d.h. die letzte Einzeltransformationsmatrix steht in der Multiplikation ganz links (siehe hierzu auch das Beispiel in 2.1).

Der Übergang nach erfolgter Transformation von homogenen Koordinaten zu Vektoren $a \in \Re^3$ wird einfach durch Wegfall der 4ten Komponente vollzogen.

Bevor wir nachfolgend die homogenen Transformationsmatrizen für die vier Grundoperationen angeben, muß noch darauf hingewiesen werden, daß die Bildung einer Gesamttransformation durch entsprechende Matrizenmultiplikation wann immer möglich durch vorherige algebraische Berechnung und nicht durch numerische Matrizenmultiplikation erfolgen sollte, um

- mögliche algebraische Vereinfachungen vornehmen zu können und
- Rundungsfehler bei der numerischen Berechnung zu ersparen.

Wir geben daher für die 4 Grundoperationen die algebraische Lösung der Kombination mit einer beliebigen Transformationsmatrix jeweils an.

Translation

Wir beziehen uns wieder auf die Abbildung 2.1. Die Translation wird dann als Translationsmatrix wie folgt beschrieben.

2.2 Mathematischer Hintergrund

(10.1) $$T(t) = \begin{bmatrix} 1 & 0 & 0 & t_1 \\ 0 & 1 & 0 & t_2 \\ 0 & 0 & 1 & t_3 \\ 0 & 0 & 0 & 1 \end{bmatrix}$$

Wird diese Translation **T** nun mit einer bereits definierten beliebigen Transformationsmatrix **M** links multipliziert (die Translation wird also *nach* der Transformation ausgeführt), so ergibt sich hierfür sofort

$$TM = \begin{bmatrix} 1 & 0 & 0 & t_1 \\ 0 & 1 & 0 & t_2 \\ 0 & 0 & 1 & t_3 \\ 0 & 0 & 0 & 1 \end{bmatrix} \begin{bmatrix} m_{11} & m_{12} & m_{13} & m_{14} \\ m_{21} & m_{22} & m_{23} & m_{24} \\ m_{31} & m_{32} & m_{33} & m_{34} \\ m_{41} & m_{42} & m_{43} & m_{44} \end{bmatrix}$$

(10.2)

oder ausführlich

$$TM = \begin{bmatrix} m_{11}+t_1 m_{41} & m_{12}+t_1 m_{42} & m_{13}+t_1 m_{43} & m_{14}+t_1 m_{44} \\ m_{21}+t_2 m_{41} & m_{22}+t_2 m_{42} & m_{23}+t_2 m_{43} & m_{24}+t_2 m_{44} \\ m_{31}+t_3 m_{41} & m_{32}+t_3 m_{42} & m_{33}+t_3 m_{43} & m_{34}+t_3 m_{44} \\ m_{41} & m_{42} & m_{43} & m_{44} \end{bmatrix}$$

Rotation um Koordinatenachsen

Entsprechend der Überlegungen in 2.2.1.2 beschreibt die Formulierung

(11.1) $$R_1(\alpha) = \begin{bmatrix} 1 & 0 & 0 & 0 \\ 0 & \cos\alpha & -\sin\alpha & 0 \\ 0 & \sin\alpha & \cos\alpha & 0 \\ 0 & 0 & 0 & 1 \end{bmatrix}$$

(12.1) $$R_2(\alpha) = \begin{bmatrix} \cos\alpha & 0 & \sin\alpha & 0 \\ 0 & 1 & 0 & 0 \\ -\sin\alpha & 0 & \cos\alpha & 0 \\ 0 & 0 & 0 & 1 \end{bmatrix}$$

2 Vektortransformationen

$$(13.1) \quad \mathbf{R}_3(\alpha) = \begin{bmatrix} \cos\alpha & -\sin\alpha & 0 & 0 \\ \sin\alpha & \cos\alpha & 0 & 0 \\ 0 & 0 & 1 & 0 \\ 0 & 0 & 0 & 1 \end{bmatrix}$$

die Rotation eines Vektors um die jeweils genannte Koordinatenachse; der verwendete Winkel α wird als positiv gemessen in einem rechtshändigen Koordinatensystem angenommen.

Die jeweilige Ausführung der Rotation nach einer beliebigen Transformation **M** ergibt explizit

(11.2)

$$\mathbf{R}_1 \mathbf{M} = \begin{bmatrix} 1 & 0 & 0 & 0 \\ 0 & \cos\alpha & -\sin\alpha & 0 \\ 0 & \sin\alpha & \cos\alpha & 0 \\ 0 & 0 & 0 & 1 \end{bmatrix} \begin{bmatrix} m_{11} & m_{12} & m_{13} & m_{14} \\ m_{21} & m_{22} & m_{23} & m_{24} \\ m_{31} & m_{32} & m_{33} & m_{34} \\ m_{41} & m_{42} & m_{43} & m_{44} \end{bmatrix} =$$

$$\begin{bmatrix} m_{11} & m_{12} & m_{13} & m_{14} \\ m_{21}\cos\alpha - m_{31}\sin\alpha & m_{22}\cos\alpha - m_{32}\sin\alpha & m_{23}\cos\alpha - m_{33}\sin\alpha & m_{24}\cos\alpha - m_{34}\sin\alpha \\ m_{21}\sin\alpha + m_{31}\cos\alpha & m_{22}\sin\alpha + m_{32}\cos\alpha & m_{23}\sin\alpha + m_{33}\cos\alpha & m_{24}\sin\alpha + m_{34}\cos\alpha \\ m_{41} & m_{42} & m_{43} & m_{44} \end{bmatrix}$$

(12.2)

$$\mathbf{R}_2 \mathbf{M} = \begin{bmatrix} \cos\alpha & 0 & \sin\alpha & 0 \\ 0 & 1 & 0 & 0 \\ -\sin\alpha & 0 & \cos\alpha & 0 \\ 0 & 0 & 0 & 1 \end{bmatrix} \begin{bmatrix} m_{11} & m_{12} & m_{13} & m_{14} \\ m_{21} & m_{22} & m_{23} & m_{24} \\ m_{31} & m_{32} & m_{33} & m_{34} \\ m_{41} & m_{42} & m_{43} & m_{44} \end{bmatrix} =$$

$$\begin{bmatrix} m_{11}\cos\alpha + m_{31}\sin\alpha & m_{12}\cos\alpha + m_{32}\sin\alpha & m_{13}\cos\alpha + m_{33}\sin\alpha & m_{14}\cos\alpha + m_{34}\sin\alpha \\ m_{21} & m_{22} & m_{23} & m_{24} \\ m_{31}\cos\alpha - m_{11}\sin\alpha & m_{32}\cos\alpha - m_{12}\sin\alpha & m_{33}\cos\alpha - m_{13}\sin\alpha & m_{34}\cos\alpha - m_{14}\sin\alpha \\ m_{41} & m_{42} & m_{43} & m_{44} \end{bmatrix}$$

(13.2)
$$R_3M = \begin{bmatrix} \cos\alpha & -\sin\alpha & 0 & 0 \\ \sin\alpha & \cos\alpha & 0 & 0 \\ 0 & 0 & 1 & 0 \\ 0 & 0 & 0 & 1 \end{bmatrix} \begin{bmatrix} m_{11} & m_{12} & m_{13} & m_{14} \\ m_{21} & m_{22} & m_{23} & m_{24} \\ m_{31} & m_{32} & m_{33} & m_{34} \\ m_{41} & m_{42} & m_{43} & m_{44} \end{bmatrix} =$$

$$\begin{bmatrix} m_{11}\cos\alpha - m_{21}\sin\alpha & m_{12}\cos\alpha - m_{22}\sin\alpha & m_{13}\cos\alpha - m_{23}\sin\alpha & m_{14}\cos\alpha - m_{24}\sin\alpha \\ m_{11}\sin\alpha + m_{21}\cos\alpha & m_{12}\sin\alpha + m_{22}\cos\alpha & m_{13}\sin\alpha + m_{23}\cos\alpha & m_{14}\sin\alpha + m_{24}\cos\alpha \\ m_{31} & m_{32} & m_{33} & m_{34} \\ m_{41} & m_{42} & m_{43} & m_{44} \end{bmatrix}$$

Rotation um eine beliebige Achse

Als erstes Anwendungsbeispiel für die Kombinierbarkeit von Einzeltransformationen in homogener Schreibweise werden wir jetzt die Frage beantworten, wie ein gegebener Vektor um eine beliebig im Raum orientierte Rotationsachse gedreht werden kann.

Hierzu sind einige Translationen und Rotationen zu einer Gesamttransformation zu kombinieren, die wir explizit angeben wollen.

Zunächst halten wir fest, daß gemäß Abbildung 2.5 - die hier wiederum aus Gründen der einfacheren Darstellbarkeit den zweidimensionalen Fall zeigt - eine Gerade **g** durch den Basisvektor **b**, der auf einen beliebigen Punkt der Geraden weist, und den Richtungsvektor **r** mit $|\mathbf{r}| = 1$, der die Ausrichtung der Geraden angibt, vollständig mittels der *parametrisierten Geradengleichung*

$$\mathbf{g} = \mathbf{b} + \mu\mathbf{r} \text{ mit } \mu \in \Re$$

definiert ist.

Abb.2.5:
Parametrisierte Geradengleichung

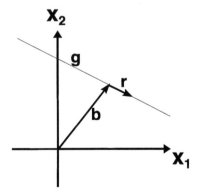

Um die so definierte Gerade soll nun eine Rotation mit einem Winkel α durchgeführt werden. Die grundlegende Idee ist nun, die Rotationsachse **g** so zu verschieben und zu drehen, daß sie durch den Nullpunkt (Ursprung) des Koordinatensystems geht und parallel zu einer der drei Achsen ist - mit anderen Worten : die Drehachse wird so transformiert, daß sie *auf einer der Koordinatenachsen liegt*.

Danach kann die eigentliche Drehung um den Winkel α so durchgeführt werden, als ob man um eine Koordinatenachse rotiert. Zum Schluß muß nach der Rotation die Drehachse **g** und der mit ihr transformierte Vektor wieder in die Ausgangslage gebracht werden.

Hierzu werden jetzt folgende Einzeltransformationen durchgeführt.

1. Verschiebung (Translation) der Geraden **g** in den Ursprung des Koordinatensystems

    Die Translation muß um den Vektor -**b** erfolgen; die homogene Matrix **T** ist demnach

$$\mathbf{T} = \begin{bmatrix} 1 & 0 & 0 & -b_1 \\ 0 & 1 & 0 & -b_2 \\ 0 & 0 & 1 & -b_3 \\ 0 & 0 & 0 & 1 \end{bmatrix}$$

2. Rotation um die $\mathbf{X}_2$ − Achse, so daß die Gerade in der $(\mathbf{X}_2 \mathbf{X}_3)$ − Ebene zu liegen kommt, dabei gilt für den notwendigen Rotationswinkel

$$\cos\theta = \frac{r_3}{w} \text{ mit } w = \sqrt{r_1^2 + r_3^2}$$

$$\sin\theta = \frac{r_1}{w}$$

Damit ist die gesuchte Rotationsmatrix

$$\mathbf{R}_2 = \begin{bmatrix} \frac{r_3}{w} & 0 & \frac{r_1}{w} & 0 \\ 0 & 1 & 0 & 0 \\ -\frac{r_1}{w} & 0 & \frac{r_3}{w} & 0 \\ 0 & 0 & 0 & 1 \end{bmatrix}$$

3. Rotation um die $\mathbf{X}_1$ – Achse, so daß der Richtungsvektor in Richtung der $\mathbf{X}_3$ – Achse zeigt, die gesuchte Rotationsmatrix ist demnach

$$\mathbf{R}_1 = \begin{bmatrix} 1 & 0 & 0 & 0 \\ 0 & w & -r_2 & 0 \\ 0 & r_2 & w & 0 \\ 0 & 0 & 0 & 1 \end{bmatrix}$$

4. Rotation um die $\mathbf{X}_3$ – Achse um den gewünschten Winkel α mit der Rotationsmatrix

$$\mathbf{R}_3 = \begin{bmatrix} \cos\alpha & -\sin\alpha & 0 & 0 \\ \sin\alpha & \cos\alpha & 0 & 0 \\ 0 & 0 & 1 & 0 \\ 0 & 0 & 0 & 1 \end{bmatrix}$$

5. hintereinander folgende Umkehrung der Schritte 3, 2 und 1 (zur Definition der Umkehrtransformation bzw. Inversen siehe auch 2.2.4).

Damit ist die gesuchte Gesamttransformationsmatrix

$$\mathbf{M}_{Gesamt} = \mathbf{T}^{-1} \mathbf{R}_2^{-1} \mathbf{R}_1^{-1} \mathbf{R}_3 \mathbf{R}_1 \mathbf{R}_2 \mathbf{T}$$

und für beliebige Vektoren kann die gesuchte Rotation um die Gerade **g** unmittelbar als eine einzige Multiplikation eines Vektors mit der Gesamttransformationsmatrix ausgeführt werden:

$$\mathbf{a}' = \mathbf{M}_{Gesamt} * \begin{bmatrix} a_1 \\ a_2 \\ a_3 \\ 1 \end{bmatrix}$$

Skalierung und Scherung

Entsprechend unserer Überlegungen (siehe (6)) für nichthomogene Koordinaten schreibt sich die homogene Skalierungsmatrix sofort als

2 Vektortransformationen

$$(14.1) \quad \mathbf{S} = \begin{bmatrix} s_1 & 0 & 0 & 0 \\ 0 & s_2 & 0 & 0 \\ 0 & 0 & s_3 & 0 \\ 0 & 0 & 0 & 1 \end{bmatrix}$$

$$(14.2) \quad \mathbf{SM} = \begin{bmatrix} s_1 & 0 & 0 & 0 \\ 0 & s_2 & 0 & 0 \\ 0 & 0 & s_3 & 0 \\ 0 & 0 & 0 & 1 \end{bmatrix} \begin{bmatrix} m_{11} & m_{12} & m_{13} & m_{14} \\ m_{21} & m_{22} & m_{23} & m_{24} \\ m_{31} & m_{32} & m_{33} & m_{34} \\ m_{41} & m_{42} & m_{43} & m_{44} \end{bmatrix} =$$

$$\begin{bmatrix} s_1 m_{11} & s_1 m_{12} & s_1 m_{13} & s_1 m_{14} \\ s_2 m_{21} & s_2 m_{22} & s_2 m_{23} & s_2 m_{24} \\ s_3 m_{31} & s_3 m_{32} & s_3 m_{33} & s_3 m_{34} \\ m_{41} & m_{42} & m_{43} & m_{44} \end{bmatrix}$$

und die allgemeine Scherungsmatrix gemäß (7)

$$(15.1) \quad \mathbf{V}_{123} = \begin{bmatrix} 1 & v_1 & v_2 & 0 \\ v_3 & 1 & v_4 & 0 \\ v_5 & v_6 & 1 & 0 \\ 0 & 0 & 0 & 1 \end{bmatrix}$$

Aus (15) und (7) folgt z.B. für die homogene Schermatrix in Richtung der x-Achse

$$\mathbf{V}_1 = \begin{bmatrix} 1 & v_1 & v_2 & 0 \\ 0 & 1 & 0 & 0 \\ 0 & 0 & 1 & 0 \\ 0 & 0 & 0 & 1 \end{bmatrix}$$

(15.2)

$$V_{123} M = \begin{bmatrix} 1 & v_1 & v_2 & 0 \\ v_3 & 1 & v_4 & 0 \\ v_5 & v_6 & 1 & 0 \\ 0 & 0 & 0 & 1 \end{bmatrix} \begin{bmatrix} m_{11} & m_{12} & m_{13} & m_{14} \\ m_{21} & m_{22} & m_{23} & m_{24} \\ m_{31} & m_{32} & m_{33} & m_{34} \\ m_{41} & m_{42} & m_{43} & m_{44} \end{bmatrix} =$$

$$\begin{bmatrix} m_{11}+v_1 m_{21}+v_2 m_{31} & m_{12}+v_1 m_{22}+v_2 m_{32} & m_{13}+v_1 m_{23}+v_2 m_{33} & m_{14}+v_1 m_{24}+v_2 m_{34} \\ m_{21}+v_3 m_{11}+v_4 m_{31} & m_{22}+v_3 m_{12}+v_4 m_{32} & m_{23}+v_3 m_{13}+v_4 m_{33} & m_{24}+v_3 m_{14}+v_4 m_{34} \\ m_{31}+v_5 m_{11}+v_6 m_{21} & m_{32}+v_5 m_{12}+v_6 m_{22} & m_{33}+v_5 m_{13}+v_6 m_{23} & m_{34}+v_5 m_{14}+v_6 m_{24} \\ m_{41} & m_{42} & m_{43} & m_{44} \end{bmatrix}$$

2.2.4 Inverse Transformationen

Nachdem nun für alle 4 Grundoperationen die homogenen Matrizen selbst und ihre jeweilige Kombination (Matrixmultiplikation) mit einer beliebigen Transformationsmatrix explizit angegeben wurden (siehe (10) bis (15)), muß abschließend noch definiert werden, wie die zu einer gegebenen Grundtransformation Inverse einfach gebildet werden kann.

Grundsätzlich gilt: Die *unmittelbare* Ausführung der Inversen einer Transformation nach der Transformation selbst hebt diese auf - es ist so, als ob beide Transformationen nicht durchgeführt worden wären.

Beispielsweise hebt die Translation um den Vektor (-1,0,5) die vorherige Translation um den Vektor (+1,0,-5) wieder auf.

Führen wir noch den Begriff der Einheitstransformation **I** ein, die einen Vektor in sich selbst transformiert (also gar nichts macht), so können wir rein formal schreiben :

$$\text{Sei } \mathbf{I} = \begin{bmatrix} 1 & 0 & 0 & 0 \\ 0 & 1 & 0 & 0 \\ 0 & 0 & 1 & 0 \\ 0 & 0 & 0 & 1 \end{bmatrix} \text{ die Einheitstransformation und}$$

T eine beliebige Transformation, dann gilt:

$$\mathbf{T} * \mathbf{T}^{-1} = \mathbf{T}^{-1} * \mathbf{T} = \mathbf{I} \text{ mit } \mathbf{T}^{-1} \text{ ist die Inverse zu } \mathbf{T}$$

2 Vektortransformationen

Natürlich kann man zu einer gegebenen Transformationsmatrix, die ggf. auch das Ergebnis der Kombination von Grundtransformationen sein darf, numerisch die Inverse bestimmen, falls dies notwendig sein sollte.

Um Rechenzeit und Rechengenauigkeit zu optimieren, ist es aber auch hier sinnvoll, möglichst weit rein formal algebraisch zu rechnen - mit anderen Worten ist zu jeder Grundoperation eine möglichst einfache Beziehung gesucht, die die jeweilige Inverse (die Umkehrtransformation) liefert.

Im folgenden geben wir diese Zusammenhänge für alle Grundoperationen außer der Scherung (hier gibt es keinen einfachen Zusammenhang zwischen Scherung und inverser Scherung) kurz an; auf die formalen Beweise wurde hier verzichtet.

$$(16) \quad \begin{array}{ll} \text{Translation} & \mathbf{T}^{-1}(t) = \mathbf{T}(-t) \\ \text{Rotation} & \mathbf{R}^{-1}(\alpha) = \mathbf{R}(-\alpha) \\ \text{Skalierung} & \mathbf{S}^{-1}(s_1, s_2, s_3) = \mathbf{S}(1/s_1, 1/s_2, 1/s_3) \end{array}$$

2.3 Transformationsalgorithmen

Nach diesem kurzen Überblick, in dem wir unter Verzicht auf formale Beweise die mathematischen Grundlagen der geometrischen Transformationen im Raum zusammengestellt haben, wollen wir hier den Algorithmus und die Bibliotheksfunktionen vorstellen, mit der diese Transformationen programmtechnisch realisiert werden können.

Der Algorithmus ist sofort aus den Gleichungen (12) bis (15) und ggf. (16) abzulesen; wir müssen nichts anderes tun, als einen sinnvollen Variablentyp für die *homogene Transformation* definieren und für jede Grundtransformation eine entsprechende Funktion zur Verfügung stellen.

Um eine sinnvolle Wahl der Variablentypen (möglichst wenige Rundungen und Typumwandlungen - dies alles kostet Genauigkeit und Rechenzeit) zu erreichen, halten wir fest:

1. Einige Einzeltransformationen enthalten per definitionem reelle Zahlen (z.B. die Rotation wg. der Winkelfunktionen).
2. Einzelobjekte sollen in jeweils eigenen Koordinatensystemen entworfen und später zu einem Gesamtobjekt (einer Szene) zusammengefügt werden können.
3. Die meisten Gerätekoordinatensysteme (z.B. Bildschirmkoordinaten) sind ganzzahlig.

Hieraus ergibt sich, daß
1. Objekte zunächst in reellen Koordinatensystemen definiert werden,
2. alle Transformationen mit reellen Matrizenwerten beschrieben werden,
3. das Gesamtobjekt in einem reellen Koordinatensystem beschrieben wird und
4. möglichst spät und nur einmal die reellen Koordinatenwerte in Ganze Zahlen zur Ausgabe z.B. auf dem Monitor gewandelt werden.

Die Dateien \VRPRG\VR_CODE\PRJ.H und \VRPRG\VR_CODE\PRJ.C enthalten alle notwendigen Funktionen und Festlegungen für den Umgang mit dreidimensionalen homogenen Transformationen.

Objektpunkte im Raum, die später auf eine Bildebene projiziert oder oben beschriebenen Transformationen unterworfen werden sollen, werden mit reellen Koordinaten (Fließkommazahlen) beschrieben; Transformationsparameter (z.B. Drehwinkel oder auch Translationsvektoren) werden ebenfalls als Fließkommazahlen behandelt.

Die Variablenlänge und damit die Darstellungsgenauigkeit dieser Fließkommazahlen wurde durch die Festlegung

```
typedef float REAL;
typedef int INTEGER;
```

änderbar gehalten. Die beiden neuen Datentypen REAL bzw. INTEGER stehen für Fließkommazahlen bzw. Ganze Zahlen. Sollten bei besonderen Anwendungen Schwierigkeiten mit Rundungsfehlern auftreten, kann hier

```
typedef double REAL;
typedef long INTEGER;
```

definiert werden; verwendete C-Bibliothektsfunktionen (z.B. aus <MATH.H>) und eigene Funktionen rechnen grundsätzlich mit double -Fließkommawerten.

Die 4x4-Transformationsmatrix wird mittels des Datentyps

```
typedef struct{
  REAL m11;
```

```
            REAL m12;
            REAL m13;
            REAL m14;
            REAL m21;
            REAL m22;
            REAL m23;
            REAL m24;
            REAL m31;
            REAL m32;
            REAL m33;
            REAL m34;
            REAL m41;
            REAL m42;
            REAL m43;
            REAL m44;
            }TRANSFORMATION3D;
```

realisiert; die Benennung der einzelnen Strukturvariablen entspricht den Matrixelementen aus (2.2.3ff).

Wir brauchen für das Programmbeispiel \VRPGR\VR_DEMO1\VR_1.C noch eine einfache Möglichkeit, Punkte und Strecken im Raum und auf einer Bildebene zu definieren :

```
    typedef struct{
                REAL x1;
                REAL x2;
                REAL x3;
                } PUNKT3D; /* 3D-Punkt */

    typedef struct{
                REAL p1;
                REAL p2;
                } PUNKT2D; /* 2D-Punkt */

    typedef struct{
                PUNKT3D a;
                PUNKT3D b;
                } LINIE3D; /* 3D-Strecke */

    typedef struct{
                PUNKT2D a;
                PUNKT2D b;
                } LINIE2D; /* 3D-Strecke */
```

2.3 Transformationsalgorithmen

Im Beispielprogramm werden Objektpunkte (genauer: Endpunkte von Strecken) unformatiert (dies ist natürlich eine Verschwendung von Speicherplatz, aber im Demoprogramm kommt es hier nicht auf speicherschonende Datenhaltung an) aus einer Datei gelesen; der Dateiname ist hier festgelegt - ein Dateiauswahldialog kann aber leicht eingefügt werden:

```
/* Modellkanten einlesen */
datei = fopen("VR_DEMO1.DAT", "r");
if(datei != NULL){
   WHP_readformattedline(datei, buffer);
   sscanf(buffer, "%d", &prj_anzahllinien);
         if(prj_anzahllinien > 0)
            for(i=0; i< prj_anzahllinien; i++){
         WHP_readformattedline(datei, buffer);
         sscanf(buffer, "%f %f %f %f %f %f",
         &prj_modell[i].a.x1,
         &prj_modell[i].a.x2,
         &prj_modell[i].a.x3,
         &prj_modell[i].b.x1,
         &prj_modell[i].b.x2,
         &prj_modell[i].b.x3);
      }
fclose(datei);
```

Wie werden nun homogene Transformationen auf vorher definierte Objektpunkte programmtechnisch angewendet?

In \VRPRG\VR_CODE\PRJ.H und \VRPRG\VR_CODE\PRJ.C werden für alle Transformationen entsprechende Funktionen bereitgestellt.

Zusätzlich gibt es noch jeweils eine Funktion zur Initialisierung der Einheitsmatrix und zur Multiplikation zweier homogener Matrizen.

```
PRJ_Translation();
PRJ_Rotation();
PRJ_Scherung();
PRJ_Skalierung();

PRJ_Einheitstransformation();
PRJ_MatrixMultiplikation();
```

Jeder dieser Transformationsfunktionen wird jeweils die Adresse einer Transformationsmatrix als TRANSFORMATION3D* sowie die notwendigen Transformationsparameter übergeben.

Man muß also zunächst eine Transformationsmatrix bereitstellen

TRANSFORMATION3D matrix;

und vor der ersten Transformationsfunktion diese Matrix mit

PRJ_Einheitstransformation(&matrix);

initialisieren. Danach können nun beliebige Transformationsabfolgen durch die entsprechende Aufeinanderfolge der jeweiligen Transformationsfunktionen zusammengesetzt werden; die Funktionen sorgen für die jeweils notwendige Matrizenmultiplikation. Die so definierten Transformationsmatrizen können dann

- mit einer Projektion kombiniert werden (siehe 3ff) oder
- miteinander explizit kombiniert (multipliziert) werden (mit PRJ_MatrixMultiplikation())

Beispiele für die Programmierung von Transformationen dreidimensionaler Objekte mittels der genannten Funktionen PRJ_funktionsname() finden sich im Quellcode \VRPRG\VR_DEMO1\VR_1.C zum Demoprogramm VR_1.EXE. Ein großer Teil des Codes beschreibt dabei allerdings lediglich die Windows-spezifischen Aufgaben der Fenster- und Dialoghandhabung - wie bei Windowsprogrammen nicht anders zu erwarten war.

Insbesondere die Funktion DlgTransf() benutzt Funktionen zur Bearbeitung der Transformationsmatrix.

Das Beispielprogramm VR_1.EXE wird detailiert im Zusammenhang mit dem folgenden, die Projektion räumlicher Objekte beschreibenden Kapitel vorgestellt.

3 Projektionen

3.1 Übersicht

Werden im dreidimensionalen Raum beliebige Objekte - d.h. Kurven, Flächen und Körper - beschrieben und sollen dann unabhängig von der Definitionsmethode auf einer zweidimensionalen Fläche (der Projektions- oder Bildebene) abgebildet werden, so muß hierzu eine Abbildung (Projektion) P definiert werden, die

- einen Punkt (Vektor) des dreidimensionalen Objektraums auf einen Punkt der Betrachtungsfläche (Bildebene) abbildet, so daß jedem (sichtbaren) Punkt des Objektraums genau ein Punkt in der Bildebene zugeordnet wird - ein Punkt auf der Oberfläche eines Körpers kann also nicht auf zwei oder mehr Punkte der Bildebene *projiziert* werden,
- Projektionen auf die Bildebene darstellt, die der geometrischen Wirkung der Objektabbildung des menschlichen Auges möglichst nahekommen und die
- mathematisch einfach zu beschreiben ist und gleichzeitig einen möglichst geringen Rechenaufwand erforderlich macht (wir müssen damit rechnen, daß sehr viele Punktabbildungen für ein VR-Bild durchgeführt werden).

Es geht hier also nicht um Fragen der Sichtbarkeit oder der Färbung von Objektpunkten und auch nicht darum, wie diese Objekte beschrieben wurden, sondern ausschließlich um ihre geeignete Projektion auf eine Fläche.

Zunächst können wir davon ausgehen, daß mit einer solchen Projektion P, die Punkte des dreidimensionalen Raums ($\mathbf{x} \in \Re^3$) auf einer Fläche (Bildebene) darstellen kann, folgende Probleme gelöst sind.

1. Einzelne Objektpunkte werden natürlich punktweise projiziert.
2. Strecken werden projiziert, indem die beiden Streckenendpunkte projiziert und anschließend in der Bildebene durch eine gerade Linie verbunden werden (die Projektion einer Strecke soll wieder eine Strecke sein).

3. Kurven (also auch durch Kurven beschriebene Begrenzungslinien von Flächen) können zunächst durch einen Streckenzug angenähert und anschließend streckenweise projiziert werden; auf die direkte Projektion von Kurven gehen wir separat ein.

Fragen wir uns also zunächst, wie das menschliche Auge einen Objektpunkt abbildet. Die Abbildung 3.1 zeigt, daß

Abb. 3.1:
Projektionsverhalten des Auges

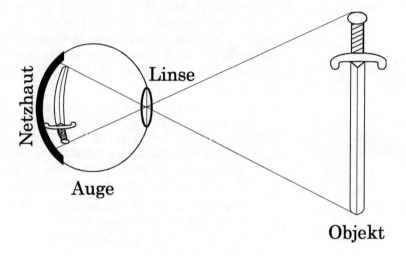

- eine Punktspiegelung des Objekts am geometrischen Linsenmittelpunkt stattfindet, so daß Oben und Unten sowie Rechts und Links vertauscht dargestellt werden,
- eine Verkleinerung des Objekts erfolgt und
- eine Verzerrung des Objektbildes aufgrund der gewölbten Netzhaut zu berücksichtigen ist.

Wir wählen zur Beschreibung dieses Projektionsverhaltens die *perspektivische Projektion*. Insbesondere aufgrund der obigen Forderung nach geringem Rechenaufwand verzichten wir dabei auf die Nachbildung der Netzhautwölbung; durch Anordnung der Bildebene *vor* dem Projektionszentrum wird darüber hinaus die Punktspiegelung vermieden.

Die stereoskopische Erfassung von räumlichen Objekten durch beide Augen kann - wie wir nachfolgend zeigen werden - mittels der Zentralprojektion ebenfalls ausgesprochen einfach simuliert werden.

3.2 Mathematischer Hintergrund

3.2.1 Allgemeines

Unter einer Projektion wollen wir eine Abbildung

(1) $P: \Re^3 \to \Re^2$
oder
$$P(\mathbf{p} = (p_1, p_2, p_3)) = \mathbf{q} = (q_1, q_2, 0)$$

verstehen, die einen Punkt **p** des Objekts im dreidimensionalen Raum auf einen Punkt **q** der Bildfläche eindeutig abbildet; *eindeutig* meint dabei den Umstand, daß jedem Punkt des dreidimensionalen Raums genau ein Bildpunkt (und nicht etwa mehrere) der Bildebene zugeordnet ist. Umgekehrt kann aber ein Bildpunkt durchaus die Projektion mehrerer Objektpunkte gleichzeitig sein; deshalb ist die Projektion nicht umkehrbar: aus dem Bild kann i.d.R. ohne Zusatzinformation das räumliche Objekt nicht eindeutig rekonstruiert werden.

Jede Projektion ist anschaulich durch

- das Projektionszentrum (den Augenpunkt) und
- die Projektionsfläche (die Bildebene)

vollständig definiert. Ist die gewählte Projektionsfläche eben, so spricht man von der Menge der *ebenen geometrischen* Projektionen.

Den Projektionspunkt (Bildpunkt) eines Objektpunktes erhält man, indem man das Projektionszentrum mit dem Objektpunkt durch eine Gerade verbindet und den gemeinsamen Punkt dieser Verbindungsgeraden mit der Projektionsfläche bestimmt.

Wählt man nun einen endlichen positiven Abstand zwischen Projektionsfläche und Projektionszentrum, so erhält man eine *perspektivische Projektion*; bei unendlichem Abstand wird eine *Parallelprojektion* definiert. Die Parallelprojektion werden wir i.f. nicht weiter benötigen, da sie die Eigenheit des räumlichen Sehens nicht so gut wiedergibt wie die Zentral- oder perspektivische Projektion, bei der Objekte mit größerem Abstand zum Betrachter kleiner erscheinen.

3.2.2 Perspektivische Projektion

Gemäß Abbildung 3.2 wählen wir zur Vereinfachung der Beschreibung das unsere Bildebene und das Projektionszentrum beschreibende Koordinatensystem wie folgt.

1. Das Projektionszentrum liegt im Ursprung (0,0,0).
2. In positiver x_3-Richtung liegt die Projektionsebene (Bildebene) im Abstand a vom Projektionszentrum.
3. Die Bildebene steht senkrecht auf dem Vektor $\mathbf{a} = (0,0,a)$.
4. Das Kooordinatensystem ist rechtsdrehend[1]
5. Die Bildebene wird durch die Basisvektoren x_1, x_2 aufgespannt.

Abb. 3.2
Perspektivische Projektion

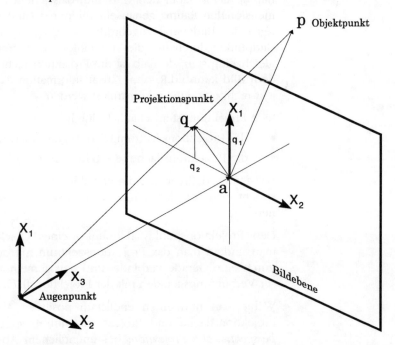

Die Herleitung der gesuchten Projektion ergibt sich jetzt wie folgt.

---

[1] Die Drehrichtung von Koordinatensystemen wird bei Projektionen besonders wichtig. Zunächst definieren wir, daß ein Koordinatensystem genau dann rechtsdrehend ist, wenn positive Drehwinkel beim Blick in Richtung jeder negativen Koordinatenachse **gegen** den Uhrzeigersinn gemessen werden; linksdrehend ist ein Koordinatensystem, wenn entsprechend **im** Uhrzeigersinn gemessen wird.

Der *Augenpunkt* (sogenannt, weil sich hier die punktförmig gedachte Augenlinse befindet) liegt im Ursprung des Systems; in Richtung $\mathbf{x}_3$ im Punkt

(1) $\quad \mathbf{a} = (0,0,a)$

wird die Bildebene durch die Einheitsvektoren $\mathbf{x}_1, \mathbf{x}_2$ aufgespannt. Ebenfalls im genannten Koordinatensystem sei nun der zu projizierende Punkt

(2) $\quad \mathbf{p} = (p_1, p_2, p_3)$

gegeben. Der entsprechende Bildpunkt $\mathbf{q}$ in der Bildebene ist als *Durchstoßpunkt* des Vektors $\mathbf{p}$ durch die Bildebene definiert und ergibt sich sofort aus

(3.1) $\quad \mathbf{a} + \mathbf{q} = \mu \mathbf{p}$ mit $\mu \in \Re, 0 < \mu < 1$

oder mit den expliziten Vektorkomponenten

(3.2) $\quad \begin{aligned} q_1 &= \mu p_1 - 0 \\ q_2 &= \mu p_2 - 0 \\ 0 &= \mu p_3 - a \end{aligned}$

daraus folgt aus der 3ten Komponente sofort

(3.3) $\quad \mu = \dfrac{a}{p_3}$

und damit für die Koordinaten des Bildpunkts

(4) $\quad \begin{aligned} q_1 &= \dfrac{a p_1}{p_3} \\ q_2 &= \dfrac{a p_2}{p_3} \end{aligned}$

Natürlich wollen wir auch die Zentralprojektion als Matrix-Vektormultiplikation beschreiben, um eine direkte Kombination mit Transformationen der Objekte zu ermöglichen. Ähnlich wie in Kapitel 2 verwenden wir daher homogene Koordinaten, um die direkte Kombinierbarkeit auch mit Translationen zu ermöglichen.

(5)
$$\hat{\mathbf{q}} = \begin{pmatrix} 1 & 0 & 0 & 0 \\ 0 & 1 & 0 & 0 \\ 0 & 0 & 1 & 0 \\ 0 & 0 & \frac{1}{a} & 0 \end{pmatrix} * \begin{pmatrix} p_1 \\ p_2 \\ p_3 \\ 1 \end{pmatrix}$$

oder kurz
$$\hat{\mathbf{q}} = \mathbf{Z}\hat{\mathbf{p}} \text{ mit } \hat{\mathbf{q}}, \hat{\mathbf{p}} \in \mathfrak{R}^4$$

Die Durchführung der Normierung der 4ten Koordinate auf den Wert 1 ergibt sofort

(6)
$$\|\hat{\mathbf{q}}\| = \begin{Vmatrix} p_1 \\ p_2 \\ p_3 \\ \frac{p_3}{a} \end{Vmatrix} = \begin{pmatrix} \frac{ap_1}{p_3} \\ \frac{ap_1}{p_3} \\ a \\ 1 \end{pmatrix}$$

Damit folgt durch erneuten Übergang zu den Flächenkoordinaten in $\mathbf{x}_1, \mathbf{x}_2$ das bekannte Ergebnis (4) für $\mathbf{q}$; allerdings kann in (5) die Projektionsmatrix $\mathbf{Z}$ mit anderen Vektortransformationen mittels entsprechender Matrizenmultiplikation kombiniert werden.

(7)
$$\mathbf{ZM} = \begin{bmatrix} 1 & 0 & 0 & 0 \\ 0 & 1 & 0 & 0 \\ 0 & 0 & 1 & 0 \\ 0 & 0 & 1/a & 0 \end{bmatrix} \begin{bmatrix} m_{11} & m_{12} & m_{13} & m_{14} \\ m_{21} & m_{22} & m_{23} & m_{24} \\ m_{31} & m_{32} & m_{33} & m_{34} \\ m_{41} & m_{42} & m_{43} & m_{44} \end{bmatrix} =$$

$$\begin{bmatrix} m_{11} & m_{12} & m_{13} & m_{14} \\ m_{21} & m_{22} & m_{23} & m_{24} \\ m_{31} & m_{32} & m_{33} & m_{34} \\ m_{31}/a & m_{32}/a & m_{33}/a & m_{34}/a \end{bmatrix}$$

Wenden wir nun eine so gebildete beliebige Gesamttransformation $\mathbf{M}$ mit Projektion auf einen beliebigen Vektor $\mathbf{p}$ an, so ergeben sich auf der Projektionsfläche die Koordinaten des Projektionspunkts sofort zu

$$(8) \quad \|\mathbf{Mp}\| = \left\| \begin{bmatrix} m_{11} & m_{12} & m_{13} & m_{14} \\ m_{21} & m_{22} & m_{23} & m_{24} \\ m_{31} & m_{32} & m_{33} & m_{34} \\ m_{41} & m_{42} & m_{43} & m_{44} \end{bmatrix} \begin{bmatrix} p_1 \\ p_2 \\ p_3 \\ 1 \end{bmatrix} \right\|$$

$$= \left[\frac{m_{14} + \sum_{i=1}^{3} p_i m_{1i}}{m_{44} + \sum_{i=1}^{3} p_i m_{4i}}, \frac{m_{24} + \sum_{i=1}^{3} p_i m_{2i}}{m_{44} + \sum_{i=1}^{3} p_i m_{4i}} \right]$$

3te und 4te Koordinate unterdrückt

Grundsätzlich ist damit das Problem gelöst, Raumpunkte als Zentralprojektion auf einer Bildebene darzustellen; wir müssen allerdings noch einige zusätzliche Festlegungen machen, um hieraus einen funktionierenden Algorithmus formulieren zu können.

3.3 Projektionsalgorithmen

Neben den Transformationsfunktionen sind in den Verzeichnissen \VRPRG\VR_CODE\PRJ.H und \VRPRG\VR_CODE\PRJ.C auch vier Funktionen beschrieben, die

- die homogene Projektionsmatrix (7) einer beliebigen, vorher definierten Transformationsmatrix hinzufügt (PRJ_ProjektionHinzufuegen()),
- die Bildkoordinaten eines Objektpunkts ermittelt
- (PRJ_PunktProjektion()),
- die Bildkoordinaten einer Strecke mit Anfangs- und Endpunkt im Objektraum berechnet
  (PRJ_BildlinienErmitteln()) und schließlich
- *zwei* Projektionsbilder *einer* Objektbeschreibung zur stereoskopischen Betrachtung (z.B. mittels Rot/Grün-Brille) liefert (PRJ_3DBildlinienErmitteln()).

Die Verwendung dieser Funktionen ist im Verzeichnis \VRPRG\VR_DEMO1\VR_1.C, drahtmodell(), dreiDmodell() demonstriert. Alle diese Funktionen müssen einige über die eigentliche Projektion hinausgehende Aufgaben erfüllen, die nachfolgend diskutiert werden sollen.

3.3.1 Koordinatensysteme bei der Projektion

Objekte werden am einfachsten - weil anschaulich - in einem rechtsdrehenden Koordinatensystem beschrieben, bei dem die x_3-Achse *zum Betrachter hin* (*aus dem Zeichenpapier heraus*) weist; größere x_3-Koordinaten erscheinen dabei dem Betrachter als *näher liegend*.

Wollen wir aber die Zentralprojektion möglichst realitätsnah betreiben, so müssen größere x_3-Koordinaten als *weiter weg* vom Betrachter erscheinen. Außerdem erwarten wir, daß beim Blick vom Projektionszentrum (da liegt unser Auge) auf die Bildebene die x_1-Achse nach rechts und die x_2-Achse nach oben weist - dies ist dann aber ein linksdrehendes System !

Abb. 3.3: Koordinatensysteme bei Objektdefinition und -projektion

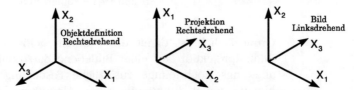

Die Lösung ist besonders einfach, wenn wir den Schritt vom Objektsystem zum Projektionssystem vernachlässigen - im Objektsystem positive x_3-Koordinaten weisen hier auf den Betrachter zu; werden sie unverändert (ohne Transformation) in das Projektionssystem oder auch das Bildsystem übertragen, so weisen dieselben positiven x_3-Koordinaten vom Betrachter weg.

Die Transformation zwischen Projektionssystem und Bildsystem überlassen wir einer GDI-Funktion von Windows:

```
SetMapMode(hDC, MM_ISOTROPIC);
```

Hiermit weisen die x_1-Achse nach rechts und die x_2-Achse nach oben.

Bei der Modellierung einer Szene muß geklärt werden,

- wie die Zusammenstellung einer Szene aus Einzelobjekten bis hin zur Projektion der Gesamtszene auf einzelne Arbeitsschritte zu verteilen ist,
- welche Koordinatensysteme jeweils in den einzelnen Teilschritten gelten und
- mit welchem Variablentyp (z.B. `int` oder `double`) jeweils zu arbeiten ist.

Objektkoordinaten

In einem ersten Arbeitsschritt werden einzelne Objekte, aus denen später die Gesamtszene zusammengestellt werden soll, separat definiert. Hierzu kann man je Einzelobjekt ein eigenes, von den anderen Koordinatensystemen in der Skalierung unterschiedliches Objektkoordinatensystem verwenden.

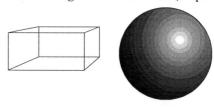

Normalerweise sollte dies ein gemäß Abb. 3.3 rechtsdrehendes System sein.

Koordinatenangaben erfolgen hier als reelle Zahlen (Fließkommazahlen vom Typ REAL). Zum einen kann man so beliebig genaue Einzelheiten der Objekte exakt beschreiben; zum anderen werden Objektpunktkoordinaten notwendigerweise als reelle Zahl definiert, wenn - wie im folgenden beschrieben - Objektflächen als gekrümmte Oberflächen im Raum definiert werden. Eine Beschränkung auf ganzzahlige Koordinatenwerte ist an dieser Stelle weiterhin nicht sinnvoll, da einige Transformationen (Rotation wg. Winkelfunktionen) ebenfalls reelle Zahlen benötigen.

Modellkoordinaten

Nach der Definition aller Einzelobjekte kann nun daraus eine Gesamtszene zusammengestellt werden. Zunächst wird hierzu ein Modellkoordinatensystem festgelegt, daß bzgl. seiner Achsenorientierung identisch mit dem Objektsystem aus Abb.3.3 ist, aber eine eigene Achsenskalierung besitzt, die nicht notwendigerweise mit der Skalierung eines Objektsystems übereinstimmen muß.

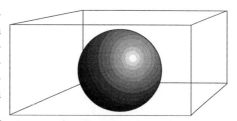

Zur Modellierung der Gesamtszene sind je Einzelobjekt folgende Schritte durchzuführen.

1. Die Skalierung des Objektsystems wird der Skalierung des Modellsystems angepaßt; alle Objektkoordinaten werden mit einer entsprechenden Skalierungsmatrix transformiert. Damit sind alle Einzelobjekte innerhalb des Modells grössenvergleichbar.

2. Jedes Einzelobjekt kann nun relativ zu den anderen Einzelobjekten beliebigen weiteren Transformationen unterworfen werden:

- Translation: Positionieren an einer bestimmten Modellposition
- Rotation: Orientierungsänderung
- Skalierung: Größenanpassung innerhalb des Modells
- Scherung: Formänderung

Die Gesamtheit aller so transformierten Objektkoordinaten beschreibt dann das Gesamtmodell innerhalb des Modellkoordinatensystems mit fester Skalierung der Achsen; Koordinatenwerte sind nach wie vor reelle Zahlen (Typ REAL).

Bildkoordinaten

Das Modell soll nun auf die Bildebene projiziert und anschliessend in einem Ausschnitt der Bildebene (Sichtfenster) dargestellt werden. Hierzu müssen in jedem Fall

1. die bislang reellen Modellkoordinaten in reelle Bildkoordinaten projiziert,

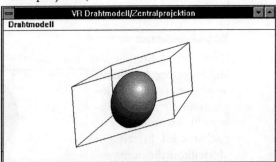

2. die reellen Bildkoordinaten falls gewünscht auf Fenstergrösse skaliert und

3. in vom Ausgabegerät (z.B. Monitor) abhängige Pixelkoordinaten

umgerechnet werden. Natürlich kann das Gesamtmodell seinerseits wieder beliebigen Transformationen unterworfen werden, um z.B. eine Rotation des Modells im Rahmen einer Szenenabfolge zu erzeugen.

Damit das Modell, betrachtet vom Projektionszentrum, hinter der Bildebene liegt, wird als letzte Transformation ggf. eine entspre-

3.3 Projektionsalgorithmen

chende Translation ausgeführt. In jedem Fall aber muß als letzte Matrixoperation die Projektionsmatrix ausgeführt werden.

```
/* Translation um 2*Projektionsebenenabstand in x3-Richtung*/
/* (Drahtmodell liegt hinter der Projektionsebene)         */
t.x1 = 0.0;
t.x2 = 0.0;
t.x3 = 2*bildabstand;
PRJ_Translation(matrix, t);

/* Projektion hinzufuegen */
PRJ_ProjektionHinzufuegen(matrix, bildabstand);
```

Das Ergebnis sind zunächst noch reelle Koordinaten von Bildpunkten auf der Bildebene.

Soll sichergestellt werden, daß das gesamte Modell im Bildfenster sichtbar ist, so muß an den flächigen Bildkoordinaten noch nachträglich eine entsprechende Skalierung vorgenommen werden.

Zunächst werden die Min/Max-Werte je Achse initialisiert; PRJ_FLTMAX ist der maximal darstellbare Fließkommawert (siehe \VRPRG\VRCODE\PRJ.H).

```
xmin = +PRJ_FLTMAX;
xmax = -PRJ_FLTMAX;
ymin = +PRJ_FLTMAX;
ymax = -PRJ_FLTMAX;
```

Für alle Modellinien werden nun die Bildkoordinaten ermittelt...

```
for(l=0;l<anzahllinien;l++){
  bild[l].a = PRJ_PunktProjektion(matrix, &(objekt[l].a));
  bild[l].b = PRJ_PunktProjektion(matrix, &(objekt[l].b));
```

und gleichzeitig je Achse das maximale Werteintervall berechnet.

```
  xmin=min(xmin,bild[l].a.p1);
  xmax=max(xmax,bild[l].a.p1);
  ymin=min(ymin,bild[l].a.p2);
  ymax=max(ymax,bild[l].a.p2);
  xmin=min(xmin,bild[l].b.p1);
  xmax=max(xmax,bild[l].b.p1);
  ymin=min(ymin,bild[l].b.p2);
  ymax=max(ymax,bild[l].b.p2);
}
```

Alle reellen Bildkoordinaten werden jetzt isotrop (d.h. für beide Achsen mit identischer Skalierung) auf die maximal zulässigen ganzzahligen Koordinaten des Bildfensters skaliert; in \VRPRG\VRCODE\PRJ.H ist definiert.

```
#define MAXBILDINTERVALL 10000
```

Außerdem muß bedacht werden, daß in Sonderfällen nur eine Linie definiert ist und somit max-min == 0 sein kann; hier wird dann der Standardwert bildabstand eingesetzt.

```
skalierung = max( (xmax-xmin), (ymax-ymin) );
if(skalierung == 0) skalierung = bildabstand;
skalierung = MAXBILDINTERVALL / skalierung;
```

Erst im Verlauf der jetzt möglichen Skalierung werden die reellen Bildkoordinaten in ganzzahlige Werte konvertiert.

```
/* Alle Bildpunkte skalieren */
for(l=0;l<anzahllinien;l++){
   bild[l].a.p1 = (int)(skalierung * bild[l].a.p1);
   bild[l].a.p2 = (int)(skalierung * bild[l].a.p2);
   bild[l].b.p1 = (int)(skalierung * bild[l].b.p1);
   bild[l].b.p2 = (int)(skalierung * bild[l].b.p2);
}
```

Mit der entsprechenden Definition des Windows-Mapping-Mode für das Ausgabefenster wird eine unverzerrte und korrekt orientierte Darstellung des Modellbildes im Fenster möglich.

```
/* mapmode (Umrechnung von Bildkoordinaten in Fensterpixel */
/* festlegen; das Fensterzentrum ist dabei der (0,0)-Punkt */
/* des Bildkoordinatensystems */
SetMapMode(hDC, MM_ISOTROPIC);
SetWindowExt(hDC, MAXBILDINTERVALL, MAXBILDINTERVALL);
SetViewportExt(hDC,
               (rect.right-rect.left)/2,
               -(rect.bottom-rect.top)/2);
SetViewportOrg(hDC,
               (rect.right-rect.left)/2,
               (rect.bottom-rect.top)/2);
```

3.4 Beispielprogramm Zentralprojektion

In der Quelldatei \VRPRG\VR_DEMO1\VR_1.C wird der Umgang mit den PRJ_Funktionen zur Transformation und Projektion von Raumpunkten und -strecken demonstriert.

Das Programmhauptfenster zeigt immer die Projektion des so geladenen Objekts als Drahtlinienmodell - also ohne Unterdrükkung verdeckter Kanten (schließlich sind auch keine Flächen definiert worden !).

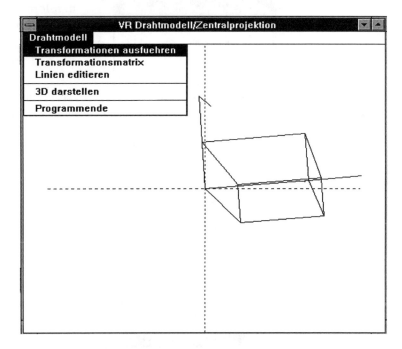

Abb. 3.4:
Programmhauptfenster VR_DEMO1

In der Datei VR_DEM01.DAT werden hierzu formatierte Strecken im Objektraum beschrieben; der Aufbau der Datei ist:

```
Zeile 1 :      Anzahl Strecken
Zeile 2ff :    Koordinaten des Streckenanfangs  Koordinaten des
                                                Streckenendes als
                                a1 a2 a3 e1 e2 e3
15
0 0 0 2 0 0
.
.
.
0 2 0 0.2 1.8 0.2
```

Mittels der ersten drei Menüoptionen können jeweils Dialogfenster geöffnet werden, die

3   Projektionen

1. eine Definition der 4 Grundtransformationen und ihre Durchführung,
2. die Anzeige der resultierenden Transformationsmatrix und
3. das Editieren von Objektstrecken erlauben. Zusätzlich kann noch zwischen der einfachen Zentralprojektion und der Darstellung stereoskopischer Teilbilder gewählt werden.

Die Bedienung des Dialogs ist frei gegeben, wenn mittels <Einheitsmatrix definieren> (vgl. Abb. 3.5) die Matrix initialisiert wurde (dies ist auch nachträglich zur Löschung vorheriger Transformationen möglich). Sobald die 4 Transformationen verfügbar sind, können ihre Parameterwerte in den editierbaren Eingabefeldern rechts neben den Auswahlknöpfen eingegeben werden. Anklicken der Auswahlknöpfe fügt die so definierte Transformation der Transformationsmatrix hinzu.

Abb. 3.5:
Dialog „Transformation ausführen"

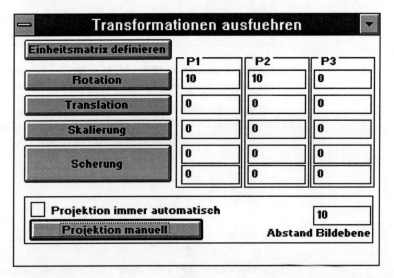

Üblicherweise wird die so definierte - ggf. auch aus mehreren Transformationen zusammengesetzte - Gesamttransformation erst angezeigt, wenn dies mittels des Auswahlknopfs <Projektion manuell> explizit verlangt wird.

3.4 Beispielprogramm Zentralprojektion

Will man statt dessen jede Transformation sofort und einzeln im Programmhauptfenster anzeigen lassen, so muß vorher <Projektion immer automatisch> aktiviert werden.

Der Aufruf der weiteren Menüpunkte präsentiert zum einen (Transformationsmatrix) die jeweils aktuelle homogene Transformationsmatrix (ohne Projektionsanteil), die auf das Modell angewendet wird (siehe Abb.3.6).

Abb.3.6:
Homogene Transformationsmatrix

Transformationsmatrix			
1.00E+000	0.00E+000	0.00E+000	0.00E+000
0.00E+000	1.00E+000	0.00E+000	0.00E+000
0.00E+000	0.00E+000	1.00E+000	0.00E+000
0.00E+000	0.00E+000	0.00E+000	1.00E+000

Der Menüpunkt *Linien editieren* zeigt eine einfache Möglichkeit, jeweils Anfangs- und Endpunkt einer Kante zu ändern, Kanten zu löschen oder hinzuzufügen (siehe Abb.3.7).

Abb.3.7:
Dialog : Linienelemente editieren

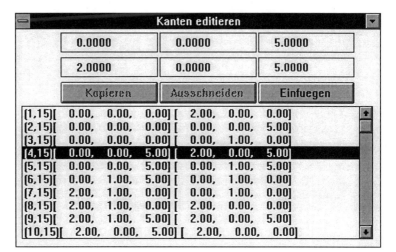

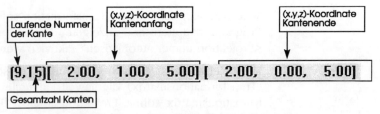

Die Zeilen der Listbox beinhalten dabei die Beschreibung der einzelnen Kanten und können in das Editierfeld kopiert werden.

Hier kann dann jede der Punktkoordinaten editiert werden; die so geänderte Kantendefinition kann dann in die Kantenliste zurückkopiert werden.

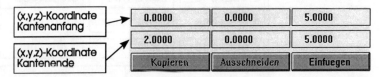

Die Dialogelemente werden deshalb eingeführt, da sie ggf. sinnvoll in eigene Programme übernommen werden können.

4 Modelle und Objekte

4.1 Übersicht

In den vorangegangenen Kapiteln wurde die grundlegende Mathematik und die resultierenden Algorithmen zur Handhabung der räumlichen Transformation und Zentralprojektion von Punkten $x \in \Re^3$ beschrieben; das Beispielprogramm VR_DEM01.C zeigt hierzu einige Anwendungen und den grundlegenden Einsatz der PRJ_Routinen. Die grafischen Ergebnisse beschränken sich natürlich zunächst auf einfache Drahtmodelle (keine Flächenbeschreibungen!) und sind wenig befriedigend. Um ein der Realität näher kommendes grafisches Ergebnis produzieren zu können, mussen wir die Definition und Darstellung von Flächen im $\Re^3$ handhabbar machen. Dabei zerfällt die *Darstellung* in die zwei Teilaufgaben der

- Unterdrückung verdeckter (unsichtbarer) Flächen(teile) einerseits und die
- Projektion der sichtbaren (Teil)Flächen andererseits.

Wir nehmen schon hier vorweg, daß selbst komplexe Flächenmodelle, bei denen unsichtbare Teile nicht dargestellt sind, keineswegs realistische Grafiken erzeugen können, da weder Beleuchtungen und Schattierungen noch bestimmte Oberflächeneigenschaften bei dieser einfachen Betrachtungsweise berücksichtigt werden können. Trotzdem hat dieser einfache Ansatz zwei wichtige Funktionen.

- Vor der Berechnung eines Algorithmus, der realitätsnahe Grafikausgabe mit teilweise enorm hohem Rechenzeitaufwand erzeugen kann, muß das darzustellende Modell entworfen werden. Um in dieser Entwurfsphase schnell einen groben Eindruck des Modells erhalten zu können, ist die Beherrschung einfacher Flächendarstellungsalgorithmen vorteilhaft - sie arbeiten nämlich i.d.R. deutlich schneller als komplexe Beleuchtungsmodellverfahren.

- Zum zweiten wollen wir in diesem Kapitel Datenstrukturen bereitstellen, die auch bei den im folgenden beschriebenen komplizierten Darstellungsmethoden als Beschreibungsstrukturen des darzustellenden Modells dienen können.

4 Modelle und Objekte

Die Eingangsbemerkungen zeigen bereits, daß i.f. die notwendige Mathematik weit weniger Raum als die Beschreibung der Datenstrukturen und Algorithmen einnehmen wird.

4.2 Datenstrukturen

Grafische Realisierungen der VR beschreiben i.d.R. komplexe, aus vielen Einzelheiten zusammengesetzte Szenen. Dabei kann es sinnvoll sein, einzelne Teile einer solchen Szene mittels unterschiedlicher Methoden zu konstruieren. Beispielsweise soll eine Szene ein Gebäude, ein Auto und einen Baum zeigen; das Gebäude wird sicherlich mittels ebener Flächen, das Auto durch gekrümmte Oberflächenstücke und der Baum durch fraktale Generierung möglichst einfach zu konstruieren sein.

- Eine zur Erzeugung solcher Szenen geeignete Datenstruktur muß also die gleichzeitige Verwendung *unterschiedlicher* Methoden der Oberflächenbeschreibung zulassen.

Formal nennen wir die der Szene entsprechende Datenstruktur ein MODELL, das wie die im Beispiel beschriebene Szene aus (beliebig) vielen Einzelteilen, den OBJEKTen zusammengesetzt sein darf.

Neben der variablen Beschreibungsmethode einzelner OBJEKTe müssen noch zwei Forderung bzgl. der Transformierbarkeit gemacht werden:

- Um ein MODELL aus mehreren OBJEKTen zusammensetzen zu können, muß für jedes EinzelOBJEKT eine separate Transformation i*m Rahmen des MODELLs* definierbar sein - das OBJEKT muß so gedreht, skaliert oder verschoben werden können, daß es in das MODELL paßt.

- Zusätzlich aber wollen wir das MODELL selbst in seiner Gesamtheit transformieren können - z.B. soll ein Kameraschwenk um das MODELL durch eine Drehung des MODELLs dargestellt werden. Diese zum Objekt gehörende TRANSFORMATION3D muß aber innerhalb des MODELLs, nicht etwa in der OBJEKTstruktur festgehalten werden, da ein OBJEKT durchaus mehrmals innerhalb eines MODELLs - an unterschiedlichen Positionen - verwendet werden kann.

Während also mehrere Objekte - auch mehrmals ein Objekt - zu einem Modell kombiniert werden können, kann ein Modell nicht mit anderen Modellen oder Objekten zusammengefaßt werden.

4.2   Datenstrukturen

Die den obigen Forderungen entsprechenden Strukturen MODELL und OBJEKT finden sich in der Datei MOD.H.

Die Abb.4.1 zeigt das Prinzip des Zusammenhangs dieser beiden Strukturen, ohne auf die (natürlich notwendigen) Einzelheiten der Datenstrukturen einzugehen.

Zunächst wird in MODELL jeweils ein „OBJEKT-TRANSFORMATION3D"-Vektor mit Verweisen auf die einzelnen OBJEKTe und auf die für jedes OBJEKT geltende TRANSFORMATION3D geführt.

Abb.4.1: Modell- und Objektstruktur

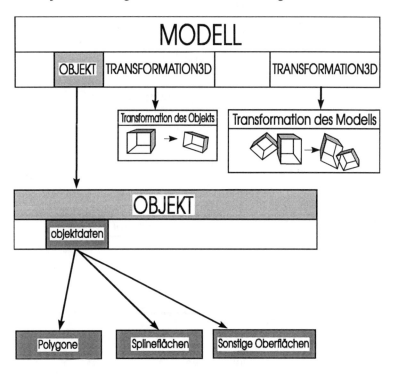

Zusätzlich beinhaltet die Modelldefinition eine weitere TRANSFORMATION3D, die eine optionale Transformation des Gesamtmodells beschreiben kann.

Jedes Vektorelement des „OBJEKT" OBJEKTevektors zeigt nun seinerseits auf eine Struktur vom Typ OBJEKT. Hier wird nun, abhängig von dem Typ der Flächenbeschreibung auf eine erlaubte (weil funktional unterstützte) Oberflächenbeschreibungsmethode verwiesen; Abb.4.1 zeigt beispielhaft die Oberflächenmethoden Polygone und Splines.

49

4 Modelle und Objekte

Bevor wir die beiden Strukturtypen MODELL und OBJEKT anhand des Quellcodes aus MOD.H detailliert erläutern, muß noch auf eine Besonderheit der hier genutzten Verweistechnik hingewiesen werden. Üblicherweise erwartet man als OBJEKTvektor in MODELL einen Eintrag der Form:

```
typedef struct{
    ....
    OBJEKT* objektvektor[1];
    ....
} MODELL;
```

Hier wird der Anker für einen Vektor vom Typ OBJEKT* erzeugt, dessen tatsächlicher Speicherbedarf alloziert *und fixiert* werden muß.

Soll der Pointer eine gültige Adresse beinhalten, so muß der Gesamtvektor (zumindest unter Windows, WindowsNT und OS/2) unverschiebbar im Kernspeicher verbleiben - dies kann aber das Zeitverhalten des Gesamtsystems (also auch paralleler Anwendungen) verschlechtern. Außerdem verstößt es (genau aus dem genannten Grund) gegen die Multitaskingmaxime, Speicherbereiche nur so kurz wie möglich im Speicher zu fixieren.

Abb.4.2: Verweisverfahren

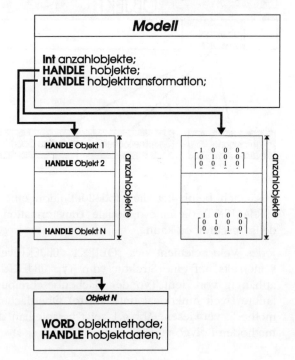

Aus diesem Grund werden in den hier verwendeten Strukturen die notwendigen Speicherbereiche zwar alloziert (i.d.R. mittels `GlobalAlloc()`), aber erst bei unmittelbarem Bedarf fixiert und so schnell wie möglich wieder freigegeben (mittels `GlobalLock()` und `GlobalUnlock()`); in den Strukturen werden daher nur die HANDLE der Speicherbereiche geführt.

Die etwas detailliertere Darstellung Abb.4.2 beschreibt prinzipiell den gleichen Sachverhalt wie Abb.4.1, zeigt aber die Nutzung der genannten HANDLE auf die OBJEKTstrukturen.

Die Nutzung dieser Strukturschachtelung folgt dabei immer folgender Methode.

Zuerst wird der Pointer auf den Objekthandlevektor fixiert...

```
pobjekte = (HANDLE FAR *)GlobalLock(pmodell->hobjekte);
```

Da innerhalb der MODFIl-Struktur die Anzahl der Objekte bekannt ist, kann auf alle OBJEKTe zugegriffen werden...

```
for(obj=0; obj<pmodell->anzahlobjekte; obj++){
```

...nachdem jedes HANDLE innerhalb des Objekthandlevektors seinerseits zu dem Pointer `pobjekt` fixiert wurde.

```
pobjekt = (LPOBJEKT)GlobalLock(*(pobjekte+obj));
```

Ist das Objekt beispielsweise aus ebenen Polygonen (für Details siehe hierzu 5.2.ff) zusammengesetzt, so wird der Pointer auf diese Objektdaten fixiert und einer entsprechenden cast-Anweisung unterworfen.

```
pobjpolygon = (LPOBJEKT_AUS_POLYGON)
                        GlobalLock(pobjekt->hobjektdaten);
.
.
.
```

Nach fertiger Bearbeitung muß zunächst der Pointer auf die Objektdaten freigegeben werden...

```
GlobalUnlock(pobjekt->hobjektdaten);
}
```

...und danach für jedes Objekt der Pointer auf das Objekt selbst.

Modelle und Objekte

```
GlobalUnlock(*(pobjekte+obj));
```

Zum Schluß wird noch der Pointer auf den Objekthandlevektor des Modells freigegeben.

```
GlobalUnlock(pmodell->hobjekte);
```

Betrachtet man abschließend die beiden Strukturen im Detail, so fallen einige zusätzliche Einträge auf, die aber an der grundlegenden Verweisstruktur nichts ändern.

```
typedef struct{
    /* 1. Modellname (Freitext) */
    char modellname[TXTMITTEL];
    /* 2. Anzahl Objekte im Modell */
    int anzahlobjekte;
    /* 3. Vektor mit Handlen der einzelnen Objekte */
    HANDLE  hobjekte;
    /* 4. Vektor mit Transformationsmatrizen */
    HANDLE hobjekttransformation;
    /* 5. Transformationsmatrix, die auf das ganze Modell */
    /*    angewendet werden soll (NULL:Keine T.matrix)    */
    TRANSFORMATION3D modelltransformation;
} MODELL;
```

In der MODELL-Struktur wird zusätzlich lediglich ein Texteintrag zur freien Beschreibung des Modells vorgesehen; die Arbeitsweise mit den Strukturteilen anzahlobjekte und hobjekte wurde oben im Beispiel erläutert. Ähnlich verfährt man mit dem Handle des Vektors hobjekttransformation, der auf die Transformationsmatrizen der Objekte in hobjekte mit gleichem Index weist.

In der OBJEKT-Struktur dagegen sind einige zusätzliche Komponenten vorhanden, die einer eingehenden Erläuterung bedürfen.

```
typedef struct{
    /* 1. Name des Objkts (Freitext) */
    char objektname[TXTMITTEL];
    /* 2. Bezeichnung der Beschreibungsmethode (Freitext) */
    char objektmethodetext[TXTMITTEL];
    /* 3. Konstante, die Beschreibungsmethode(n) definiert*/
    WORD objektmethode;
    /* 4. Konstante, die Objekteigenschaften definiert*/
    WORD objekteigenschaft;
    /* 4. Handle Beschreibungstypabhaengige Datenstruktur */
    HANDLE hobjektdaten;
```

```
            /* 5. Konstante Umvolumen */
            WORD umvolumenmethode;
            /* 6. Handle Umvolumen */
            HANDLE humvolumen;
```
} **OBJEKT**;

Zunächst wird unter (1) ebenfalls ein Freitext zur Objektbeschreibung vorgesehen. Ebenfalls zur freien Texteingabe ist (2) ein char-Feld zur Beschreibung der verwendeten Objektmethode vorhanden; beide Strukturteile haben keine algorithmische Bedeutung.

Die Komponente (3) objektmethode wird mit einer Konstanten versehen, die die verwendete Oberflächenmethode definiert; in den Funktionen wird häufig nach dieser Variablen der Oberflächenmethode (siehe hierzu 5.ff) gemäß verzweigt:

```
    switch (pobjekt->objektmethode) {
    case(MOD_M_POLYGON):{
```

Alle verwendbaren Konstanten mit dem Präfix MOD_M_ sind in MOD.H zusammengefaßt. Das Gleiche gilt für die nächste Strukturvariable (4) objekteigenschaft, die diverse Objekteigenschaften erfassen kann; verschiedene, sich nicht ausschließende Objekteigenschaften dürfen mittels bitweisem Oder zusammengefaßt werden.

Interessant sind die beiden letzten Strukturteile, die innerhalb der Objektbeschreibung die Definition einer einfachen Oberfläche möglich macht, die das gesamte Objekt umfaßt. Einige Algorithmen verwenden ein solches *Umvolumen*, um eine schnellere Verarbeitung zu erzielen. Strukturvariable (5) beinhaltet einen Wert, der die Form der Umvolumen-Oberfläche angibt; es sind nur zwei Umvolumentypen mit den Konstanten

MOD_M_UMQUADER   Objekteinschließendes Volumen : Quader
MOD_M_UMKUGEL   Objekteinschließendes Volumen : Kugel

vorgesehen. Strukturteil (6) humvolumen beinhaltet ggf. das Handle des Speicherbereichs, der die Umvolumenbeschreibung enthält. Für beide Umvolumentypen gibt es jeweils eine eigene Struktur:

```
    typedef struct{
            /* 1. Vektor mit Maximalgrenzen */
            PUNKT3D pmax;
            /* 2. Vektor mit Minimalgrenzen */
```

```
                PUNKT3D pmin;
            } UMQUADER;

typedef struct{
            /* 1. Koordinaten des Kugelmittelpunkts */
            PUNKT3D kugelmitte;
            /* 2. Kugelradius */
            REAL kugelradius;
        } UMKUGEL;
```

Der Zugriff auf die Daten des Umvolumens erfolgt gemäß

```
LPUMQUADER pumv;
.
.
.
pumv = (LPUMQUADER)GlobalLock(pobjekt->humvolumen);
```

falls `pobjekt` wie oben bereits fixiert ist.

Auf die nun zur Konstruktion der Objektoberflächen notwendigen Algorithmen und Datenstrukturen (siehe z.B. oben LPOBJEKT_AUS_POLYGON) wird im folgenden Kapitel eingegangen.

4.3 Programmierung von Modellen

Der programmiertechnische Umgang mit Modellen und den von ihnen verwendeten Objekten ist algorithmisch trivial; er wird durch eine Reihe von Funktionen `MOD_funktionsname( )` erleichtert, die in den Dateien `MOD.H` und `MOD.C` definiert sind.

Die Funktionen gliedern sich in 3 Gruppen, die

1. den Zugriff auf Datendateien (Modell- und -Objektbeschreibungen),
   ```
   MOD_ModellAusDateiLaden();
   MOD_ObjektAusDateiLaden();
   ```
2. den speicherrelevanten Umgang mit den Modell- und Datenstrukturen und
   ```
   MOD_ModellInitialisieren();
   MOD_ModellLoeschen();
   MOD_ModellKopieren();
   MOD_ObjektKopieren();
   ```
3. die Transformation von Modellen bzw. Objekten
   ```
   MOD_ModellTransformieren();
   MOD_ObjektTransformieren();
   ```

unterstützen; weiterhin werden unterschiedlich Projektionsalgorithmen realisiert, die weiter unten dargestellt werden.

4.3.1 Modell- und Objektdateien

Grundsätzlich sind beliebige Syntaxregeln zur Definition und Speicherung von Modellen und Objekten in Dateien möglich. Der hier verwendete Aufbau der Beschreibungsdateien und die damit zu verwendenden Funktionen

```
MOD_ModellAusDateiLaden(LPSTR, LPMODELL);
MOD_ObjektAusDateiLaden(char*, LPOBJEKT);
```

setzen voraus.

- separate Dateien für die Modell- und Objektdefinition und
- formatierte Datendateien (der Nachteil gegenüber unformatiertem Dateizugriff ist sicherlich die weitaus längere Lesezeit; demgegenüber können formatierte Daten aber mit jedem Editor bearbeitet werden)

Der Aufbau einer Objektbeschreibungsdatei **name.DAT** ist abhängig von der Flächenbeschreibungsmethode, die für das Objekt verwendet wurde; die Funktion `MOD_ObjektAusDatei-Laden()` verarbeitet aber automatisch alle definierten Objektoberflächenbeschreibungen. Der grundsätzliche Aufbau einer Objektdatei folgt der Syntax[1]

```
1. Zeile :    Titeltext des Objekts
2. Zeile :    Text zur Beschreibungsmethode der Oberflächen
3. Zeile :    ModuskonstOberfläche[2] [ModuskonstKonvexität[3] ]
4. Zeile :    ModuskonstanteUmvolumenmethode[4]
```

---

[1] Eckige Klammern [ ] sind Optionalklammern; ihr Inhalt kann ggf. weggelassen werden. Die Klammern selbst dürfen nicht geschrieben werden.

[2] Erlaubt ist genau eine Konstante MOD_M_oberflächenmethode, siehe MOD.H.

[3] Die Konstante MOD_E_KONVEX ist bei konvexen Volumina zu setzen.

[4] Es ist genau eine der Konstanten MOD_M_UMxyz notwendig, siehe MOD.H
MOD_M_UMQUADER   Objekteinschliessendes Volumen: Quader
MOD_M_UMKUGEL   Objekteinschliessendes Volumen: Kugel
MOD_M_UMNONE   kein Objekteinschliessendes Volumen

4 Modelle und Objekte

> 5. Zeile und folgende :
> > abhängig von Zeile 3; hier werden die einzelnen Objektoberflächenteile definiert. Die Syntax der Beschreibung ist in den jeweiligen Abschnitten beschrieben.

Die Modelldatei ist immer in gleicher Syntax zu definieren und wird durch die Funktion MOD_ModellAusDateiLaden() aus einer Datei **name.MOD** gelesen. Ein separater Aufruf von MOD_ObjektAusDateiLaden() ist dabei nicht nötig; dies wird automatisch durchgeführt.

> 1. Zeile :   Titeltext des Modells
> 2. Zeile :   Anzahl Objekte im Modell, Natürliche Zahl > 0
> 3. Zeile bis *AnzahlObjekte*5+2*. Zeile : Objektverweisblöcke

Es folgen ab der 3.ten Zeile genau AnzahlObjekte Objektverweisblöcke. Jeder dieser Blöcke ist genau 5 Zeilen lang gemäß der Syntax:

> 1. Zeile :   Name (ggf. vollständiger Pfad) einer Objektdatei name.DAT
> 2. Zeile bis 5. Zeile : Transformationsmatrix für das Objekt

Nach dem letzten Objektverweisblock wird in den letzten 4 Zeilen die Transformationsmatrix des Gesamtmodells definiert.

> *AnzahlObjekte*5+3*. Zeile bis *AnzahlObjekte*5+7*. Zeile : Transformationsmatrix für Gesamtmodell

Ein Beispiel verdeutlicht den Aufbau einer Modelldatei sofort:

```
3 Objekte (Quader, Zylinder, Pyramide)
3              // Anzahl Objekte im Modell
PYRAMIDE.DAT
0.940   0.117   0.321   0.000
0.000   0.940  -0.342   0.000
-0.342  0.321   0.883   0.000
0.000   0.000   0.000   1.000
QUADER.DAT
0.814  -0.441   0.379   1.000
0.470   0.883   0.018   1.000
-0.342  0.163   0.925  -5.000
0.0     0.0     0.0     1.0
ZYLINDER.DAT
0.985  -0.171  -0.0302   1.00
0.174   0.970   0.171   -1.00
0.0    -0.174   0.985   +7.00
0       0       0       +1
```

```
0.5    0     0     0
0      0.5   0     0
0      0     0.5   0
0      0     0     1
```

4.3.2 Programmiertechnik

Das Programmbeispiel zeigt das Umgehen mit Modell- und Objektstrukturen und die Verwendung der MOD_funktionen.

Jede Anwendung, die auf außerhalb des eigentlichen Programms definierte Modell- und Objektdaten zugreifen will, muß diese aus Dateien einlesen. Bei Bedarf kann der formatierte Dateizugriff in den Funktionen MOD_ModellAusDateiLaden() und MOD_ObjektAusDateiLaden() einfach durch unformatierten Zugriff ersetzt werden; die Datendateien müßten dann geeignet generiert werden.

Zunächst wird in VR_DEMO2.C der Name einer Modelldatei ermittelt...

```
case IDM_MODELLLADEN:{
    OPENFILENAME ofn;
    .
    .
    .
        if(GetOpenFileName(&ofn)) {
```

...dann wird dieser Dateiname zum Einlesen der Modelldefinition benutzt; bei Rückkehr wird eine Fehlernummer zurückgegeben.

In dem (hier globalen) Variablenmodell ist anschließend die Modell- und Objektdefinition enthalten.

```
error = MOD_ModellAusDateiLaden(ofn.lpstrFile, &modell);
```

Dabei wird das Einlesen der Objektdaten automatisch veranlaßt.

Der Umgang mit der Modellbeschreibung in der Variablen macht in einigen Fällen wegen der hier abgelegten Datenstrukturen eine funktionsgestützte Bearbeitung nötig:

Bei Programmende müssen alle zur Speicherung der Modelldaten verwendeten Speicherbereiche dealloziert werden; eine automatische Freigabe durch Verwendung einer nichtglobalen Variablen gemäß

```
{
    MODELL modelltemporaer;
```

```
             .
             .
             MOD_ModellAusDateiLaden(ofn.lpstrFile, &modelltemporaer);
             .
             .
             .

}
```

erfolgt natürlich nicht. Statt dessen muß eine explizite Freigabe durch

```
case IDM_EXIT:
     MOD_ModellLoeschen((LPMODELL)&modell);
     DestroyWindow(hWnd);
     break;
```

erfolgen. Ähnliches gilt bei einem Kopieren der Modell- und Objektbeschreibung von einer Variablen in eine andere. Der triviale Versuch

```
MODELL modell, modellkopie;
   .
   .
   .
MOD_ModellAusDateiLaden(ofn.lpstrFile, &modell);
modellkopie = modell;.
```

funktioniert so nicht, da hier nur die Originalhandle der Variablen in übertragen werden und keine Datenduplizierung erfolgt; Änderungen in tangieren und umgekehrt - das war nicht erwünscht.

Statt dessen wird mittels

```
MOD_ModellKopieren((LPMODELL)&modell,(LPMODELL)&modellkopie);
```

eine explizite Kopie aller Datenbereiche durchgeführt.

Eine komplette Abarbeitung eines Modells...

```
{
MODELL modell, modell2;
```

beginnt also i.d.R. mit dem Einlesen des Modells aus einer Datei...

```
MOD_ModellAusDateiLaden(ofn.lpstrFile, &modell);
```

...ggf. gefolgt von optionalen Kopiervorgängen:

4.3 Programmierung von Modellen

```
MOD_ModellKopieren((LPMODELL)&modell,(LPMODELL)&modell2);
```

Soll nun das so geladene Modell weiter verarbeitet werden, so muß es zunächst *einmal* initialisiert werden; hierbei werden zunächst alle Objekttransformationen ausgeführt - und damit das Modell zusammengesetzt - und dann die Modelltransformation ausgeführt.

```
MOD_ModellInitialisieren(&modell);
```

Danach stehen die Einzelflächenbeschreibungen in zur beliebigen weiteren Bearbeitung zur Verfügung. So kann z.B. eine weitere Transformation (nur des Gesamtmodells !) durchgeführt werden :

```
PRJ_Einheitstransformation((TRANSFORMATION3D*)&m);
t.x1 = (REAL)0.0;
t.x2 = (REAL)0.0;
t.x3 = (REAL)(2*prj_bildabstand);
PRJ_Translation((TRANSFORMATION3D*)&m, t);
m =  PRJ_MatrixMultiplikation(&m,

&prj_transformationsmatrix);

MOD_ModellTransformieren((LPMODELL)&modell,

(LPTRANSFORMATION3D)&m);
```

Das Modell kann auch auf einen (pixelweise arbeitenden) Gerätekontext projiziert werden; im Beispiel wird das Modell auf dem Monitor dargestellt.

```
hDC = BeginPaint(hWnd, &ps);
GetClientRect(hWnd, &rcc);

MOD_ModellProjektion((LPMODELL)&modell,
                                          hDC,
                                          rcc,
                                          prj_bildabstand);

EndPaint(hWnd, &ps);
```

Alternativ kann auch ein anderer Projektionsalgorithmus verwendet werden :

```
hDC = BeginPaint(hWnd, &ps);
GetClientRect(hWnd, &rcc);

MOD_zBuffer((LPMODELL)&modell,
```

```
                        hDC,
                        rcc,
                        prj_bildabstand,
                        (COLORREF)0x00FFFFFF);

EndPaint(hWnd, &ps);
```

In jedem Fall muß die Bearbeitung durch Löschen der Speicherallozierungen beendet werden,

```
MOD_ModellLoeschen((LPMODELL)&modell);
MOD_ModellLoeschen((LPMODELL)&modell2);
```

wenn nicht Systemressourcen blockiert werden sollen.

5 Oberflächengeometrie

5.1 Übersicht

Unabhängig von der Methode der Darstellung von Objekten (z.B. durch Projektion oder durch Strahlverfolgung) müssen Objekte durch ihre Oberflächen definiert werden; die Angabe weiterer Eigenschaften der Objekte (z.B. Masse, Drehmoment etc.) ist im Rahmen der VR nur dann sinnvoll, wenn die damit verbundenen Erscheinungsformen der Objekte (z.B. Gewicht oder Trägheit) ebenfalls dargestellt werden sollen - dies kann i.d.R. nur bei dynamischen (bewegten) VR-Simulationen notwendig werden. Bei Beschränkung auf statische VR-Szenen reduziert sich die Objektdefinition auf

- die Geometrie (Form) der Oberfläche und
- weitere Oberflächeneigenschaften wie z.B. Farbe, Reflektionsvermögen oder Oberflächenstruktur.

In diesem Kapitel werden wir ausschließlich Methoden zur Definition der Oberflächenform (Oberflächengeometrie) bereitstellen; die resultierenden Datenstrukturen und Algorithmen werden passend zu den bereits beschriebenen MODELL- und OBJEKTstrukturen sein und mit diesen zusammen verarbeitet werden können.

5.2 Polygone

Betrachten wir ein einfaches Drahtgitterobjekt, das ausschließlich durch seine Eckpunkte definiert ist (siehe VR_DEMO1), so ist unmittelbar naheliegend, die jeweils in einer Ebene liegenden Objektpunkte als die Eckpunkte einer ebenen, von Geraden begrenzten Fläche des Raums aufzufassen - solche Flächen werden als Polygone bezeichnet.

Das Objekt kann danach auch als von den so beschriebenen Polygonen zusammengesetzt verstanden werden. Wir haben gegenüber der vorherigen *Eckpunktdarstellung* (Drahtgitter) den Vorteil, den Flächen Eigenschaften (z.B. eine undurchsichtige Flächenfarbe) zuzuschreiben und damit die Grundlage für die

Projektion nur der sichtbaren (Teil)flächen zu erhalten - also können prinzipiell alle (Teil)flächen ausgesondert werden, die von irgendwelchen anderen Flächen bei einer bestimmten Projektion (Sichtrichtung) verdeckt werden.

Natürlich gibt es auch die Möglichkeit, die ein Objekt begrenzenden Flächen als *nichtebene* (beliebig gekrümmte) Flächen im Raum zu beschreiben - die Mathematik hierzu ist wesentlich komplizierter und die grafischen Ergebnisse sind i.d.R. wesentlich besser.

5.2.1 Mathematische Hintergründe

Wir wollen hier zunächst die zur Beschreibung von Polygonen im Raum notwendigen mathematischen Hintergründe zusammenstellen.

5.2.1.1 Ebene im Raum

Zunächst definieren 3 Vektoren $p_1, p_2, p_3 \in \Re^3$ eine Ebene im Raum; innerhalb dieser Ebene liegt das durch dieselben Vektoren definierte Polygon, dessen Eckpunkte die 3 Vektoren sind. Natürlich können auch mehr als 3 Vektoren ein dann n-eckiges Polygon bestimmen - dabei muß aber dafür gesorgt werden (durch geeignete Definition), daß alle Vektoren innerhalb einer Ebene liegen.

Abb.5.1:
Ebene im Raum

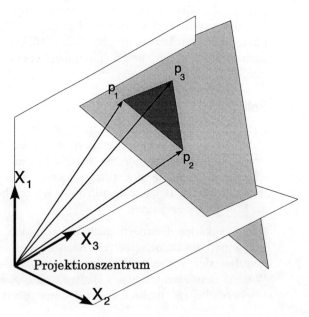

5.2 Polygone

Wir halten also fest : Ein Polygon mit P_n, $n > 2$ Ecken ist wie folgt definiert :

(1) $\quad P_n := (\mathbf{p}_1, \mathbf{p}_2, ..., \mathbf{p}_n) \; mit$
$\mathbf{p}_{i,\,i=1,n} \in \Re^3 \; und$
$((\mathbf{p}_2 - \mathbf{p}_1) \times (\mathbf{p}_3 - \mathbf{p}_1)) * (\mathbf{p}_i - \mathbf{p}_1) = 0 \; mit \; i = 1, n$

Dabei ist die letzte Zeile von (1) die Bedingung, daß ein beliebiger Eckpunktvektor des Polygons innerhalb der von den ersten 3 Eckpunktvektoren aufgespannten Ebene liegt[1].

5.2.1.2 Flächennormale

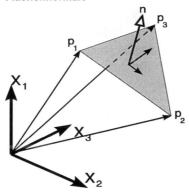

Neben der Ebenenbedingung (1) ist noch eine weitere Gleichung der Vektorrechnung wichtig für die Formulierung unserer Algorithmen zum Umgang mit ebenen Flächen in EFL.C. Der Vektor, der senkrecht auf der mittels der Polygoneckpunktvektoren aufgespannten Ebene steht, wird *Flächennormale* oder kurz *Normale* **n** genannt. Wir werden diese Normale zu einer Polygonfläche für die Formulierung eines Algorithmus zur Berechnung unsichtbarer Flächenteile verwenden müssen. Für die Normale **n** des Polygons P gilt

(2) $\quad \mathbf{n}(P) = (\mathbf{p}_2 - \mathbf{p}_1) \times (\mathbf{p}_3 - \mathbf{p}_1)$

Ein Vergleich mit (1) zeigt sofort, daß die Normale bei der Ebenenbestimmung verwendet wird.

---

[1] Die Auswahl der ersten drei Eckpunktvektoren eines Polygons zur Festlegung der Ebene ist willkürlich; natürlich können je 3 beliebige Eckpunktvektoren hierzu benutzt werden.

5.2.1.3 Konvexität

Interessant für die algorithmische Bearbeitung von flächigen Polygonen und auch allgemein von räumlichen Objekten ist die *Konvexität*. Anschaulich ist ein Objekt *konvex*, wenn die Verbindungsgerade zwischen je zwei beliebigen Punkten des Objekts (egal ob Punkte der Objektoberfläche oder Punkte innerhalb des Objekts) *vollständig innerhalb* des Objekts liegt. Diese Eigenschaft ist insbesondere wichtig bei der Untersuchung räumlicher Objekte hinsichtlich ihrer teilweisen Sichtbarkeit innerhalb eines Modells. Im räumlichen Beispiel ist die Kugel ein konvexes Objekt, während die Röhre nicht konvex ist - alle Verbindungsgeraden durch das Röhreninnere sind nicht Bestandteil der Menge aller Objektpunkte. Wählt man allerdings statt der Röhre einen massiven Zylinder, bei dem also das „Röhreninnere" mit zum Objekt gehört, so liegt ein konvexes Objekt vor.

Sei nun die Oberfläche eines räumlichen Objekts durch *ebene Polygone* - und damit durch die Eckpunktvektoren p_i - definiert und sei als zusätzliche Annahme das *Objekt konvex*. Gesucht ist ein beliebiger Punkt m *innerhalb* des Objekts - also nicht zur Objektoberfläche gehörend. Ein solcher Punktvektor m ist schnell gefunden :

$$(3) \quad \mathbf{m} = \frac{1}{n}\sum_{i=1}^{n}\mathbf{p}_i$$

5.2.1.4 Äußere Normale

Interessiert man sich nun für die Frage, ob der mittels (2) berechnete Normalenvektor n eines dieser Oberflächenpolygone in das Objekt hinein oder aus dem Objekt heraus weist, so läßt sich diese Frage für konvexe Objekte leicht gemäß (4) beantworten.

Sei **m** *ein Punkt innerhalb des konvexen Objekts* ⇒

(4)   **n** *auf* $P(\mathbf{p}_1,...,\mathbf{p}_n)$ *weist zum Objektäußeren* ⇔

$\mathbf{n} * (\mathbf{p}_1 - \mathbf{m}) > 0$

Anschaulich bedeutet die Bedingung (4), daß der Cosinus des Winkels zwischen Normale **n** und dem zum Objektäußeren weisenden Winkel $\mathbf{p}_1 - \mathbf{m}$ positiv ist - der Winkel selbst also ein spitzer Winkel sein muß.

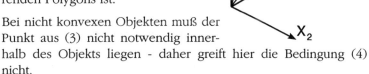

Es ist unerheblich, welchen Eckpunktvektor **p** des Objekts man zur Ermittlung des nach außen weisenden Vektors $\mathbf{p}_i - \mathbf{m}$ heranzieht, solange der Eckpunktvektor auch Eckpunktvektor des zur Normalen gehörenden Polygons ist.

Bei nicht konvexen Objekten muß der Punkt aus (3) nicht notwendig innerhalb des Objekts liegen - daher greift hier die Bedingung (4) nicht.

5.2.1.5   Sichtbare Polygone

Mit den jetzt entwickelten Hilfsmitteln läßt sich eine in Hinblick auf Sichtbarkeitsbestimmungen (und die Schnelligkeit der dafür zuständigen Algorihmen) wichtige Frage klären :

Falls bei einem *konvexen* Objekt eine Teilfläche (hier: ein Polygon) vom Projektionszentrum weg weist, so wird sie immer von einer oder mehreren anderen Teilflächen desselben Objekts verdeckt und ist damit *immer unsichtbar* - bezogen auf das Projektionszentrum. Solche Teilflächen von Objektoberflächen müßten dann prinzipiell nicht auf ihre Sichtbarkeit hin untersucht werden, was einem Sichtbarkeitsalgorithmus u.U. sehr viel Arbeit abnehmen kann; wir müssen bei professionellen Modellen von Objekten mit mehreren 100000 Polygonen ausgehen, von denen durch obige Überlegung ggf. die Hälfte unberücksichtigt bleiben könnte!

Hinzu kommt noch ein weiterer Gesichtspunkt. Teilflächen, die vom Betrachter (Projektionszentrum) weg weisen und damit prinzipiell unsichtbar sind, können ihrerseits keine anderen Teilflächen mehr verdecken, die nicht ggf. schon von anderen, sichtbaren Teilflächen verdeckt worden wären. Sie müssen damit also weder selbst auf Sichtbarkeit noch auf Verdeckung anderer Teilflächen hin untersucht werden - ein u.U. großer Zeitvorteil.

Nach solch langem Vorspann beantwortet sich die Frage nach der Ermittlung der *unsichtbarer* Teilflächen bei Polygonen äußerst einfach:

(5) *Sei $P(\mathbf{p}_1,...,\mathbf{p}_n)$ ein Oberflächenpolygon eines konvexen Objekts und $\mathbf{n}$ die äußere Normale auf $P \Rightarrow$*
P ist unsichtbar $\Leftrightarrow -\mathbf{p}_i * \mathbf{n} \leq 0$ für ein beliebiges $i \in [1, n]$

Dies ist die exakte Formulierung für : "die Flächennormale weist bei unsichtbaren Polygonen vom Betrachter weg".

Zur Formulierung eines entsprechenden Verfahrens müssen wir dann nur noch gemäß (4) die *äußere* Normale des konvexen Objekts ermitteln.

5.2.2 Datenstruktur und Polygonobjekte

Im Kapitel 4 wurden die Strukturen zur Beschreibung von MODELL und OBJEKT entwickelt; Abb.4.1 veranschaulicht den Zusammenhang. Hier wird auch offensichtlich, daß innerhalb einer Objektbeschreibung

```
typedef struct{
```

zunächst eine die Oberflächenbeschreibungsmethode bezeichnende Konstante...

```
    WORD objektmethode;
```

...und dann ein Handle auf die eigentlichen Oberflächendaten...

```
    HANDLE hobjektdaten;
} OBJEKT;
```

...eingehängt sind. Wählt man als Konstante den Wert (siehe MOD.H)...

```
OBJEKT obj;
.
obj.objektmethode = MOD_M_POLYGON;
```

...so werden Polygone als Oberflächenelemente des Objekts erwartet. Alle Funktionen bestimmen automatisch anhand der `objektmethode` die Verarbeitungsweise der Oberflächendaten; der Programmierer muß sich darum nicht mehr sorgen.

Bevor wir anhand einer Funktion aus `MOD.C` beispielhaft den Umgang mit Polygondaten betrachten, müssen wir zunächst die zur Speicherung von durch Polygone beschriebenen Oberflächen notwendige Datenstruktur entwickeln.

Der zunächst triviale Ansatz wäre, einen Vektor mit Polygonen als Vektorelemente vorzusehen; insgesamt würde dieser Polygonvektor dann die Objektoberfläche (geometrisch) beschreiben. Dieses Vorgehen aber würde sowohl bei der Objektspeicherung (auf Datenträger) als auch bei der Verwaltung der Objektdaten in einem Programm (im Kernspeicher) unnötig viel Platz verbrauchen.

Dies wird sofort offensichtlich, wenn wir anhand eines einfachen Würfels die Speicherplatzbilanz durchrechnen:

1. Beim trivialen Ansatz (einfach alle Polygone hintereinander abspeichern) werden 6 Polygone mit jeweils 4 Eckpunkten, also $6 * 4 * sizeof(float) = 96\, byte$ benutzt.

2. Speichert man statt dessen gemäß Abb.5.2 zunächst alle Eckpunkte separat in einer Eckpunktliste ab und beschreibt die Polygone dann durch einfache Verweise auf die Indices dieser Eckpunktliste, so wird ausgenutzt, daß i.d.R. je ein Eckpunkt zu mehreren Polygonen gehört. Die Rechnung sieht dann wie folgt aus:

   Eckpunktliste : $8 * sizeof(float) = 32\, byte$

   Indexliste   : $6 * 4 * sizeof(int) = 48\, byte$

Das macht also eine Speicherersparnis von ca. 17%. Über die Speicherersparnis hinaus wird aber auch der algorithmische Umgang mit den so definierten Objekten einfacher. Soll z.B. das Objekt einer Transformation unterworfen werden (etwa bei einer Rotation des Gesamtmodells als Äquivalent zu einem Kameraschwenk), so wird einfach die Eckpunktliste transformiert - ohne Berücksichtigung der Zuordnung der einzelnen Eckpunkte zu den Polygonen. Damit wird jeder Eckpunkt nur einmal transformiert.

Wir werden also die Datenstruktur zur Beschreibung von Polygonoberflächen entsprechend Ansatz 2 entwerfen.

Abb. 5.2:
Struktur
OBJEKT_AUS_-
POLYGON

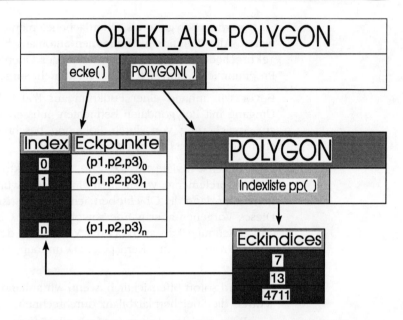

Dazu muß ein Strukturtyp OBJEKT_AUS_POLYGON konstruiert werden, in dem...

```
typedef struct{
```

...die Anzahl aller Polygone (mit ggf. unterschiedlich vielen Eckpunkten) im Objekt,

```
    UINTEGER anzahlpolygone;
```

...die Anzahl aller Eckpunkte im Objekt,

```
    UINTEGER anzahleckpunkte;
```

...ein Speicherhandle der Eckpunktliste,

```
    HANDLE heckpunkte;
```

...und zuletzt ein Speicherhandle der Polygon(index)liste...

```
    HANDLE hpolygone;
} OBJEKT_AUS_POLYGON;
```

...definiert wird. Der Aufbau der Eckpunktliste ist unmittelbar klar; das Speicherhandle hpolygone dagegen zeigt auf einen Vektor mit Polygonbeschreibungen als Vektorelemente. In jeder Polygonbeschreibung sind alle Informationen über das Polygon abgelegt.

```
typedef struct{
```

Zunächst wird die Anzahl der Eckpunkte in einem Polygon bestimmt; diese kann für jedes Polygon eines Objekts unterschiedlich sein. Die höchste erlaubte Eckpunktanzahl in einem Polygon wird in der Konstanten MAXINDEXPOLYGONE in EFL.H definiert.

```
    BYTE anzahlecken;
```

Die Flächenfarbe wird als weiterer Wert der Polygonfläche zugeordnet.

```
    COLORREF farbe;
```

Der Vektor der Polygoneckenindices wird fest definiert; dies ist bei Polygonen mit mehr als 4 Ecken zwar programmtechnisch einfacher zu handhaben, aber ggf. speicherintensiv. Die Funktionen erwarten in jedem Fall einen Vektor und kein Speicherhandle.

```
    UINTEGER pp[MAXINDEXPOLYGONE];
```

Die Flächennormale wird der Polygonfläche zugeordnet; ihre Berechnung muß natürlich separat durchgeführt werden.

```
    PUNKT3D normale;
```

Ein WORD zur Speicherung verschiedener Informationen über den Polygonzustand ist vorgesehen. Hier wird ggf. Information über die Sichtbarkeit des Polygons gemäß (5) abgelegt. Zulässige Werte finden sich mit dem Präfix EFL_ in EFL.H.

```
    WORD modus;
} POLYGON;
```

Entsprechend des Strukturtyps OBJEKT_AUS_POLYGON wird die Information zur Darstellung einer Oberfläche aus Polygonen in Dateien name.DAT abgelegt, auf die in Modellbeschreibungen name.MOD (siehe 4.3.1) verwiesen wird.

1. Zeile :   Titeltext des Objekts
2. Zeile :   Text zur Beschreibungsmethode der Oberflächen

```
                    3. Zeile :      MOD_M_POLYGON[ModuskonstKonvexität² ]
                    4. Zeile :      ModuskonstanteUmvolumenmethode³
                    5. Zeile :      Anzahl Polygone im Objekt
                    6. Zeile :      Anzahl Eckpunkte im Objekt
                    7. Zeile ff.:   Eckpunktliste
                         Lauf.Eckpunktnummer KoordinateX1 KoordinateX2 KoordinateX3
                    Nachfolgende Zeilen :
                                    Polygonblöcke :
                                    1. Zeile : Anzahl Eckpunkte im Polygon
                                    2. Zeile : Flächenfarbe als R G B
                                    3. Zeile ff. : Eckenindices (je Zeile ein
                                                   Index)
```

Die Indices der Eckpunktliste beginnen entgegen der C-Syntax mit dem Index 1 für den ersten Eckpunkt - dies ist beim Erstellen der Objektdateien zu berücksichtigen.

Als Beispiel kann jede der Dateien in \VR_DEMO2\name.DAT dienen.

5.2.3 Programmierung von Polygonobjekten

Alle notwendigen Strukturen und Funktionen sind in den Quelldateien

- MOD.C, MOD.H: Behandlung von Polygonobjekten
  in *Mod*ellen
- EFL.C, EFL.H: Manipulation *E*bener *Fl*ächen

enthalten. Wir wollen die wichtigsten Programmiertechniken nachfolgend darstellen; alle Beispiele sind der Datei VR_DEMO2.C entnommen.

---

[2] Die Konstante MOD_E_KONVEX ist bei konvexen Volumina zu setzen.

[3] Es ist genau eine der Konstanten MOD_M_UMxyz notwendig, siehe MOD.H
MOD_M_UMQUADER   Objekteinschliessendes Volumen: Quader
MOD_M_UMKUGEL   Objekteinschliessendes Volumen: Kugel
MOD_M_UMNONE   kein Objekteinschliessendes Volumen

5.2.3.1   Laden von Objektdaten

Das Laden von Polygondaten aus einer Objektdatei name.DAT zeigt exemplarisch den Umgang mit den notwendigen Allozierungsvorgängen.

Nach einem Verzweigen gemäß der bereits bekannten Oberflächenbeschreibungsmethode wird hier zur Objektmethode **MOD_M_POLYGON** verzweigt.

```
/* Kopieren der Objektdaten nach Beschreibungsmethode */
switch (pobjektziel->objektmethode) {
case MOD_M_POLYGON:
```

Nun ist klar, das ein Objekt aus Polygonen erwartet wird; daher wird zunächst Platz für die entsprechende Datenstruktur geschaffen.

```
pobjekt->hobjektdaten =
            GlobalAlloc(GMEM_MOVEABLE | GMEM_ZEROINIT,
                        sizeof(OBJEKT_AUS_POLYGON));
```

Das Handle wird als *far pointer* auf den Strukturtyp **OBJEKT_AUS_POLYGON** fixiert.

```
pobjpolygon = (LPOBJEKT_AUS_POLYGON)GlobalLock(
                        pobjektziel->hobjektdaten);
```

Jetzt kann sofort auf alle Strukturvariablen in pobjpolygon zugegriffen werden, die *kein* Handle auf noch zu allozierende Datenbereiche sind.

```
/* Anzahl Polygone */
WHP_readformattedline(datei, buffer);
sscanf(buffer, "%d", &dummy );
pobjpolygon->anzahlpolygone = dummy;

/* Anzahl Eckpunkte gesamt */
WHP_readformattedline(datei, buffer);
sscanf(buffer, "%d", &dummy );
pobjpolygon->anzahleckpunkte = dummy;
```

Die zwei Datenbereiche (Eckpunktvektor und Polygoneckindices) müssen noch entsprechend der gerade gelesenen Werte alloziert werden.

Zunächst der Eckpunktspeicher...

5   Oberflächengeometrie

```
               pobjpolygon->heckpunkte = GlobalAlloc(
                              GMEM_MOVEABLE | GMEM_ZEROINIT,
                                      sizeof(PUNKT3D)*
                                   (pobjpolygon->anzahleckpunkte)
                                                               );
               peckpunkte = (LPPUNKT3D)GlobalLock(
                                            pobjpolygon->heckpunkte);
```

...die Eckpunkte können jetzt eingelesen werden...

```
     for(i=0; i<(int)pobjpolygon->anzahleckpunkte; i++){
           WHP_readformattedline(datei, buffer);
           sscanf(buffer, "%d %f %f %f", &dummy, &f1, &f2, &f3);
           peckpunkte[i].x1 = f1;
           peckpunkte[i].x2 = f2;
           peckpunkte[i].x3 = f3;
     }
```

...und die Fixierung wieder freigegeben werden.

```
           GlobalUnlock(pobjpolygon->heckpunkte);
```

Der gleiche Ablauf für den Vektor der Polygone :

```
     pobjpolygon->hpolygone =GlobalAlloc(
                              GMEM_MOVEABLE | GMEM_ZEROINIT,
                                      sizeof(POLYGON)*
                                   (pobjpolygon->anzahlpolygone)
                                                               );
     ppolygone = (LPPOLYGON)GlobalLock(pobjpolygon->hpolygone);

     for(i=0; i<(int)pobjpolygon->anzahlpolygone; i++){
           WHP_readformattedline(datei, buffer);
           sscanf(buffer, "%d", &dummy);
           ppolygone[i].anzahlecken = (BYTE)dummy;

           WHP_readformattedline(datei, buffer);
           sscanf(buffer,"%x %x %x",&rot,&gruen, &blau);
           ppolygone[i].farbe = RGB(rot, gruen, blau);

           for(j=0; j<(int)ppolygone[i].anzahlecken; j++){
                 WHP_readformattedline(datei, buffer);
                 sscanf(buffer, "%d", &dummy);
                 ppolygone[i].pp[j] = dummy;
     }
```

Bevor nun die Speicherfixierung für das Polygon freigegeben wird, muß noch der Modus der Sichtbarkeit initialisiert werden - nachfolgende Funktionen setzen dies voraus.

```
                        ppolygone[i].modus = EFL_POLY_SICHTBAR;
        }
```

Jetzt wird der Polygonspeicher freigegeben.

```
        GlobalUnlock(pobjpolygon->hpolygone);
    break;
```

Nach diesem Vorgehen wird in jedem Fall auf den Inhalt von Polygonbeschreibungen zugegriffen.

5.2.3.2 Polygone mit mehr als 3 Eckpunkten

Aus mathematischer Sicht ist es i.d.R. unerheblich, in welcher Reihenfolge die Eckpunkte von Polygonen definiert und in einer Liste abgelegt werden. Eine Ausnahme hiervon ist die durch die Reihenfolge der Eckpunkte festgelegte Drehrichtung und die damit verbundene Festlegung des äußeren Normalenvektors **n**. Dieser Vektor steht senkrecht auf der Polygonfläche und muß aus dem Objekt hinaus weisen (siehe 5.2.1.4).

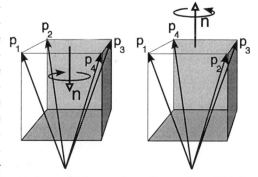

Je nach Reihenfolge der Eckpunktdefinition kann aber der äußere Normalenvektor **n** in das Objekt hinein weisen - und damit logische Fehler in Algorithmen verursachen. Die Funktion EFL_NormaleAufObjektpolygone() ist aber in der Lage, unabhängig von der Definitionsreihenfolge der Eckpunkte, immer den korrekten äußeren Normalenvektor zu bestimmen.

Hierzu bestimmt sie gemäß der Gleichungen (2),(3) und (4) zunächst mit den willkürlich ausgewählten ersten 3 Eckpunkten des Polygons...

```
        for(p=0; p<(int)pobjpolygon->anzahlpolygone; p++){
            p0 = EFL_PolygonPunkt(p,1,peckpunkte,ppolygone);
            p1 = EFL_PolygonPunkt(p,2,peckpunkte,ppolygone);
            p2 = EFL_PolygonPunkt(p,3,peckpunkte,ppolygone);
```

die Flächennormale gemäß 5.2.1.(2).

```
        a.x1 = p1.x1 - p0.x1;
        a.x2 = p1.x2 - p0.x2;
        a.x3 = p1.x3 - p0.x3;
        b.x1 = p2.x1 - p0.x1;
        b.x2 = p2.x2 - p0.x2;
        b.x3 = p2.x3 - p0.x3;
        ppolygone[p].normale.x1 = a.x2*b.x3 - a.x3*b.x2;
        ppolygone[p].normale.x2 = a.x3*b.x1 - a.x1*b.x3;
        ppolygone[p].normale.x3 = a.x1*b.x2 - a.x2*b.x1;
```

Der Polygonmodus wird entsprechend geändert :

```
        ppolygone[p].modus |= EFL_POLY_NORMALEBERECHNET;
    }
```

Mit 5.2.1.(3) wird jetzt ein Punkt im Inneren des Objekts ermittelt...

```
        a.x1 = (REAL)0.0;
        a.x2 = (REAL)0.0;
        a.x3 = (REAL)0.0;
        for(p=0; p<(int)pobjpolygon->anzahleckpunkte; p++){
                a.x1 += peckpunkte[p].x1;
                a.x2 += peckpunkte[p].x2;
                a.x3 += peckpunkte[p].x3;
        }
        a.x1 = a.x1 / pobjpolygon->anzahleckpunkte;
        a.x2 = a.x2 / pobjpolygon->anzahleckpunkte;
        a.x3 = a.x3 / pobjpolygon->anzahleckpunkte;
```

...und dann mittels 5.2.1.(4) getestet, ob der Normalenvektor nach außen zeigt.

```
    for(p=0; p<(int)pobjpolygon->anzahlpolygone; p++){
        p0 = EFL_PolygonPunkt(p,1,peckpunkte,ppolygone);
        if(
          -(ppolygone[p].normale.x1 * (p0.x1 - a.x1) +
            ppolygone[p].normale.x2 * (p0.x2 - a.x2) +
            ppolygone[p].normale.x3 * (p0.x3 - a.x3))
                                             <= (REAL)0.0
        ){
                ppolygone[p].normale.x1 =
                        -(ppolygone[p].normale.x1);
                ppolygone[p].normale.x2 =
                        -(ppolygone[p].normale.x2);
                ppolygone[p].normale.x3 =
                        -(ppolygone[p].normale.x3);
        }
    }
```

Allerdings ist hier Vorsicht angebracht: dieses Verfahren funktioniert natürlich nur dann fehlerfrei, wenn das untersuchte Objekt konvex ist. Ist dies nicht der Fall, so muß durch die richtige Wahl der Eckpunktreihenfolge je Polygon sichergestellt werden, daß die Flächennormale nach außen zeigt. Eine einfache Faustregel hilft hierbei: dreht man eine Schraube in Richtung der Eckpunktreihenfolge, so muß sie „*aus dem Objekt heraus*" gedreht werden.

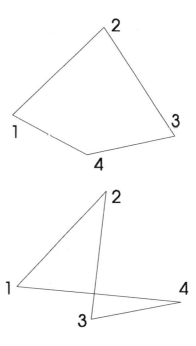

Während das Richtungsproblem des Normalenvektors bereits bei 3-Eck-Polygonen auftaucht, aber algorithmisch gelöst werden kann besteht bei Polygonen mit mehr als 3 Ecken ein neues, nicht mehr algorithmisch lösbares Problem.

Polygone werden mittels der Windowsfunktion `Polygon()` dargestellt; diese Funktion aber stellt die Polygonkanten durch Verbindung der Eckpunkte in der übergebenen Listenreihenfolge dar. Dies kann bei unkorrekter Reihenfolge während der Definition leicht zu einer *degenerierten* Polygondarstellung führen.

Aus diesem Grund *muß* bei der Verwendung von 4- und mehreckigen Polygonen genau auf die Listenreihenfolge der Polygoneckpunkte geachtet werden.

5.3 Gekrümmte Flächen

Will man die Darstellungsnachteile wie z.B. eine unnatürlich wirkende Schattierung oder Reflexion der Objektoberfläche, die bei Oberflächenbeschreibungen durch Polygone entstehen, vermeiden, so muß man Objektoberflächen(teile) durch *gekrümmte Flächen* im Raum beschreiben. Sorgt man nämlich bei gekrümmten Oberflächenteilen dafür, daß diese *glatt*[1] ineinander übergehen, so entsteht an der *Nahtstelle* je zweier Oberflächenteile keine sichtbare Kante wie bei Polygonen, die in einem bestimmten Winkel zueinander stehen müssen. Mit dieser *nicht glatten Kante* werden dann gleichzeitig auch Störungen bei der Oberflächendarstellung vermieden.

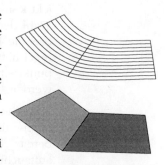

Ebenso wie bei den Polygonen können diesen gekrümmten Flächenteilen Eigenschaften wie z.B. Farbe, Muster, Oberflächenstruktur zugeordnet werden, die durch einen geeigneten Darstellungsalgorithmus dargestellt werden.

5.3.1 Darstellung von Flächen im Raum

Wie werden nun beliebig gekrümmte Flächen im Raum allgemein beschrieben und welche Beschreibungsmethode ist geeignet, die zusätzlichen Forderungen nach

1. Vermeidung rechenzeitintensiver Algorithmen für die *Darstellung* der Flächenteile,
2. möglichst einfacher und schneller Berechnung des *Schnittpunkts* zwischen einem Vektor und einer Fläche (z.B. bei der Rückprojektion siehe 6.2ff),
3. einfacher Anwendbarkeit einer *Transformationsmatrix* auf die Fläche,
4. möglichst geringer *Datenmenge* zur Flächendefinition und
5. einfacher *Manipulierbarkeit* der Fläche (z.B. während des Konstruktionsvorgangs des Objekts)

---

[1] Der Begriff „Glatt" wird mathematisch durch Bedingungen der Stetigkeit beschrieben und so in einem Algorithmus berücksichtigt. Die hier sinnvollen Stetigkeitsforderungen werden im folgenden behandelt.

zu erfüllen, die für einen praktikablen Algorithmus gestellt werden müssen ?

Eine Fläche (wir meinen i.f. hier immer eine *gekrümmte* Fläche) im Raum wird gemäß Abb.5.3 immer durch eine Funktion $f: \Re^2 \to \Re^3$ definiert. Damit wird jedem Punkt des 2dimensionalen (flächigen) Definitionsbereichs mindestens ein Punkt im Raum zugeordnet.

Seien u,v die Koordinaten eines Vektors innerhalb des Definitionsbereichs (der Fläche) und x,y,z die Koordinaten eines Vektors im Raum. Ausführlich kann man dann diese Funktion als

(1)
$$f: \Re^2 \to \Re^3 :=$$
$$f(u,v) = \begin{bmatrix} x(u,v) \\ y(u,v) \\ z(u,v) \end{bmatrix} \text{ mit } \begin{matrix} [u,v] \in \Re^2 \\ [x,y,z] \in \Re^3 \end{matrix}$$

beschreiben. Diese Form der Definition einer Oberfläche wird Parameterdarstellung einer Funktion mit den Parametern u und v genannt; der Definitionsbereich, aus dem u und v gewählt werden dürfen, heißt Parameterintervall (es ist ein zweidimensionales Intervall).

Abb.5.3:
Erzeugung einer Fläche im Raum

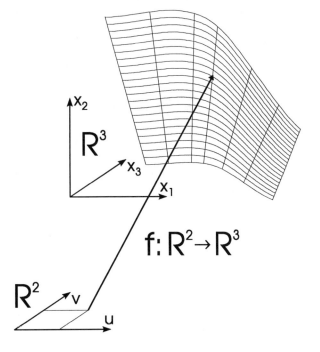

Hier sind noch keinerlei Einschränkungen bezgl. der Form des Definitionsbereichs in der Ebene gemacht worden. Wir können also beispielsweise einen Paraboliden im Raum definieren durch

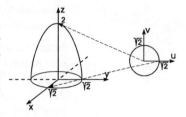

$x(u, v) = u$
$y(u, v) = v$
$z(u, v) = 2 - u^2 - v^2$
$[u, v]$ mit $0 \leq u^2 + v^2 \leq 2$

Dabei wird in der Ebene ein kreisförmiger Definitionsbereich mit einem Radius von $\sqrt{2}$ bestimmt und in den $\Re^3$ als Parabolid abgebildet.

5.3.2 Bernsteinpolynome und Bezierfunktionen

Im nachfolgenden Kapitel werden wir spezielle Funktionen verwenden, um Flächenteile im Raum zu beschreiben. Damit die Darstellung nicht unnötig komplex wird, sollen hier diese speziellen Funktionen mit ihren interessanten Eigenschaften vorab besprochen werden - die Mathematik der Beziersplinefunktionen in den folgenden Kapiteln ist übrigens nicht unbedingt zum Verständnis der programmtechnischen Einbindung dieser Funktionen notwendig und kann ggf. übergangen werden.

Zuerst führen wir das **Bernsteinpolynom vom Grad n** mittels

(1) $B_r^n(t) := \binom{n}{r}(1-t)^{n-r} t^r$ mit $r = 0, ..., n$ und $t \in \Re$

ein[2]. Offensichtlich wird ein Grad n fest gewählt und zu diesem Grad n existieren dann jeweils n (wg. r = 0,...,n) unterschiedliche Polynome, die i.f. für einen Definitionsbereich $t \in [0,1]$ berechnet werden.

Das Programm VR_DEMO3.EXE bietet eine Dialogbox, die Bernsteinpolynome bis zum Grad n=99 für den Definitionsbereich [0,1] darstellt.

---

[2] Der Ausdruck $\binom{n}{r}$ ließt sich als *n über r* und ist eine Abkürzung für

$\binom{n}{r} = \frac{n!}{(n-r)! * r!} = \frac{n(n-1)...(n-r+1)}{r(r-1)...(1)}$

Abb.5.4:
Bernsteinpolynome vom Grad n=3 (Kubisch)

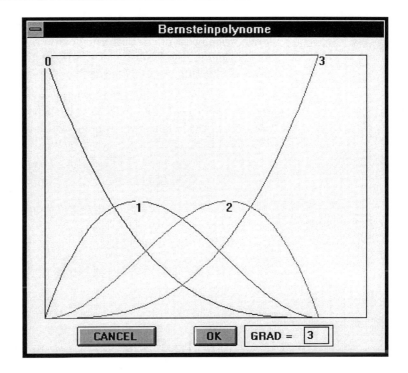

Für die i.f. beschriebenen Aufgaben sind aber lediglich die Bernsteinpolynome vom Grad n=3 (siehe Abb.5.4) interessant.

Unmittelbar aus (1) lassen sich einige wichtige Eigenschaften der Bernsteinpolynome ableiten, die auch von den diese Polynome berechnenden Funktionen (z.B. BEZ_BernsteinPolynom()) verwendet werden. Wir fassen diese Eigenschaften wie folgt zusammen, ohne sie zu beweisen.

(2.1) $\quad B_r^n(0) = B_r^n(1) = 0 \quad \text{für } r \neq 0, r \neq n$

(2.2) $\quad B_0^n(0) = B_n^n(1) = 1$

(2.3) $\quad B_0^n(1) = B_n^n(0) = 0$

(2.4) $\quad B_r^n(t) = B_{n-r}^n(1-t)$

Mit Hilfe der in (1) definierten Bernsteinpolynome definieren wir nun zunächst allgemein ein Bezierpolynom vom Grad n als

(3) $\quad \mathbf{X}(t) = \sum_{i=0}^{n} \mathbf{b}_i \, B_i^n(t)$

Dabei finden wir unsere oben definierten Bernsteinpolynome wieder; wichtig ist noch, daß $\mathbf{x},\mathbf{b}$ Vektoren (beliebig der Ebene oder des Raums) sind. Die Vektoren $\mathbf{b}i$ werden später die Stützpunkte der gekrümmten Fläche im Raum sein.

Zur Vereinfachung beschränken wir uns jetzt sofort auf die Bezierpolynome vom Grad n=3 (kubische Bezierpolynome), da diese i.f. ausschließlich verwendet werden. Formulierung (3) geht dann über in

$$\mathbf{X}(t) = \sum_{i=0}^{3} \mathbf{b}_i B_i^n(t)$$

$$= \mathbf{b}_0 \binom{3}{0}(1-t)^3 t^0 + \mathbf{b}_1 \binom{3}{1}(1-t)^2 t^1 +$$

$$\mathbf{b}_2 \binom{3}{2}(1-t)^1 t^2 + \mathbf{b}_3 \binom{3}{3}(1-t)^0 t^3$$

oder ausführlich

(4) $\quad \mathbf{X}(t) = \mathbf{b}_0(1-t)^3 + 3\mathbf{b}_1(1-t)^2 t + 3\mathbf{b}_2(1-t) t^2 + \mathbf{b}_3 t^3$

Um das Bezierpolynom 3ten Grades bei gegebenen vektorwertigen Koeffizienten $\mathbf{b}$ möglichst effizient zu berechnen, liegt die Idee nahe, zunächst den Ausdruck (4) vollständig auszumultiplizieren und dann nach Potenzen von t zusammenzufassen. Dies würde dann zu einem Ausdruck

(4*) $\quad \mathbf{X}(t) = t^3(\mathbf{b}_3 - 3\mathbf{b}_2 + 3\mathbf{b}_1 - \mathbf{b}_0) +$
$\quad\quad\quad t^2(3\mathbf{b}_2 - 6\mathbf{b}_1 + 3\mathbf{b}_0) + t\,(3\mathbf{b}_1 - 3\mathbf{b}_0) + \mathbf{b}_0$

führen, bei dem man die konstanten Ausdrücke zu jeder Potenz von t *einmal* berechnen und bei allen weiteren t-Werten verwenden könnte. Leider funktioniert dies **nicht**, da bei ungünstigen Belegungen der Koeffizienten **b** aufgrund der begrenzten Rechengenauigkeit Rundungsfehler ein vollkommen falsches Ergebnis bedingen können - eine Berechnung nach (4*) ist numerisch instabil! Abhilfe schafft hier der de Casteljausche Algorithmus, der das Pendant zum Horner-Schema bei der Monomberechnung ist.

Da dieser de Casteljausche Algorithmus aber über die Möglichkeit der schnellen und numerischen stabilen Berechnung von Bezierpolynomen hinaus noch eine ganz wesentliche geometrische Deutung im Zusammenhang mit Beziersplines erlaubt und für viele Anwendungen elementar notwendig ist, werden wir ihn im folgenden (siehe 5.3.5.2) explizit erläutern. Hier soll er zunächst nur in einer seiner Anwendungsmöglichkeiten genannt werden.

Zur Berechnung eines kubischen Bezierpolynoms sind in BEZ.C zwei Funktionen definiert, die Koeffizienten **b** vom Typ PUNKT3D erwarten und natürlich dann auch einen Wert **X**(t) vom Typ PUNKT3D berechnen; die Funktionen

- BEZ_Bezier3Quick()   mittels deCasteljau-Algorithmus (schnell)
- BEZ_Bezier3()   mittels direkter Formulierung (langsam und anschaulich)

sind beide numerisch stabil.

5.3.3 Splinefunktionen

Die Beschreibung gekrümmter Oberflächen mittels Splinefunktionen basiert - unabhängig davon, welche Funktionen letztendlich zur Konstruktion benutzt werden, immer auf einem recht einfachen Grundgedanken, der sich zunächst einfacher anhand einer Splinekurve (statt einer Oberfläche) verdeutlichen läßt. Prinzipiell funktioniert die Splineinterpolation einer Oberfläche aber genauso.

Betrachten wir also zunächst den Fall einer Kurve $K: \Re^1 \rightarrow \Re^3$ im Raum (natürlich kann das i.f. gesagte auch auf Kurven in der Fläche übertragen werden). Diese Funktion K ist zunächst unbekannt - bekannt allerdings sind eine Reihe von Punkten im Raum, die von K interpoliert (also *genau getroffen*) werden sollen. Versucht man nun diese sogenannten *Stützpunkte* der Kurve im Raum

$$\mathbf{p}_i, i = 0, \ldots, n = \begin{bmatrix} x \\ y \\ z \end{bmatrix}_0, \ldots, \begin{bmatrix} x \\ y \\ z \end{bmatrix}_n$$

durch eine einzige Funktion K zu interpolieren, so wird dies mit steigender Anzahl n der Stützpunkte sowohl im Rechenaufwand unvertretbar hoch als auch im Ergebnis des Kurvenverlaufs unbefriedigend sein. Ein vertretbarer

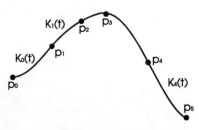

Ausweg ist nun eine *Splineinterpolation* - dabei wird der Kurvenverlauf K_i zwischen je zwei Stützpunkten i,i+1 mit i=0,...,n-1 von einer eigenen, von den anderen Teilkurven zunächst unabhängigen Kurve beschrieben.

Jede einzelne Splinefunktion K_i ist eine Funktion *einer* reellen Variablen t (damit eine Raumkurve beschrieben werden kann!); diese Variable t soll als Definitionsbereich das Werteintervall [0,1] durchlaufen.

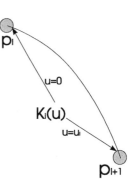

Jede einzelne Splinefunktion ist damit auf demselben Definitionsbereich [0,1] definiert und kann später, wenn die Funktion bekannt ist, über diesem Intervall dargestellt werden.

Die Festlegung auf das genannte Intervall ist natürlich willkürlich und kann ggf. durch ein anderes oder sogar unterschiedliche Definitionsbereichsintervalle für die Splinefunktionen ersetzt werden. Dies werden wir auch tatsächlich ausnutzen: für jede Splinefunktion K_i legen wir einen eigenen Definitionsbereich als

$$u \in \left[0, u_i\right] \text{ mit } t = \frac{u}{u_i}$$

mit neuer Variablen u fest. Ist die jeweilige Splinefunktion bekannt, so ist diese Variablentransformation natürlich für das Aussehen der Kurve vollkommen unrelevant: die Funktion hat in beiden Fällen (t und u) den gleichen Verlauf!

Notwendig wird die Festlegung unterschiedlicher Definitionsbereichsintervalle aber, weil bei den unter Punkt (2) folgenden Ableitungen die Länge des Intervalls als (frei wählbares) Gewicht eingeht und die Bestimmung der Splinefunktion selbst beeinflußt.

Damit das Gesamtbild den Eindruck einer *glatten* Gesamtkurve macht, müssen jetzt noch einige Bedingungen von diesen sogenannten *Splinekurven* erfüllt werden; wir wollen diese Bedingungen im einzelnen besprechen. Als Resultat dieser nun folgenden Betrachtung werden wir eine Berechnungsvorschrift für alle Splinefunktionen erhalten, die eine gegebene Stützpunktmenge *glatt* interpolieren.

Gegeben seien also die Stützpunkte

$$\mathbf{p}_i, i = 0,...,n = \begin{bmatrix} x \\ y \\ z \end{bmatrix}_0, ..., \begin{bmatrix} x \\ y \\ z \end{bmatrix}_n$$

im Raum; obige Darstellung zeigt den Fall für n=5 (also 6 Stützpunkte). Damit die Gesamtkurve *glatt* aussieht, müssen die einzelnen Splinekurven an den Stützpunkten zunächst *ohne Versprung* ineinander übergehen.

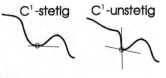

Diese Forderung wird C^0-Stetigkeit genannt und als

(1) $K_i(u_i) = K_{i+1}(0)$ für $i = 0,...,n-2$

formuliert. Diese Stetigkeit reicht aber noch nicht aus, um der Gesamtkurve ein *glattes Aussehen* zu verleihen: wir müssen noch zusätzlich fordern, daß die nunmehr bereits C^0-stetigen Splinekurven an den Stützpunkten mit *gleicher Steigung* aneinander stoßen (die *erste* Ableitung nach u muß an den Stützpunkten gleich sein). Diese Bedingung wird konsequenterweise C^1-Stetigkeit genannt und mittels

(2) $\frac{d}{du} K_i(u_i) = \frac{d}{du} K_{i+1}(0)$ für $i = 0,...,n-2$

beschrieben.

Entsprechend kann man noch die strengere Forderung der C^2-Stetigkeit an die Stetigkeit der Splinekurven an den Stützpunkten stellen:

(3) $\frac{d^2}{du^2} K_i(u_i) = \frac{d^2}{du^2} K_{i+1}(0)$ für $i = 0,...,n-2$

Diese zusätzliche - und in einigen Anwendungen ignorierte - Bedingung liefert weitere Bestimmungsgleichungen für die Berechnung der unbekannten Funktionsparameter.

5.3.4   Kubische Beziersplines

Nach der allgemeinen Formulierung möglicher Anschlußbedingungen der einzelnen an den Stützpunkten aneinander grenzenden Splinefunktionen in 5.3.3(1,2,3) wird es nun erforderlich, sich für eine bestimmte Funktion K(u) zu entscheiden, um durch die Bestimmung von Funktionsparametern **b** jeweils die einzelnen Splinefunktionen festzulegen. Die gängigste Wahl fällt hier auf

- Monome, d.h. Funktionen der Form

$$K(u) = \mathbf{b}_0 u^0 + \ldots + \mathbf{b}_n u^n,$$

- B-Spline-Funktionen und den i.f. verwendeten
- Bezierfunktionen, die in 5.3.2(3) definiert wurden. Diese Bezierfunktionen werden hier ausschließlich als kubische Bezierfunktionen (Grad = 3) verwendet.

Für n+1 vorgegebene Stützpunkte sind damit n kubische Bezier-splines $(X_0, \ldots, X_{n-1})$ mit insgesamt 4*n Koeffizienten $\mathbf{b}_{ki}, i = 0, \ldots, n-1, k = 0, \ldots, 3$ zu bestimmen, wobei (bei Stützpunkten im Raum) jedes $\mathbf{b}_{ki} = \begin{bmatrix} x_{ki} \\ y_{ki} \\ z_{ki} \end{bmatrix}$ ebenfalls ein Vektor ist.

Zusammengefaßt: es sind also (n+1) Stützpunkte gegeben und 4*n Koeffizienten gesucht. Die Abb.5.5 zeigt eine Gesamtkurve bestehend aus n+1 Stützpunkten ● p| und den genannten 4*n Bezierpunkten ☐ $\mathbf{b}_{3,1}$ (oder Bezierkoeffizienten).

Abb.5.5 zeigt auch, daß bei allen Stützstellen, die *nicht* die beiden äußeren Stützstellen sind, jeweils ein Stützpunkt **p** und zwei Bezierpunkte $\mathbf{b}_{3,i}$ $\mathbf{b}_{0,i+1}$ zusammenfallen.

Abb.5.5:
Beziersplines

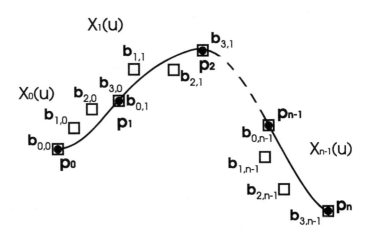

5 Oberflächengeometrie

Eine weitere Eigenschaft von Bezierkurven ist die Tatsache, daß die inneren Bezierpunkte $b_{1,i}$ $b_{2,i}$ im allgemeinen nicht auf der Bezierkurve liegen - die Abb.5.5 deutet diesen Umstand an. Eine Änderung der Lage dieser *inneren Bezierpunkte* ändert nicht die Lage der beiden Kurvenendpunkte - sehr wohl aber die Kurvenform zwischen den beiden Endpunkten.

Die Aufgabe, alle gegebenen Stützpunkte mittels kubischer Beziersplines zu interpolieren, ist gelöst, wenn alle Bezierpunkte

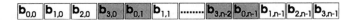

bekannt sind; i.f. sollen bereits bekannte Bezierpunkte grau dargestellt werden.

Wendet man nunmehr die Bedingungen (1) und (2) auf kubische Bezierfunktionen gemäß 5.3.2(4) an, so erhält man ausführlich die Bedingungen

(1.1) $X_i(u_i) = X_{i+1}(0)$
$\Rightarrow X_i(u_i) = b_{3,i} = X_{i+1}(0) = b_{0,i+1} = p_{i+1}$
$\Leftrightarrow b_{3,i} = b_{0,i+1} = p_{i+1}$

Damit sind zunächst die Bezierpunkte

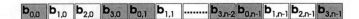

ohne weiteren Rechenaufwand ermittelt. Die beiden äußeren Stützpunkte liefern unmittelbar die beiden äußeren Bezierpunkte

(1.2) $X_0(0) = b_{0,0} = p_0$
$X_{n-1}(u_{n-1}) = b_{3,n-1} = p_n$

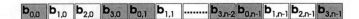

Die fehlenden inneren Bezierpunkte je Bezierfunktion können nun auf zwei unterschiedlichen Wegen berechnet werden.

1. Unter Verwendung nur der C^1-Stetigkeit (5.3.3(2)); bei diesem Weg fällt keine Berechnung eines linearen Gleichungssystems an - die Berechnung ist mithin schneller. Dafür sind die Ergebnisse ggf. (bei ungünstiger Stützpunktlage) weniger befriedigend. Ändert sich die Position eines

Stützpunktes, so müssen nur die beiden benachbarten Splinefunktionen neu berechnet werden.

2. Unter Verwendung der C^1-Stetigkeit *und* der C^2-Stetigkeit (5.3.3(3)). Hier ist jeweils - also bei jeder Lageänderung auch nur eines einzigen Stützpunktes - ein lineares Gleichungssystem mit n+1 Unbekannten zu lösen, um die fehlenden Bezierpunkte neu zu berechnen.

Betrachtet man die erste Verfahrensmöglichkeit, so liefert die C^1-Stetigkeit (5.3.3(2)) sofort

(2.1)
$$\frac{3}{u_i}(\mathbf{b}_{3,i}-\mathbf{b}_{2,i}) = \frac{3}{u_{i+1}}(\mathbf{b}_{1,i+1}-\mathbf{b}_{0,i+1})$$
mit $\mathbf{b}_{3,i} = \mathbf{b}_{0,i+1} \Rightarrow$
$$(u_{i+1}+u_i)\mathbf{b}_{3,i} = u_i\mathbf{b}_{1,i+1}+u_{i+1}\mathbf{b}_{2,i} \Leftrightarrow$$
$$\mathbf{b}_{1,i+1} = \frac{(u_{i+1}+u_i)}{u_i}\mathbf{b}_{3,i} - \frac{u_{i+1}}{u_i}\mathbf{b}_{2,i} \text{ (für } i=0,...n-2\text{)}$$

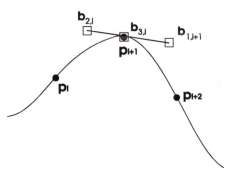

Die letzte Zeile beschreibt dabei aber einen linearen Zusammenhang zwischen den einzigen beiden unbekannten Größen $\mathbf{b}_{2,i}$, $\mathbf{b}_{1,i+1}$ in der Gleichung: der bereits bekannte Bezierpunkt $\mathbf{b}_{3,i}$ und die beiden direkt benachbarten Punkte $\mathbf{b}_{2,i}$, $\mathbf{b}_{1,i+1}$ liegen auf einer Geraden! Die Steigung dieser Geraden kann mittels der benachbarten *Stützpunkte* $\mathbf{p}_i$, $\mathbf{p}_{i+2}$ bestimmt werden; der jeweilige Abstand der beiden Bezierpunkte $\mathbf{b}_{2,i}$, $\mathbf{b}_{1,i+1}$ von $\mathbf{b}_{3,i}$ wird durch die Länge des zugehörigen Definitionsbereichsintervalls u_i bestimmt. Eine Verschiebung eines Stützpunkts bedingt daher nur die Neuberechnung der beiden dem Stützpunkt benachbarten Bezierpunkte $\mathbf{b}_{2,i}$, $\mathbf{b}_{1,i+1}$ gemäß

(2.2) $\quad \mathbf{b}_{1,i+1} = \mathbf{p}_{i+1} + \dfrac{u_{i+1}}{3}\mathbf{T}_i$

$$\text{(2.3)} \quad \mathbf{b}_{2,i} = \mathbf{p}_{i+1} - \frac{u_i}{3} T_i$$

Für die gesuchte Steigung T_i der Verbindungsgeraden zwischen $\mathbf{b}_{2,i}$, $\mathbf{b}_{1,i+1}$ kann u.a. folgender Ansatz (Bessel-Schema) gewählt werden:

$$\text{(2.4)} \quad T_i = \left(1 - \frac{u_{i-1}}{u_i + u_{i-1}}\right)\left(\frac{\mathbf{p}_i - \mathbf{p}_{i-1}}{u_{i-1}}\right) + \frac{u_{i-1}}{u_i + u_{i-1}}\left(\frac{\mathbf{p}_{i+1} - \mathbf{p}_i}{u_i}\right)$$

Damit sind die Bezierkoeffizienten

$\mathbf{b}_{0,0}$ $\mathbf{b}_{1,0}$ $\mathbf{b}_{2,0}$ $\mathbf{b}_{3,0}$ $\mathbf{b}_{0,1}$ $\mathbf{b}_{1,1}$ .... $\mathbf{b}_{3,n-2}$ $\mathbf{b}_{0,n-1}$ $\mathbf{b}_{1,n-1}$ $\mathbf{b}_{2,n-1}$ $\mathbf{b}_{3,n-1}$

bekannt; es fehlen offensichtlich nur noch zwei innere Bezierpunkte $\mathbf{b}_{1,0}$, $\mathbf{b}_{2,n-1}$, die zur ersten und zur letzten Splinefunktion gehören. Liegt eine geschlossene ($\mathbf{p}_0 = \mathbf{p}_n$) Gesamtkurve vor, so muß (2.2,3,4) mit i=n-1 entsprechend angewendet werden.

Ist die Gesamtkurve allerdings offen (also $\mathbf{p}_0 \neq \mathbf{p}_n$), so muß eine geschickte Wahl für die Steigung in den beiden Eckstützpunkten $\mathbf{p}_0$ und $\mathbf{p}_n$ getroffen werden. Hierzu kann man z.B. die Steigung zwischen dem äußeren und dem direkt daneben liegenden inneren Stützpunkt wählen. Dies geschieht am geschicktesten dadurch, daß man zwei zusätzliche Stützpunkte jeweils am Rand des Stützpunktintervalls als $2\mathbf{p}_0 - \mathbf{p}_1$ bzw. $2\mathbf{p}_n - \mathbf{p}_{n-1}$ einführt und damit wie gehabt die noch fehlenden Bezierpunkte berechnet.

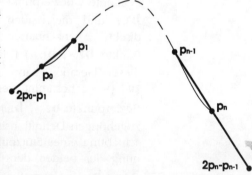

Nach dieser letzten Berechnung sind nun alle Bezierpunkte bekannt; damit kann jede einzelne Beziersplinefunktion dargestellt werden.

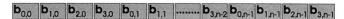

In VR_DEMO3.C ruft man mit dem Menüpunkt

- Funktiondemos/Beziersplines

einen Dialog auf, der die gerade eingeführten C^1-stetigen kubischen Beziersplines zur Darstellung von Kurven in einer Fläche verwendet. Zunächst muß man eine gültige Anzahl von Splinestützpunkten eingeben, um dann entweder eine offene oder eine geschlossene Splinekurve darzustellen.

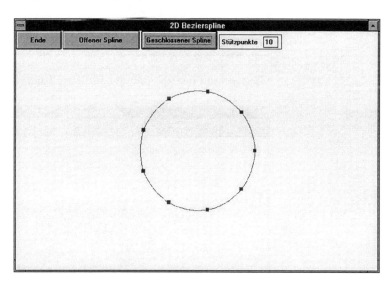

Abb.5.6:
Geschlossener Kubischer Bezierspline

Wir haben an keiner Stelle der obigen Herleitung der zugrunde liegenden Mathematik eine einschränkende Annahme über die Reihenfolge, den Abstand oder die Monotonie der Stützpunkte gemacht; demnach müßten die Stützpunkte auch eine beliebige Position im Raum (oder der Fläche) einnehmen dürfen.

Ein Beispiel zeigt schon die Abb. 5.6: der Anfangs- und Endpunkt der Stützstellenfolge ist identisch.

Genauso kann durch Umordnen der Stützpunkte erreicht werden, daß sich die Splinefunktion überschneiden.

Der Dialog erlaubt das Verschieben einzelner Stützpunkte durch Drag/Drop-Operation.

Abb.5.7:
Umgeordneter Kubischer Bezierspline

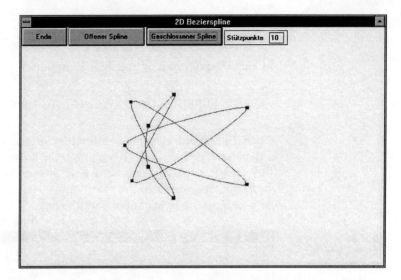

Gleiches gilt natürlich auch für offene Kurven:

Abb.5.8:
Offener Kubischer Bezierspline

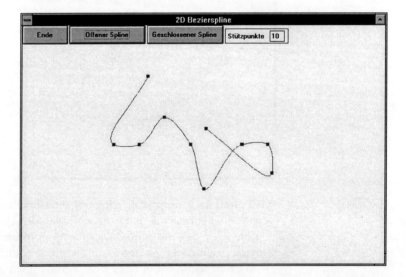

Programmiertechnisch werden alle Beziersplinefunktionen durch Funktionen mit dem Präfix BEZ_name() aus BEZ.C und BEZ.H unterstützt. Einige dieser Funktionen sind leicht anhand der Dialogfunktion zum Dialog 2DBezierspline aus VR_DEMO3.C zu erläutern.

5.3 Gekrümmte Flächen

Zunächst müssen die Stützpunkte eines Splines berechnet und gespeichert werden. Nachdem im edit-Feld eine korrekte Anzahl Stützstellen ausgewählt wurde, kann z.B. eine offene Stützstellenfolge durch die Nachricht IDOK eingetragen werden.

```
case IDOK:{
```

Für jede Folge von Stützstellen müssen entsprechende Splinekonstanten gewählt werden (siehe BEZ.H); im vorliegenden Fall wird festgelegt, daß eine offene Stützpunktfolge vorliegt (BEZ_2DSPLINEOFFEN) und die Länge jedes Stützpunktintervalls $[0, u_i]$ identisch der Länge des Vektors $\mathbf{p}_i - \mathbf{p}_{i-1}$ zwischen den beiden Stützpunkten ist (BEZ_ALLEUDURCHNORM).

```
splinemodus = BEZ_2DSPLINEOFFEN | BEZ_ALLEUDURCHNORM;
```

Die Abfolge der Stützpunkte $\mathbf{p}_i$, $i = 0, n$ wird in einem Speicherbereich abgelegt, wobei sofort entsprechend Speicherplatz für die (noch nicht bekannten) Bezierpunkte eingerichtet wird. Alle Bezierpunkte werden in dem Speicherbereich hBezier entsprechend der Reihenfolge

| $b_{0,0}$ | $b_{1,0}$ | $b_{2,0}$ | $b_{3,0}$ | $b_{0,1}$ | $b_{1,1}$ | ...... | $b_{3,n-2}$ | $b_{0,n-1}$ | $b_{1,n-1}$ | $b_{2,n-1}$ | $b_{3,n-1}$ |

abgelegt. Die Allozierung des notwendigen Speichers wird von BEZ_AllocMemSpline2DObjekt() erledigt; die einzelnen Bezierpunkte sind dabei vom Typ PUNKT3D.

```
/* BezierStützpunkte als Linie festlegen */
hBezier = BEZ_AllocMemSpline2DObjekt(

        (UINTEGER)anzahlpunkte );
pBezier = (LPPUNKT3D)GlobalLock(hBezier);
```

Nach Fixierung des Speicherbereichs werden die einzelnen Stützpunktkoordinaten berechnet und in das Feld pBezier eingetragen.

```
            for(p=0; p<anzahlpunkte; p++){
                            r.x1 = p*step+start;
                            r.x2 = 0;
                            r.x3 = 0;
                            pBezier[BEZ_StuetzPunkt2D(p)] = r;
            }
            GlobalUnlock(hBezier);
```

Beim Zugriff auf bestimmte Indizes des Feldes pBezier (eigentlich bei der Berechnung dieser Indizes) kann auf eine Reihe von Makros aud BEZ.H zurückgegriffen werden:

- #define BEZ_StuetzPunkt2D(i)   (3*(i))
- #define BEZ_B0Punkt2D(i)   (3*(i))
- #define BEZ_B1Punkt2D(i)   (3*(i)+1)
- #define BEZ_B2Punkt2D(i)   (3*(i)+2)
- #define BEZ_B3Punkt2D(i)   (3*(i)+3)

Damit ist ein einfacher und direkter Zugriff auf jeden Stützpunkt ebenso gewährleistet wie ein Zugriff auf jeden Bezierpunkt jeder Splinefunktion.

Die (außer den bekannten Stützpunkten) noch unbekannten Bezierpunkte werden alle durch die Funktion BEZ_3DKurveBerechnen() berechnet. Sollte es aus Zeitgründen notwendig sein, so kann natürlich auch effizienter nur die Umgebung eines einzigen (etwa geänderten) Stützpunkts neu berechnet werden - der Code hierzu kann aus BEZ_3DKurveBerechnen() abgeleitet werden.

```
            /* Beziersplines hierzu berechnen...*/
            BEZ_3DKurveBerechnen(hBezier, anzahlpunkte,

                        splinemodus);
    }
```

Das Zeichnen einer Beziersplinekurve ist denkbar einfach - hier für WM_PAINT gezeigt.

Nach den Vorbereitungen...

```
    hDC = BeginPaint(hDlg, &ps);
    GetClientRect(hDlg, &rcc);

    hBrush = CreateSolidBrush( RGB(0xFF, 0xFF, 0xFF) );
    hOldBrush = SelectObject(hDC, hBrush );
    hPen = GetStockObject(WHITE_PEN);
    hOldPen = SelectObject(hDC, hPen);
    Rectangle( hDC, rcc.left, rcc.top, rcc.right, rcc.bottom);
    SelectObject( hDC, hOldBrush );
    DeleteObject(hBrush);
    SelectObject( hDC, hOldPen );
    DeleteObject(hPen);
```

...wird der Speicherblock mit den Bezierpunkten fixiert...

```
pBezier = (LPPUNKT3D)GlobalLock(hBezier);
```

...und der Mappingmodus eingestellt.

```
SetMapMode(hDC, MM_ISOTROPIC);
SetWindowExt(hDC, MAXBILDINTERVALL, MAXBILDINTERVALL);
SetViewportExt(hDC,
                (rcc.right-rcc.left)/2, -(rcc.bottom-
rcc.top)/2);
SetViewportOrg(hDC,
                (rcc.right-rcc.left)/2, (rcc.bottom-
rcc.top)/2);
```

Zunächst werden alle Stützpunkte separat dargestellt...

```
for(p=0; p<anzahlpunkte; p++){
    r = pBezier[BEZ_StuetzPunkt2D(p)];
```

Hierzu werden (da die Demo nur eine flächige Kurve darstellt) die x- und y-Koordinate der Stützpunkte in Bildschirmkoordinaten normiert und in einem Feld abgelegt...

```
    pkt[p].x = (int)(MAXBILDINTERVALL*r.x1);
    pkt[p].y = (int)(MAXBILDINTERVALL*r.x2);
}
hPen = CreatePen(PS_SOLID, 2, RGB(0xFF,0x00,0xFF));
hOldPen = SelectObject(hDC, hPen);
hBrush = CreateSolidBrush( RGB(0xFF,0x00,0xFF) );
hOldBrush = SelectObject(hDC, hBrush );
for(p=0; p<anzahlpunkte; p++){
```

... und dann als Rechteck markiert.

```
    Rectangle(hDC,
                            pkt[p].x-300, pkt[p].y+300,
                            pkt[p].x+300, pkt[p].y-
300);
}
```

Die einzelnen Beziersplinekurven selbst werden danach gezeichnet.

```
{
    PUNKT3D b0, b1, b2, b3;
    short i, p;
    double step, start;

    hPen = CreatePen(PS_SOLID, 2, RGB(0xFF,0x00,0xFF));
```

```
                hOldPen = SelectObject(hDC, hPen);
                hBrush = CreateSolidBrush( RGB(0xFF,0x00,0xFF) );
                hOldBrush = SelectObject(hDC, hBrush );

                for(p=0; p<=anzahlpunkte-2; p++){
```

Für jede Splinefunktion werden die 4 Bezierpunkte geladen...

```
                        b0 = pBezier[BEZ_B0Punkt2D(p)];
                   b1 = pBezier[BEZ_B1Punkt2D(p)];
                   b2 = pBezier[BEZ_B2Punkt2D(p)];
                   b3 = pBezier[BEZ_B3Punkt2D(p)];

                   step = 0.1;
                   start = 0;
                   for(i=0; i<=10; i++){
```

...und für eine bestimmte Auflösung daraus die Bezierfunktion 3ten Grades an einigen Stellen des Definitionsbereichs ermittelt.

```
                        r = BEZ_Bezier3Quick(start+i*step,b0,b1,b2,b3);
                        pkt[i].x = (int)(MAXBILDINTERVALL*r.x1);
                        pkt[i].y = (int)(MAXBILDINTERVALL*r.x2);
                   }

                   Polyline(hDC, pkt, 11);
                }
        }
```

5.3.5 Bikubische Beziersplineflächen

Nachdem nun im vorhergehenden Kapitel die Berechnungsmethode von Beziersplinekurven $K(t): \Re^1 \to \Re^3$ im Raum hergeleitet wurde, soll nun besprochen werden, wie - und dies war das eigentliche Ziel der bisherigen Überlegungen - gekrümmte Oberflächen mittels Splinefunktionen $O(u, v): \Re^2 \to \Re^3$ dargestellt werden können.

5.3.5.1 Berechnung der Bezierpunkte

Wir wollen auch hier die gleichen unbeschränkten Annahmen machen wie bei den Splinekurven: wieder soll eine Menge von Stützpunkten $\mathbf{p}_{i,j}$ im Raum vorgegeben sein, die durch Oberflächensplines - wir werden hierzu bikubische[1] Beziersplines verwenden - glatt interpoliert werden soll. Dabei soll die entstehende Splineoberfläche auch in sich geschlossen sein oder sich sogar durchdringen dürfen; die Position der Stützpunkte soll beliebig wählbar sein und nicht etwa auf einem Rechteckgitter zu definieren sein.

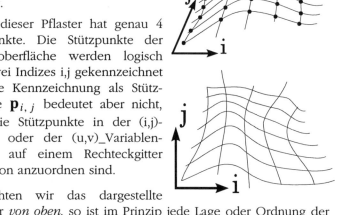

Unter Berücksichtigung dieser (sehr freien) Vorgabe gehen wir wie folgt vor. Wir denken uns die Stützpunkte der Splineoberfläche als Pflasterfläche im Raum aufgespannt.

Jedes dieser Pflaster hat genau 4 Eckpunkte. Die Stützpunkte der Splineoberfläche werden logisch mit zwei Indizes i,j gekennzeichnet - diese Kennzeichnung als Stützpunkte $\mathbf{p}_{i,j}$ bedeutet aber nicht, daß die Stützpunkte in der (i,j)-Ebene oder der (u,v)_Variablenebene auf einem Rechteckgitter monoton anzuordnen sind.

Betrachten wir das dargestellte Pflaster *von oben*, so ist im Prinzip jede Lage oder Ordnung der Stützpunkte erlaubt. Verfolgt man aber die Verbindungslinie der

---

[1] bikubisch bedeutet : kubisch : Bezierfunktionen vom Grad 3, bi : Bezierfunktionen abhängig von zwei Variablen (u,v) statt, wie bei Kurven von einer Variablen u (oder t)

5 Oberflächengeometrie

Stützpunkte für ein festes i oder ein festes j, so liegt die Idee nahe, diese eindimensionalen Stützpunktverbindungen durch die schon bekannten kubischen Beziersplines zu beschreiben. Dies allein reicht aber nicht aus, um die gesamte Splinefläche (d.h. alle notwendigen Bezierpunkte!) zu beschreiben. Im Inneren eines jeden Pflasters liegen nämlich weitere Bezierpunkte, die durch die Interpolation der Parameterlinien i=konstant oder j=konstant nicht berechnet werden können.

Zur exakten Formulierung dieser Flächenpflasterung legen wir zunächst folgendes fest.

Gegeben seien Stützpunkte

(1)
$$\mathbf{p}_{i,k} = \begin{bmatrix} x_{i,k} \\ y_{i,k} \\ z_{i,k} \end{bmatrix} \text{ mit } \mathbf{p}_{i,k} \in \Re^3, \ i = 0,\dots,I, \ k = 0,\dots,K$$

Damit sind also zunächst (I+1)*(K+1) Stützpunkte im Raum gegeben, die auch sofort (siehe Abb.5.9) das gesuchte Pflaster $\Pi_{i,k}$ aufspannen:

(2)
$$\text{Pflaster } \Pi_{i,k} := \left(\mathbf{p}_{i,k}, \ \mathbf{p}_{i+1,k}, \ \mathbf{p}_{i,k+1}, \ \mathbf{p}_{i+1,k+1}\right)$$
$$\text{mit } i = 0,\dots,I-1, \ k = 0,\dots,K-1$$

Abb.5.9:
Pflasterung für Bikubische Beziersplines

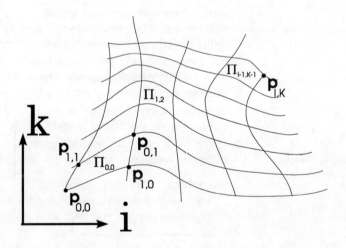

Damit ist nun zunächst die Anordnung der Stützpunkte und ihre Zusammenfassung zu 4-eckigen (nicht unbedingt rechteckigen) Pflastern definiert.

Das weitere Vorgehen entspricht dem bei der Behandlung von Splinekurven im vorherigen Kapitel. Über jedem Pflaster wird jetzt eine eigene Splinefunktion berechnet, die entlang des gesamten Pflasterrandes (dieser setzt sich seinerseits aus Splinekurven zusammen!) *glatt* in die Splineflächen der daneben liegenden Pflaster übergehen muß.

Für die *Glattheit* dieses Übergangs zwischen einzelnen nebeneinander liegenden Splineflächen fordern wir wieder die bekannte C^0- und C^1-Stetigkeit - die daraus resultierenden Bedingungen werden sofort anhand der bikubischen Bezierfunktion ermittelt. Dazu legen wir zuerst fest: für jedes Pflaster $\Pi_{i,k}$ wird die Splinefunktion durch eine bikubische Bezierfunktion

$$(3.1) \qquad X_{i,k}(u,v) := \sum_{j=0}^{3} \sum_{l=0}^{3} b_{3i+j, 3k+l} B_j^3(u) B_l^3(v)$$

bestimmt. Innerhalb eines Pflasters $\Pi_{i,k}$ laufen die beiden Funktionsvariablen u,v in den Intervallen

$$(3.2) \qquad u \in [u_i, u_{i+1}], \, v \in [v_k, v_{k+1}]$$

Zur Veranschaulichung zeigt Abb.5.10 einen Ausschnitt aus einer Pflasterung, bei dem für ein Pflaster alle Bezierpunkte der beteiligten bikubischen Bezierfunktion eingezeichnet sind; die Darstellung zeigt die inneren Bezierpunkte zur Vereinfachung auf den Pflasterrändern liegend - i.a. liegen diese natürlich nicht exakt auf dem Pflasterrand.

5 Oberflächengeometrie

Abb.5.10:
Bezierpunkte des Bikubischen Beziersplines

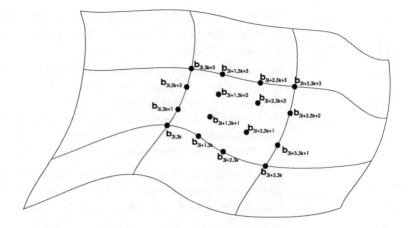

Wieder geht es nur noch darum, mit möglichst geringem Aufwand alle Bezierpunkte der Gesamtpflasterung zu ermitteln. Zunächst sind alle Punkte unbekannt. Wir benutzen zur Übersicht wieder wie im vorherigen Kapitel das Schema aller Bezierpunkte (siehe Abb.5.11), wobei hier die Bezierpunkte auf der (hier zur Vereinfachung rechteckigen) Pflasterung dargestellt sind.

In diese Abbildung kann man von vornherein die bereits bekannten - da vorgegebenen - Stützpunkte an den Stellen

$$\mathbf{p}_{i,k} = \mathbf{b}_{3i,3k}, \ i = 0,\dots,I, \ k = 0,\dots,K$$

eintragen; die soll in der Abbildung durch ● markiert sein.

Abb.5.11:
Bekannte Bezierpunkte bei bikubischem Spline, Stufe 1

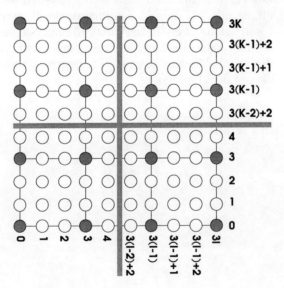

Die Berechnung der noch unbekannten Bezierpunkte stellt sich nun überraschend einfach dar.

1. Im ersten Schritt wird auf alle Pflastergrenze der Algorithmus zur Berechnung *kubischer* Beziersplines aus dem vorigen Kapitel angewandt; dies wird mittels BEZ_3DKurve-Berechnen() durchgeführt. Die Zeilen und Spalten des durch die Stützpunkte aufgespannten Gitters werden also durch Raumkurven interpoliert.

   Hier ist allerdings an einer Stelle *Vorsicht* geboten! Ähnlich wie bei der Interpolation einer Raumkurve sind die jeweils an den Anfangs- und Endpositionen gelegenen *inneren* Bezierpunkte frei wählbar. Solange die kubischen Beziersplines, die die vier Begrenzungslinien der Fläche bilden, *nicht* miteinander verknüpft sind, entsteht keine Sondersituation und diese Punkte sind mit dem Modus BEZ_2DSPLINEOFFEN berechenbar.

   Sind die Flächenkanten allerdings miteinander verbunden, so ist - anders als bei einer Raumkurve, die nur auf genau eine Art geschlossen sein kann - zu berücksichtigen, welche Flächenkanten miteinander verbunden sind.

   Abb.5.12 zeigt nun die in Schritt (1) berechenbaren ◐ und die wählbaren ● Bezierpunkte.

Abb.5.12:
Bekannte Bezierpunkte bei bikubischem Spline, Stufe 2

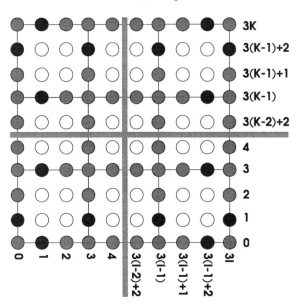

Die noch unbekannten Punkte, die übrigens die Indizes

$\mathbf{b}_{3i+1,3k+1}$, $\mathbf{b}_{3i+2,3k+1}$, $\mathbf{b}_{3i+1,3k+2}$, $\mathbf{b}_{3i+2,3k+2}$, $i = 0,\ldots, I-1, k = 0,\ldots, K-1$

haben, können jetzt in einem zweiten Schritt aus der C^1-Stetigkeit (glatter Übergang der einzelnen Pflasterflächen ineinander) gefolgert werden.

2. Betrachten wir zur Veranschaulichung die Umgebung eines (inneren) Stützpunkts mit dem Index $\mathbf{b}(3i,3k)$ - als Ausschnitt von Abb.5.12.

Wegen der geforderten Stetigkeit gelten für die hier noch unbekannten Punkte mit der Indexumformung

3(i-1)+2 = 3i-1

3(k-1)+2 = 3k-1

sofort die Bestimmungsgleichungen (die jeweils beteiligten Bezierpunkte sind grafisch zusammengefaßt)

(4.1) $\quad \Delta u_i \mathbf{b}_{3i+1,3k-1} + \Delta u_{i+1} \mathbf{b}_{3i-1,3k-1} = \mathbf{b}_{3i,3k-1}(\Delta u_i + \Delta u_{i+1})$

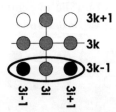

(4.2) $\quad \Delta u_i \mathbf{b}_{3i+1,3k+1} + \Delta u_{i+1} \mathbf{b}_{3i-1,3k+1} = \mathbf{b}_{3i,3k+1}(\Delta u_i + \Delta u_{i+1})$

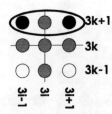

(4.3) $\quad \Delta v_k \mathbf{b}_{3i-1,3k+1} + \Delta v_{k+1} \mathbf{b}_{3i-1,3k-1} = \mathbf{b}_{3i-1,3k}(\Delta v_k + \Delta v_{k+1})$

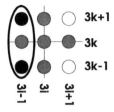

(4.4) $\quad \Delta v_k \mathbf{b}_{3i+1,3k+1} + \Delta v_{k+1} \mathbf{b}_{3i+1,3k-1} = \mathbf{b}_{3i+1,3k}(\Delta v_k + \Delta v_{k+1})$

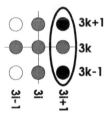

Dabei ist $\Delta u_p = u_{p+1} - u_p$ und $\Delta v_p = v_{p+1} - v_p$ aus (3.2) die jeweilige Länge des Parameterintervalls.

Die Gleichungen (4.1) bis (4.4) repräsentieren 4 Bestimmungsgleichungen für 4 Unbekannte. Offensichtlich stehen rechts vom Gleichheitszeichen immer bekannte Größen; auch die **u** und **v** sind bekannt. Wir können also die Gleichungen (4.1) bis (4.4) als lineares Gleichungssystem in Matrixschreibweise formulieren - mit der Zielsetzung, eine einfache, geschlossene Lösung algebraisch zu ermitteln, um nicht für jedes Stützpunktgitter eine Vielzahl solcher linearen Gleichungssysteme zeitaufwendig numerisch lösen zu müssen.

Wie wollen kurz zeigen, daß dieses Vorhaben leider nicht zum Erfolg führt, da die 4 Bestimmungsgleichungen nicht eindeutig lösbar sind. Um die Schreibarbeit bei der folgenden Herleitung zu minimieren, führen wir für den Vorgang der algebraischen Lösung des Gleichungssystems einige Abkürzungen ein.

5 Oberflächengeometrie

$\Delta v_k := v$

$\Delta v_{k+1} := \tilde{v}$

$\Delta u_i := u$

$\Delta u_{i+1} := \tilde{u}$

$\mathbf{b}_{3i-1,3k-1} = G$, $\mathbf{b}_{3i,3k-1} = H$, $\mathbf{b}_{3i+1,3k-1} = I$,

$\mathbf{b}_{3i-1,3k} = D$, $\mathbf{b}_{3i,3k} = E$, $\mathbf{b}_{3i+1,3k} = F$,

$\mathbf{b}_{3i-1,3k+1} = A$, $\mathbf{b}_{3i,3k+1} = B$, $\mathbf{b}_{3i+1,3k+1} = C$

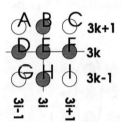

Das Gleichungssystem (4.ff) lautet damit kurz

(4.5) $$\begin{pmatrix} 0 & 0 & \tilde{u} & u \\ \tilde{u} & u & 0 & 0 \\ v & 0 & \tilde{v} & 0 \\ 0 & v & 0 & \tilde{v} \end{pmatrix} \begin{pmatrix} A \\ C \\ G \\ I \end{pmatrix} = \begin{pmatrix} (u+\tilde{u})H \\ (u+\tilde{u})B \\ (v+\tilde{v})D \\ (v+\tilde{v})F \end{pmatrix}$$

Seine Determinante ist identisch 0 - das Gleichungssystem (4.ff) ist daher *nicht eindeutig* lösbar. Der Grund hierfür ist, daß eine der 4 unbekannten Größen (also A,C,G oder I) frei gewählt werden kann[2]; wir wählen hier willkürlich den Punkt

$$\mathbf{b}_{3i+1,3k+1} = \mathbf{b}_{3i,3k+1} + (\mathbf{b}_{3i+1,3k} - \mathbf{b}_{3i,3k})$$

(5.0)   oder kurz

$$C = B + F - E$$

---

[2] Die freie Wahl eines der unbekannten Bezierpunkte ist die Wahl eines sogenannten Twist-Vektors

5.3 Gekrümmte Flächen

Geometrisch bedeutet dies, daß der so gewählte Bezierpunkt C in der von den bekannten Punkten B,F,E der rechten Gleichungsseite aufgespannten Ebene liegt.

Aus (4.4) folgt dann sofort

$$\mathbf{b}_{3i+1,3k-1} = \frac{\mathbf{b}_{3i+1,3k}(\Delta v_k + \Delta v_{k+1}) - \Delta v_k \mathbf{b}_{3i+1,3k+1}}{\Delta v_{k+1}}$$

(5.1) oder kurz

$$I = \frac{v+\tilde{v}}{\tilde{v}} F - \frac{v}{\tilde{v}} C$$

Entsprechend aus (4.2) erhält man

$$\mathbf{b}_{3i-1,3k+1} = \frac{\mathbf{b}_{3i,3k+1}(\Delta u_i + \Delta u_{i+1}) - \Delta u_i \mathbf{b}_{3i+1,3k+1}}{\Delta u_{i+1}}$$

(5.2) oder kurz

$$A = \frac{u+\tilde{u}}{\tilde{u}} B - \frac{u}{\tilde{u}} C$$

und letztendlich aus (4.3) und (4.1) jeweils eine Bestimmungsgleichung für G:

$$\mathbf{b}_{3i-1,3k-1} = \frac{\mathbf{b}_{3i,3k-1}(\Delta u_i + \Delta u_{i+1}) - \Delta u_i \mathbf{b}_{3i+1,3k-1}}{\Delta u_{i+1}}$$

$$\mathbf{b}_{3i-1,3k-1} = \frac{\mathbf{b}_{3i-1,3k}(\Delta v_k + \Delta v_{k+1}) - \Delta v_k \mathbf{b}_{3i-1,3k+1}}{\Delta v_{k+1}}$$

(5.3)

oder kurz

$$G = \frac{u+\tilde{u}}{\tilde{u}} H - \frac{u}{\tilde{u}} I \text{ und } G = \frac{v+\tilde{v}}{\tilde{v}} D - \frac{v}{\tilde{v}} A$$

Natürlich müssen beide Bestimmungsgleichungen (unabhängig von der willkürlichen Wahl des ersten Bezierpunkts C gleiche Werte für G liefern. Zur Vereinfachung nehmen wir in (5.3) $u = \tilde{u}, v = \tilde{v}$ an.

103

5 Oberflächengeometrie

Damit gilt dann

$$G = \frac{u+\tilde{u}}{\tilde{u}} H - \frac{u}{\tilde{u}} I = G = \frac{v+\tilde{v}}{\tilde{v}} D - \frac{v}{\tilde{v}} A$$

$$\Leftrightarrow$$

$$\frac{u+\tilde{u}}{\tilde{u}} H - \frac{u}{\tilde{u}}(\frac{v+\tilde{v}}{\tilde{v}} F - \frac{v}{\tilde{v}} C) =$$

$$\frac{v+\tilde{v}}{\tilde{v}} D - \frac{v}{\tilde{v}}(\frac{u+\tilde{u}}{\tilde{u}} B - \frac{u}{\tilde{u}} C)$$

$$\Leftrightarrow$$

$$H - D = F - B$$

Dies ist aber aus (4.5) unmittelbar als korrekt herleitbar :

$$I + G = 2H$$
$$C + A = 2B$$
$$A + G = 2D$$
$$C + I = 2F$$
$$\Rightarrow$$
$$H - D = F - B$$
$$\Leftrightarrow$$
$$(I+G) - (A+G) = (C+I) - (C+A)$$
$$\Leftrightarrow$$
$$I - A = I - A$$

Letztendlich ermöglichen die algebraischen Lösungen (5.ff) die Berechnung fast aller der noch bislang unbekannten inneren Bezierpunkte.

Abb. 5.13 zeigt alle bislang bestimmbaren Bezierpunkte unabhängig davon, ob sie berechenbar oder wählbar waren; die restlichen Punkte sind nicht eindeutig berechenbar, sondern werden im Prinzip frei gewählt.

5.3 Gekrümmte Flächen

Abb.5.13:
Bekannte Bezierpunkte bei bikubischem Spline, Stufe 3

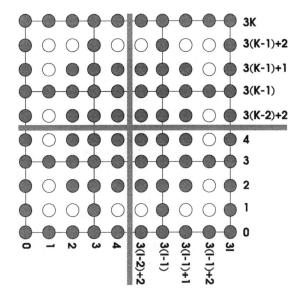

Für Stützpunkte an den äußeren Rändern der Fläche bleiben noch die umgebenden Bezierpunkte (schwarz markiert) zu bestimmen; hier liegt offensichtlich ein Sonderfall für (4.ff) vor.

Jede der 4 Außenkanten wird dabei separat berechnet; die Bestimmung der schwarz markierten Bezierpunkte soll beispielhaft anhand der oberen Außenkante gezeigt werden.

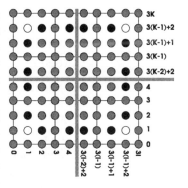

Hier gilt mit den Abkürzungen unmittelbar

$$\mathbf{b}_{3i+1,3K-1} = \mathbf{b}_{3i,3K-1} + \mathbf{b}_{3i+1,3K} - \mathbf{b}_{3i,3K}$$

(6.1) oder kurz

$$I = H + F - E$$

5 Oberflächengeometrie

$$\mathbf{b}_{3i-1,3K-1} = \frac{u+\tilde{u}}{\tilde{u}}\mathbf{b}_{3i,3K-1} - \frac{u}{\tilde{u}}\mathbf{b}_{3i+1,3K-1}$$

(6.2)   oder kurz

$$G = \frac{u+\tilde{u}}{\tilde{u}} H - \frac{u}{\tilde{u}} I$$

Es fehlen nun nur noch 4 innere Bezierpunkte an den 4 Außenecken, die ebenfalls frei gewählt werden können, solange nicht Kantenverknüpfungen dagegenstehen. Der Einfachheit halber wählen wir diese Punkte als in einer Ebene mit den jeweiligen 3 benachbarten Randpunkten liegend. So gelten dann für die einzelnen Ecken sofort die Gleichungen (6.3).

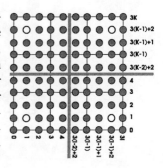

(6.3)
$$\mathbf{b}_{1,1} = \mathbf{b}_{1,0} + \mathbf{b}_{0,1} - \mathbf{b}_{0,0}$$
$$\mathbf{b}_{3I-1,3K-1} = \mathbf{b}_{3I-1,3K} + \mathbf{b}_{3I,3K-1} - \mathbf{b}_{3I,3K}$$
$$\mathbf{b}_{1,3K-1} = \mathbf{b}_{1,3K} + \mathbf{b}_{0,3K-1} - \mathbf{b}_{0,3K}$$
$$\mathbf{b}_{3I-1,1} = \mathbf{b}_{3I-1,0} + \mathbf{b}_{3I,1} - \mathbf{b}_{3I,0}$$

Abb. 5.14 markiert alle diejenigen Bezierpunkte, die im Verlauf aller Berechnungsschritte insgesamt frei wählbar waren ◐ und damit praktisch von der Wahl der Kantenverknüpfung abhängig sind und diejenigen Punkte, die als Stützpunkte ● vorgebenen waren (die Kantenverknüpfung beschreibt, welche äußeren Bezierpunkte als identisch gewählt werden).

Abb.5.14:
Wählbare Bezierpunkte bei bikubischem Spline

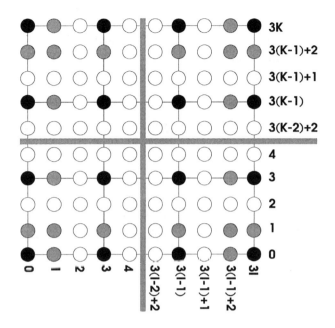

Bemerkenswert ist noch, daß bei der Änderung der Position eines Stützpunkts lediglich die 8 unmittelbaren Umgebungspunkte neu berechnet werden müssen - die übrigen Punkte und damit die übrige Flächengeometrie bleiben unverändert.

Der Vorteil hierbei ist die Rechenzeitersparnis gegenüber Verfahren, die ggf. alle Splinepunkte bei der Änderung eines Stützpunkts neu berechnen müssen.

Der Nachteil zeigt sich in der praktischen Gestaltung von Oberflächen. Hier müssen ggf. (um *weiche* Übergänge zu erzeugen) mehrere Stützpunkte geändert werden.

5.3.5.2 Formulierung des de Casteljau Algorithmus

Die neben der numerisch stabilen Berechnung von kubischen

(1.1) $$X(t) = \sum_{i=0}^{3} b_i \, B_i^3(t)$$

oder auch bikubischen Bezierfunktionen

(1.1) $$X(u,v) := \sum_{j=0}^{3} \sum_{l=0}^{3} b_{j,l} \, B_j^3(u) \, B_l^3(v)$$

im folgenden besonders wichtigen geometrischen Eigenschaften, wollen wir zunächst (wegen der einfacheren Formulierung) anhand der kubischen Bezierfunktion herleiten, die ja eine Kurve in Parameterdarstellung x(t), y(t), z(t) beschreibt (die Abbildung zeigt der Einfachheit halber eine Bezierfunktion in der Fläche).

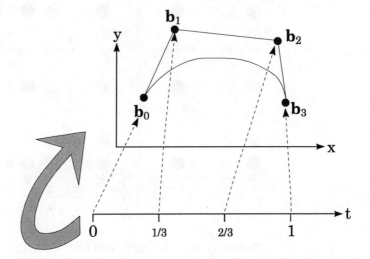

Abb.5.14.1:
Kubischer Bezierspline: Parameterdarstellung

Während die Randpunkte des Splines **b0** und **b3** auf der Kurve liegen und deren Anfangs- und Endpunkt markieren, liegen die beiden mittleren Bezierpunkte **b1** und **b2** nicht auf der Kurve - dieser Sachverhalt gilt immer und nicht nur für Kurven (kubischer Spline), sondern auch für Flächen (bikubischer Spline).

Die Parameterdarstellung bildet das Einheitsintervall $t \in [0,1]$ exakt so in den Darstellungs(Bild)raum ab, daß

(2)
$$\mathbf{X}(0) = \mathbf{b}_0$$
$$\mathbf{X}(1) = \mathbf{b}_3$$

gilt. Wählt man zusätzlich (nur aus Gründen der Anschaulichkeit!) x = t und stellt die Bezierkurve in Abb.5.14.1 als y=f(x)=f(t) dar, so ist der horizontale Abstand (also entlang der x = t-Achse) zwischen den Bezierpunkten immer 1/3.

Übertragen auf den bikubischen Fall liegen die Bezierpunkte auf einem Rechteckgitter an den Parameterraumkoordinaten (0,0)...(0,1/3)...(0,1)...(1,1).

Jetzt zu den geometrischen Deutungen: Die Bezierpunkte b0, b1, b2, b3 bilden das sogenannte *Bezierpolygon*. Die Anfangs- und Endseiten des Bezierpolygons **b0,b1** bzw. **b2,b3** sind offensichtlich *Tangenten* an die Bezierkurve jeweils im Anfangs- und Endpunkt. Wir wollen diese Behauptung beweisen - nicht um des Beweises willen, sondern um hier gleichzeitig eine Operatorenschreibweise einzuführen, die wir weiter unten benutzen müssen.

Zunächst definieren wir also einen Operator *E* zur Indexverschiebung mit

(3)
$$E\mathbf{b}_i = \mathbf{b}_{i+1}$$
$$E^m E^n = E^{m+n}$$

Der Operator, angewendet auf einen Bezierpunkt $\mathbf{b}_i$, hat als Ergebnis offensichtlich den nachfolgenden Bezierpunkt $\mathbf{b}_{i+1}$. Mit Hilfe dieses Operators können wir nun die Bezierfunktion (1.1) kurz als

(4) $$\mathbf{X}(t) = (1-t+tE)^3 \mathbf{b}_0$$

schreiben. Wenn hier in (4.1) die Potenz ausmultipliziert wird und die Operatorensumme auf $\mathbf{b}_0$ angewendet wird, kommt (1.1) heraus.

Nun wollen wir zeigen, daß die Anfangskante des Bezierpolygons die Tangente an die Bezierkurve im Punkt $\mathbf{b}_0$ ist - mit anderen Worten: die Ableitung (die Steigung) der Bezierkurve an der Stelle $\mathbf{b}_0$ ist gleich der Steigung der Anfangskante $\overline{\mathbf{b}_0 \mathbf{b}_1}$.

(5.1) $$\frac{d}{dt}\mathbf{X}(t) = 3(1-t+tE)^2(E-1)\mathbf{b}_0$$

(5.2)
$$\frac{d}{dt}\mathbf{X}(0) = 3(\mathbf{b}_1 - \mathbf{b}_0)$$
$$\frac{d}{dt}\mathbf{X}(1) = 3(\mathbf{b}_3 - \mathbf{b}_2)$$

Damit ist unserer obige Behauptung bewiesen; wichtiger ist allerdings, daß der Operator *E* vorgestellt wurde. Diesen Operator können wir nun benutzen, um den de Casteljau-Algorithmus zu entwickeln. Wir führen diese Entwicklung zunächst für Bezierkurven - allerdings beliebigen Grades - durch.

Zunächst gilt für eine eindimensionale Bezierfunktion vom Grad n

(6.1) $\quad \mathbf{X}_n(t) = (1 - t + tE)^n \mathbf{b}_0$

Mit der Formulierung (6.1) werden durch Auspotenzieren der Klammer und dann mehrfaches Anwenden des Operators E auf den Bezierpunkt $\mathbf{b}_0$ eine Folge weiterer Bezierpunkte erzeugt: genau die Bezierpunkte $\mathbf{b}_0, \ldots, \mathbf{b}_n$. Wir können (6.1) daher auch abkürzend als

(6.2) $\quad \mathbf{X}_n(t) = (1 - t + tE)^n \mathbf{b}_0 := \mathbf{b}_{0, \ldots n}$

beschreiben. Für Bezierfunktionen niedrigeren Grades gilt demnach

(6.3) $\quad \begin{aligned} \mathbf{X}_{n-1}(t) &= \mathbf{b}_{0, \ldots n-1} \\ \mathbf{X}_{n-k}(t) &= \mathbf{b}_{0, \ldots n-k} \end{aligned}$

und für die Anwendung des Operators E auf eine solche Bezierfunktion gilt

(6.4) $\quad E^m \mathbf{X}_{n-k}(t) = \mathbf{b}_{m, \ldots n-k+m}$

Mit diesem (ausschließlich einer prägnanten Formulierung dienenden) Rüstzeug können wir jetzt folgende Zusammenhänge zwischen Bezierfunktionen unterschiedlichen Grades formulieren.

(6.5.1)
$\mathbf{X}_n(t) =$
$(1 - t + tE) \mathbf{X}_{n-1}(t) = (1 - t) \mathbf{X}_{n-1}(t) + tE \mathbf{X}_{n-1}(t)$
oder kurz
$\mathbf{b}_{0, \ldots, n} \quad = (1 - t) \mathbf{b}_{0, \ldots, n-1} + t \mathbf{b}_{1, \ldots, n}$

(6.5.2)
$\mathbf{X}_{n-1}(t) =$
$(1 - t + tE) \mathbf{X}_{n-2}(t) = (1 - t) \mathbf{X}_{n-2}(t) + tE \mathbf{X}_{n-2}(t)$
oder kurz
$\mathbf{b}_{0, \ldots, n-1} \quad = (1 - t) \mathbf{b}_{0, \ldots, n-2} + t \mathbf{b}_{1, \ldots, n-1}$

5.3 Gekrümmte Flächen

$$EX_{n-1}(t) = E(1-t)X_{n-2}(t) + tE^2 X_{n-2}(t)$$

(6.5.3) oder kurz

$$\mathbf{b}_{1,\ldots,n} = (1-t)\mathbf{b}_{1,\ldots,n-1} + t\mathbf{b}_{2,\ldots,n}$$

Die Formeln (6.5.1,2,3) sind nichts anderes als eine Vorschrift zur Zusammenfassung bereits bekannter Bezierpunkte bzw. Bezierzwischenpunkte, wenn wir damit Zwischenergebnisse bei der Akkumulation von Bezierpunkten bezeichnen wollen.

Das Ergebnis dieser Zusammenfassungsvorschrift ist letztendlich die Bezierfunktion $X_n(t)$ an einer bestimmten Stelle $t \in [0,1]$.

Wenden wir die Ergebnisse (6.5.1,2,3) auf kubische Bezierfunktionen (also auf die uns interessierenden Kurven) an, so folgt sofort

(6.6.1) $X_3(t) = \mathbf{b}_{0,1,2,3} = (1-t)\mathbf{b}_{0,1,2} + t\mathbf{b}_{1,2,3}$

(6.6.2) $\mathbf{b}_{0,1,2} = (1-t)\mathbf{b}_{0,1} + t\mathbf{b}_{1,2}$

(6.6.3) $\mathbf{b}_{1,2,3} = (1-t)\mathbf{b}_{1,2} + t\mathbf{b}_{2,3}$

Führen wir die Schritte (6.5.1,2,3) noch einmal aus, so erhalten wir

(6.6.4.1) $\mathbf{b}_{0,1} = (1-t)\mathbf{b}_0 + t\mathbf{b}_1$

(6.6.4.2) $\mathbf{b}_{1,2} = (1-t)\mathbf{b}_1 + t\mathbf{b}_2$

(6.6.4.3) $\mathbf{b}_{2,3} = (1-t)\mathbf{b}_2 + t\mathbf{b}_3$

Damit ist der Ausdruck (6.6.1) reduziert worden auf die bekannten Bezierpunkte $\mathbf{b}_0, \ldots, \mathbf{b}_3$.

Geht man beginnend von (6.6.4) *rückwärts* zu (6.6.1), so ist das exakt der de Casteljau-Algorithmus für kubische Bezierfunktionen.

Mittels des sogenannten de Casteljauschemas läßt sich die Zusammenfassungsregel (6.6.1,2,3,4) grafisch sehr anschaulich darstellen.

Die Bezierpunkte und die Zwischenpunkte werden wie folgt zu einem Zahlendreieck zusammengestellt.

Abb.5.14.2:
de Casteljau Dreieck

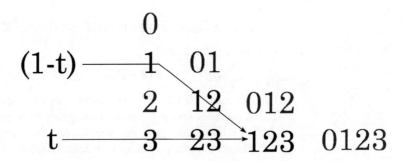

Im Beispiel Abb.5.14.2 ist der Berechnungsweg für den Zwischenpunkt b123 dargestellt; die direkt beteiligten Bezier(zwischen)punkte sind fett dargestellt.

Dieser Algorithmus wird von der Funktion BEZ_Bezier3Quick() realisiert, die letztendlich eine numerisch stabile Berechnung der Bezierfunktion am Punkte t ermöglicht.

```
PUNKT3D BEZ_Bezier3Quick(t, b0, b1, b2, b3)
```

Die vier bekannten Bezierpunkte sowie der Parameterwert $t \in [0,1]$ werden übergeben. Hier ist übrigens explizit zu sehen, daß der de Casteljau Algorithmus allgemein für Abbildungen

$$f:[0,1] \to \Re^n = \begin{bmatrix} x_0 \\ \vdots \\ x_n \end{bmatrix}$$ gültig ist; er wird einfach auf jede Vektor-

komponente (in der Funktion 3 Komponenten) angewendet.

```
double t;
PUNKT3D b0, b1, b2, b3;
{
    PUNKT3D b01, b12, b23, b012, b123;
    PUNKT3D b0123;
    REAL t0, t1;
```

Die Benennung der lokalen Variablen ist unmittelbar an (6.6.1,2,3,4) angelehnt, so daß eine detailierte Erläuterung der Funktion nicht notwendig ist.

```
    t0 = (REAL)t;
    t1 = 1 - t0;

    b01.x1 = t1*b0.x1 + t0*b1.x1;
    b01.x2 = t1*b0.x2 + t0*b1.x2;
    b01.x3 = t1*b0.x3 + t0*b1.x3;
```

```
            b12.x1  =  t1*b1.x1  + t0*b2.x1;
            b12.x2  =  t1*b1.x2  + t0*b2.x2;
            b12.x3  =  t1*b1.x3  + t0*b2.x3;

            b23.x1  =  t1*b2.x1  + t0*b3.x1;
            b23.x2  =  t1*b2.x2  + t0*b3.x2;
            b23.x3  =  t1*b2.x3  + t0*b3.x3;

            b012.x1 =  t1*b01.x1 + t0*b12.x1;
            b012.x2 =  t1*b01.x2 + t0*b12.x2;
            b012.x3 =  t1*b01.x3 + t0*b12.x3;

            b123.x1 =  t1*b12.x1 + t0*b23.x1;
            b123.x2 =  t1*b12.x2 + t0*b23.x2;
            b123.x3 =  t1*b12.x3 + t0*b23.x3;

            b0123.x1 = t1*b012.x1 + t0*b123.x1;
            b0123.x2 = t1*b012.x2 + t0*b123.x2;
            b0123.x3 = t1*b012.x3 + t0*b123.x3;

    return( b0123 );
}
```

Als Endergebnis wird der letzte Akkumulationspunkt b0123 zurückgegeben: dies ist der Wert der Bezierfunktion an der Stelle t.

Bleiben wir zunächst - auf die angekündigten wesentlichen geometrischen Aspekte sind wir noch nicht eingegangen - bei der Berechnung von Bezierfunktionen mittels des de Casteljau Algorithmus. Durch einen einfachen Trick läßt sich nämlich das Ergebnis für Bezierkurven auf Bezierflächen übertragen. Wir nutzen dafür lediglich aus, daß die bilineare Bezierfunktion

$$(7.1) \quad X(u,v) := \sum_{j=0}^{n} \sum_{l=0}^{n} \mathbf{b}_{j,l} B_j^n(u) B_l^n(v)$$

mittels Zusammenfassung als

$$(7.2) \quad X(u,v) := \sum_{j=0}^{n} B_j^n(u) \Big(\sum_{l=0}^{n} \mathbf{b}_{j,l} B_l^n(v) \Big) = \sum_{j=0}^{n} \tilde{\mathbf{b}}_j B_j^n(u)$$

geschrieben werden kann. Offensichtlich kann also der de Casteljau Algorithmus zunächst für ein festgehaltenes u eindimensional über v und anschließend über u ausgeführt werden; es wir also lediglich der eindimensionale Algorithmus zweimal hintereinander ausgeführt.

Die Funktion BEZ_BikubischerBezierSpline() realisiert dies mit sehr kompaktem Code; wieder ist ein weiterer Kommentar verzichtbar.

```
PUNKT3D BEZ_BikubischerBezierSpline(u,v,b)
double u,v;
PUNKT3D  b[4][4];
{
        PUNKT3D btilde[4];
        short l;

        for(l=0; l<=3; l++){
                btilde[l] = BEZ_Bezier3Quick(v,b[l][0], b[l][1],

                b[l][2], b[l][3]);
        }
    return( BEZ_Bezier3Quick(u, btilde[0], btilde[1],

btilde[2], btilde[3] ));
}
```

Alle Zwischenpunkte (dies gilt auch für den eindimensionalen Algorithmus) werden zusammengefaßt und gehen daher im Verlauf des Algorithmus verloren. Diese Zwischenpunkte aber haben gerade eine wesentliche geometrische Bedeutung, die sie erhaltenswert macht und nachfolgend erklärt wird.

5.3.5.3 Geometrischer Inhalt des de Casteljau Algorithmus

Betrachten wir hierzu noch einmal die Abb.5.14.1; zur Vereinfachung der Darstellung ist jetzt die x-Achse als Parameterachse t angenommen worden - alle Ausführungen gelten aber für allgemeine Parameterdarstellungen der Bezierfunktion.

Abb.5.14.3:
Punkt X(t) auf Bezierkurve

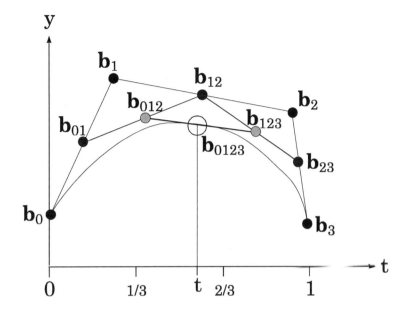

Die Bezierfunktion **X(t)** wird an einer Stelle **t** mittels des de Casteljau Algorithmus berechnet. Die während der Zusammenfassung berechneten Zwischenpunkte sind in der Abb.5.14.3 eingetragen. Wie erwartet liegt der Punkt **X(t)** = **b**0123 auf der Bezierkurve.

Es gelten nun folgende - in den weiteren Abbildungen 5.14.ff verdeutlichte - Aussagen, die eine wesentliche geometrische und algorithmische Bedeutung haben:

(1) Jede Zwischenkante des Bezierpolygons wird durch die Zwischenpunkte **b** im Verhältnis $t/(1-t)$ geteilt (Abb.5.14.4). Die durch die Teilung der vorherigen Polygonkanten entstehenden Punkte werden wieder miteinander verbunden und dann ihrerseits im gleichen Verhältnis geteilt u.s.w. Die letzte Teilung liegt dann exakt auf der Bezierkurve im Punkt X(t); die dabei geteilte Kante ist eine Tangente an die Bezierkurve in diesem Punkt.

Mathematisch bedeutet dieses Verhalten, daß der de Casteljau Algorithmus *affin invariant* ist.

Abb.5.14.4:
de Casteljau: Teilungsverhalten

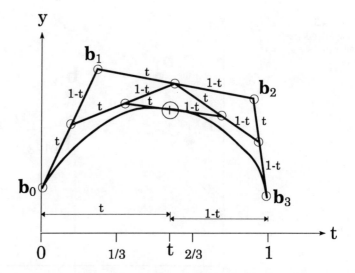

(2) Wesentlich für weitere Algorithmen ist aber der folgende Satz.

Bei der Berechnung der Bezierkurve $X(t)$ mit dem Bezierpolygon $\overline{b_0 b_1 b_2 b_3}$ an der Stelle t zerfällt die Bezierkurve $X(t)$ in zwei Bezierkurven $X'(t)$ und $X''(t)$, die an der berechneten Stelle t zusammentreffen und gemeinsam einen identischen Kurvenverlauf wie die Ausgangskurve $X(t)$ haben (Abb.5.14.5).

Abb.5.14.5:
de Casteljau: Zerlegung der Bezierfunktion

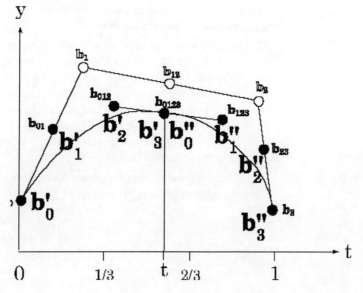

Die resultierenden Bezierpolygone lauten damit

$$X'(t) : \overline{b_0 b_{01} b_{012} b_{0123}}$$

(2.1)

$$X''(t) : \overline{b_{0123} b_{123} b_{23} b_3}$$

Die Ausgangskurve $X(t)$ wird also bei identischem Gesamtkurvenverlauf wieder in zwei Bezierfunktionen zerlegt (die natürlich ihrerseits wiederum zerlegt werden können etc.). An der Zerlegungsstelle t mit dem gemeinsamen Polygonpunkt b0123 gehen beide neue Bezierkurven n-mal stetig differenzierbar ineinander über. Bei immer einer weiter durchgeführten Zerlegung konvergieren die hintereinander gereihten Polygone gegen die Bezierkurve.

(3) Für die weiteren Überlegungen nicht weniger wichtig ist nachfolgende Aussage.

Bildet man die konvexe Hülle des Bezierpolygons $\overline{b_0 b_1 b_2 b_3}$ als Durchschnitt aller die Polygonpunkte enthaltenden konvexen Bereiche, so ist die Bezierkurve $X(t)$ ihrerseits vollkommen in dieser konvexen Hülle enthalten (Abb.5.14.6).

Abb.5.14.6: Konvexe Hülle eines Bezierpolygons

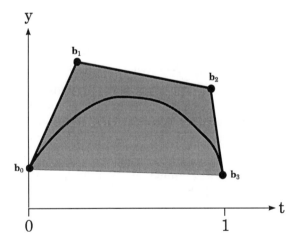

Es gibt zwar Konstruktionsvorschriften für die konvexe Hülle eines Bezierpolygons: sie sind aber rechenzeitintensiv und aufgrund ihrer (zumal im zweidimensionalen!) teilweise komplizierten Form wenig für später formulierte Algorithmen geeignet.

Statt der konvexen Hülle kann aber z.B. eine Rechteckhülle oder Kugelhülle gewählt werden, die beide ihrerseits die konvexe Polygonhülle und damit die Bezierkurve beinhalten (Abb.5.14.7).

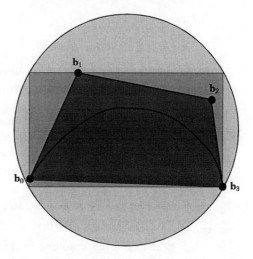

Abb.5.14.7:
Umfassende Hüllen eines Bezierpolygons

Offensichtlich ist dabei die kugelförmige Hülle des Bezierpolygons die mit der geringsten Genauigkeit: die miterfaßten Bereiche, die nicht zur konvexen Hülle gehören, sind hierbei am größten.

Da die beiden Funktionen
- BEZ_Bezier3Quick() und
- BEZ_BikubischerBezierSpline()

lediglich eine Auswertung der Bezierfunktion an einer Stelle t innerhalb des Parameterintervalls erlauben, nicht aber die Zwischenpunkte erhalten oder eine Zerlegung durchführen, müssen für diese Aufgaben weitere Funktionen definiert werden.

Zunächst wird die Zerlegung eines kubischen Beziersplines (kubische Bezierfunktion als Teil eines Splines) an der Stelle t durch die Funktion...

```
void BEZ_TeileKubischenSpline(t, balt, bneulinks, bneurechts)
double t;
```

...realisiert. Hierzu wird das zu teilende Bezierpolygon...

```
PUNKT3D balt[4];
```

...übergeben und für das Ergebnis der Funktion, nämlich die beiden neuen Bezierpolygone nach der Zerlegung jeweils ein entsprechendes Feld übergeben:

```
PUNKT3D bneulinks[4], bneurechts[4];
{
```

Als lokale Variable wird eine Variable p vom Typ ...

```
DECASTELJAU p;
```

...verwendet, der mittels

```
typedef struct{
            PUNKT3D b01;
            PUNKT3D b12;
            PUNKT3D b23;
            PUNKT3D b012;
            PUNKT3D b123;
            PUNKT3D b0123;
       } DECASTELJAU;
```

alle Zwischenpunkte des de Casteljau Algorithmus bereitstellt. Damit werden zunächst diese Zwischenpunkte berechnet...

```
     p = BEZ_deCasteljau(t, balt[0], balt[1],
                                              balt[2],
balt[3]);
```

...und dann auf die neuen Bezierpolygone verteilt.

```
       bneulinks[0] = balt[0];
       bneulinks[1] = p.b01;
       bneulinks[2] = p.b012;
       bneulinks[3] = p.b0123;

       bneurechts[0] = p.b0123;
       bneurechts[1] = p.b123;
       bneurechts[2] = p.b23;
       bneurechts[3] = balt[3];
}
```

Die Berechnung der Zwischenpunkte (**DECASTELJAU** p) wird durch die Funktion...

```
DECASTELJAU BEZ_deCasteljau(t, b0, b1, b2, b3)
```

...übernommen, die exakt die Rechnung von BEZ_Bezier3Quick() nachvollzieht, dabei aber die Zwischenpunkte in der Struktur p ablegt und als Ergebnis zurückgibt.

```
double t;
PUNKT3D  b0, b1, b2, b3;
{
        DECASTELJAU p;
        REAL t0, t1;

        t0 = (REAL)t;
        t1 = 1 - t0;
```

Die Berechnungsschritte entsprechen den Schritten (6.6.1,2,3,4) .

```
        p.b01.x1 =  t1*b0.x1 + t0*b1.x1;
        p.b01.x2 =  t1*b0.x2 + t0*b1.x2;
        p.b01.x3 =  t1*b0.x3 + t0*b1.x3;

        p.b12.x1 =  t1*b1.x1 + t0*b2.x1;
        p.b12.x2 =  t1*b1.x2 + t0*b2.x2;
        p.b12.x3 =  t1*b1.x3 + t0*b2.x3;

        p.b23.x1 =  t1*b2.x1 + t0*b3.x1;
        p.b23.x2 =  t1*b2.x2 + t0*b3.x2;
        p.b23.x3 =  t1*b2.x3 + t0*b3.x3;

        p.b012.x1 =  t1*p.b01.x1 + t0*p.b12.x1;
        p.b012.x2 =  t1*p.b01.x2 + t0*p.b12.x2;
        p.b012.x3=   t1*p.b01.x3 + t0*p.b12.x3;

        p.b123.x1 =  t1*p.b12.x1 + t0*p.b23.x1;
        p.b123.x2 =  t1*p.b12.x2 + t0*p.b23.x2;
        p.b123.x3 =  t1*p.b12.x3 + t0*p.b23.x3;

        p.b0123.x1 =  t1*p.b012.x1 + t0*p.b123.x1;
        p.b0123.x2 =  t1*p.b012.x2 + t0*p.b123.x2;
        p.b0123.x3 =  t1*p.b012.x3 + t0*p.b123.x3;

        return( p );
}
```

5.3.5.4 de Casteljau Algorithmus für bikubische Beziersplines

Die Ergebnisse (5.3.5.4(1,2,3)) sind, wenn ihre Übertragung auf Bezierflächen, beschrieben durch bikubische Bezierfunktionen,

$$(1) \quad X(u,v) := \sum_{j=0}^{n} B_j^n(u) \left(\sum_{l=0}^{n} \mathbf{b}_{j,l} B_l^n(v) \right) = \sum_{j=0}^{n} \tilde{\mathbf{b}}_j B_j^n(u)$$

5.3   Gekrümmte Flächen

gelingt, sicherlich hilfreich für die spätere Formulierung einiger Algorithmen zum Umgang mit Splineobjekten.

Statt der 4 Bezierpunkte $\mathbf{b}_0, \mathbf{b}_1, \mathbf{b}_2, \mathbf{b}_3$ werden für die Definition einer bikubischen Bezierfunktion (i.d.R. als Teil eines Splines über einem patch definiert) die 4*4 Bezierpunkte $\mathbf{b}_{j,l}, j = 0,1,2,3, l = 0,1,2,3$ benötigt (siehe (5.3.5.1) und Abb.5.14.8).

Abb.5.14.8:
Bikubische Bezierpunkte

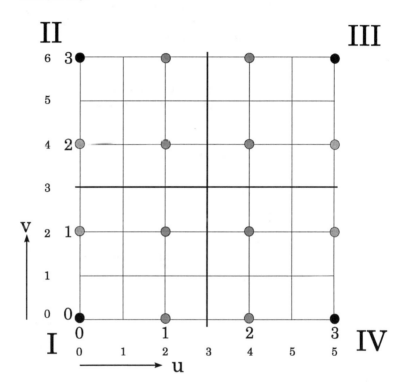

Hier sind also zunächst 4*4 Bezierpunkte bekannt; davon sind bereits feststehend (gegenüber der Zerlegung in die 4 neuen bikubischen Bezierfunktionen mit den Kennungen I,II,III,IV invariante) die 4 Eckpunkte ●.

Die restlichen 12 Bezierpunkte ◎ sind zwar zunächst bekannt, müssen aber im Verlauf der Zerlegung neu bestimmt werden.

Leider liefert die in 5.3.5.2(7.2) beschriebene Auswertung der bikubischen Bezierfunktion an einer Stelle (u,v) des Parameterquadrats *nicht* (wie im eindimensionalen Fall) alle notwendigen Zwischenpunkte. Nach der Zerlegung müssen nämlich 7*7 = 49 neue Bezierpunkte (teilweise an den Teilungsgrenzen überlagernd) *eindeutig* bestimmt sein; das Vorgehen in 5.3.5.2(7.2) liefert aber nur 4*7 + 7 - 4 - 4 = 27 Punkte (Abb.5.14.9).

Dabei werden zunächst für (u=0,2,4,6 festgehalten) alle Bezierpunkte (jeweils mit der Funktion BEZ_Bezier3Quick()) in v-Richtung ermittelt:

Danach werden senkrecht dazu für (v=3 festgehalten) alle Bezierpunkte in u-Richtung zusammengefaßt:

Die Randpunkte (0,3) und (6,3) bleiben hierbei unverändert. Abschließend ergibt sich hierbei auch der gesuchte Flächenpunkt bei (3,3):

Zusammen mit den invarianten 4 Eckpunkten sind dann von den 49 Punkten 31 Punkte bestimmt - und die noch nicht einmal eindeutig, da die -Punkte bei weiterer orthogonaler Berechnung nicht invariant sind.

Abb.5.14.9:
Einfache Zusammenfassung bikubischer Bezierpunkte

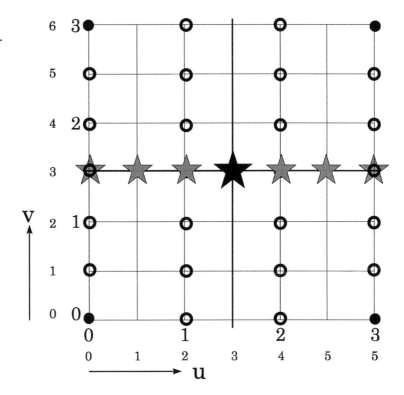

Ein Weg, der alle 49 - 4 (●) neuen Bezierpunkte korrekt bestimmt, kann leicht angegeben werden, wenn das prinzipielle Vorgehen zunächst einmal anhand einer biquadratischen Bezierfunktion (also vorher : 3*3 Bezierpunkte, nachher : 5*5 Bezierpunkte) klargemacht wird - der Rückgriff auf diese ein Grad niedrigere Bezierfunktion erfolgt, weil sonst die Grafiken zu unübersichtlich wären. Das Berechnungsprinzip aber ist einleuchtend und unmittelbar auf Bezierfunktionen höheren Grades (also auch auf unsere bikubischen Funktionen) übertragbar.

Betrachten wir also zunächst die durch ihre 3*3 Bezierpunkte definierte biquadratische Bezierfunktion (Stufe 0).

Abb.5.14.10:
Zusammenfassung (Stufe 0) bikubischer Bezierpunkte

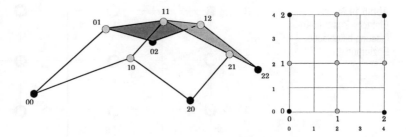

Die invarianten Eckpunkte sind wieder als ● markiert; die übrigen noch zu ändernden 5 Punkte sind als ◐ dargestellt.

In einer ersten Zusammenfassung wird entlang der 6 Hauptachsen (also : u=0,2,4,fest und v=0,2,4,fest) der de Casteljau Algorithmus auf die jeweils 3 Bezierpunkte angewendet. Die dabei neu entstehenden Bezierpunkte sind als ○ gekennzeichnet.

Abb.5.14.11:
Zusammenfassung (Stufe 1) bikubischer Bezierpunkte

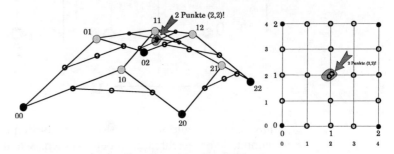

Obwohl zur Berechnung der ○-Punkte die vorherigen Bezierpunkte ●◐ benutzt werden, sind die alten Punkte ●◐ nach der Berechnung (da wo neue ○ und alte Punkte ●◐ zusammenfallen) durch die neuen Punkte ○ zu ersetzen.

Bei (2,2) sind durch die orthogonale, gleichzeitige Berechnung zunächst zwei (i.d.R. ungleiche) Punkte ∞ berechnet worden; diese Doppeldeutigkeit wird im nächsten Schritt aufgelöst.

Die folgende Abb.5.14.12 zeigt, um die Übersicht zu wahren nun nur noch die bereits feststehenden Punkte ● und als Beispiel für die Zusammenfassungen der Stufe 2 die Bildung von neuen Bezierpunkten entlang (u=1,2,3,fest) und (v=1,2,3,fest).

Abb.5.14.12:
Zusammenfassung (Stufe 2) bikubischer Bezierpunkte

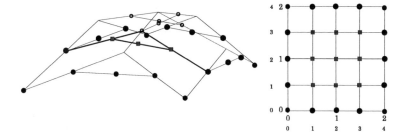

Zu beachten ist dabei, daß bei einer Neuberechnung für z.B. ein (v=1=const., u=variabel) die Randpunkte (0,1) und (4,1) aus den bereits feststehenden Bezierpunkten der Randkanten u=0=const. und u=4=const. benutzt werden.

Das Verfahren berechnet also jeweils orthogonal wechselnd die nächsten, noch nicht feststehenden Außenkanten in der Reihenfolge

(1) u=0, u=4, v=0, v=4 : const.

(2) u=1, u=3, v=1, v=3 : const.

(3) u=2, v=2 : const.

Diese Einschachtelung von außen nach innen ist unmittelbar auf den bikubischen Fall (oder auch auf höhergradige Fälle) übertragbar.

Die Berechnung aller 7*7 Bezierpunkte für die Zerlegung im bikubischen Fall wird mittels der Funktion...

```
void BEZ_SegmentiereBezierpatch(u, v,
        bp0, bp1, bp2, bp3, bp4)
double u, v;
```

...durchgeführt. Die Felder der bekannten Bezierpunkte bp0 sowie die der vier zu berechnenden Bezierfunktionen...

```
PUNKT3D bp0[4][4], bp1[4][4], bp2[4][4],
                            bp3[4][4], bp4[4][4];
```

...werden übergeben.

```
        {
                PUNKT3D balt[4], b1[4], b2[4];
                PUNKT3D bn_uconst[7][7], bn_vconst[7][7], bn_puffer[7][7];
                int iu, iv;
                PUNKT3D null;
                /* Stufe 0 */
```

```
null.x1 = (REAL)0.;
null.x2 = (REAL)0.;
null.x3 = (REAL)0.;
```

Nach einigen Vorbereitungen (0-Setzen der Felder) werden die beiden Arbeitsfelder...

```
for(iu=0; iu<7; iu++){
    for(iv=0; iv<7; iv++){
        bn_uconst[iu][iv] = null;
        bn_vconst[iu][iv] = null;
    }
}
```

...initialisiert. Beide Felder beinhalten zum Ende des Verfahrens an gleichen Positionen die gleichen Werte - sind dann also identisch. Während des Verfahrens allerdings können ja je Position durchaus doppeldeutige Werte durch die orthogonale Berechnung ermittelt werden (siehe Abb.5.14.11) - daher also zwei Felder, um bei Doppeldeutigkeit während des Ablaufs beide Werte speichern zu können.

```
for(iu=0; iu<4; iu++){
    for(iv=0; iv<4; iv++){
        bn_uconst[2*iu][2*iv] = bp0[iu][iv];
        bn_vconst[2*iu][2*iv] = bp0[iu][iv];
    }
}
```

In der Stufe 1 des Verfahrens wird für u=0,2,4,6=const. das de-Casteljauverfahren in Richtung v ...

```
/* Stufe 1 */
/* u jeweils konstant */
for(iu=0; iu<7; iu+=2){
    for(iv=0; iv<4; iv++){
        balt[iv] = bn_vconst[iu][2*iv];
    }
    BEZ_TeileKubischenSpline(v, balt, b1, b2);
    for(iv=0; iv<4; iv++){
        bn_puffer[iu][iv] = b1[iv];
        bn_puffer[iu][iv+3] = b2[iv];
    }
}
```

...und dann entsprechend für v=0,2,4,6=const. orthogonal hierzu durchgeführt.

```
/* v jeweils konstant */
for(iv=0; iv<7; iv+=2){
    for(iu=0; iu<4; iu++){
```

5.3 Gekrümmte Flächen

```
                                balt[iu] = bn_uconst[2*iu][iv];
                        }
                        BEZ_TeileKubischenSpline(u, balt, b1, b2);
                        for(iu=0; iu<4; iu++){
                                bn_vconst[iu][iv] = b1[iu];
                                bn_vconst[iu+3][iv] = b2[iu];
                        }
                }
        }
        for(iu=0; iu<7; iu+=2)
        for(iv=0; iv<7; iv++)
                bn_uconst[iu][iv] = bn_puffer[iu][iv];
```

Die in der Stufe 1 des Verfahrens berechneten Bezierpunkte auf den Rändern u=0, u=6, v=0, v=6 sind bereits fest ermittelt und ändern sich während des Verfahrens nicht mehr.

In Stufe 2 wird jetzt von den Außenkanten ein Schritt weiter nach innen berechnet; die Außenkanten können bereits ausgespart werden.

```
/* Stufe 2 */
/* u jeweils konstant */
for(iu=1; iu<6; iu++){
        for(iv=0; iv<4; iv++){
                balt[iv] = bn_vconst[iu][2*iv];
        }
        BEZ_TeileKubischenSpline(v, balt, b1, b2);
        for(iv=0; iv<4; iv++){
                bn_puffer[iu][iv] = b1[iv];
                bn_puffer[iu][iv+3] = b2[iv];
        }
}
/* v jeweils konstant */
for(iv=1; iv<6; iv++){
        for(iu=0; iu<4; iu++){
                balt[iu] = bn_uconst[2*iu][iv];
        }
        BEZ_TeileKubischenSpline(u, balt, b1, b2);
        for(iu=0; iu<4; iu++){
                bn_vconst[iu][iv] = b1[iu];
                bn_vconst[iu+3][iv] = b2[iu];
        }
}
for(iu=1; iu<6; iu++)
for(iv=0; iv<7; iv++)
        bn_uconst[iu][iv] = bn_puffer[iu][iv];
```

Jetzt sind bereits alle Doppeldeutigkeiten in den Bezierpunkten behoben und alle 7*7 Punkte bekannt. Sie werden nachfolgend auf die Felder der Bezierpunkte (jeweils 4*4) der 4 Bezierfunktion nach der Zerlegung verteilt.

```
            /*...auf die 4 einzelpatches verteilen */
            for(iu=0; iu<4; iu++)
            for(iv=0; iv<4; iv++)
                    bp1[iu][iv] = bn_uconst[iu][iv];

            for(iu=0; iu<4; iu++)
            for(iv=0; iv<4; iv++)
                    bp2[iu][iv] = bn_uconst[iu][iv+3];

            for(iu=0; iu<4; iu++)
            for(iv=0; iv<4; iv++)
                    bp3[iu][iv] = bn_uconst[iu+3][iv+3];

            for(iu=0; iu<4; iu++)
            for(iv=0; iv<4; iv++)
                    bp4[iu][iv] = bn_uconst[iu+3][iv];
    }
```

Ähnlich wie im eindimensionalen Fall kann es auch hier darauf ankommen, die 7*7 neuen Bezierpunkte zu ermitteln, ohne diese auf vier Teilsegmente zu verteilen. Die Funktion BEZ_MehrBezierpunkteImPatch() liefert lediglich ein Feld mit diesen 7*7 Elementen zurück.

5.3.6 Programmierung bikubischer Bezierslines

5.3.6.1 Berechnung bikubischer Bezierfunktionen

Die Mathematik der stückweisen Repräsentation von Kurven (Kapitel 5.3.4) und Flächen (Kapitel 5.3.5) im Raum ist etwas langatmig darzustellen - an dieser Stelle jedoch können wir sie erfreulicherweise als gegeben voraussetzen. Die Mühe der Herleitung wird jedoch i.f. belohnt durch

- kurze und prägnante Berechnungsformeln und
- rechenzeitsparende Algorithmen,

die nun kurz dargestellt werden sollen.

Vorbereitend kehren wir noch einmal kurz zu der allgemeinen Formulierung bikubischer Beziersplinefunktionen X(u,v) aus (5.3.6(3.1)) zurück, wobei wir die Indizes (i,k) des jeweiligen Flächenstücks (patch) weglassen - die nachfolgende Betrachtung gilt dann eben für jedes patch separat.

$$(1.1) \quad X(u,v) := \sum_{j=0}^{3} \sum_{l=0}^{3} \mathbf{b}_{j,l} \, B_j^3(u) \, B_l^3(v)$$

Die $B_p^3(t)$ sind dabei jeweils Bernsteinpolynome, die bereits in 5.3.2(1) eingeführt wurden. Die bikubischen Bezierfunktionen gemäß (1.1) müssen nun zur Darstellung von Splineoberflächen häufig (also: geringe Rechenzeit erforderlich!) und möglichst exakt (damit: minimale Rundungsfehler bei der Fließkommaberechnung in dem Ausdruck (1.1)) berechnet werden. Beide Forderungen würden nicht erfüllt sein, wollte man (1.1) *zu Fuß* über die Definition 5.3.2(1) ausrechnen.

Wir nutzen hier wieder den bereits bei der Berechnung von kubischen Beziersplines (also Kurven im Raum) mit Erfolg verwendeten *de Casteljauschen* Algorithmus (siehe 5.3.5.2). Dieser Algorithmus - implementiert in der Funktion BEZ_Bezier3Quick()- akzeptiert allerdings nur eindimensionale Bezierfunktionen (mit *einem* Summenzeichen).

5 Oberflächengeometrie

Daher formen wir (1.1) um in

(1.2)
$$\tilde{\mathbf{b}}_j = \sum_{l=0}^{3} \mathbf{b}_{j,l} B_l^3(v)$$

$$X(u,v) = \sum_{j=0}^{3} \tilde{\mathbf{b}}_j B_j^3(u)$$

zwei separierbare Berechnungsschritte gemäß (1.2), für die jeweils einzeln der numerisch stabile de Casteljausche Algorithmus verwendet werden kann. Dabei wird eigentlich ausgenutzt, daß (1.1) ein Tensorprodukt ist, das in jeder kubischen Bezierfunktion separat berechenbar ist.

Die Funktion BEZ_BikubischerBezierSpline() nutzt diese Möglichkeit aus und berechnet für einen Punkt (u,v) innerhalb des Parameterraums eines mittels b[4][4] definierten Bezierpatchs den Flächenpunkt aus.

```
PUNKT3D BEZ_BikubischerBezierSpline(u,v,b)
double u,v;
PUNKT3D b[4][4];
{
        PUNKT3D btilde[4];
        short l;

        for(l=0; l<=3; l++){
                btilde[l] = BEZ_Bezier3Quick(v,
                                        b[l][0],
                                        b[l][1],
                                        b[l][2],
                                        b[l][3]);
        }
        return( BEZ_Bezier3Quick(u,
                                        btilde[0],
                                        btilde[1],
                                        btilde[2],
                                        btilde[3]
        ));
}
```

5.3.6.2 Umgang mit OBJEKT_AUS_SPLINE

Alle Bezierpunkte einer Splinefläche - also sowohl die vorgegebenen Stützpunkte als auch die zu berechnenden inneren Bezierpunkte werden gemeinsam in einem Speicherbereich pbezier aufgehoben; beispielhaft wird die Allozierung dieses Speichers in ObjektAusDateiLaden() durchgeführt.

```
short MOD_ObjektAusDateiLaden(filename, pobjekt)
char *filename;
LPOBJEKT pobjekt;
{
    .
    .
    .
        LPOBJEKT_AUS_POLYGON pobjpolygon;
        LPPUNKT3D peckpunkte;
        LPPOLYGON ppolygone;

        LPOBJEKT_AUS_FUNKTION pobjfunktion;
        LPOBJEKT_AUS_SPLINE pobjspline;
```

Abhängig von der Objektbeschreibungsmethode wird switch ausgeführt:

```
        switch (pobjekt->objektmethode) {
                case MOD_M_POLYGON:
                .
                .
                .
                break;

                case MOD_M_EXPLFUNKTION:
                .
                .
                .
                break;
```

Werden die Objektdaten durch Beziersplines beschrieben...

```
                case MOD_M_SPLINE:{
                        PUNKT3D p;
```

...so wird zunächst Platz für die Objektstruktur selbst alloziert...

```
                        pobjekt->hobjektdaten =
                        GlobalAlloc(GMEM_MOVEABLE | GMEM_ZEROINIT,
                                sizeof(OBJEKT_AUS_SPLINE) );
```

...und fixiert.

```
                              pobjspline =
                                      (LPOBJEKT_AUS_SPLINE)
                              GlobalLock(pobjekt->hobjektdaten);
```

Danach wird nun Speicherplatz für die eigentlichen Bezierpunkte benötigt:

```
                              /* Speicher fuer alle Bezierpunkte
                                 allozieren und fixieren */
                              pobjspline->hbezier =
                                      BEZ_AllocMemSpline3DObjekt(
                                              pobjspline->nx,
                                              pobjspline->ny);
                              peckpunkte = (LPPUNKT3D)GlobalLock(
                                      pobjspline->hbezier);
```

5.3.6.3 Parameterraum und Feldindex

Die Berechnung des notwendigen Speicherplatzes in Abhängigkeit von den Dimensionen des Stützpunktnetzes macht dabei die Funktion BEZ_AllocMemSpline3DObjekt() wie folgt.

```
HANDLE BEZ_AllocMemSpline3DObjekt(nx, ny)
UINTEGER nx,ny;
{
        return( GlobalAlloc(GMEM_MOVEABLE | GMEM_ZEROINIT,
                        sizeof(PUNKT3D)*(3*nx+1)*(3*ny+1) ));
}
```

Ein Problem ist somit der Zugriff auf einzelne Bezierpunkte, wenn die Punktindizes i,k gegeben und der Feldindex gesucht wird. Die Berechnung des Feldindex aus i,k wird durch zwei Makros übernommen, die sowohl einen der Bezierpunkte

```
#define BEZ_Punkt3D(i,j,nx)    ( (j)*(3*(nx)+1) + (i)   )
```

als auch einen der Stützpunkte

```
#define BEZ_Stuetzpunkt3D(i,j,nx)  (3*(j)*(3*(nx)+1) + 3*(i))
```

des Netzes ermitteln helfen. Eine typische Verwendung ist dann z.B. folgende Sequenz.

Die in 3-er Schritten laufenden Indizes i,k geben jeweils die Flächenindizes der Stützpunkte an.

```
        for(i=3; i<=3*(nx-1); i+=3){
                for(k=3; k<=3*(ny-1); k+=3){
```

5.3 Gekrümmte Flächen

Die nun gewünschten inneren Bezierpunkte erreicht man leicht durch einfache Änderung der Stützpunktindizes i,k+1,nx, wobei BEZ_Punkt3D() den skalaren Feldindex für pBezier[] liefert.

```
b = pBezier[BEZ_Punkt3D(i,k+1,nx)];
```

Umgekehrt - ein Punkt innerhalb von pBezier[] soll gesetzt werden - geht das natürlich auch :

```
pBezier[BEZ_Punkt3D(i+1,k+1,nx)] = c;
   }
}
```

Die Zuordnung zwischen den Flächenindizes i,k und dem Feldindex pBezier[] sieht grafisch wie folgt aus.

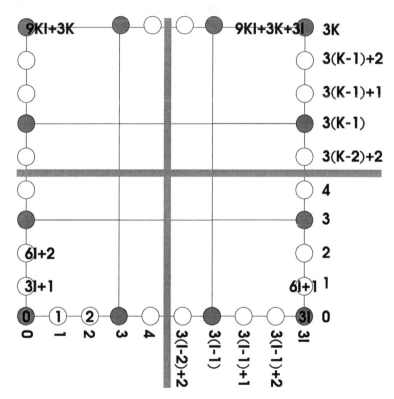

Abb.5.15:
Skalare Indexwerte
für Flächenspline

133

5.3.6.4 Splineobjekt aus einer Datei laden

Betrachten wir den Vorgang des Ladens eines Splineobjekts nochmals etwas genauer. Ein einfaches Beispiel für den Umgang mit Bezierflächen zeigt uns das Demoprogramm VR_DEMO3.C, das neben beziergestützten Flächenbeschreibungen auch andere Objektmethoden darstellen kann.

Zunächst wird aus einer Datei name.MOD ein Modell geladen, das seine Objekte u.a. aus Dateien mit der Erweiterung name.SPL ließt - also Flächen aus bikubischen Beziersplines erwartet.

```
/* Jedes Objekt und seine Transformation einlesen */
for(i=0; i<pmodell->anzahlobjekte; i++){
        /* Speicherblock fuer Objekt anlegen und fixieren */
        *(pobjekte+i) = GlobalAlloc(GMEM_MOVEABLE | GMEM_ZEROINIT,
                                                sizeof(OBJEKT));
        pobjekt = (LPOBJEKT)GlobalLock(*(pobjekte+i));
        WHP_readformattedline(datei, buffer);
```

Das eigentliche Einlesen der Objektdaten wird - wie bei allen anderen Objektbeschreibungsmethoden auch - durch eine eigene Funktion erledigt.

```
        error = MOD_ObjektAusDateiLaden(buffer,
                                                (LPOBJEKT)&objbuffer);
        if(error < 0){
                .
                .
                .
        }
        else{
                *pobjekt = objbuffer;
                GlobalUnlock(*(pobjekte+i));
        }
```

Diese Funktion ermittelt zu Anfang die Methode der Objektbeschreibung...

```
/* Text Beschreibungsmethodenkonstante und */
WHP_readformattedline(datei, buffer);
if(strstr(buffer, "MOD_M_POLYGON")!=NULL)
        pobjekt->objektmethode = MOD_M_POLYGON;
else if(strstr(buffer, "MOD_M_SPLINE")!=NULL)
        pobjekt->objektmethode = MOD_M_SPLINE;
else if(strstr(buffer, "MOD_M_EXPLFUNKTION")!=NULL)
        pobjekt->objektmethode = MOD_M_EXPLFUNKTION;
else return(-2);
```

...um dann sofort entsprechend der Objektmethode die Beschreibungsdaten weiter einzulesen.

```
switch (pobjekt->objektmethode) {
       .
       .
       .
       case MOD_M_SPLINE:{
```

Zunächst wird dann für die entsprechende Objektstruktur Speicher alloziert...

```
pobjekt->hobjektdaten =
            GlobalAlloc(GMEM_MOVEABLE|GMEM_ZEROINIT,
                              sizeof(OBJEKT_AUS_SPLINE)
                                                    );
```

...und fixiert, so daß ein entsprechender Zeiger zur Verfügung steht.

```
pobjspline = (LPOBJEKT_AUS_SPLINE)GlobalLock(

               pobjekt->hobjektdaten);
```

In BEZ.H sind die entsprechenden Ausdrücke definiert :

```
typedef struct{
          /* 1. Anzahl Pflaster */
          UINTEGER nx;
          UINTEGER ny;
          /* 2. Handle des Speichers für alle Bezierpunkte
          HANDLE hbezier;
       /* 3. Verknüpfungsmodus der Flächenkanten */
          WORD modus_u;
       } OBJEKT_AUS_SPLINE;

typedef OBJEKT_AUS_SPLINE far* LPOBJEKT_AUS_SPLINE;
```

In den beiden Strukturvariablen nx,ny werden also jeweils für die Parametervariablen i und k die Anzahl der Pflaster abgelegt; hierbei gilt immer für jede Parameterrichtung :

```
Anzahl Pflaster =
Anzahl Stützpunkte - 1 =
Maximaler Stützpunktindex
```

Das Handle hbezier wird offensichtlich i.f. auf einen Speicherblock weisen, der die einzelnen Bezierpunkte aufnehmen wird; interessanter ist die letzte Strukturvariable modus_u :

5 Oberflächengeometrie

Hier wird festgelegt, wie die 4 Außenkanten der Gesamtfläche miteinander verknüpft sind.

Die Art dieser Verknüpfung hat Einfluß auf die Bestimmung der frei wählbaren am Rand gelegenen inneren Bezierpunkte; *frei wählbar* heißt dabei nicht, daß ein beliebiger, i.a. sinnloser Wert gewählt werden darf, sondern lediglich, daß diese frei wählbaren Bezierpunkte nicht eindeutig bestimmbar sind. Die Festlegung erfolgt dann derart, daß die Steigung der Fläche (oder auch der Kurve) am Rand sinnvoll ist.

Bei Raumkurven (also hier kubischen Beziersplines) gibt es nur zwei Möglichkeiten: die Kurvenenden sind frei (Abb.5.8) oder verknüpft (Abb.5.6).

Dies ist bei einer Fläche mit 4 Außenkanten etwas umfangreicher zu beschreiben. In BEZ.H sind 4 mögliche Kantenverknüpfungen als Konstanten für modus_u definiert, die dann auch bei der Berechnung der bikubischen Beziersplines berücksichtigt werden.

BEZ_3DSPLINEOFFEN: Die Außenkanten sind alle frei; die Steigung entlang der Ränder wird von den äußeren Stützpunkten bestimmt.

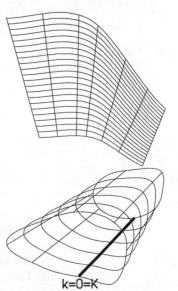

BEZ_3DSPLINE1KANTE_U: Die Außenkanten in k-Richtung sind verknüpft und haben jeweils bei i=0=I die gleiche Steigung (jede k-Linie für sich).

BEZ_3DSPLINE1KANTE_V : Die Außenkanten in i-Richtung sind verknüpft und haben jeweils bei k=0=K die gleiche Steigung (jede i-Linie für sich). Diese Situation ist natürlich lediglich eine Umbenennung der vorherigen Situation und nur aus Gründen der Bequemlichkeit eingeführt (man spart sich ggf. die Rotation eines Objekts).

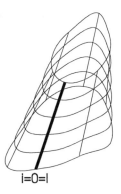

BEZ_3DSPLINE2KANTE : Die Parameterfläche (i,k) wird zunächst entlang der Kanten i=0=I verknüpft; die daraus resultierende Fläche wird danach entlang der Kanten k=0=K verbunden (Torusform).

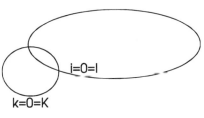

Der Einfluß der Kantenverknüpfung im Parameterraum auf das tatsächliche Aussehen der damit definierten Oberfläche läßt sich schnell an einem Beispiel klarmachen; wie wählen hierzu das Modell \VR_DEMO3\SPLZYLND.MOD, das einen offenen Zylinder beschreibt. Der korrekte modus_u ist in der Objektdatei ZYLINDRER.SPL mit BEZ_3DSPLINE1KANTE_V angegeben und liefert eine korrekte Zylinderfläche.

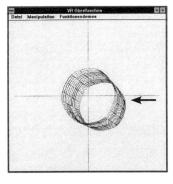

Wird statt dessen der modus_u mit der Konstanten BEZ_3DSPLINE-OFFEN angegeben und damit ignoriert, daß die Parameterfläche einfach verknüpft ist, so ergibt sich eine unstetige Steigung an der Verknüpfungskante.

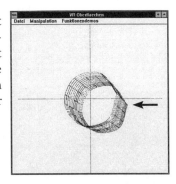

Weitere Verknüpfungsmöglichkeiten sind nicht implementiert, aber denkbar und ggf. schnell in den Code einfügbar (z.B. Kugelform der Parameterfläche).

Dieser Kantenmodus wird nun erfragt und in modus_u abgelegt.

```
pobjspline->modus_u = 0x00;
WHP_readformattedline(datei, buffer);
if(strstr(buffer, "BEZ_3DSPLINEOFFEN")!=NULL)
                pobjspline->modus_u = BEZ_3DSPLINEOFFEN;
else    if(strstr(buffer, "BEZ_3DSPLINE1KANTE_U")!=NULL)
                pobjspline->modus_u = BEZ_3DSPLINE1KANTE_U;
else    if(strstr(buffer, "BEZ_3DSPLINE1KANTE_V")!=NULL)
                pobjspline->modus_u = BEZ_3DSPLINE1KANTE_V;
else    if(strstr(buffer, "BEZ_3DSPLINE2KANTE")!=NULL)
                pobjspline->modus_u = BEZ_3DSPLINE2KANTE;
else{
        GlobalFree(pobjekt->humvolumen);
        GlobalUnlock(pobjekt->hobjektdaten);
        return(-11);
}
```

Das Einlesen der Stützstellenanzahl nx,ny...

```
WHP_readformattedline(datei, buffer);
sscanf(buffer, "%d", &dummy );
pobjspline->nx = dummy-1;
.
.
.
WHP_readformattedline(datei, buffer);
sscanf(buffer, "%d", &dummy );
pobjspline->ny = dummy-1;
```

...ermöglicht sodann die Berechnung des notwendigen Speicherplatzes für **alle** Bezierpunkte (also die Stützpunkte **und** alle inneren Bezierpunkte). Diese Speicherberechnung wird separat von der Funktion...

```
pobjspline->hbezier = BEZ_AllocMemSpline3DObjekt(
                                        pobjspline->nx,
                                        pobjspline->ny);
```

...ausgeführt, die ihrerseits einfach...

```
HANDLE BEZ_AllocMemSpline3DObjekt(nx, ny)
UINTEGER nx,ny;
{
        return( GlobalAlloc(GMEM_MOVEABLE | GMEM_ZEROINIT,
                        sizeof(PUNKT3D)*(3*nx+1)*(3*ny+1) ));
}
```

...die Anzahl aller Bezierpunkte berechnet und den Platz für diese Objekte vom Typ `PUNKT3D` alloziert. Im weiteren Verlauf wird...

```
peckpunkte = (LPPUNKT3D)GlobalLock(pobjspline->hbezier);
```

...sofort der Speicher hbezier fixiert und zunächst mit den bislang einzig bekannten Bezierpunkten, nämlich den Stützpunkten gefüllt.

```
for(dummy=0;
         dummy<=(3*(int)pobjspline->nx+1)*
                   (3*(int)pobjspline->ny+1);
         dummy++){
    WHP_readformattedline(datei, buffer);
    sscanf(buffer, "%d %d %f %f %f",
              &i, &j, &p.x1, &p.x2, &p.x3);
```

5.3.6.5 Dateiformat für Splineobjekte

Das Datenformat der Objektdateien `name.SPL`, die die Stützpunkte einer Bezieroberfläche beschreiben, ist anhand der Datei `\VR_DEMO3\FLAECHE.SPL` schnell beschrieben.

1. Bezeichnungstext des Objekts
   `Objekt Krumme Fläche`
2. Bezeichnungstext der Objektoberflächenmethode
   `Bikubische Beziersplines`
3. Konstante der Oberflächenmethode
   `MOD_M_SPLINE`
4. Konstante der Umvolumenmethode
   `MOD_M_UMNONE`
5. Konstante der Kantenverknüpfung
   `BEZ_3DSPLINEOFFEN`
6. Anzahl der Stützpunkte in i- und k-Richtung (Anzahl $\geq$ 3)
   ```
   3    // Anzahl Stützpunkte I   (i=0,...,I-1)
   3    // Anzahl Stützpunkte K   (k=0,...,K-1)
   ```
7. Zeilenweise je ein Stützpunkt der Bezierfläche mit folgendem Aufbau:
   Spalte 1: i, Index
   Spalte 2: k, Index
   Spalte 3: x1, x-Koordinate des Stützpunkts
   Spalte 4: x2, y-Koordinate des Stützpunkts
   Spalte 5: x3, z-Koordinate des Stützpunkts
   ```
   0 0   -1   -1   0
   1 0    0   -1   0
   ```

```
2 0   1  -1  0
0 1  -1   0  0
1 1   0   0  1
2 1   1   0  0
0 2  -1   1  0
1 2   0   1  0
2 2   1   1  0
```

5.3.6.6 Kopieren von Beziersplineoberflächen

Wie bei allen anderen Oberflächenbeschreibungsmethoden auch werden alle relevanten Modell- und Objektoperationen (außer natürlich der eigentlichen Berechnung der Beziersplines) von jeweils denselben Funktionen MOD_funktion() aus MOD.C durchgeführt, die intern über den Objektmodus (MOD_M_POLYGON, MOD_M_SPLINE, MOD_M_EXPLFUNKTION) eine Verzweigung ausführen.

Das Kopieren eines Splineobjekts (:=Oberfläche aus bikubischen Beziersplines ist denkbar einfach.

```
short MOD_ObjektKopieren(pobjektquelle, pobjektziel)
LPOBJEKT pobjektquelle;
LPOBJEKT pobjektziel;
{
 .
```

Die Verzweigung gemäß Objektmethode wird gemacht.

```
switch (pobjektziel->objektmethode) {
 .
case MOD_M_SPLINE:{
     LPOBJEKT_AUS_SPLINE pobjziel, pobjquelle;
     LPPUNKT3D  pbezierziel, pbezierquelle;
   int i;
```

Die Speicherhandle für Quelle und Ziel werden fixiert...

```
pobjektziel->hobjektdaten = GlobalAlloc(
                    GMEM_MOVEABLE | GMEM_ZEROINIT,
                    sizeof(OBJEKT_AUS_SPLINE)
                                                          );
pobjziel = (LPOBJEKT_AUS_SPLINE)GlobalLock(
                    pobjektziel->hobjektdaten);
pobjquelle = (LPOBJEKT_AUS_SPLINE)GlobalLock(
                    pobjektquelle->hobjektdaten);
```

...und zunächst einfach die gesamte Objektinformation von Quelle nach Ziel kopiert.

```
*pobjziel = *pobjquelle;
```

Dabei wird das Speicherhandle der Bezierpunkte des Quellobjekts mitkopiert; dies aber ist nicht Sinn der Funktion - tatsächlich sollen ja auch die Bezierpunkte selbst dupliziert werden.

Also muß ein neuer Speicherbereich (für das Zielobjekt) alloziert und fixiert werden.

```
pobjziel->hbezier = BEZ_AllocMemSpline3DObjekt(
                    pobjquelle->nx, pobjquelle->ny);
pbezierziel = (LPPUNKT3D)GlobalLock(pobjziel->hbezier);
```

Nachdem dann noch der Speicherbereich der Quelle fixiert wurde...

```
pbezierquelle = (LPPUNKT3D)GlobalLock(pobjquelle->hbezier);
```

...können nun die eigentlichen Bezierpunkte vom Quellspeicher in den Zielspeicher kopiert werden.

```
for(i=0;
    i < (3*(int)pobjziel->nx+1)*(3*(int)pobjziel->ny+1);
    i++){
        pbezierziel[i] = pbezierquelle[i];
}
```

Abschließend müssen nur noch alle Fixierungen freigegeben werden.

```
GlobalUnlock(pobjziel->hbezier);
GlobalUnlock(pobjquelle->hbezier);
GlobalUnlock(pobjektziel->hobjektdaten);
GlobalUnlock(pobjektquelle->hobjektdaten);
```

5.3.6.7 Projizieren von Beziersplineoberflächen

Die Projektion von Beziersplineoberflächen wird in der Funktion...

```
short MOD_ObjektProjektion(pobjekt, hDC, rcc, bildabstand)
```

...erledigt. Nach der bekannten Verzweigung gemäß Objektmethode...

```
switch (pobjekt->objektmethode) {

  case(MOD_M_SPLINE):{
```

```
double skalierung = 0.75*MAXBILDINTERVALL;
LPPUNKT3D pbezier;
LPOBJEKT_AUS_SPLINE pobjspline;
TRANSFORMATION3D m;
```

...wird zunächst der Objektspeicher fixiert...

```
pobjspline = (LPOBJEKT_AUS_SPLINE)GlobalLock(
                            pobjekt->hobjektdaten);
```

...und sodann die Projektionsmatrix (wie bei allen anderen Objektmethoden auch) gebildet.

```
PRJ_Einheitstransformation((TRANSFORMATION3D*)&m);
PRJ_ProjektionHinzufuegen((TRANSFORMATION3D*)&m,
                                    bildabstand);
```

Die gesamten inneren Bezierpunkte (alle Punkte außer den vorgegebenen Stützpunkten) müssen berechnet werden. Hier ist übrigens ein möglicher Optimierungsansatz gegeben: Statt alle inneren Bezierpunkte neu zu berechnen, kann man an dieser Stelle abfragen, ob ggf. nur ein Stützpunkt neu gesetzt wurde und in diesem Fall nur die inneren Bezierpunkte in der Umgebung dieses geänderten Stützpunkts neu berechnen. Dies ist möglich, da wir für die Stetigkeit der Bezieroberfläche lediglich C^1-Stetigkeit fordern und somit bei Änderung eines Stützpunkts weder alle Bezierpunkte neu zu berechnen sind noch dies zeitaufwendig durch Lösen eines (ggf. recht großen) linearen Gleichungssystems geschehen muß.

Den Ablauf der Berechnung der Bezierpunkte in der Funktion...

```
BEZ_3DFlaecheBerechnen(pobjspline->hbezier,
                      pobjspline->nx,
                      pobjspline->ny,
                      pobjspline->modus_u);
```

...wird separat erläutert - hier werden sie jedenfalls bereitgestellt. Nachdem so alle Parameter zur Darstellung der gesamten Splinoberfläche bekannt sind, kann mit der Darstellung dieser Fläche begonnen werden.

```
{
    int i, k, j, l;
    int u, v;
    double ustep, vstep;
    PUNKT3D b[4][4];
    PUNKT3D p3d;
```

```
PUNKT2D p2d;
POINT polyline2D[BEZ_PLOTAUFLSG];
LONG farben[4] = {0xFF0000, 0x00FF00, 0x0000FF, 0xFFFF00};
```

Nach dem Fixieren des Speicherbereichs mit den Bezierpunkten...

```
pbezier = (LPPUNKT3D)GlobalLock(pobjspline->hbezier);
```

...wird jetzt jede Splinefunktion separat dargestellt - es wird also patch-weise gezeichnet.

```
for(i=0; i<=3*((int)pobjspline->nx-1); i+=3){
    for(k=0; k<=3*((int)pobjspline->ny-1); k+=3){
```

Für jedes Flächenteil (patch) werden die Bezierpunkte, die die Bezierfunktion über diesem Flächenteil beschreiben (es sind 4 mal 4 Punkte), entsprechend in ein zweidimensionales Feld b[j=0,3][l=0,3] geladen.

```
for(j=0; j<=3; j++){
  for(l=0; l<=3; l++){
    b[j][l] = pbezier[BEZ_Punkt3D(i+j,k+l,
                        pobjspline->nx)];
  }
}
```

Um nun den Verlauf der Splineoberfläche über dem aktuellen Flächenteil zeichnen zu können, werden in zwei separaten Schritten zunächst Flächenlinien parallel zur v-Achse des Parameterraums gezeichnet und anschließend der gleiche Vorgang für Flächenlinien parallel zur u-Achse durchgeführt.

Die Ermittlung verdeckter Flächenteile und damit die Unterdrückung unsichtbarer Kanten wäre mit Hilfe des z-Buffer Algorithmus möglich, ist aber aus Redundanzgründen (siehe Thema raytracing) nicht implementiert. Ggf. muß im z-Buffer Algorithmus lediglich der Schnittpunkt zwischen Rückverfolgungsstrahl und Splinefläche ermittelt werden.

Die eigentliche Berechnung der Flächenlinien (gleichgültig ob in u- oder v-Richtung) nutzt zwei Parameter (beide in BEZ.H definiert): der Wert

- BEZ_PLOTLINIEN gibt an, wieviele Linien je Fläche in einer Parameterrichtung gezeichnet werden und

- BEZ_PLOTAUFLSG ist die Anzahl der Zeichenschritte je Linie (also die Anzahl der Polylinienpunkte.

```
ustep = 1.0/(double)(BEZ_PLOTLINIEN-1);
for(u=0; u<BEZ_PLOTLINIEN; u++){
        vstep = 1.0/(double)(BEZ_PLOTAUFLSG-1);
        for(v=0; v<BEZ_PLOTAUFLSG; v++){
```

Es muß also je Punkt (u,v) des Parameterraums für die mittels b[][] beschrieben Splinefläche der Punkt p3d:=(x1,x2,x3) auf dieser Fläche berechnet werden...

```
p3d = BEZ_BikubischerBezierSpline( (double)u*ustep,
                                   (double)v*vstep,
                                                  b);
```

um diesen Punkt p3d anschließend der oben vorbereiteten Projektionsmatrix anzuvertrauen, die ihrerseits daraus den Projektionspunkt p2d:=(p1,p2) auf der Bildebene bestimmt.

```
p2d = PRJ_PunktProjektion( (TRANSFORMATION3D*)&m,
                           (PUNKT3D*)&p3d
                                           );
```

Der Bildebenenpunkt p2d wird letztendlich noch einer Normierung (das Gesamtbild auf der Bildebene sollte einigermaßen das Darstellungsfenster ausfüllen - mehr tut diese Normierung nicht!) unterworfen und in einem Vektor POINT polyline2D[] abgelegt.

```
polyline2D[v].x = (int)(skalierung*p2d.p1);
polyline2D[v].y = (int)(skalierung*p2d.p2);
```

Die BEZ_PLOTAUFLSG Punkte der Polylinie werden nun nur noch gezeichnet.

```
        Polyline(hDC, polyline2D, BEZ_PLOTAUFLSG);
}
```

Der entsprechende Ablauf wiederholt sich - wie angekündigt - für eine Änderung der Parameter in u-Richtung.

```
vstep = 1.0/(double)(BEZ_PLOTLINIEN-1);
for(v=0; v<BEZ_PLOTLINIEN; v++){
        ustep = 1.0/(double)(BEZ_PLOTAUFLSG-1);
        for(u=0; u<BEZ_PLOTAUFLSG; u++){
```

```
                    p3d = BEZ_BikubischerBezierSpline( (double)u*ustep,
                                                      (double)v*vstep,
                                                                   b);
                    p2d = PRJ_PunktProjektion( (TRANSFORMATION3D*)&m,
                                               (PUNKT3D*)&p3d
                                             );
                    polyline2D[u].x = (int)(skalierung*p2d.p1);
                    polyline2D[u].y = (int)(skalierung*p2d.p2);
        }
        Polyline(hDC, polyline2D, BEZ_PLOTAUFLSG);
```

Zum Schluß muß **hbezier** freigegeben werden.

```
        GlobalUnlock(pobjspline->hbezier);
```

5.3.6.8 Transformieren von Beziersplineoberflächen

Bei der Transformation von Objekten, die mittels Polygoneckpunkten definiert waren, war unmittelbar einleuchtend, daß das Objekt (unter Beibehaltung seiner Form) durch die gleichartige Transformation aller Eckpunkte transformiert wurde.

Ebenso einleuchtend erscheint diese Aussage auch in ihrer Anwendung auf die *Stützpunkte* einer Splineoberfläche - sind diese ja nichts anderes als die Eckpunkte eines Polygonnetzes, das erst anschließend von bikubischen Bezierfunktionen interpoliert wird. Der Weg:

1. Stützpunkte transformieren
2. innere Bezierpunkte berechnen
3. Fläche darstellen

führt also offensichtlich zum gewünschten Ergebnis. Tatsächlich aber ist beweisbar (wir wollen uns diesen Beweis hier ersparen), daß auch der Ablauf

1. innere Bezierpunkte berechnen
2. alle Bezierpunkte transformieren
3. Fläche darstellen

zum gleichen Ergebnis führt: *die Transformierten der inneren Bezierpunkte sind identisch den inneren Bezierpunkten der transformierten Stützpunkte.* Der zweitgenannte Ablauf bietet den Vorteil, daß einmal berechnete Bezierpunkte mehrmals unterschiedlichen Transformationen unterworfen werden dürfen - man spart sich damit die zeitaufwendige Neuberechnung der Bezierpunkte nach Transformation.

5 Oberflächengeometrie

Die Funktion...

```
short MOD_ObjektTransformieren(pobjekt, ptransformation)
```

...liefert in bekannter Weise...

```
switch (pobjekt->objektmethode) {
    .
    case(MOD_M_SPLINE):{
    PUNKT3D punkt;
    TRANSFORMATION3D trans;
    LPOBJEKT_AUS_SPLINE pobjspline;
    LPPUNKT3D pBezier;
    int i;
    pobjspline = (LPOBJEKT_AUS_SPLINE)GlobalLock(
                                    pobjekt->hobjektdaten);
    pBezier = (LPPUNKT3D)GlobalLock(pobjspline->hbezier);
```

...die Transformation *aller* Bezierpunkte in hbezier.

```
    trans = *ptransformation;
    for(i=0;
      i<(3*(int)pobjspline->nx+1)*(3*(int)pobjspline->ny+1);    i++){
        punkt = pBezier[i];
        pBezier[i] = PRJ_PunktTransformation(
                            (TRANSFORMATION3D*)&trans,
                            (PUNKT3D*)&punkt   );
    }

    /* Pointer freigeben */
    GlobalUnlock(pobjspline->hbezier);
    GlobalUnlock(pobjekt->hobjektdaten);
```

5.3.6.9 Berechnen der Bezierpunkte für bikubische Splines

Wie angekündigt soll hier die eigentliche Berechnung der Bezierpunkte aus den Stützstellen unter Berücksichtigung der Kantenverknüpfung aus BEZ.H

- BEZ_3DSPLINEOFFEN
- BEZ_3DSPLINE1KANTE_U
- BEZ_3DSPLINE1KANTE_V
- BEZ_3DSPLINE2KANTE

(siehe Abbildungen in 5.3.6.4) besprochen werden. Die Funktion...

```
short BEZ_3DFlaecheBerechnen(hBezier, nx, ny, modus_u)
```

...erwartet die Parameter...

```
HANDLE hBezier;
int nx, ny;
WORD modus_u;
```

..., also die Anzahl der Stützpunkte je Parametervariable (u,v), den Speicherbereich, der die Stützpunkte enthält und in dem alle Bezierpunkte abgelegt werden sollen, und den oben erwähnten Kantenverknüpfungsmodus.

Nach diesem Modus wird auch ein unterschiedlicher Ablauf der Berechnung der Bezierpunkte eingeschlagen, so daß die Funktion grundsätzlich folgenden Aufbau hat:

```
if(modus_u & BEZ_3DSPLINEOFFEN){}
.
else if(modus_u & BEZ_3DSPLINE1KANTE_U){}
.
else if(modus_u & BEZ_3DSPLINE1KANTE_V){}
.
else if(modus_u & BEZ_3DSPLINE2KANTE){}
```

Da der Ablauf jeder der 4 Funktionshauptteile nahezu identisch ist, können wir beispielhaft den ersten Teil (also modus_u = BEZ_3DSPLINEOFFEN) betrachten.

Die algorithmische Grundlage des folgenden Programmcodes liefert Kapitel 5.3.5 mit den relevanten Abbildungen 5.11,12,13,14.

```
if(modus_u & BEZ_3DSPLINEOFFEN){
```

Zunächst werden also entlang der Stützpunkte die Ränder der Teilflächen (patches) als Bezierspline*kurven* berechnet.

```
{
HANDLE hBezierKurve;
LPPUNKT3D pBezierKurve;
```

Zur Aufnahme der Bezierpunkte jeder dieser Splinekurven wird Speicherplatz verfügbar gemacht...

```
hBezierKurve = BEZ_AllocMemSpline2DObjekt( (UINTEGER)ny+1 );
pBezierKurve = (LPPUNKT3D)GlobalLock(hBezierKurve);
```

...und mit den Stützpunkten entlang des Teilflächenrandes gefüllt.

```
for(i=0; i<=3*nx; i+=3){
    for(k=0; k<=ny; k++){
        pBezierKurve[BEZ_StuetzPunkt2D(k)] =
                        pBezier[BEZ_Punkt3D(i,3*k,nx)];
    }
    GlobalUnlock(hBezierKurve);
```

Dann erst kann die Bezierkurve berechnet werden.

```
    BEZ_3DKurveBerechnen(hBezierKurve, ny+1,
            BEZ_2DSPLINEOFFEN|BEZ_ALLEUDURCHNORM);
```

Interessant ist der Modus BEZ_2DSPLINEOFFEN in BEZ_3DKurveBerechnen(). An dieser Stelle nämlich wird nach dem Funktionsparameter modus_u unterschieden, ob Flächenkanten verknüpft sind oder nicht.

```
    pBezierKurve = (LPPUNKT3D)GlobalLock(hBezierKurve);

    for(k=0; k<=3*ny; k++){
        pBezier[BEZ_Punkt3D(i,k,nx)] = pBezierKurve[k];
    }
}
```

Der Kurvenbezierpunkt-Speicher muß freigegeben werden:

```
GlobalUnlock(hBezierKurve);
GlobalFree(hBezierKurve);
```

Der entsprechende Vorgang wird dann für die andere Parameterraumvariable durchgeführt.

```
hBezierKurve = BEZ_AllocMemSpline2DObjekt( (UINTEGER)nx+1 );
pBezierKurve = (LPPUNKT3D)GlobalLock(hBezierKurve);
for(k=0; k<=3*ny; k+=3){
    for(i=0; i<=nx; i++){
        pBezierKurve[BEZ_StuetzPunkt2D(i)] =
                        pBezier[BEZ_Punkt3D(3*i,k,nx)];
    }
    GlobalUnlock(hBezierKurve);

    BEZ_3DKurveBerechnen(hBezierKurve, nx+1,
            BEZ_2DSPLINEOFFEN | BEZ_ALLEUDURCHNORM);

    pBezierKurve = (LPPUNKT3D)GlobalLock(hBezierKurve);
    for(i=0; i<=3*nx; i++){
        pBezier[BEZ_Punkt3D(i,k,nx)] = pBezierKurve[i];
    }
}
GlobalUnlock(hBezierKurve);
GlobalFree(hBezierKurve);
```

Nach der Berechnung aller inneren Bezierpunkte der Randkurve ist der Status gemäß Abb.5.12 errreicht.

Danach widmen wir uns zunächst den *nicht* am Rand gelegenen Stützpunkten. Hierfür ist die Berechnung der Stützpunktumgebungen gemäß 5.3.5(4.1-4.4) besonders einfach.

```
{
```

Die Benennung der Variablen folgt 5.3.5(4.1-4.4). Der hier codierte Algorithmus kann unmittelbar mit den Bestimmungsgleichungen (4.1-4.4) verglichen werden.

```
PUNKT3D a,b,c,d,e,f,g,h,ii;
```

Aus der Umgebung des Stützpunkts (i,k) werden die 5 (4 Umgebungspunkte auf den Rändern und der 1 Stützpunkt selbst) bekannten Bezierpunkte auf Variablen übertragen...

```
for(i=3; i<=3*(nx-1); i+=3){
    for(k=3; k<=3*(ny-1); k+=3){
                b = pBezier[BEZ_Punkt3D(i,k+1,nx)];
                d = pBezier[BEZ_Punkt3D(i-1,k,nx)];
                e = pBezier[BEZ_Punkt3D(i,k,nx)];
                f = pBezier[BEZ_Punkt3D(i+1,k,nx)];
                h = pBezier[BEZ_Punkt3D(i,k-1,nx)];
```

...die neuen Punkte werden hieraus berechnet...

```
                c.x1  = b.x1 + f.x1 - e.x1;
                ii.x1 = 2*f.x1  - c.x1;
                a.x1  = 2*b.x1  - c.x1;
                g.x1  = 2*h.x1  - ii.x1;
                c.x2  = b.x2 + f.x2 - e.x2;
                ii.x2 = 2*f.x2  - c.x2;
                a.x2  = 2*b.x2  - c.x2;
                g.x2  = 2*h.x2  - ii.x2;
                c.x3  = b.x3 + f.x3 - e.x3;
                ii.x3 = 2*f.x3  - c.x3;
                a.x3  = 2*b.x3  - c.x3;
                g.x3  = 2*h.x3  - ii.x3;
```

...und anschließend in `hbezier` abgelegt.

```
                pBezier[BEZ_Punkt3D(i+1,k+1,nx)] = c;
                pBezier[BEZ_Punkt3D(i+1,k-1,nx)] = ii;
                pBezier[BEZ_Punkt3D(i-1,k+1,nx)] = a;
                pBezier[BEZ_Punkt3D(i-1,k-1,nx)] = g;
            }
        }
    }
```

Jetzt müssen noch entlang den Außenkanten gemäß Abb.5.14 geschickt die inneren Bezierpunkte gewählt werden; sie folgen nicht zwangsläufig aus den Stetigkeitsbedingungen. Die Wahl beeinflußt aber sehr wohl das Aussehen der Gesamtfläche. Die Wahl wird gemäß 5.3.5(6.1,2,3) für jede Außenkante separat getroffen; hier soll das Vorgehen nur anhand der *oberen Kante* dargestellt werden.

```
/* Obere Kante */
k = 3*ny;
for(i=3; i<=3*(nx-1); i+=3){
       d = pBezier[BEZ_Punkt3D(i-1,k,nx)];
       e = pBezier[BEZ_Punkt3D(i,k,nx)];
       f = pBezier[BEZ_Punkt3D(i+1,k,nx)];
       h = pBezier[BEZ_Punkt3D(i,k-1,nx)];

       ii.x1 = h.x1 + f.x1 - e.x1;
       g.x1 = 2*h.x1  - ii.x1;

       ii.x2 = h.x2 + f.x2 - e.x2;
       g.x2 = 2*h.x2  - ii.x2;

       ii.x3 = h.x3 + f.x3 - e.x3;
       g.x3 = 2*h.x3  - ii.x3;

       pBezier[BEZ_Punkt3D(i+1,k-1,nx)] = ii;
       pBezier[BEZ_Punkt3D(i-1,k-1,nx)] = g;
}
```

Damit sind letztendlich alle Bezierpunkte bekannt und in `hbezier` gespeichert.

5.4 Funktionsoberflächen

Neben den Möglichkeiten zur Darstellung gekrümmter Objektoberflächen, die in 5.3 vorgestellt wurden, ist wegen ihrer einfachen Bearbeitung noch die Oberflächendefinition durch analytische Funktionen zu behandeln.

Hierbei wird wie in 5.3.1.(1) eine Abbildung von einem (hier zur Vereinfachung als rechteckig vorgegebenem) zweidimensionalen Definitionsbereich in den reellen dreidimensionalen Raum definiert - bis zu diesem Punkt also im wesentlichen ein zu 5.3ff äquivalenter Ansatz.

Allerdings werden hier keine durch Stützpunkte vordefinierte und manipulierbare Funktionen auf einer Pflasterung des Definitionsbereichs verwendet, sondern jede Oberfläche wird durch genau eine Abbildung $f:\Re^2 \to \Re^3$ mit rechteckigem Definitionsbereich festgelegt. Damit können zwar nur einfache geometrische Formen (Kugel, Ring, ...) definiert werden - ihre Behandlung gestaltet sich dafür aber einfacher als die anderweitig definierter Objekte mit gekrümmten Oberflächen.

5.4.1 Datenformat

Objekte, die durch eine einzige Funktion in ihrer Oberfläche definiert sind, können genauso wie anders definierte Objekte innerhalb eines Modells verwendet werden. Das in den Modelldateien name.MOD zu benennende Objektmodul muß lediglich auf eine Datei objekt.FKT verweisen. Beispielsweise verwendet das Modell \VR_DEMO3\MIXED.MOD zwei unterschiedliche Methoden der Objektdefinition.

```
Modell aus Kugel(analytisch) und Kegel (polynomial)
2                         // Anzahl Objekte im Modell
KUGEL.FKT
1 0    0  1               // Transformationsmatrix fuer Objekt
0 1    0  0
0 0    1  3
0 0    0  1
KEGEL50.DAT
-0.5  +0.866   0   -1.73 // Transformationsmatrix fuer Objekt
-0.866 -0.5    0    1.0
   0      0    1    0
   0      0    0    1
0.970 -0.141  0.199  0.0
0.171  0.975 -0.141  0.0
-0.174 0.171  0.979  0.0
0.0    0.0    0.0    1.0  // Tmatrix fuer Gesamtmodell
```

KUGEL.FKT verweist dabei auf eine durch eine analytische Funktion (alle diese objektbeschreibenden Funktionen sind in \VRPRG\VR_CODE\FKT.C definiert) dargestellte Objektoberfläche.

Jede dieser Objektdateien name.FKT muß dabei wie folgt aufgebaut sein.

1. Name des Objekts als String
   Kugel
2. Text für Beschreibungsmethode (frei)
   Beschreibungsmethode : explizite Funktion
3. Objektmethodenkonstante
   MOD_M_EXPLFUNKTION
4. Umvolumenkonstante
   MOD_M_UMNONE
5. Name der darstellenden Funktion in fkt.c
   FKTEX_Kugel
6. Grenzen des rechteckigen Definitionsbereichs im R2
   -1.570795 +1.570795 0.0 6.28318
7. Anzahl Parameterzeilen = Anzahl Funktionsparameter
   1
8. bis n=8+AnzahlParameter-1.Parameterwerte
   1.0 //Radius der Kugel
n+1. Farbinformation
   0x0F 0xAA 0xFF
n+2. Anzahl Raumkurven in u-Richtung
   10
n+3. Anzahl Raumkurven in v-Richtung
   20

Neu ist hier einmal der Punkt (5. Funktionsname); dies muß der Name einer in einer anlinkbaren Bibliothek, DLL oder Objektdatei vorhandenen Funktion sein, die einen Funktionskopf gemäß folgendem Aufbau hat.

```
PUNKT3D FKTEX_Kugel(double, double, double*);
```

Dabei gibt eine solche Funktion immer einen dreidimensionalen Vektor vom Typ PUNKT3D zurück, der aus den Koordinaten u,v des Definitionsbereichs und den notwendigen Parametern (double*) berechnet wurde. Für unsere kugel.fkt heißt dies beispielsweise:

```
PUNKT3D FKTEX_Kugel(u, v, parameter)
double u, v;
double *parameter;
{
    PUNKT3D p;

    p.x1 = (REAL)(parameter[0]*cos(u)*sin(v));
```

5.4 Funktionsoberflächen

```
        p.x2 = (REAL)(parameter[0]*sin(u)*sin(v));
        p.x3 = (REAL)(parameter[0]*cos(v));

        return(p);
}
```

Nachdem nun eine geometrisch einfache Oberfläche definiert ist und in Modellbeschreibungen eingefügt werden kann, bleibt die Frage, wie solche analytisch beschriebenen Oberflächen dargestellt werden können. Innerhalb des Programmbeispiels vr_demo3.c bleibt die Darstellung solcher Objekte auf die (drahtgitterähnliche) Projektion von achsenparallelen Linien u=constant oder v=constant des Definitionsbereichs beschränkt.

Abb.5.4.1:
(u,v)-
Liniendarstellung
einer Kugel

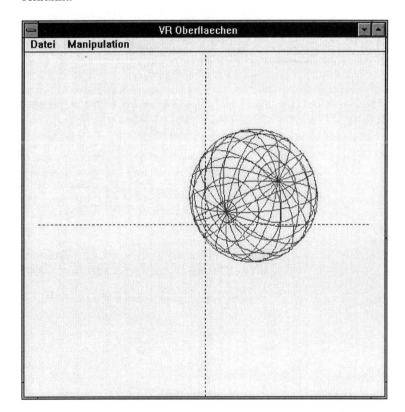

Dies vermittelt einen groben Überblick über die Geometrie des Modells und ist schnell (rechenzeitsparend) dargestellt. Die (gekrümmten) Oberflächen von objekt.FKT-Objekten lassen sich natürlich auch innerhalb von Strahlverfolgungsalgorithmen verwenden und erzeugen hierbei ein realistisches Objektbild.

5.4.2 Datenstruktur und Programmierung

Die Datenstruktur, die alle notwendigen Informationen über die darzustellende Funktion führt und in eine Objektdefinition

```
OBJEKT objekt;
    .
    .
    .
objekt.hobjektdaten = ...
```

eingefügt wird ist, in FKT.H definiert.

```
typedef struct{
            /* 1. Zeiger auf Funktionsname */
            PUNKT3D (*pFktName)();
            /* 2. Grenzen des Definitionsbereichs */
            double umin;
            double umax;
            double vmin;
            double vmax;
            /* 3. Parametervektor */
            double parameter[FKT_MAXPARAMETER];
            /* 4. Flächenfarbe */
            COLORREF farbe;
            /* 5. Darstellungsauflsungen in u- und v-Richtung */
            int auflsgU;    /*Anzahl U-paralleler Projektionen*/
            int auflsgV;    /*Anzahl V-paralleler Projektionen*/
            /* 6. Gesamttransformation, die auf alle */
            /*    Projektionskurven angewendet werden muß */
            TRANSFORMATION3D transfkt;
} OBJEKT_AUS_FUNKTION;
```

Dabei ist (1) ein Zeiger auf die Objektfunktion; dieser Zeiger wird in MOD_ObjektAusDateiLaden() bestimmt:

```
switch (pobjekt->objektmethode) {
    .
    .
    .
    case MOD_M_EXPLFUNKTION:
    {
        int i,p;
        TRANSFORMATION3D m;

        pobjekt->hobjektdaten = GlobalAlloc(
                        GMEM_MOVEABLE | GMEM_ZEROINIT,
                        sizeof(OBJEKT_AUS_FUNKTION)
                                                    );
        pobjfunktion =
        (LPOBJEKT_AUS_FUNKTION)GlobalLock(pobjekt->hobjektdaten);
```

```
/* Funktionsname */
WHP_readformattedline(datei, buffer);
if(strstr(buffer, "FKTEX_Parabolid")!=NULL)
        pobjfunktion->pFktName = FKTEX_Parabolid;
else if(strstr(buffer, "FKTEX_Kugel")!=NULL)
        pobjfunktion->pFktName = FKTEX_Kugel;
```

Es muß also jeder ladbare Funktionsname explizit an dieser Stelle im Code abgefragt und separat bearbeitet werden.

Das Einlesen aller weiteren Objektdaten ist unmittelbar aus dem Quellcode heraus verständlich.

Die Projektion erfolgt als durchsichtiges Drahtgittermodell gemäß Abb.5.4.1. Auch hier genügt die Übergabe des gesamten Modells ohne weitere Spezifikation an die Funktion MOD_Modell-Projektion()...

```
case WM_PAINT:{
    .
    .
    .
        hDC = BeginPaint(hWnd, &ps);
        GetClientRect(hWnd, &rcc);
        MOD_ModellProjektion(
            (LPMODELL)&dummymodell,
                                                          hDC,
                                                          rcc,
                                                prj_bildabstand
                                                              );
        EndPaint(hWnd, &ps);
    .
    .
    .
}
break;
```

...die dann die weitere objektspezifische Bearbeitung weiterreicht.

```
pobjekte = (HANDLE FAR *)GlobalLock(pmodell->hobjekte);

for(obj=0; obj<pmodell->anzahlobjekte; obj++){
    pobjekt = (LPOBJEKT)GlobalLock(*(pobjekte+obj));

    MOD_ObjektProjektion(pobjekt, hDC, rcc, bildabstand);
```

```
            GlobalUnlock(*(pobjekte+obj));
        }
```

Hier wird endlich nach der Objektmethode (also in diesem Fall MOD_M_EXPLFUNKTION) spezifiziert...

```
switch (pobjekt->objektmethode) {
    .
    .
    .
    case(MOD_M_EXPLFUNKTION):{
```

Nach einigen Vorarbeiten werden jetzt die äquidistanten Parameterlinien projiziert; die Anzahl der zu projizierenden Linien ist in der zugehörigen Datenstruktur definiert. Die Anzahl der Einzelschritte je Linie aber ist als Konstante FKT_STEPS in fkt.h festgelegt.

```
        ustep = (pobjfkt->umax - pobjfkt->umin)/
                        (double)(pobjfkt->auflsgU-1);
        vstep = (pobjfkt->vmax - pobjfkt->vmin)/(FKT_STEPS-1);
        for(u=pobjfkt->umin; u<=pobjfkt->umax; u+=ustep){
            v = pobjfkt->vmin - vstep;
            for(iv=0; iv<FKT_STEPS; iv++){
                    /* Punkt in 3D ermitteln */
                    v += vstep;
                    p3d = (*pobjfkt->pFktName)(u, v, para);
                    p2d = PRJ_PunktProjektion(
                                (TRANSFORMATION3D*)&m,
                                (PUNKT3D*)&p3d
                                        );
                    polyline2D[iv].x = (int)(skalierung*p2d.p1);
                    polyline2D[iv].y = (int)(skalierung*p2d.p2);
            }
```

Nachdem nun ein Linienzug polylinie2D[] auf der Bildebene für die Parameterlinie bestimmt wurde, wird dieser Linienzug gezeichnet.

```
            .
            .
            .
            Polyline(hDC, polyline2D, FKT_STEPS);
        }
```

Die Projektion der v-parallelen Parameterlinien funktioniert dann entsprechend.

Eine Besonderheit verbirgt sich noch in der Strukturvariablen OBJEKT_AUS_FUNKTION.TRANSFORMATION3D transfkt, in der alle für das Objekt ausgeführten Transformationen und ggf. auch die Projektion als Transformationsmatrix abgelegt werden. Erst bei Ansprechen des Objekts (z.B. in MOD_ObjektProjektion( )

```
/* Projektion bereitstellen */
```

...wird die objektspezifische Transformationsmatrix...

```
m = pobjfkt->transfkt;
```

...durch eine nachfolgende Projektion ergänzt...

```
PRJ_ProjektionHinzufuegen((TRANSFORMATION3D*)&m,bildabstand);
.
.
.
```

...und dann auf den zuerst ohne jede Transformation ermittelten Raumpunkt...

```
p3d = (*pobjfkt->pFktName)(u, v, para);
```

...angewendet; erst jetzt wird der Raumpunkt der Objektoberfläche an die richtige Raumposition transformiert - das Objekt selbst bleibt wie in der Datei name.fkt definiert hierbei unverändert.

```
p2d = PRJ_PunktProjektion(
                    (TRANSFORMATION3D*)&m,(PUNKT3D*)&p3d);
```

Dieses Vorgehen muß bei allen Zugriffen auf solche Oberflächenpunkte eingehalten werden.

6 Modelldarstellung

6.1 Übersicht

Die Darstellung von z.B. durch polygonale Oberflächen beschriebenen Objekten durch einfaches Projizieren aller Oberflächenpolygone in einer beliebigen, beispielsweise durch die Definition der Objekte festgelegten Reihenfolge wird i.d.R. nicht nur wie die Drahtgitterdarstellung grafisch unbefriedigende, sondern sogar falsche Ergebnisse liefern - Oberflächenteile werden über andere projiziert, obwohl sie *"weiter entfernt"* vom Projektionszentrum sind.

Abb.6.1: Polygonverdeckungen

Das Ergebnis können (siehe Abb.6.1) sogar real *unmögliche* Objektdarstellungen sein.

Welche Probleme sind nun bei der algorithmischen Behandlung einer *„korrekten Verdeckungsordnung"* zu beachten?

Grundsätzlich - unabhängig von der Art der Oberflächenteile - muß für jeden Punkt der Projektionsfläche gelten, daß

- auf ihn der Modellpunkt (über alle Objekte des Modells!) mit dem geringsten Abstand zum Projektionszentrum projiziert wird.

Die naheliegende, aber gleichwohl *falsche* Überlegung ist nun zunächst, daß zur Erfüllung dieser Bedingung lediglich getestet werden muß, welche Teiloberfläche vor einer anderen (aus Sicht des Projektionszentrums) angeordnet ist. Diese Überlegung ist falsch, da

- gekrümmte Teiloberflächen sich sehr wohl selbst teilweise verdecken können - hier ist also keine Aussage für die gesamte Teiloberfläche bzgl. der Verdeckung möglich - und da

- selbst bei ebenen (polygonalen) Oberflächenteilen eine gegenseitige Verdeckung zwischen je zwei Polygonen (davon eines mit n>4 Ecken) möglich ist. Offensichtlich kommt man für aus beliebigen Oberflächentypen zusammengesetzte Objekte nicht umhin, jeden Punkt der Bildebene zu untersuchen - es sei denn, man benutzt lediglich Polygone mit n<5 Ecken zur Oberflächenkonstruktion.

Alle Algorithmen zur Bestimmung verdeckter (Teil)oberflächen (hidden surface algorithm, Verdeckungsalgorithmen) unterscheiden sich bzgl. ihrer

- **Arbeitsweise**, bei der Teilaufgaben des jeweiligen Algorithmus
    - innerhalb der *Bildebene* (immer pixelbezogen) und
    - im dreidimensionalen *Modellraum* selbst

  ablaufen und
    - der Notwendigkeit, bereits bestimmte Bildpunkte wieder neu zu setzen

und ihrer

- **Verwendbarkeit** hinsichtlich der Ausgabegeräte
    - pixelorientierte Geräte (Bildschirm, Drucker) und
    - vektororientierte Geräte (Plotter).

6.2 Inverse Projektion

Bei Verdeckungsalgorithmen, die ausgehend von Punkten innerhalb der Bildebene Untersuchungen im Modellraum selbst durchführen müssen, ist immer die Frage nach

1. dem Vektor durch den Bildpunkt (ausgehend vom Projektionszentrum) und ggf.
2. dem Schnittpunkt dieses Vektors mit einer Teiloberfläche

zu klären; (1) nennt man hier *Rückwärts-* oder auch *inverse* Projektion, wobei der Begriff *invers* nicht dazu verleiten darf, die singuläre Projektionsmatrix invertieren zu wollen !

Der bei der Rückwärtsprojektion gesuchte Vektor **p(b)** vom Projektionszentrum (dem Ursprung des Koordinatensystems) durch einen Bildpunkt **b** bestimmt sich sofort zu

(1) Sei **b** ein Bildpunkt und d der Abstand der Bildebene vom Projektionszentrum $\Rightarrow$

$$\mathbf{p(b)} = \lambda * \mathbf{b} = \lambda * [x_1, x_2, d], \lambda \in \mathfrak{R}, \lambda > 0$$

ist die Rückwärtsprojektion von **b**

Die Frage (2) nach dem Schnittpunkt der Rückwärtsprojektion p(b) mit einem Oberflächenteil eines Objekts läßt sich bei polygonalen Oberflächen schnell beantworten:

(2) Sei **n** die Normale und **q** ein Eckpunktvektor des Polygons $\Rightarrow$

$$e = \mathbf{n} * \mathbf{q}$$

ist die Ebenenkonstante des Polygons

Diese Ebenenkonstante e ist konstant für alle Punkte der Fläche, in der das Polygon liegt. Ist diese Ebenenkonstante e einmal bestimmt, dann kann der Schnittpunktvektor mit dieser Ebene bestimmt werden zu

(3) $$\mathbf{n} * \mathbf{q} = \mathbf{n} * \lambda \mathbf{p} = e \Rightarrow \lambda = \frac{e}{\mathbf{n} * \mathbf{p}}$$

Da in fast allen Fällen lediglich die z-Koordinate des Schnittpunkts - also der Abstand des zum Bildpunkt **b** gehörenden Objektpunkts interessiert, soll diese explizit angegeben werden :

(4) $$\mathbf{p}_3 = \frac{e * d}{\mathbf{n}_1 * \mathbf{x}_1 + \mathbf{n}_2 * \mathbf{x}_2 + \mathbf{n}_3 * d}$$

Es bleibt zu untersuchen, wie man aus den ganzzahligen Pixelkoordinaten die reellen Koordinaten des Bildpunkts bestimmt.

Die „Umrechnungspipeline" von einem (z.B. als Polygoneckpunkt) definierten Raumpunkt **p3d** in letztendlich Bildschirmpixelkoordinaten stellt sich wie folgt dar; wir folgen hierbei dem Beispiel der Funktion MOD_ModellProjektion( ).

6 Modelldarstellung

Der Raumpunkt **p3d** wird zunächst einer beliebigen Projektion **m** unterworfen.

```
p2d = PRJ_PunktProjektion(
                            (TRANSFORMATION3D*)&m,
                            (PUNKT3D*)&p3d
                         );
```

Schon hier merken wir an, daß eine eindeutige Umkehrabbildung nicht möglich sein wird, da die Projektionsmatrix immer singulär und damit nicht invertierbar ist.

Nun wird - dies ist Windows-spezifisch und ggf. in anderen OS anders gelöst - der interne Umrechnungsmodus von logischen Koordinaten (physikalische Koordinaten) in Gerätekoordinaten (device coordinates, ggf. Bildschirmpixel) für alle nachfolgenden GDI-Funktionen festgelegt; diese Festlegung ist danach an das Handle des Gerätekontextes (hDC) gebunden und hierüber verfügbar.

```
/* mapmode (Umrechnung von Bildkoordinaten in Fensterpixel */
/* festlegen; das Fensterzentrum ist dabei der (0,0)-Punkt */
/* des Bildkoordinatensystems */
SetMapMode(hDC, MM_ISOTROPIC);
SetWindowExt(hDC, MAXBILDINTERVALL, MAXBILDINTERVALL);
SetViewportExt(hDC,
               (rect.right-rect.left)/2,
              -(rect.bottom-rect.top)/2);
SetViewportOrg(hDC,
               (rect.right-rect.left)/2,
               (rect.bottom-rect.top)/2);
```

Dabei wird eine Konstante MAXBILDINTERVALL benutzt, die in der Datei PRJ.H als

```
#define MAXBILDINTERVALL 10000
```

definiert ist und die Anzahl diskreter (ganzzahliger) Einheiten je Koordinatenhalbachse des logischen Koordinatensystems festlegt. Je kleiner dieser Wert ist, umso schwerer fallen Rundungsfehler beim Übergang der reellen Projektionen p2d auf der Bildebene in ganzzahlige Pixelkoordinaten ins Gewicht. Eine weitere Tücke lauert hier: bei zu großem Wert für MAXBILDINTERVALL oder zu großen reellen Werten für p2d liefert der Übergang zu int-Werten ggf. einen Überlauf und damit vollkommen falsche Pixelkoordinaten. Diese beiden Fehlerquellen liegen in der Skalierung der p2d-Werte auf die vordefinierte Halbachsenlänge

```
double skalierung = 0.75*MAXBILDINTERVALL;

ausgabepolygon[e].x = (int)(skalierung*p2d.p1);
ausgabepolygon[e].y = (int)(skalierung*p2d.p2);
```

verborgen. Hilfe kann bei absolut nicht passenden Produkten in (skalierung*p2d.p1) eine Änderung der Projektionsmatrix (Objekt weiter von der Bildebene wegschieben) bringen.

Hier ist eine Bemerkung zur Ausgabebeschränkung (clipping) auf den Fensterausgabebereich angebracht. Wir projizieren immer den gesamten Modellraum auf die Bildebene und überlassen es Windows, den sichtbaren (Fenster)Ausschnitt zu berechnen.

Da wir auch im Modellraum selbst kein Clipping bzgl. des vom Projektionszentrum und der Bildfläche (Fensterfläche) gebildeten Pyramidenstumpfs vornehmen, kann es passieren, daß Objektteile auf der zum Projektionszentrum gelegenen Seite der Bildebene sind. Auch diese Teile werden dann projiziert und führen so zu Fehldarstellungen. Verschiebt man das ganze Modell ausreichend weit hinter die Bildebene, dann werden solche Fehler vermieden.

Die so berechneten Punkte ausgabepolygon[e] werden nun von Windows bei allen GDI-Ausgaben in Gerätekoordinaten umgerechnet.

Besonders interessant ist hier die Funktion LPtoDP( ), die Logische- in Gerätekoordinaten umrechnet, wobei die Skalierungen (s.o.) über das hDC benutzt werden.

Bei den meisten Verfahren zur Ermittlung von sichtbaren Flächenteilen innerhalb eines Modells oder auch bei Raytracing-Verfahren muß jedes Pixel der Bildebene separat untersucht werden; daher muß die oben beschriebene Berechnungsfolge vom reellen Bildebenenpunkt zur ganzzahligen Pixelkoordinate umgekehrt werden können.

Dies läßt sich sofort wie folgt herleiten.

Sei **p2d** der reelle Bildpunkt auf der Bildebene, der durch eine beliebige perspektivische Projektion ermittelt wurde. Dann ist

$a = \text{skalierung} * \text{p2d}$

der ganzzahlige Koordinatenwert in logischen Koordinaten und

$p = \text{LPtoDP}(a) = \text{LPtoDP}(\text{skalierung} * \text{p2d})$

die diskreten Pixelkoordinaten von **p2d**.

Die gesuchte Umkehrung ergibt sich sofort zu

$$p2d = \frac{1}{skalierung} * DPtoLP(p)$$

Da je nach Algorithmus entweder der 2-dimensionale Punkt auf der Bildebene oder der vom Projektionszentrum durch diesen Bildpunkt weisende 3-dimensionale Vektor gesucht sind, werden hierzu zwei Funktionen

```
PUNKT3D PRJ_3DVektorDurchPixelErmitteln( )
PUNKT2D PRJ_2DVektorDurchPixelErmitteln( )
```

definiert.

6.3 Z-Puffer Algorithmus

Ein sehr häufig verwendeter und sehr einfach zu implementierender Algorithmus zur Bestimmung sichtbarer (Teil)oberflächen ist der z-Puffer Algorithmus, der seinen Namen aufgrund eines zusätzlichen Bildpunktespeichers führt, in dem die Abstände der einzelnen Bildpunkte vom Projektionszentrum gespeichert werden.

Nach den Kriterien Arbeitsweise und Verwendbarkeit (siehe 6.1) ist der z-Puffer Algorithmus wie folgt einzuordnen :

- **Arbeitsweise**   Sowohl in der Bildebene als auch im Objektraum

   Bildpunkte müssen mehrmals definiert werden

- **Verwendbarkeit**   pixelorientierte Geräte

Der z-Puffer Algorithmus kann also nicht benutzt werden, um verdeckte Kanten für die Ausgabe auf einem Plotter oder einem anderen Vektorausgabegerät zu ermitteln.

Der Algorithmus selber macht keine weiteren einschränkenden Annahmen bzgl. des Aufbaus und der Anordnung der Modellobjekte - prinzipiell sind alle Oberflächentypen erlaubt; konvexe und nichtkonvexe Objekte können verwendet werden. Sogar sich durchdringende Objekte werden korrekt verarbeitet.

Zunächst werden zwei Speicher benötigt :

- der Bildspeicher, der für jeden Punkt (Pixel) der Bildebene einen Farbwert speichern und
- der z-Puffer, der für jeden Bildpunkt der Bildebene einen Abstand als reelle Zahl speichern kann. Zu Beginn des Algorithmus werden beide Speicher entsprechend initialisiert.

```
Für alle Bildpunkte :
Bildspeicher = Hintergundfarbe
z-Puffer = Maximalwert
         ↓
Für alle Oberflächen :
         ↓
Projiziere Oberfläche
         ↓
Für alle Bildpunkte
der Oberfläche :
         ↓
Ermittle Abstand B :
Oberflächenpunkt - Projektionszentrum
         ↓
Falls B < z-Puffer-Wert
         ↓
z-Puffer = B
Setze Bildpunkt = Objektfarbe
```

Dann wird für alle Oberflächen jede Oberfläche projiziert und alle durch diese Projektion geänderten Pixel der Bildebene untersucht. Durch eine Rückprojektion wird der Raumpunkt der Oberfläche ermittelt, der auf den jeweiligen Bildpunkt abgebildet wurde - damit ist dann auch der Abstand dieses Objektpunkts vom Projektionszentrum bekannt und kann mit dem Wert des z-Puffers für das untersuchte Pixel verglichen werden.

Ist der so gefundene Objektpunkt näher am Projektionszentrum als der bisher in dem Pixel abgebildete Objektpunkt, so werden beide Speicher aktualisiert: der z-Puffer erhält den neuen (kleineren) Abstandswert und der Bildspeicher wird im untersuchten Pixel mit der neuen Objekt(teil)flächenfarbe belegt.

Damit wird sichergestellt, daß unabhängig von der Untersuchungsreihenfolge bei Algorithmusende jedes Pixel des Bildes die Farbe der nächstgelegenen Teilfläche hat, die auf dieses Pixel projiziert wird.

Untersucht man das Laufzeitverhalten des z-Pufferalgorithmus in Abhängigkeit von der Anzahl der Teilflächen des Modells, so stößt man auf ein interessantes Ergebnis: die notwendige Rechenzeit ist *weitgehend unabhängig* von der Anzahl der Teilflächen im Modell!

Der Grund hierfür ist, daß bei steigender Teilflächenzahl zwar mehr Projektionen durchgeführt werden müssen (die äußere Schleife läuft über mehr Elemente), aber je projizierter Teilfläche die Anzahl der durch die Projektion überdeckten Bildpixel kleiner wird (weniger Aufwand für die innere Schleife), da bei mehr

Teilflächen die einzelnen Teilflächen im Durchschnitt kleiner werden.

Betrachten wir den Programmcode für den z-Puffer Algorithmus im einzelnen.

Der Funktion `MOD_zBuffer()` wird neben anderen Variablen ein Gerätekontext hDC übergeben, der für ein Ausgabegerät kreiert worden sein muß, das Pixeloperationen `GetPixel()` und `SetPixel()` erlaubt. Dieser Funktionsaufbau erlaubt aber auch die Durchführung des z-Puffer Algorithmus *im Hintergrund* (auf einem Speichergerätekontext) und anschließendes Kopieren (mittels `BitBlt()`) des fertigen Bildes auf kompatible Gerätekontexte (z.B. Matrixdrucker).

```
short MOD_zBuffer(pmodell, hDC, rcc, bildabstand,
                                          hintergrundfarbe)
```

Der z-Pufferspeicher muß zunächst alloziert werden; es werden 32-bit lange Fließkommazahlen verwendet. Die meisten anderen Implementierungen verwenden hier 16- oder 24-bit Zahlen, um Speicherplatz zu sparen. Spezialgrafikkarten mit eigenem z-Puffer-RAM speichern i.d.R. auch nur 24-bit Fließkommazahlen.

```
hzbuffer = GlobalAlloc(GMEM_MOVEABLE | GMEM_ZEROINIT,
    (DWORD)(rcc.right+1) *
    (DWORD)(rcc.bottom+1) *
    (DWORD)sizeof(float) )
```

Alle Einträge (Pixelkoordinaten) des z-Puffers werden mit einer möglichst großen Fließkommazahl (plus unendlich) vorbelegt.

```
for(z=0;
    z<(DWORD)(rcc.right+1) * (DWORD)(rcc.bottom+1);
    z++){
              pzb[z] = (float)PRJ_FLTMAX;
}
```

Um Rechenzeit zu sparen, werden Teilflächen konvexer Objekte, die prinzipiell unsichtbar sind, von vornherein von der Untersuchung ausgeschlossen.

```
MOD_SelbstverdeckteFlaechen(pmodell);
```

Nun wird eine zusätzliche Bildebene bereitgestellt, auf die die einzelnen Teilflächen projiziert werden. Die Pixelkoordinaten dieser Bildebene entsprechen exakt den Pixelkoordinaten der übergebenen Bildebene hDC. Da auf dieser zweiten *Hintergrundbildebene* lediglich die durch die Projektion gesetzten Pixel bestimmt werden sollen, reicht eine monochrome Darstellung aus. Tatsächlich sichtbar wird diese Hintergrundbildebene nie.

```
hDCmem = CreateCompatibleDC(hDC);
hbitmap = CreateCompatibleBitmap(hDCmem,
                        rcc.right,rcc.bottom);
```

Jetzt erst beginnt der eigentliche z-Pufferalgorithmus mit seiner äußeren Schleife über alle Objekte...

```
for(obj=0; obj<pmodell->anzahlobjekte; obj++){
```

...unterschieden nach der jeweiligen Objektmethode...

```
switch (pobjekt->objektmethode) {


case(MOD_M_POLYGON):{
```

...über alle Teilflächen des jeweiligen Objekts.

```
for(p=0; p<pobjpolygon->anzahlpolygone; p++){
```

Jede Teilfläche (hier z.B. Polygone) werden im Hintergrundbild monochrom projiziert.

```
Polygon(hDCmem,
        (LPPOINT)&ausgabepolygon,
        ppolygone[p].anzahlecken);
```

Auch zur Verfahrensbeschleunigung wird das kleinste Rechteck ermittelt (in Pixelkoordinaten), das die Projektion umschließt. Nur die Bildebenenpixel innerhalb dieses Umschließungsrechtecks werden danach...

```
EFL_RechteckUmPolygon((LPPOINT)ausgabepolygon,
                      ppolygone[p].anzahlecken,
                      (LPRECT)&umrechteck,
                      MAXBILDINTERVALL);
```

...untersucht.

```
for(px = xintv.x;  px < yintv.x; px++){
for(py = xintv.y;  py < yintv.y; py++){
```

Falls ein Pixel durch die Projektion gefärbt wurde...

```
if( (GetPixel(hDCmem, px, py))!=hintergrundfarbe){
```

...wird durch Rücktransformation...

```
            PRJ_3DVektorDurchPixelErmitteln(hDCmem,
                                             px,
                                             py,
                                             skalierung,
                                             bildabstand);
            z = EFL_RueckprojektionPolygon(p3d,p,
                                             peckpunkte,
                                             ppolygone);
```

...der z-Wert des Objektteilflächenpunktes ermittelt. Falls dieser Punkt näher am Projektionszentrum liegt...

```
if(z<pzb[(DWORD)py*(DWORD)(rcc.right)+(DWORD)px] ){
```

...werden z-Puffer und Bildspeicher hDC aktualisiert.

```
pzb[(DWORD)py*(DWORD)(rcc.right) + (DWORD)px] = z;
SetPixel(hDC,px, py, ppolygone[p].farbe);
```

Damit ist der eigentliche Algorithmus abgeschlossen. Es müssen lediglich nicht mehr benötigte Ressourcen freigegeben werden.

```
hbitmap = SelectObject(hDCmem, holdbitmap);
DeleteObject(hbitmap);
DeleteDC(hDCmem);

GlobalUnlock(hzbuffer);
GlobalFree(hzbuffer);
```

Im Beispielprogramm **VR_DEMO2** wird als hDC (Vordergrundbitmap) das Programmfenster gewählt, so daß die Änderung der einzelnen Pixel während des z-Puffer Algorithmus beobachtet werden können.

6.4 Methodenübersicht

Der im vorherigen Kapitel als Beispiel vorgestellte z-Puffer Algorithmus ist in seinem Vorgehen sehr elementar und lediglich geeignet, die Überdeckungen von Flächenteilen relativ zueinander korrekt darzustellen. Komplexere Darstellungsdetails wie z.B.

Schatten, Spiegelungen und Lichtbrechung können damit schon vom Ansatz her nicht realisiert werden[1].

Wir wollen an dieser Stelle daher eine Trennung in

1. **Elementare Algorithmen** zur korrekten Darstellung der *Verdeckungsordnung* der (Teil)Flächen eines Modells,
2. **Beleuchtungsberücksichtigende Verfahren** zur Darstellung von Verdeckung (wie (1)), zusätzlich noch *Schattierungs-, Reflexions- und Brechungsdarstellung* und
3. **Oberflächenstrukturmethoden**, die die Leistung von (1) und (2) beinhalten und dazu noch *Oberflächenmuster* (glatt auf der Oberfläche aufliegende Bilder) und *Oberflächenstrukturen* (die Oberfläche ist dann nicht mehr glatt, sondern hat eine als Struktur definierte Unebenheit) darstellen,

vornehmen. Offensichtlich sind diese Methodenklassen so definiert, daß die jeweils höhere eine Obermenge zu der darunter liegenden Klasse ist - dies gilt aber nur für den Leistungsumfang, nicht aber immer für die Algorithmen. Tatsächlich gehen Methoden der Klasse (2) etwas anders vor als Klasse(1)-Methoden.

Zunächst werden wir, ohne auf die Details einzugehen, einige bekannte Algorithmen den oben definierten Klassen zuordnen; die explizite Darstellung - insbesondere der Methodenklassen 2 und 3 - erfolgt in separaten, nachfolgenden Kapiteln. Ihre Darstellung ist so umfangreich, daß hier zunächst nur ein Überblick gegeben werden kann.

6.4.1 Elementare Algorithmen

6.4.1.1 z-Puffer Algorithmus

Dieser Algorithmus wurde bereits als Beispiel detailliert im vorherigen Kapitel vorgestellt. Die wesentlichen Ideen sind folgende: Beginnend mit dem Projektionszentrum (Augenposition) wird für jedes Sichtfensterpixel eine Rückprojektion durchgeführt. Für jeden dieser vom Projektionszentrum ins Modell hinein geschickten Strahlen wird der Schnittpunkt mit einer Oberfläche gesucht, der den geringsten Abstand zum Projektionszentrum hat; hierzu wird je Pixel der bislang gültige Minimalabstand als Fließkommawert gespeichert (z-Puffer).

---

[1] Tatsächlich kann man aber mit einiger Mühe die Berechnung von Schatten in Algorithmen dieser elementaren Kategorie implementieren - wie wir i.f. sehen werden, lohnt sich die Mühe aber nicht.

6 Modelldarstellung

Der Nachteil des z-Puffer Algorithmus besteht darin, daß für jedes Pixel der Schnittpunkt der Rückprojektion mit jedem Oberflächenteil geprüft werden muß - unabhängig davon, ob überhaupt gegenseitige Verdeckungen vorliegen (nur hierbei müßte der Minimalabstand ermittelt werden). Der Aufwand a des z-Puffer Algorithmus ist also proportional zu

$$a \approx \text{Pixelanzahl} * \text{Teilflächenanzahl}.$$

Da an der Pixelanzahl i.d.R. nichts zu ändern ist, versucht man also, Optimierungen hinsichtlich der Anzahl der zu untersuchenden Teilflächen zu machen. Die folgenden Elementaralgorithmen versuchen genau, diesen Weg zu beschreiten.

6.4.1.2 Scangeraden Algorithmus

Der Schnittpunkt des *Rückprojektors* (also des rückwärts projizierten Strahls) mit einem oder mehreren Objektflächen muß nur dann berechnet werden, wenn der Strahl die Fläche trifft - dies ist zuerst einmal eine triviale Feststellung, da man ja bei der Schnittpunktberechnung gerade diese Frage beantwortet. Es geht aber auch etwas ökonomischer: Es wird zunächst nicht ein Strahl durch jedes Bildschirmpixel rückwärts projiziert, sondern jede Pixelzeile wird insgesamt rückwärts projiziert (siehe Abb.6.2). Auf dem Fenster wird damit (anschaulich) eine Gerade von oben nach unten über die Bildebene (pixelweise nach unten) geschoben: diese Gerade gibt dem Verfahren seinen Namen.

Abb.6.2:
Scangeraden Algorithmus

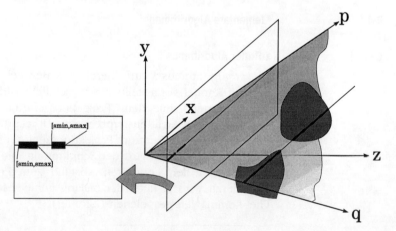

Eigentlich wird damit nicht eine Gerade, sondern eine Ebene durch den Modellraum geführt; diese Ebene ist durch die beiden Randvektoren **p** und **q** eindeutig bestimmt (1).

(2.1) $\quad$ **r** ist Ebenenvektor $\Leftrightarrow$ **r**(**r** − **p**)(**r** − **q**) = 0

$$\Leftrightarrow \begin{vmatrix} r_1 & r_2 & r_3 \\ r_1 - p_1 & r_2 - p_2 & r_3 - p_3 \\ r_1 - q_1 & r_2 - q_2 & r_3 - q_3 \end{vmatrix} = 0$$

Die exakte Schnittgerade **g** zwischen dieser Ebene und jeder der Objektflächenebenen (:=Ebene, in der z.B. ein Oberflächenpolygon liegt) ergibt sich aus[2]

(2.2) $\quad$ **g**(**p** × **q**) + 0 = 0
$\quad\quad\quad$ **gn** + D = 0

mit **n**: Normale auf Polygonebene

D: Abstandswert aus analytischer Polygonebenengleichung

Der Berechnungsaufwand der Bilder der Schnittstrecken zwischen Scanebene und Polygonflächen ist also vertretbar. Zudem muß nicht mehr jedes Polygon auf eine Schnittstrecke hin untersucht werden, wenn man sich mittels eines BOOL-Feldes merkt, ob die Scanebene bereits durch ein Polygon *hindurchgegangen* ist. Am geschicktesten ist es, wenn man solche BOOL-Listen noch ungescanter, gerade aktiv gescannter und bereits fertig gescannter Oberflächenteile unterhält.

Auf der Bildebene ergibt sich in jedem Fall auf der Scangeraden für jede Schnittstrecke (zwischen Polygon und Scanebene) ein Intervall [s_{min}, s_{max}], das die Streckenprojektion definiert.

Nur wenn aus Sicht des Projektionszentrums zwei (oder mehr) Teilflächen hintereinander liegen, überschneiden sich diese Intervalle. Überschneiden sich das untersuchte Intervall nicht, so kann die Scanstrecke direkt als Linie in der Objektfarbe dargestellt werden.

---

[2] siehe z.B. Bronstein-Semendjajew, Taschenbusch der Mathematik, Verlag H. Deutsch

6 Modelldarstellung

Überschneiden sich dagegen mehrere Intervalle, so muß an dieser Stelle

(jeweils für den Durchschnitt aller Intervalle $\bigcap_i [s_{min}, s_{max}]_i$)

mittels z-Puffer festgestellt werden, welche Objektfläche den kleinsten Abstand zum Projektionszentrum hat; das zugehörige Intervall kann dann wieder komplett als Linie in der Objektfarbe dargestellt werden.

6.4.1.3 Tiefensortierungsalgorithmen

Dieser Ansatz ist der von der Idee her sicherlich einfachste, von der Implementierung her der u.U. schwierigste: In einem ersten Durchlauf über alle Teilflächen wird der größte Abstand der Teilfläche vom Projektionszentrum bestimmt und nach diesen Werten werden dann alle Teilflächen aufsteigend sortiert (die Teilfläche mit dem größten Abstand zum Projektionszentrum steht dann am Anfang dieser Liste).

Jetzt können alle Teilflächen, beginnend mit der ersten in der Liste komplett projiziert werden; die jeweils nachfolgenden überdecken dann die vorher projizierten automatisch.

Der Nachteil dieses Verfahrens ist zunächst offensichtlich die ausschließliche Verwendbarkeit für Ausgabegeräte, die das Löschen (oder Überschreiben) bereits ausgegebener Flächen erlauben (also z.B. geeignet für Bildschirme, aber nicht unbedingt für Matrix(Punkt)drucker und sicher nicht geeignet für Vektordrucker wie z.B. Plotter).

Ein weiterer, den Algorithmus leider sehr kompliziert machender Nachteil (oder eigentlich logischer Fehler!) ist, daß Objektflächen aufgrund ihrer komplizierten Struktur nicht eindeutig hintereinander anzuordnen sind:

Abb.6.3:
Tiefensortierungsalgorithmus

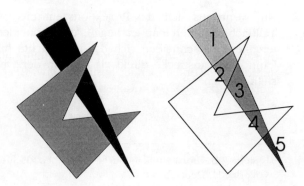

Das Problem wird gelöst, wenn für jedes!!! Paar sich komplex überlagernder Flächen eine der beiden Flächen in neue Flächen zerlegt wird, daß wieder eine eindeutige Reihenfolge berechnbar ist. Dieser Aufwand kann aber recht groß werden, da ja die durch jede Zerlegung neu entstandenen Flächenteile erneut gegen alle anderen Flächenteile auf ihre Abstandsreihenfolge **und** leider auch auf eine erneute komplexe Überlagerung hin geprüft werden müssen.

6.4.1.4 Kantenteilungsalgorithmus

Hier soll abschließend für Algorithmen der Klasse 1 noch eine Methode vorgestellt werden, die für ein Modell aus beliebigen (also auch konkaven) undurchsichtigen Polygonobjekten die Elimination der nicht sichtbaren Kanten so durchführt, daß das Ergebnis auf **beliebigen** (also auch vektororientierten) **Ausgabegeräten** dargestellt werden kann.

Nachdem man Oberflächen, die vom Betrachter abgewandt sind und daher in keinem Fall sichtbar sein können, vorab aus Effizienzgründen eliminiert hat, werden in einem ersten Schritt alle Kanten aller prinzipiell sichtbaren Polygone projiziert; es wird ein Feld `kantenliste[]` angelegt, in dem zu jeder Kante das dazu gehörige Oberflächenpolygon *gemerkt* wird. Zusätzlich sind die Kanten **k** selber als Strecken auf der Projektionsebene durch ihren Anfangspunkt p_1 und Endpunkt p_2 definiert:

(1) $\quad \mathbf{k} := \mathbf{p}_1 + \lambda(\mathbf{p}_2 - \mathbf{p}_1), \lambda \in [0,1]$

```
typedef struct{
    int flaechenkennung;
    PUNKT2D strecke;
    } KANTE;
    .
    .
    .
KANTE kantenliste[1024/*oder etwa so*/];
```

Im zweiten Durchgang werden die Schnittpunkte aller Kantenprojektionen untereinander bestimmt; etwas Rechenzeit wird dadurch gespart, daß sich Kanten

```
kantenliste[i].flaechenkennung ==
                    kantenliste[j].flaechenkennung
```

derselben Fläche nicht untereinander schneiden können - sehr wohl aber die Kanten desselben Objekts! Außerdem werden ja

6 Modelldarstellung

die Schnittpunkte nur in der Fläche, also mit nur jeweils zwei Koordinaten berechnet.

(2) $\quad \mathbf{k}_i \cap \mathbf{k}_j := \mathbf{p}_{1i} + \lambda_i(\mathbf{p}_{2i} - \mathbf{p}_{1i}) = \mathbf{p}_{1j} + \lambda_j(\mathbf{p}_{2j} - \mathbf{p}_{1j})$

Die beiden Kanten schneiden sich, wenn die Lösung aus

(2) $\lambda_i, \lambda_j \in [0,1]$ ist.

Es reicht aus, für jede Kante i den Lösungsparameter λ_j des Schnittpunkts mit der j-ten Kante als Ergebnis zu speichern. Für jede i-te Kante erhält man damit - nach Sortierung der Größe nach - eine geordnete Liste von Kantenschnittpunkten

(3) $\quad L(\mathbf{k}_i) := 0 \leq \lambda_1 \cdots \leq \lambda_j \cdots \leq \lambda_N \leq 1$

Jetzt sind wir fast fertig: die Liste der Schnittpunkte zerlegt jede i-te Kante in Segmente

(4) $\quad S_j(\mathbf{k}_i) := [\mathbf{p}_{1i} + \lambda_j(\mathbf{p}_{2i} - \mathbf{p}_{1i}),\ \mathbf{p}_{1i} + \lambda_{j+1}(\mathbf{p}_{2i} - \mathbf{p}_{1i})]$

die entweder vollkommen sichtbar oder unsichtbar sind; dieser Zustand ändert sich nicht innerhalb eines Segments. Es muß also nur für irgendeinen beliebigen (hier: der Mittelpunkt) Punkt

(5) $\quad \mathbf{q}_{ij} := \frac{1}{2} * (\mathbf{p}_{1i} + \lambda_j(\mathbf{p}_{2i} - \mathbf{p}_{1i}) + \mathbf{p}_{1i} + \lambda_{j+1}(\mathbf{p}_{2i} - \mathbf{p}_{1i}))$

untersucht werden, ob er sichtbar ist. Dies geschieht einfach dadurch, daß für jeden Punkt **q** auf der Bildebene durch Rückprojektion untersucht wird, ob eine Oberfläche ggf. vor der zur i-ten Kante gehörenden Fläche `kantenliste[i].flaechenkennung` liegt. Ist das nicht der Fall, so ist **q** und damit das ganze zugehörige Segment sichtbar und kann als Verbindungslinie zwischen dem Segmentanfangs- und Endpunkt ausgegeben werden.

Schwierig wird es übrigens, wenn man Flächenfarben darstellen will (Kantenfarben können dagegen sehr einfach gespeichert werden). Dieses Problem stellt sich aber für Vektorausgabegeräte wie z.B. Plotter i.d.R. erst gar nicht - und für Pixelausgabegeräte gibt es effektivere Methoden!

6.4.1.5 Vergleich der Verfahren

Vergleicht man die oben vorgestellten Verfahren miteinander, so ergibt sich folgendes Bild:

Verfahren	Rechenzeit[3]	Speicher[4]
z-Puffer	1	$\approx(\text{sizeof}(\text{float})+F) * P$
Scangerade	1.9	$\approx T$
Tiefensortierung	9.5	$\approx T^2$ (abhängig von der Komplexität der Flächen)
Kantenteilung	6	$\approx T$ (abhängig von der Komplexität des Modells)

Insbesondere die Angaben zur relativen Rechenzeit sind u.U. hardwareabhängig, wenn z.B. eine Hardware zur Aufnahme des z-Puffers vorhanden ist.

6.4.2 Beleuchtungsberücksichtigende Verfahren

Der Aufwand zur Berechnung von Schatten innerhalb eines Klasse 1-Verfahrens lohnt sich i.d.R. nicht, da die nachfolgend beschriebenen Klasse 2-Verfahren[5] dieses Problem *nebenbei* mitlösen.

Alle Verfahren dieser Klasse setzen lediglich ein aus Standardobjekten

- Polygonobjekte
- Splineobjekte
- Funktionsobjekte

zusammengestelltes Modell voraus, dem noch obligatorisch Lichtquellenobjekte hinzugefügt werden müssen (mindestens eines - sonst sieht man nichts!).

---

[3] Angaben normiert auf die z-Puffer-Rechenzeit; Testgerät : 80486,33Mhz, nur RAM-Benutzung

[4] P := Pixelanzahl (z.B. 1280*1024 = 1,3Mbyte); F := Farbtiefe in byte (z.B. 3Byte truecolor); T:=Anzahl Teiloberflächen

[5] In der Literatur auch häufig als Reflexions- und Beleuchtungsmodelle benannt

6.4.2.1 Strahlverfolgungsverfahren (ray tracing)

Die explizite Angabe einer Lichtquelle, z.B. vom Typ *punktförmige Lichtquelle*, die als name.LLL-Datei beschrieben wird, deutet schon auf eine mögliche Arbeitsweise alle dieser Klasse 2-Verfahren hin.

Abb.6.4:
Strahlverfolgung, allgemein

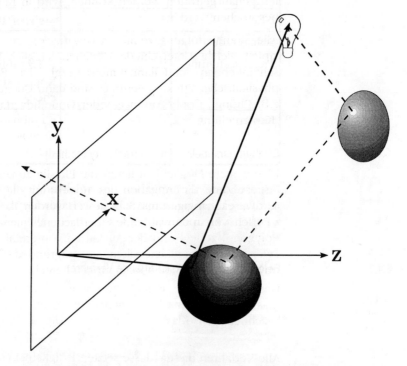

Es werden explizit Lichtstrahlen von der Lichtquelle bis zum Betrachter (dem Projektionszentrum) mit möglichst realitätsnaher Berücksichtigung ihrer gesamten Wechselwirkungen mit Oberflächen geschickt, die dann - wieder unter Berücksichtigung der physikalischen Grundlagen - eine bestimmte Farbe auf jedes Pixel der Bildebene transportieren.

Wollte man diese Grundidee in einem Algorithmus realisieren, so würde man sehr schnell auf ein (unüberwindbares) Problem stoßen (siehe Abb.6.4): ausgehend von der Lichtquelle, über ggf. vielfache Spiegelung und Lichtbrechung an mehreren Objektoberflächen müßten unendlich viele Lichtstrahlen ‑ ‑ ▶ über alle Raumwinkel ausgesendet werden, damit eine ausreichende Anzahl überhaupt in Richtung des Projektionszentrums durch die Bildebene fallen würden.

6.4　*Methodenübersicht*

Statt dieses Vorgehens verfolgt man, ausgehend vom Projektionszentrum durch bestimmte Pixel der Bildebene Lichtstrahlen ⟶ über alle möglichen Oberflächenwechselwirkungen rückwärts bis zur Lichtquelle. Wie dies genau funktioniert und warum bei dieser Rückwärtsprojektion auch punktförmige Lichtquellen genau getroffen werden können, wird in Kapitel 7 detailiert besprochen werden.

Alle Strahlverfolgungsverfahren (ray tracing) funktionieren prinzipiell gleich; Unterschiede bestehen lediglich in einigen einschränkenden Modellannahmen bzgl. der Berücksichtigung physikalischer Effekte: hierunter sind dann Unteralgorithmen wie z.B. Phong-, Cook/Torrance- oder Gouraudverfahren zu subsumieren.

6.4.2.1　Strahlungsmodellverfahren (radiosity method)

Eine weitere Möglichkeit liefert die Physik: zunächst *vergißt* man das Problem der Projektion des Modells auf die Bildebene bzgl. des Projektionszentrums. Statt dessen werden alle Oberflächen in möglichst klein zu wählende Oberflächenelemente (in der Praxis Polygone) zerlegt und der Austausch von Strahlung zwischen je zwei dieser Oberflächenelemente aufgrund der hier geltenden physikalischen Rahmenbedingungen berechnet.

Abb.6.5:
Strahlungsverfahren, allgemein

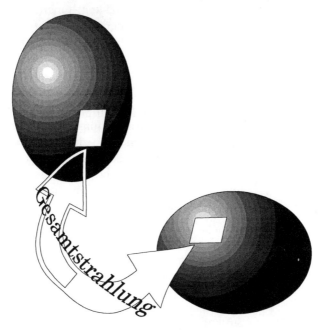

177

Ist so das globale Strahlungsverhalten des Gesamtmodells einmal bekannt, kann dies beliebigen Projektionen unterworfen werden.

Auch diese Verfahren werden später detailliert dargestellt, obwohl ihre Realisierung für Rechner geringerer Leistung fragwürdig erscheint, da hier doch eine vergleichweise sehr hohe Rechengeschwindigkeit erforderlich ist, um noch akzeptable Bearbeitungszeiten zu realisieren.

6.4.3 Oberflächenstrukturmethoden

Die Methoden in 6.4.2 erzeugen schon recht realistische Bilder, in denen der räumliche Eindruck durch die Darstellung von Schatten und Spiegelungen vermittelt und die Realitätsnähe der Darstellung durch ggf. vorhandene Lichtbrechung - also die Darstellung teilweise durchsichtiger Objekte - noch erhöht wird.

Trotzdem erscheinen diese so erzeugten Bilder *künstlich* in dem Sinne, daß sie bestimmte Aspekte unserer natürlichen Umgebung nicht darstellen können.

Im wesentlichen liegt dies daran, daß alle Oberflächen *einfarbig* und *glatt* dargestellt werden - obwohl sie bereits mit den Klasse 2-Methoden matt, spiegelnd und durchscheinend realisiert werden können.

Es fehlt also an der Möglichkeit, Oberflächenstrukturen darzustellen. Wir wollen den Begriff der Oberflächenstruktur genauer betrachten und ihn begrifflich in folgende Teilaspekte zerlegen:

1. **flächige Struktur**
   Hier werden auf ansonsten geometrisch glatten Oberflächen entweder Grafiken - pixelweise definierte Bitmapgrafiken oder auch Vektorgrafiken - an die Oberflächenform angepaßt oder aber vorher für das von der Oberfläche umschlossene Volumen (also nur bei geschlossenen Oberflächen!) eine innere, räumliche Struktur definiert (z.B. das Wellenmuster von Marmor oder das Ringmuster von Holz) und diese innere Struktur dann auf die Oberfläche abgebildet - in Analogie zum Vorgang des Ausschneidens der Volumenform aus einem Block.

   Die Geometrie der Oberfläche bleibt davon aber unberührt. Damit ändert sich auch nicht das Verhalten der Oberfläche gegenüber auftreffenden Lichtstrahlen - mit Ausnahme des Farbreflexions- oder Brechungsverhaltens, das dann letztendlich das auf der Oberfläche liegende Bild der flächigen Struktur wiedergibt.

2. **räumliche Struktur**
   Unabhängig von Oberflächeneigenschaften wie z.B. Spiegelungsverhalten, Lichtbrechung, Farbe oder auch flächigen Strukturen (s.o.) kann man die Glattheit (die geometrische Oberflächenstruktur im kleinen) der Oberfläche ändern. Dies ist notwendig, um z.B. natürlich-biologische Oberflächen wie Pelz, gegerbtes Leder oder auch mineralische Oberflächen (Sand, Schiefer etc.) darstellen zu können

Beide Aspekte werden in folgenden Kapiteln ausführlich behandelt werden.

7 Licht

Bevor in den folgenden Kapiteln die Darstellungsmethoden der Klassen 2 und 3 (siehe 6.4.ff) besprochen werden, muß zunächst - unter Rückgriff auf die zugrunde liegenden physikalischen Rahmenbedingungen - geklärt werden, wie das Objekt des zentralen Interesses - ein Lichtstrahl - mit den Oberflächen von Objekten unserer Modelle wechselwirkt und wie dabei Farb- und Helligkeitseindrücke entstehen.

Der hier verfolgte Ansatz, die Berechnung realistisch erscheinender Modellabbilder auf eine theoretische Basis zu stellen, die unmittelbar auf den physikalischen Gesetzen aufbaut, liefert interessanterweise auch tatsächlich den entscheidenden Qualitätssprung von der offensichtlich primitiven Computergrafik der Klasse 1-Methoden (um Mißverständnissen vorzubeugen: diese in ihrer Darstellungsqualität einfachen Methoden haben in großen Bereichen - i.w. denen der Modellierung - durchaus ihre Existenzberechtigung) hin zu schon recht realistisch (im Wortsinn: der Realität angenähert) wirkenden Bildern, bei denen bestimmte Effekte (Schatten, Spiegelbilder) ohne weiteres Manipulieren vollkommen automatisch erzeugt werden.

Mit anderen Worten: je näher das einem Darstellungsverfahren zugrunde gelegte Modell der physikalischen Grundlage ist oder je weniger Vereinfachungen (auf die leider nie ganz verzichtet werden kann) hier gemacht werden, um so realitätsnäher werden die erzeugten Bilder sein.

Aus diesem Grund ist der nachfolgende Exkurs in die Physik des Lichts unverzichtbar. Gleichwohl soll er aber gerade auch für Nichtnaturwissenschaftler verständlich gehalten werden.

7.1 Physikalische Grundlagen

Um den naturwissenschaftlich interessierten Lesern zu Anfang (und nur hier: dieser Absatz ist für das Verständnis des folgenden verzichtbar) gerecht zu werden, soll der physikalische Hintergrund kurz[1] dargestellt werden.

---

[1] Detaillierte Darstellungen finden sich z.B. in:
Bergmann, Schäfer, Experimentalphysik III, Optik, de Gruyter
Weizel, W., Lehrbuch der theoretischen Physik Bd.I, Springer

7 Licht

Die Beschreibung der für unsere Belange interessanten Effekte des *Lichts* basiert auf der Natur des Lichts als elektromagnetischer Welle, für die unter bestimmten Einschränkungen[2] die Gleichungen von James Clark Maxwell in sehr prägnanter Form die umfassende Grundlage formulieren, aus denen dann alle wellenphysikalischen Effekte ableitbar sind; im Zusammenhang dieses Buchs kann auf eine Diskussion der Maxwellschen Gleichungen und ihrer Folgerungen verzichtet werden.

Festhalten wollen wir allerdings, daß aus den Maxwellschen Gleichungen für ein Material (z.B. sind die Bedingungen (1,2,3) für Glas erfüllt), daß

1. ladungsfrei ist, also selber keine Quellen für elektromagnetische Wellen besitzt,
2. homogen ist, also keine Diskontinuitäten (*Sprünge*) in seinen Materialeigenschaften hat und
3. isolierend ist

zwingend eine Gleichung (die *Wellengleichung*) folgt, die bestimmte Forderungen an die mathematische Beschreibung einer Lichtwelle formuliert. Für derartige für unsere Belange interessanten Materialien lautet diese Wellengleichung

$$\Delta \mathbf{E} = \frac{1}{c^2} \ddot{\mathbf{E}}$$

(1.1)   oder ausführlich

$$\frac{\partial^2 E}{\partial x^2} + \frac{\partial^2 E}{\partial y^2} + \frac{\partial^2 E}{\partial z^2} = \frac{1}{c^2}\frac{\partial^2 E}{\partial t^2}$$

Dabei ist **E** die elektrische Feldstärke (Gleichung 1 läßt sich übrigens auch für die magnetische Feldstärke **H** so aufschreiben) und c die Lichtgeschwindigkeit, die von den Materialeigenschaften

---

[2] im Bereich atomarer Größen gelten quantenmechanische Gesetze, bei Existenz großer Massen (=zu berücksichtigende Raumkrümmung) relativistische Formulierungen

7.1 Physikalische Grundlagen

$$c^2 = \frac{1}{\varepsilon\varepsilon_0 \eta\eta_0} \text{ mit}$$

(1.2) ε : Dielektrizitätskonstante des Materials
ε_0 : Dielektrizitätskonstante des Vakuums
η : Permeabilität des Materials
η_0 : Magnetische Feldkonstante

abhängt - in einem Material entspricht die Lichtgeschwindigkeit also u.U. nicht der Vakuumlichtgeschwindigkeit[3].

Die Wellenfunktionen, die eine Ausbreitung (d.h. räumliche und zeitliche Abhängigkeit) einer elektromagnetischen Welle beschreiben, müssen der Gleichung (1.1) gehorchen - ansonsten können sie frei formuliert werden.

Eine besonders einfache (und wichtige!) Lösung der Wellengleichung (1.1) ist die ebene elektrische Welle.

Hierbei nehmen wir an, daß das elektrische Feld von zwei räumlichen Richtungen unabhängig ist:

(2.1)
$$\frac{\partial \mathbf{E}}{\partial z} = \frac{\partial \mathbf{E}}{\partial y} = 0$$
$$\Rightarrow$$
$$\frac{\partial^2 \mathbf{E}}{\partial x^2} = \frac{1}{c^2}\frac{\partial^2 \mathbf{E}}{\partial t^2}$$

Die Divergenz der elektrischen Feldstärke E muß identisch 0 sein:

(2.2) $$\nabla \mathbf{E} = \frac{\partial \mathbf{E}}{\partial x} = 0$$

Damit folgt für (2.1)

(2.3)
$$\frac{\partial \mathbf{E}}{\partial x} = \frac{\partial \mathbf{E}}{\partial t} = 0 \Rightarrow$$

$$\mathbf{E}_x(x,t) = a + bt$$
$$\mathbf{E}_y(x,t) = f(x \pm ct)$$
$$\mathbf{E}_z(x,t) = g(x \pm ct)$$

---

[3] die magnetische Feldkonstante ist eine universell gültige Naturkonstante mit $\mu_0 = 1.256 * 10^{-6} \left[\frac{N}{A^2}\right]$

7 Licht

Die vektorwertige elektrische Feldstärke kann also in ihrer y,z-Komponente als beliebige Funktion von $(x+ct)$ oder $(x-ct)$ dargestellt werden, um (1.1) zu erfüllen.

Beispielsweise kann man als Funktion wählen

(3.1) $\quad \mathbf{E}_y(x,t) = A \sin(2\pi\sigma(x-ct)+\delta_y)$
$\quad\quad\quad \mathbf{E}_z(x,t)$ entsprechend

Hier können nun einige Variablen eingeführt werden, auf die wir schon warten: mit

(3.2)
$$\lambda = \frac{1}{\sigma} : \text{Wellenlänge } (\sigma: \text{Wellenzahl})$$
$$\nu = \frac{c}{\lambda} : \text{Frequenz}$$
$$A \quad : \text{Amplitude}$$

folgt für (3.1) sofort

(3.3)
$$\mathbf{E}_y(x,t) = A \sin(\varphi) \text{ mit Phase } \varphi$$
$$\varphi = 2\pi\nu\left(\frac{x}{c}-t\right)+\delta_y$$
$$= 2\pi\left(\frac{x}{\lambda}-\nu t\right)+\delta_y$$
$$= \frac{2\pi}{\lambda}(x-ct)+\delta_y$$

Die Funktion in (3.1) kann ebenso gut mittels der cos-Funktion formuliert werden. Um hier eine willkürliche Auswahl zu vermeiden, formulieren wir (3.1) lieber im Komplexen als

(4.1) $\quad \mathbf{E}_y(x,t) = A\, e^{2\pi i\left(\frac{x}{\lambda}-\nu t\right)+i\delta_y}$
$\quad\quad\quad \mathbf{E}_z(x,t) = B\, e^{2\pi i\left(\frac{x}{\lambda}-\nu t\right)+i\delta_z}$

schreiben. Dies führt uns auch gleich noch zu einem sehr wichtigen Parameter (der Polarisation), der neben der Amplitude und der Frequenz (oder entsprechend der Wellenlänge) der dritte wesentliche Bestimmungsparameter einer Lichtwelle ist.

Hierzu bilden wir zunächst in (4.1) komplexe Amplituden

(4.2) $\quad \mathbf{E}_y(x,t) = \left(A e^{i\delta_y}\right) e^{2\pi i\left(\frac{x}{\lambda} - v\, t\right)} = \tilde{A} e^{2\pi i\left(\frac{x}{\lambda} - v\, t\right)}$

$\quad\quad \mathbf{E}_z(x,t) = \left(B e^{i\delta_z}\right) e^{2\pi i\left(\frac{x}{\lambda} - v\, t\right)} = \tilde{B} e^{2\pi i\left(\frac{x}{\lambda} - v\, t\right)}$

und schreiben dann die elektrische Feldstärke vektoriell als

(4.3.1) $\quad \mathbf{E}(x,t) = \left[\tilde{A}\ ,\ \tilde{B}\right] e^{2\pi i\left(\frac{x}{\lambda} - v\, t\right)} = \mathfrak{A}\, e^{2\pi i\left(\frac{x}{\lambda} - v\, t\right)}$

mit dem komplexwertigen Amplitudenvektor $\mathfrak{A}$. Pflanzt sich diese Welle nicht - wie bisher angenommen - in x-Richtung fort, sondern in eine beliebige Richtung **s** (Vektor!), so gilt

(4.3.2) $\quad \mathbf{E}(\mathbf{r},t) = \mathfrak{A}\, e^{2\pi i\left(\frac{\hat{\mathbf{s}}\mathbf{r}}{\lambda} - v\, t\right)}$ mit $\|\hat{\mathbf{s}}\| = 1$

$\quad\quad \mathbf{E}(\mathbf{r},t) = \mathfrak{A}\, e^{2\pi i(\mathbf{s}\mathbf{r} - v\, t)}$ mit $\mathbf{s} = \dfrac{\hat{\mathbf{s}}}{\lambda}$

Wegen der Maxwellgleichungen muß wieder

(4.4) $\quad \nabla \mathbf{E}(\mathbf{r},t) = \mathfrak{A} \nabla e^{2\pi i(\mathbf{s}\mathbf{r} - v\, t)} = 2\pi i (\mathfrak{A}\mathbf{s})\, e^{2\pi i(\mathbf{s}\mathbf{r} - v\, t)} = 0$

gelten; das ist dann der Fall, wenn die beiden Vektoren $\mathfrak{A}$ und **s** senkrecht aufeinander stehen (das bekannte Ergebnis: sowohl das elektrische als auch -äquivalent zu beweisen- das magnetische Feld schwingen senkrecht zur Ausbreitungsrichtung).

Spalten wir nun noch den komplexen Amplitudenvektor $\mathfrak{A}$ in Real- und Imaginärteil auf

(4.5) $\quad \mathfrak{A} = \mathbf{A}_{\mathrm{Re}} + i \mathbf{A}_{\mathrm{Im}} = \mathbf{a}_1 A_{\mathrm{Re}} + i \mathbf{a}_2 A_{\mathrm{Im}}$

und zerlegen dann noch die Vektorkomponenten $\mathbf{A}_{\mathrm{Re}}, \mathbf{A}_{\mathrm{Im}}$ in Richtungsvektoren $\mathbf{a}_1, \mathbf{a}_2$ und Längen $A_{\mathrm{Re}}, A_{\mathrm{Im}}$, so ist deutlich, daß das elektrische Feld in zwei Komponenten zerfällt, die beide senkrecht zur Ausbreitungsrichtung **s** stehen und i.d.R. nicht die gleiche Richtung haben ($\mathbf{a}_1 \neq \mathbf{a}_2$).

Hier sind nun i.d.R. drei Fälle zu unterscheiden, die die Polarisation einer Lichtwelle beschreiben.

(4.6)
$\mathbf{a}_1 \neq \mathbf{a}_2$: elliptische Polarisation
$\mathbf{a}_1 = \mathbf{a}_2$: lineare Polarisation
$\mathbf{a}_1 \mathbf{a}_2 = 0$ und $(\mathbf{a}_1 A_{Re})^2 = (\mathbf{a}_2 A_{Im})^2$: zirkulare Polarisation

Welche physiologische Wirkung haben nun die drei Lichtwellenparameter

(5.1) Frequenz ν oder Wellenlänge λ
(5.2) Gesamtamplitude $\sqrt{(\mathbf{a}_1 A_{Re})^2 + (\mathbf{a}_2 A_{Im})^2}$
(5.3) Polarisation gemäß (4.6)

auf die Netzhaut des menschlichen Auges - denn nur der hier hervorgerufene Effekt interessiert? Diese Übertragung ist überraschend einfach durchzuführen; es ergibt sich folgende Zuordnung.

(6.1) die *Frequenz* ν oder *Wellenlänge* λ bestimmen des Farbeindruck

(6.2) das Quadrat der Gesamtamplitude $((\mathbf{a}_1 A_{Re})^2 + (\mathbf{a}_2 A_{Im})^2)$ ist die *Intensität* der Welle und damit für den Helligkeitseindruck verantwortlich.

(6.3) Die *Polarisation* wird vom menschlichen Auge (ohne vorgeschaltete Hilfsmittel!) gar nicht registriert - das ist auch der Grund, warum die Polarisation bei Modelldarstellungsmethoden aller Klassen i.d.R. keine Berücksichtigung findet[4].

Wir werden im folgenden also lediglich die Wellenparameter Frequenz und Amplitude bzw. direkt ihre physiologischen Äquivalente Farbe und Helligkeit berücksichtigen.

---

[4] Das Polarisationsverhalten bei Reflexion wird berücksichtigt in:
Wolff,L., Kurlander,D., ray tracing with polarization parameters, IEEE Computer Graphics and Appl., 10(6):91-102, 1990
Weitergehende Ansätze der Optik finden sich berücksichtigt in:
He,X.D., Torrance,K.E., Sillion,F.X., Greenberg, D.P., a comprehensive physical model for light reflection, Proceedings of SIGGRAPH, 91, Computer Graphics 20(4),133-142, 1986
Diese Modell sind dann lohnend anzuwenden, wenn z.B. in der Produktentwicklung das Polarisationsverhalten oder Beugungs- und Interferenzeffekte zu berücksichtigen sind.

7.2 Wechselwirkung von Licht mit Oberflächen

Ein Lichtstrahl kann auf mehreren Wegen mit einer Objektoberfläche wechselwirken.

Der (i.d.R. von der punktförmigen Lichtquelle kommende) Lichtstrahl ist der Vektor **L**, der auf eine hier als eben angenommene Objektoberfläche auftrifft. Tatsächlich behandeln wir die Wechselwirkungen des Lichtstrahls mit gekrümmten Oberflächen so, daß wir in einer kleinen Umgebung um den Auftreffpunkt des Strahls herum die Krümmung der Oberfläche vernachlässigen (es wird die Tangentialebene im Auftreffpunkt des Strahls genommen) und genauso wie die Wechselwirkung mit einer ebenen Fläche behandeln.

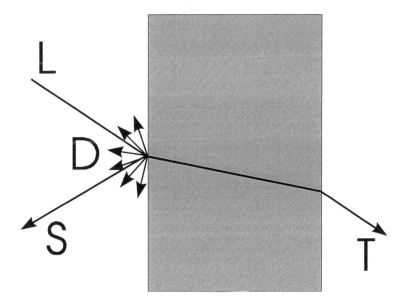

Abb.7.1: Wechselwirkung Lichtstrahl/Fläche

Prinzipiell können hierbei drei unterschiedliche Wechselwirkungen des Lichtstrahls mit dem Objekt auftreten.

1. Der Lichtstrahl (oder wenigstens ein Intensitätsanteil von ihm) wird spiegelnd nach **S** reflektiert.
2. Ein Anteil von **L** wird diffus, d.h. in alle Richtungen von der Oberfläche weg mit gleicher Intensität als **D** reflektiert.
3. Ein Strahlanteil dringt gebrochen in das Objekt ein und tritt an einer anderen Stelle erneut gebrochen aus dem Objekt aus - er wird als Vektor **T** transmittiert.

Bei dieser Betrachtung vernachlässigen wir allerdings den Strahlanteil, der - ähnlich wie der transmittierte Strahlteil T - in das Objekt eindringt und während der Durchdringung des Objektinneren hier diffus, d.h. in alle Richtungen gleich gestreut wird und dann über die gesamte Objektoberfläche gleichmäßig verteilt austritt.

Im folgenden müssen also für die genannten drei Wechselwirkungen Berechnungsvorschriften angegeben werden, die eine Berechnung der Intensitäten für **S**, **D** und **T** ermöglichen.

Grundsätzlich legen wir für die Berechnung von Strahlintensitäten I nach einer Wechselwirkung X die folgende Schreibweise fest.

(1)
$$I_X = f_X * I_E$$
I_E : Intensität einfallender Strahl
I_X : Intensität nach Wechselwirkung X
f_X : Faktor der Wechselwirkung X

Es bleibt noch abschließend darauf hinzuweisen, daß bei der gesamten Wechselwirkung des Strahls **L** mit dem Objekt die Summe aller ausgehenden Intensitäten kleiner oder gleich der Intensität des einfallenden Strahls L sein muß - es darf bei allen Vorgängen der Streuung, der Reflektion und der Transmission bestenfalls Intensität verloren gehen, aber keine hinzukommen. Dies diktiert die Physik; wenn allerdings diese Bedingungen in einem Modell vernachlässigt werden, ergeben sich u.U. interessante Effekte, die aber dann die physikalische Realität nicht mehr wiedergeben.

Das hier zugrunde gelegte Reflexionsmodell mit den Modellannahmen

1. Das Licht wird von *punktförmigen* Lichtquellen abgegeben.
2. Das Licht erreicht die Bildebene auf genau 4 Arten:
   - Ein Lichtstrahl kommt *direkt* von der Lichtquelle und wird *spiegelnd reflektiert*
   - Ein Lichtstrahl kommt *direkt* von der Lichtquelle und wird *diffus reflektiert*
   - Ein Lichtstrahl kommt direkt von einer Lichtquelle und wird transmittiert.
   - Ein Lichtstrahl kommt von *anderen Objektoberflächen* und durchläuft einen der obigen drei Wege.

3. Es gibt daher nur eine näherungsweise Berücksichtigung (über einen globalen, konstanten Ausdruck) von Licht, das von anderen Objektoberflächen diffus reflektiert wurde und dann via Spiegelung, diffuser Reflexion oder Transmission die Bildebene erreicht.

4. Das von anderen Objektoberflächen kommende Licht wird dadurch ermittelt, daß für die zeitlich früher liegenden spiegelnden Reflektionen und Transmissionen jeweils ideale Verhältnisse (exakte Winkel für Reflexion und Transmission) vorausgesetzt werden.

folgt dem Phong-Reflexionsmodell. Durch geeignete Anpassungen (die wir i.f. darstellen werden) kann das für Strahlverfolgungsalgorithmen typische überrealistische, aus den Modellannahmen (3) und (4) folgende Aussehen vermieden werden; dabei ist aber der Berechnungsaufwand z.B. gegenüber radiosity-Ansätzen noch vertretbar gering.

7.2.1 Spiegelnde Reflexion I_R

Ein Lichtstrahl **L** trifft auf eine ebene Fläche auf und soll hier spiegelnd reflektiert werden. Betrachten wir zunächst die Verhältnisse für eine perfekt spiegelnde Oberfläche.

Abb.7.2:
Spiegelnde Reflexion

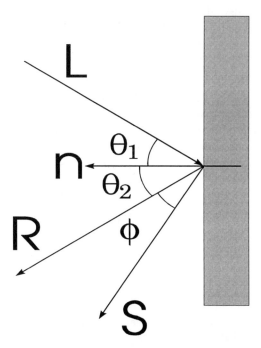

Am Auftreffpunkt des Strahls **L** auf die Oberfläche wird die auf der Oberfläche senkrecht stehende, zum Objektäußeren weisende Flächennormale **n** berechnet. Der Winkel θ_1 zwischen L und n muß damit $\theta_1 \leq 90°$ sein.

Damit ist auch gleich das Problem gelöst, wie etwa gekrümmte Oberflächen zu behandeln sind. Man nimmt einfach an, daß in einer infinitesimal kleinen Umgebung um den Auftreffpunkt von **L** auf die Oberfläche diese eben ist und berechnet die Flächennormale **n** an dieser Stelle durch die partiellen Richtungsableitungen.

Bei einer physikalisch perfekt spiegelnden Oberfläche gilt jetzt

- der Austrittswinkel des reflektierten Strahls **R** ist gleich dem Eintrittswinkel von **L** : $\theta_1 = \theta_2$ und
- **R** liegt in der durch die beiden Vektoren **L** und **n** aufgespannten Ebene.

Damit berechnet sich **R** sofort mittels

(2) $$\mathbf{R} = \mathbf{L} - 2(\mathbf{Ln})\mathbf{n}$$ mit **L, n** : normiert[5]

Nehmen wir aber an, daß die Oberfläche nicht perfekt spiegelnd ist - daß also nicht nur ein Teil der einfallenden Intensität I_e anderweitig wechselwirkt (z.B. durch Transmission oder diffuse Reflexion), sondern daß zusätzlich aufgrund der Oberflächeneigenschaft *Spiegelgüte* in eine andere Richtungen **S** Licht ebenfalls spiegelnd reflektiert wird.

Reale spiegelnde Objekte nämlich gehorchen nicht obigen Forderungen; würde man aus einer nicht exakt mit **R** zusammenfallenden Richtung auf eine perfekt spiegelnde Oberfläche blikken, müßte die betrachtete Oberfläche schwarz erscheinen. Tatsächlich wird zwar der größte Teil der einfallenden Intensität in Richtung **R** gespiegelt - in nahe **R** liegende Nebenrichtungen **S** aber fällt auch ein Teil des reflektierten Lichts.

Der Winkel zwischen der perfekten Spiegelung **R** und der abweichenden Spiegelung **S** sei dann ϕ, der Parameter der Spiegelgüte der Oberfläche sei $r \in \mathbb{N}$.

---

[5] Ein Vektor **x** ist normiert, wenn er seine Richtung unverändert beibehält und seine Länge identisch 1 ist

7.2 Wechselwirkung von Licht mit Oberflächen

Für den Faktor der in Richtung **S** gespiegelten Intensität I_S kann dann z.B. mit einer realitätsnahen optischen Wirkung

(3)
$$f_{S(\phi)} = k_S \cos^r \phi = k_S (\mathbf{RS})^r, \text{ dabei sind } \mathbf{R,S} \text{ normiert}$$
$k_S \in [0,1]$: Koeffizient Spiegelung
$r \in \mathbb{N}$: Spiegelgüte
$\qquad r \geq 100$: guter Spiegel,
$\qquad r \approx 1$: matter Spiegel

angesetzt werden.

Das Farbverhalten des Strahls **S** bei spiegelnder Reflexion definieren wir dahingehend, daß die Farbe des spiegelnd reflektierten Strahls **S** identisch der Farbe des einfallenden Strahls **L** ist.

Dies geht natürlich an der Realität vorbei, wie das in 7.2.7 besprochene Reflexionsmodell von Cook und Torrance aufzeigt - der hier gezeigte Phongansatz liefert trotzdem schon recht realitätsnahe Effekte.

7.2.2 Diffuse Reflexion I_D

Bei der diffusen Reflektion D von Licht an einer Oberfläche wird der einfallende Strahl **L** in alle Richtungen reflektiert - diese Reflexion ist also nicht auf die von **L** und **n** aufgespannte Ebene beschränkt. Sie ist aber sehr wohl abhängig von dem Auftreffwinkel θ des einfallenden Strahls.

Abb.7.3:
Diffuse Reflexion

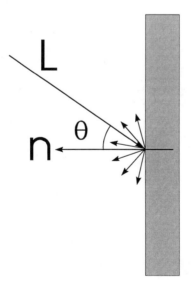

7 Licht

Für den Faktor der diffusen Spiegelung f_D ergibt sich damit keine Abhängigkeit von einem Austritts- oder Betrachtungswinkel. Es gilt einfach

(4) $\quad f_D = k_D * \mathbf{nL}, \quad \mathbf{n}, \mathbf{L}$ normiert
$\quad k_D \in [0,1]$: Koeffizient Diffusreflexion

Die Farbe des diffus reflektierten Lichts ist dabei abhängig von der Farbe der Oberfläche. Beleuchtet man z.B. eine rote Oberfläche mit weißem Licht - das ja dann auch einen Rotanteil enthält - so werden bei der diffusen Reflexion D alle Farbanteile außer der Oberflächenfarbe Rot *verschluckt* und demnach nur rotes Licht reflektiert. Tatsächlich ist der Faktor f_D auch von der Farbe (Frequenz) des einfallenden Lichts abhängig - dies wird aber in (4) vernachlässigt.

7.2.3 Transmission I_T

Trifft der Lichtstrahl **L** auf eine Trennfläche zwischen zwei unterschiedlichen, lichtdurchlässigen Substanzen, so tritt ein Teil des Strahls vom ersten ins zweite Medium ein - der eingetretene Strahl **T** hat aber eine andere Richtung als der einfallende Strahl **L** : er ist gebrochen worden.

Abb.7.4: Transmission

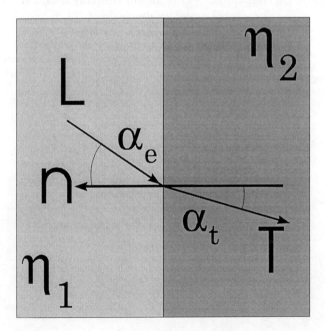

Die Berechnung des neuen Strahlvektors **T** hängt von den Materialeigenschaften (dem Brechungsindex) der beiden Substanzen η_1, η_2 [6] und vom Vektor des einfallenden Strahls **L** ab.

Für **T** ergibt sich nach einer etwas umfänglichen Rechnung[7], die wir hier unterdrücken wollen der Ausdruck

(5) $$\mathbf{T} = \frac{\eta_1}{\eta_2}\mathbf{L} + \left[-\frac{\eta_1}{\eta_2}\mathbf{Ln} - \sqrt{1 + ((\mathbf{Ln})^2 - 1)\left(\frac{\eta_1}{\eta_2}\right)^2} \right]\mathbf{n}$$

Bei der späteren Formulierung eines entsprechenden Algorithmus für Strahlen, die durch Passieren eines (teilweise) durchsichtigen Gegenstands die Bildebene treffen, müssen wir beachten, daß für das Durchtreten eines Strahls durch ein Objekt zwei Transmissionen **T**rein und **T**raus zu berücksichtigen sind!

Die Brechungsindizes η sind Materialkonstanten, die i.d.R. je Objekt unverändert bleiben; ein Objekt, das aus Materialschichten mit unterschiedlichen Brechungsindizes zusammengesetzt ist, läßt sich dann durch mehrere Einzelobjekte beschreiben.

Hat man nun den Durchgang eines Strahls durch ein Objekt mit zwei aufeinanderfolgenden Transmissionen berechnet, so muß noch die Frage beantwortet werden, mit welchem Faktor f_T der transmittierte Strahlanteil in die angestrahlte Gesamtintensität einzurechnen ist.

Ähnlich wie in (3) wollen wir annehmen, das bei der Transmission auch in etwas abweichende, nahe bei der exakten Brechung **T** liegende Richtungen, die wir wie in 7.2.1 ebenfalls **S** nennen wollen, Licht gebrochen wird. Genau wie in (3) setzten wir daher den Ausdruck

(6) $f_T(\phi) = k_T \cos^t\phi = k_T(\mathbf{TS})^t$, dabei sind **T**, **S** normiert
$k_T \in [0,1]$: Koeffizient Transmission
$t \in \mathbb{N}$: Transmissionsgüte

für den Transmissionfaktor in Richtung **S**.

---

[6] nicht zu verwechseln mit der Permeabilität !
[7] Wen's interessiert : hier wird das Snellsche Gesetz verwendet :
$$\left(\frac{\eta_1}{\eta_2}\right)^2 = \frac{\sin^2\alpha_t}{\sin^2\alpha_e}$$

7.2.4 Entfernungsfaktor f_E

Eigentlich sollte man annehmen, daß mit 7.2.1,2,3 die genannten drei Effekte Spiegelung, Diffusion und Transmission ausreichend beschrieben sind und nunmehr eine Zusammenfassung zu einer lokalen Gesamtintensität des Lichts an einem Objektpunkt formuliert werden könnte - tatsächlich fehlen uns aber, wenn wir realistische Bilder erzeugen wollen, noch einige zusätzliche Ausdrücke.

Einer dieser fehlenden Ausdrücke ist ein Faktor f_E, der den Effekt beschreibt, daß die Intensität mit dem Quadrat der Entfernung zwischen Lichtquelle und Objekt (oder auch Objekt und Projektionspunkt) abnimmt: je weiter eine Oberfläche von der Lichtquelle entfernt ist, desto dunkler erscheint sie.

Abb.7.5: Entfernung zur Lichtquelle

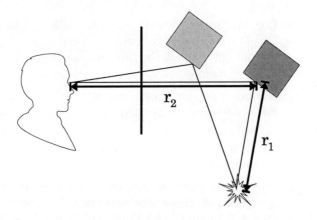

Dies ist aber bislang in 7.2.1,2,3 nicht berücksichtigt. Der Effekt der Nichtberücksichtigung kann aber fatal sein: zwei Oberflächen (etwa zu zwei unterschiedlichen Objekten gehörend), die parallel zueinander sind (siehe Abb.7.5) und natürlich gleiche Koeffizienten haben, erscheinen gleichfarbig. Dies wird dann besonders unangenehm, wenn sie sich ggf. teilweise verdecken - dann erkennt man wegen der gleichen Farbe nicht ihre jeweilige Begrenzung.

Eigentlich nimmt die Intensität quadratisch mit der Länge des Lichtstrahls ab ($I(r) \approx \frac{1}{r^2} I_0$); wählt man aber eine solche Funktion für f_E, dann ist für große Abstände r (also insbesondere für im

Unendlichen liegende Lichtquellen (siehe Abb.7.2)) die resultierende Intensität identisch 0. Man wählt also für den Entfernungskorrekturfaktor f_E eine der beiden folgenden Funktionen aus.

(7.1) $$f_E = \frac{1}{r_2 + k_{E,1}}$$

(7.2) $$\tilde{f}_E = \frac{1}{k_{E,1} + k_{E,2}(r_1 + r_2) + k_{E,3}(r_1 + r_2)^2}$$

Dabei sind die Koeffizienten $k_{E,i} \in [0,1]$ für das Modell fest zu wählen. Wir werden später besprechen, auf welche Teile der Gesamtwechselwirkung (also auf welche Teilintensitäten) dieser Entfernungsfaktor angewendet werden muß.

Dies sind genau diejenigen Anteile, die für eine bestimmte Richtung berechnet werden, so daß hiermit eine Entfernungsangabe möglich ist; nicht anwendbar ist der Entfernungsfaktor aber auf globale, für das gesamte Modell konstante Wechselwirkungsanteile.

An dieser Stelle soll kurz besprochen werden, welchen Sinn die Wahl einer unendlich entfernten Lichtquelle hat. Abb.7.6 verdeutlicht, daß bei Lichtquellen mit endlichem Abstand zu den Objekten die Richtungsvektoren der Lichtstrahlen unterschiedliche Richtung haben - bei allen Strahlverfolgungen muß also die Richtung zur Lichtquelle neu berechnet werden.

Abb.7.6: Lichtquelle im Unendlichen

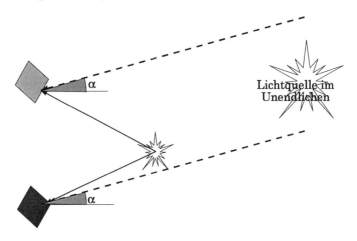

Liegt aber die Lichtquelle im Unendlichen, dann kommen alle Lichtstrahlen aus derselben Richtung und man kann bei der Strahlrückverfolgung mit einem konstanten Einfallwinkel α des Lichts - nicht mehr mit einem jeweils neu zu bestimmenden Vektor - rechnen.

Eine Beschränkung auf Modelle, bei denen die Lichtquellen immer im Unendlichen liegen müssen, geht aber bei vielen Szenen auf Kosten der Realitätstreue; wir machen daher *nicht* diese Einschränkung.

7.2.5 Indirekte Beleuchtung J

Das zugrundegelegte Phong-Reflexionsmodell liefert 2 Terme für die durch *Reflexion* von einem Oberflächenpunkt ausgehende Strahlungsintensität, die unmittelbar von der Lichtquelle kommt: die spiegelnde Reflexion I_R und die diffuse Reflexion I_D.

Ein Strahlverfolgungsverfahren muß nun noch drei zusätzliche Terme für die indirekte Lichtabgabe (also Lichtanteile, die nicht direkt von der Lichtquelle, sondern indirekt über Wechselwirkung mit anderen Oberflächen auf den betrachteten Objektpunkt fallen) von Oberflächen berücksichtigen.

1. Ein Strahl erreicht den betrachteten Objektpunkt, indem er unmittelbar vorher von einer anderen Oberfläche spiegelnd oder diffus reflektiert wurde und vom betrachteten Oberflächenpunkt **spiegelnd reflektiert** wird; dieser Intensitätsanteil soll J_R heißen. Dieser Lichtanteil wird rekursiv bestimmt.

2. Ein Strahl erreicht den betrachteten Objektpunkt, indem er unmittelbar vorher von einer anderen Oberfläche spiegelnd oder diffus reflektiert wurde und vom betrachteten Oberflächenpunkt durch **Transmission** durch das Objekt abgegeben wird; dieser Intensitätsanteil soll J_T heißen. Dieser Lichtanteil wird rekursiv bestimmt.

3. Ein Strahl erreicht den betrachteten Objektpunkt, indem er unmittelbar vorher von einer anderen Oberfläche spiegelnd oder diffus reflektiert wurde und vom betrachteten Oberflächenpunkt **diffus reflektiert** wird; dieser Intensitätsanteil soll J_D heißen. Dieser Lichtanteil wird nicht rekursiv be-

stimmt, sondern als global gültiger Term[8] für das gesamte Objekt bestimmt.

Für diese drei zusätzlichen, die durch indirekte Beleuchtung hervorgerufene Abstrahlung beschreibenden Terme können wir einfach folgende Ausdrücke festlegen.

(8.1) $\quad J_R = l_R\, I_{gesamt}$
mit Koeffizient indirekte Spiegelung $\quad l_R \in [0,1]$

(8.2) $\quad J_T = l_T\, I_{gesamt}$
mit Koeffizient indirekte Transmission $\quad l_T \in [0,1]$

(8.3) $\quad J_D$: global fester Wert für indirekt diffuse Reflexion

7.2.6 Berechnung der Gesamtintensität I_{gesamt}

In 7.2.ff haben wir 6 unterschiedliche Anteile des von einem Oberflächenpunkt ausgehenden Lichts beschrieben, die wir - zusammen mit ihren Berechnungswegen - hier noch einmal zusammenfassen wollen.

Name	Eingangs- intensität	Faktor Intensität	Berechnungsweg
I_R Spiegelnde Reflexion	I_{direkt} Direkt von der Lichtquelle	$f_S = k_S(\mathbf{RS})^r$ $I_R = I_{direkt}\, f_E\, f_S$	Wenn Lichtquelle und Projektionsebene auf gleicher Seite der Oberfläche sind, folgt eine direkte Berechnung durch den Vektor vom Oberflächenpunkt zur Lichtquelle und dem daraus berechenbaren Reflexionsvektor R

---

[8] Der globale Ansatz für J_D ist der gegenüber radiosity-Verfahren entscheidende Nachteil des hier vorgestellten Reflexionsmodells. Strahlverfolgungen können - bei Strafe einer praktisch unendlich langen Rechenzeit - keine Rückverfolgung diffuser Anteile durchführen: es müssten ja beliebig viele Richtungen vom Objektpunkt aus untersucht werden.

Name	Eingangs-intensität	Faktor-Intensität	Berechnungsweg
I_D Diffuse Reflexion	I_{direkt} Direkt von der Lichtquelle	$f_D = k_D * \mathbf{nL}$ $I_D = I_{direkt}\, f_E\, f_D$	Wenn Lichtquelle und Projektionsebene auf gleicher Seite der Oberfläche sind, folgt eine direkte Berechnung durch den Vektor L vom Oberflächenpunkt zu der Lichtquelle
I_T Transmission	I_{direkt} Direkt von der Lichtquelle	$f_T = k_T(\mathbf{TS})^t$ $I_T = I_{direkt}\, f_E\, f_T$	Wenn Lichtquelle und Projektionsebene auf unterschiedlichen Seiten der Oberfläche liegen, folgt eine direkte Berechnung durch Vektor vom Oberflächenpunkt zur Lichtquelle und dem daraus berechenbaren Transmissionsvektor T
J_D Indirekte diffuse Reflexion	keine Lichtquelle	J_D ist konstant für das gesamte Modell	Der Intensitätsterm wird bei jeder Berechnung als Konstante mit eingerechnet
J_T Indirekte Transmission	Licht von einer anderen Oberfläche I_{gesamt}	$J_T = l_T\, I_{gesamt}$	Der Vektor vom Projektionszentrum zum Oberflächenpunkt wird durch das Objekt transmittiert und dann weiter verfolgt, bis ggf. eine andere Oberfläche in einem Oberflächenpunkt getroffen wird. Die von diesem nächsten Punkt in Richtung der Strahlverfolgung abgegebene Intensität wird (durch Rekursion) berechnet

Name	Eingangs-intensität	Faktor Intensität	Berechnungsweg
J_R Indirekte spiegelnde Reflexion	Licht von einer anderen Oberfläche I_{gesamt}	$J_R = l_R\, I_{gesamt}$	Der Vektor vom Projektionszentrum zum Oberflächenpunkt wird an der Oberfläche reflektiert und dann weiter verfolgt, bis ggf. eine andere Oberfläche in einem Oberflächenpunkt getroffen wird. Die von diesem nächsten Punkt in Richtung der Strahlverfolgung abgegebene Intensität wird (durch Rekursion) berechnet

Haben wir bei der Strahlrückverfolgung nun einen Oberflächenpunkt gefunden, so muß die Gesamtintensität, die von diesem Punkt ausgeht, aus diesen 6 Anteilen gebildet werden.

(9.1) $$I_{gesamt} = J_D + J_T + J_R + I_{direkt}\, f_E\, (f_S + f_D + f_T)$$
(9.2) $$f_S + f_D \leq 1$$

(beide Strahlteile aus genau einem Strahl **L** berechnet)

Die programmtechnische Realisierung wird in 7.4 und in 8.ff vorgestellt.

7.2.7 Reflexion mit dem Cook-Torrance Modell

Die Nachbildung der Nebenrichtungsreflexion durch den Term $\cos'\phi$ in (3) ist typisch für das Phong-Reflexionsmodell - außerdem ist sie einfach und schnell zu berechnen und über den Parameter *Spiegelgüte* r leicht und anschaulich zu steuern. Leider aber vernachlässigen wir dabei zwei wesentliche physikalische Gegebenheiten.

1. Die Farbe des reflektierten Lichts ist tatsächlich nicht identisch mit der Farbe des einfallenden Lichts, sondern hängt zusätzlich noch vom Einfallswinkel und von Oberflächeneigenschaften ab.

2. Der Anteil des spiegelnd reflektierten Lichts ist in der Realität abhängig vom Einfallswinkel - nicht wie in (7.2.1(3)) angenommen hiervon unabhängig und nur korrigiert um die Abweichung vom exakten Ausfallwinkel. Blickt man z.B. flach von der Seite - unter einem spitzen Winkel - auf eine Glasscheibe, so erscheint sie wesentlich spiegelnder als bei rechtwinkligem Aufsehen: hier tritt fast keine Spiegelung mehr auf.

Beide Effekte werden *gemeinsam* mit dem Cook-Torrance Verfahren berücksichtigt. Hierbei gehen wir von folgender, die Oberfläche betreffende Modellannahme aus.

Die spiegelnde Oberfläche setze sich aus vielen, als sehr klein angenommenen Polygonen zusammen, die unregelmäßig aneinander gelagert sind und insgesamt die Oberfläche bilden. Die Rauhigkeit einer Oberfläche wird also zunehmen, wenn die Flächennormalen H dieser Mikroflächen sehr stark von Mikrofläche zu Mikrofläche variieren.

Wesentlich für die Mathematik des Verfahrens sind vier ausgezeichnete Vektoren (siehe Abb.7.7).

1. Der Vektor **L** vom Auftreffpunkt auf einer Mikrofläche zur Lichtquelle oder zu einem anderen Objekt, falls ein indirekter Anteil berechnet werden soll.
2. Der Vektor **V** vom Auftreffpunkt des Lichtstrahls auf der Mikrofläche zum Projektionszentrum
3. Die Flächennormale **n** der makroskopischen Gesamtfläche
4. Die Flächennormale **H** der Mikorfläche, auf der der Strahl auftrifft.

Abb.7.7:
Spiegelnde Reflexion nach Cook/Torrance

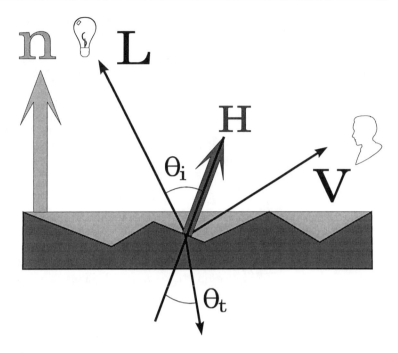

An dieser Stelle wollen wir vorbeugend darauf hinweisen, daß bei der Realisierung des Cook-Torrance Modells *nicht* etwa jede Objektoberfläche tatsächlich durch sehr viele kleine Polygone approximiert werden muß (mit einem immens hohen Rechenaufwand!), sondern dies nur die Modellannahme für die nachfolgend entwickelte Formel für die spiegelnde Reflexion $I_R^{Cook\ Torrance}$ ist.

Zunächst setzen wir in Anlehnung an 7.2.6 den Faktor für die spiegelnde Reflexion nach Cook/Torrance

(10) $\quad f_S^{Cook\ Torrance} = k_S \mathfrak{S}$

Dieser Faktor $f_S^{Cook\ Torrance}$ kann dann unmittelbar für die Berechnung von $I_R^{Cook\ Torrance}$ in 7.2.6 verwendet werden; der Faktor k_S wird übernommen. Die eigentliche Neuentwicklung liegt also in der Bestimmung der Funktion $\mathfrak{S}$.

Wir wollen die theoretischen Aspekte der Herleitung vernachlässigen und hier nur die Ergebnisse darstellen.

Hierzu setzten wir die Cook-Torrance Funktion als

(11) $$\mathfrak{S} = \frac{F(\mathbf{H},\mathbf{L},\eta_{12}(\lambda)) * D(\mathbf{H},\mathbf{n},\tau,\psi) * G(\mathbf{H},\mathbf{n},\mathbf{V})}{\pi(\mathbf{nL})(\mathbf{nV})}$$

an. Direkt gehen nur die bereits bekannten oder leicht zu berechnenden Vektoren $\mathbf{n}$, $\mathbf{L}$ und $\mathbf{V}$ (siehe Abb.7.7) ein. Wesentlichen Anteil haben aber die noch zu beschreibenden 3 Funktionen F, D und G, die folgende Bedeutung haben.

(12.1) $F(\mathbf{H},\mathbf{L},\eta_{12}(\lambda))$ ist der Fresnel-Term, der die Einfallsrichtung relativ zu den Mikroflächen, die Materialeigenschaft der Oberfläche und die Wellenlänge des einfallenden Lichts berücksichtigt.

Grundlage ist hier das Fresnelsche Gesetz; für unpolarisiertes Licht, das auf eine nichtleitende Oberfläche trifft, gilt dann

(12.1.1)
$$\theta_i = \arccos(\mathbf{HL})$$

$$\sin\theta_t = \frac{\sin\theta_i}{\eta_{12}(\lambda)} \quad \text{(Snell'sches Gesetz)}$$

$$F(\theta_i,\theta_t) = \frac{1}{2} * \frac{\sin^2(\theta_i-\theta_t)}{\sin^2(\theta_i+\theta_t)}\left(1 + \frac{\cos^2(\theta_i-\theta_t)}{\cos^2(\theta_i+\theta_t)}\right)$$

(12.2) $D(\mathbf{H},\mathbf{n},\tau,\psi)$ löst das Problem, daß die exakten Richtungen der einzelnen Mikroflächennormalen $\mathbf{H}$ nicht explizit vorgegeben sind - denn das wollten wir ja gerade vermeiden! Wohl aber ist die Normale $\mathbf{n}$ der makroskopischen Fläche (z.B. die Normale auf einem Polygon) bekannt.

$\mathbf{H}$ ist also kein Sammelsymbol für alle Mikroflächennormalen, sondern eine mittlere Ausrichtung aller Mikroflächennormalen gegenüber n und somit als Parameter, der die Rauhigkeit der Oberfläche mit τ und ψ zusammen beeinflußt.

Damit ist $D(\mathbf{H}, \mathbf{n}, \tau, \psi)$ die Verteilungsfunktion, die die Verteilung aller Mikroflächennormalen um die Hauptflächennormale $\mathbf{n}$ beschreibt. Folgende Ansätze sind denkbar. Dabei wird der Winkel $\alpha = \arccos(\mathbf{Hn})$ benutzt.

(12.2.1) $\quad D(\alpha, \tau, \psi) = \psi e^{-\frac{\alpha^2}{\tau^2}}$

(12.2.2) $\quad D(\alpha, \tau) = \frac{1}{4\tau^2 \cos^4 \alpha} e^{-\frac{\tan^2 \alpha}{\tau^2}}$

Hohe Werte für τ beschreiben matte, niedrige Werte spiegelnde Oberflächen.

(12.3) $\quad G(\mathbf{H}, \mathbf{n}, \mathbf{V}, \mathbf{L}) = \min\left\{1, \frac{2(\mathbf{Hn})(\mathbf{Vn})}{(\mathbf{HV})}, \frac{2(\mathbf{Hn})(\mathbf{Ln})}{(\mathbf{HL})}\right\}$

Diese Funktion beschreibt, zu welchem Anteil sich bei gegebenen Vektoren $\mathbf{n}$, $\mathbf{L}$, $\mathbf{V}$, $\mathbf{H}$ die einzelnen Mikroflächen gegenseitig verdecken.

7.3 Farben

7.3.1 Farbparameter

Wie in (7.1.(6.1,2,3)) kurz angesprochen wurde, können die aus den aus der Wellengleichung ableitbaren Parameter Wellenlänge λ und Amplitudenquadrat A^2 einer Lichtwelle zunächst sehr einfach auf die physiologischen Wirkungen Farbeindruck und Helligkeit übertragen werden.

Diese zwei Parameter aber reichen tatsächlich nicht aus, um Farbeindrücke ausreichend differenziert darzustellen - schon die Verwendung von drei Parametern Rot, Grün und Blau (zum RGB-Modell später mehr) bei der Repräsentation von Farben läßt vermuten (immerhin müssen ja Darstellungsmodelle umkehrbar eindeutig ineinander zu überführen sein: wir können daher i.d.R. aus 2 Parametern nicht 3 und umgekehrt machen!), daß hier ein zusätzlicher Parameter einzuführen ist.

Die Antwort hierzu liefert wieder die Physik mit ihrer Messung der von einem konkreten strahlenden Körper (es sind hier viele Lichtemittenten untersucht worden) ausgesendeten Energiemenge, die *abhängig von der Wellenlänge* der Strahlung ist.

Abb.7.8:
Typische Energiedichteverteilung

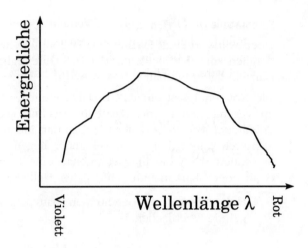

Man kann sich diesen Effekt anschaulich so vorstellen, daß - abhängig vom Licht aussendenden Material - je abgestrahlter Wellenlänge unterschiedlich viel Strahlungsenergie abgegeben wird. Die physiologische Wirkung im Auge ist dann ein unterschiedlicher Helligkeitseindruck im Auge. Um nun unterschiedliche Farben (also unterschiedliche Wellenlängen) doch noch gleich hell erscheinen zu lassen, muß weißes Licht den weniger hell erscheinenden Farben zugemischt werden - dies ändert aber für das menschliche Auge den Farbeindruck der so vermischten Wellenlänge. Hier ist unser gesuchter dritter Beschreibungsparameter : die *Sättigung* (ein physiologisch bedingter Eindruck, der nur physikalisch auf den zugemischten Weißanteil zurückgeführt und gemessen werden kann) einer Farbe nimmt ab, je mehr Weiß eingemischt wird.

Wir können also jetzt abschließend festhalten, daß die drei Beschreibungsparameter (jeweils mit ihrer physikalischen Deutung) das Farbempfinden das menschlichen Auges bestimmen. Hier haben wir allerdings schon einiges an Gesetzmäßigkeiten stillschweigend vorausgesetzt, das jetzt noch einmal aufgeführt werden soll.

Physiologischer Parameter	**engl. Begriff**	**Physikalischer Hintergrund**
Farbe	hue H	Wellenlänge der Strahlung
Sättigung	Lightness L	Weißanteil
Helligkeit	Saturation S	Intensität der Lichtwelle

7.3.2 Farbmodelle

Oben war von einer RGB-Farbdarstellung die Rede, die ja offensichtlich zunächst nichts mit der HLS (hue, lightness, saturation) Darstellung zu tun hat.

Die Notwendigkeit einer RGB-Darstellung des Lichts ergibt sich im wesentlichen aus der Darstellungstechnologie. Ein bildpunktorientierter Monitor z.B. stellt Farben dar, indem jeder Bildpunkt technisch durch drei eng beieinander liegende Farbpunkte repräsentiert wird, die ihrerseits genau eine Farbe (nämlich Rot, Grün oder Blau) in unterschiedlicher Helligkeit darstellen können.

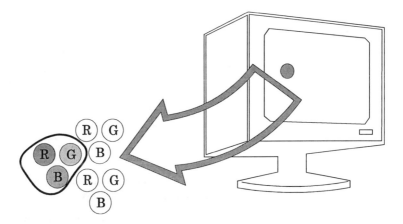

Abb.7.9: RGB-Technik

Das menschliche Auge unterscheidet - bei sehr engem Punktabstand - nicht mehr die drei einzelnen Frabpunkte, sondern vereinigt die drei separaten Farbeindrücke zu einem Mischeindruck in Farbe, Sättigung und Helligkeit.

Ein bildpunktorientierter Drucker macht es prinzipiell genau so, ggf. werden bei bestimmten Techniken drei Farben vorher gemischt und dann tatsächlich als ein Punkt auf dem Papier gedruckt. Aus darstellungstechnischen Gründen kommt hier manchmal noch eine vierte Farbe (i.d.R. Schwarz) hinzu, damit dieses Farbe nicht durch Mischung der drei Grundfarben zusammengesetzt werden muß - an der grundlegenden Idee aber, Farbeindrücke durch Mischung von Grundfarben zusammenzusetzen, ändern solche technischen Feinheiten nichts.

Die beiden oben genannten Farbmodelle (HLS und RGB) kann man sich geometrisch verdeutlichen.

Abb.7.10:
RGB-Geometrie

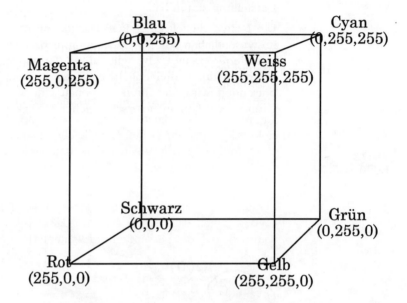

Das RGB-Modell definiert Farben innerhalb eines Würfels
- (0,0,0) bis (255,255,255) als Bytewerte (ganzzahlig) oder mit
- (0,0,0) bis (1,1,1) als Fließkommazahlen

als karthesische Koordinaten (R,G,B). Sind alle drei Koordinaten identisch 0, so wird Schwarz dargestellt (technisch: keins der drei Grundfarbenpixel des Geräts ist gesetzt). Sind im anderen Extremfall alle drei Intensitäten der Grundfarben voll gesetzt (Koordinaten identisch 255 oder 1.0), so wird als Mischung Weiß ausgegeben.

Bevor wir nun unterschiedliche Operationen (Farbmischung etc.) mit den RGB-Farben formulieren, führen wir vorab eine Operation ein, die immer dafür sorgt, daß die resultierenden (r,g,b)-Koordinaten innerhalb des RGB-Würfels (siehe Abb.7.10) liegen - es muß nämlich immer gelten $0 \le r,g,b \le 1$ (*oder* 255). Die Normierungsoperation definieren wir als

(2.0) $$N(r,g,b) = (N(r), N(g), N(b))$$
$$N(x) = \min(1, \max(0, x))$$

Damit wird dafür gesorgt, daß Farbkoordinaten separat bei 0 oder 1 (bzw.255) *abgeschnitten* werden. Das Makro

```
#define COL_Limit(w)
        (COLTYPFARBE)floor(min(max((w), 0), COLMAXFARBE))
```

kümmert sich um die Realisierung von (2.0).

Programmtechnisch machen wir uns die Freiheit in der Wahl der Koordinatenobergrenze zunutze. Während in allen gängigen Betriebssystemen/Grafiksystemen maximal 3*8 bit (also je ein Byte für jede Farbkoordinate)[9] vorgesehen sind, kommt man bei vielen Operationen (z.B. bei vielfacher Farbaddition) leicht an die Normierungsgrenze - mit dem dann folgenden Abscheiden der Koordinatenwerte (siehe (2.0)) verschenkt man Farbauflösung.

Daher wird eine definierbare Koordinatenobergrenze (alle folgenden Quellauszüge aus COL.H) definiert; damit verbunden natürlich auch der passende Koordinatentyp.

```
#define COLTYPFARBE BYTE
#define COLMAXRGB 255
#define COLMAXFARBE 255
```

Aktuell ist allerdings die oben genannte Farbauflösung 3*8 bit gewählt. Mit diesen Festlegungen kann nun ein eigener Farbtyp definiert werden, der programmtechnisch als Zwischenebene zwischen dem vr-Code und dem Betriebssytem liegt und Anpassungen damit sehr leicht möglich macht.

```
typedef struct{
        COLTYPFARBE r;
        COLTYPFARBE g;
        COLTYPFARBE b;
} FARBE;
```

Auch für die Darstellung von Farben im HLS-System ist noch ein Datentyp eingerichtet, obwohl für das HLS-System keine Operationen vorgesehen sind. Allerdings ist es denkbar, Farbfestlegungen (z.B. in einer Dialogbox) im HLS-System vorzunehmen und

---

[9] Mit 8 bit je Farbkoordinate lassen sich $2^{8^3}=256^3=16,777,216$ einzelne Farben definieren, mit insgesamt 16 bit Farbtiefe immerhin noch 65536 und mit 8 bit Farbtiefe (also 1 byte für alle drei Koordinaten zusammen) noch 256 Farben.

diese dann ins RGB-System (und umgekehrt) umzurechnen (Quellcode hierzu weiter unten).

```
typedef struct{
        double h;
        double l;
        double s;
} HLSFARBE;
```

An dieser Stelle soll noch eine Bemerkung zur Taktik der Farbdarstellung unter Windows eingeschoben werden.

Zum Verständnis muß vorausgeschickt werden, wie ein Grafiksystem i.d.R. aufgebaut ist - wir beschränken uns der Einfachheit halber jetzt auf die Darstellung von pixelorientierter Farbgrafik.

Die vom Processor direkt angesprochene Grafikkarte muß für jedes darzustellende Pixel alle drei Farbkoordinaten speichern und diese Information dem Monitor zur Darstellung als analoges Signal übermitteln. Bei 24 bit Farbtiefe (3*8bit) und einer - im PC-Bereich recht guten - Auflösung von 1240*1024 Pixeln müssen also auf der Grafikkarte 1240*1024*3=3.809.280 byte speicherbar sein. Dafür können dann auch die erwähnten 24 bit Farbtiefe dargestellt werden.

Realistische Bilder lasen sich aber - und dies ist eigentlich überraschend - schon mit einer wesentlich geringeren Farbtiefe von sogar nur 8 bit = 256 gleichzeitig darstellbaren Farben erzielen; es kommt lediglich darauf an, daß diese wenigen Farben aus einer möglichst umfangreichen Farbpalette ausgesucht werden können.

Der Trick dabei ist also, daß die Grafikkarte zwar vieleicht nur diese geringe Farbauflösung hat, der Monitor aber sehr wohl wesentlich mehr unterschiedliche Farben darstellen kann - nur eben wg. der Grafikkarte nicht gleichzeitig. Hat man z.B. ein Bild, das nur in Blau- und Violetttönen gehalten ist, so wäre es reine Grafikspeicherverschwendung, nicht im Bild vorkommende Farben (z.B. Gelb- oder Grüntöne) darstellbar zu halten.

Hier greift nun Windows als Betriebssystem ein: mittels einer zwischen die Grafikkarte und die Grafikausgaberoutinen (z.B. SetPixel()) geschalteten, manipulierbaren Farbtabelle (manche Grafikkarten können das auch per hardware: das sind dann CLUT'S:=Color LockUp Table) werden nur die Farbtöne in die Farbtabelle eingetragen, die aktuell gebraucht werden; alle anderen (bis auf ein paar vom Betriebssystem zur Rahmenfärbung reservierte Farben) Farben werden weggelassen.

Damit der Umgang mit den Windowspaletten etwas leichter ist, sind Routinen in COL.C enthalten, die zunächst die Definition einer neuen Palette ermöglichen.

```
HPALETTE COL_NeuePaletteErzeugen(nfarben, farbwerte)
```

Hierzu wird die Anzahl der neuen Farbeinträge

```
int nfarben;
```

übergeben. Mittels WHP_ErmittleGrafikfaehigkeiten() kann man sich vorher über die Anzahl der gleichzeitig darstellbaren Farben informieren.

Ein Feld mit den Farbwerten für die Palette wird ebenfalls übergeben.

```
RGBQUAD farbwerte[];

{
  NPLOGPALETTE pLogPal;
  int i;
  HPALETTE hpal;
```

Zunächst muß Platz für die Definition der neuen Palette (lokal!!!) reserviert werden.

```
/* Speicherplatz fuer Logische Palette allozieren */
pLogPal = (NPLOGPALETTE) LocalAlloc (LMEM_FIXED,
                              (sizeof (LOGPALETTE) +
                      (sizeof (PALETTEENTRY) * (nfarben))));
```

Dann kann diese Palette initialisiert und anschließend...

```
/* Palette initialisieren */
pLogPal->palVersion    = 0x300;
pLogPal->palNumEntries = nfarben;
```

... mit den Farbeinträgen gefüllt werden.

```
/* Farbwerte eintragen */
for(i=0; i<nfarben; i++){
  pLogPal->palPalEntry[i].peRed   =
                              (BYTE) farbwerte[i].rgbRed;
  pLogPal->palPalEntry[i].peGreen =
                              (BYTE) farbwerte[i].rgbGreen;
  pLogPal->palPalEntry[i].peBlue  =
```

```
                                        (BYTE) farbwerte[i].rgbBlue;
                pLogPal->palPalEntry[i].peFlags =
                                        (BYTE) PC_NOCOLLAPSE;
        }
```

Nachdem die Palette erzeugt wurde...

```
        /* Palette erzeugen */
        hpal = CreatePalette ((LPLOGPALETTE) pLogPal) ;
```

...hat Windows sich die gesamte Information intern unter dem Handle hpal gemerkt, so daß nun der lokale Speicherplatz wieder freigegeben werden sollte.

```
        /* Speicher frei geben */
        LocalFree((HANDLE)pLogPal);
```

Das Handle der Palette wird für den späteren Gebrauch zurückgegeben.

```
          return(hpal);
        }
```

Hat man daher vorher geschickt ermittelt, welche Farben für ein Bild darzustellen sind, so kann man mittels der Palettentechnik unter Windows schon mit einfachen Grafikkarten (256 Farben sollten es allerdings schon sein!) realtitätsnahe Grafiken erzeugen.

Die soeben erzeugte Palette kann dann zu einem späteren Zeitpunkt mittels

```
        HPALETTE COL_PaletteNachFenster(hpal, hdc)
```

...in einem Fenster realisiert werden.

```
        HPALETTE hpal;
        HDC hdc;

        {
          HPALETTE holdpal;

          holdpal = SelectPalette(hdc, hpal, 0);
          RealizePalette(hdc);
```

Wichtig ist, daß das Handle der vorher gültigen Palette zurückgegeben wird; diese sollte nach Gebrauch der eigenen wieder restauriert werden - einfach durch neuen entsprechenden Aufruf von COL_PaletteNachFenster().

```
    return(holdpal);
}
```

Nach diesem kurzen Zwischenspiel wenden wir uns wieder dem rechnerischen Umgang mit den RGB-Farben zu.

Eine gegebene Farbe (r,g,b) wird heller gemacht, indem alle drei Koordinaten mit demselben Faktor multipliziert werden.

(2.1) $$N(h*(r,g,b)) = N((hr,hg,hb)) \quad h \in \Re$$

Programmtechnisch ist dies einfach durch die Funktion

```
FARBE COL_FarbeMalFaktor(f1, x)
FARBE f1;
double x;
{
        f1.r = COL_Limit( (double)f1.r * x );
        f1.g = COL_Limit( (double)f1.g * x );
        f1.b = COL_Limit( (double)f1.b * x );
        return ( f1 );
}
```

für die Farbe f1 durchzuführen.

Eine Farbe wird in ihrer Sättigung abgeschwächt, indem ein Grauwert (s,s,s) vektorweise addiert wird.

(2.2) $$N(s+(r,g,b)) = N((r+s,g+s,b+s))$$

Auch hier unterstützt eine Funktion, nämlich

```
FARBE COL_AddiereFarben(f1, f2)
FARBE f1, f2;
{
        f1.r = COL_Limit( (double)f1.r + (double)f2.r );
        f1.g = COL_Limit( (double)f1.g + (double)f2.g );
        f1.b = COL_Limit( (double)f1.b + (double)f2.b );
        return ( f1 );
}
```

die Programmierung. Allerdings muß vorher ein geeigneter Grauwert als Variable vom Typ FARBE definiert werden. Allgemein erscheint es sinnvoll, sowohl eine Umrechnung vom Windows-Farbentyp COLORREF zum Typ FARBE

```
FARBE COL_NormiereRGBAufFarbe(f)
COLORREF f;
```

```
{
    FARBE x;
    x.r = GetRValue(f);
    x.g = GetGValue(f);
    x.b = GetBValue(f);
    return( x );
}
```

als auch umgekehrt zur Verfügung zu haben.

```
COLORREF COL_NormiereFarbeAufRGB(f)
FARBE f;
{
    double norm;

    norm = COLMAXRGB / COLMAXFARBE;
    f = COL_FarbeMalFaktor(f, norm);
    return(RGB( (BYTE)f.r, (BYTE)f.g, (BYTE)f.b ));
}
```

Ohne Formel geben wir an, daß der Farbeindruck der RGB-Farbe durch Auswahl der drei Koordinaten gewählt wird (siehe Abb.7.10).

Wie werden nun Mischfarben gebildet oder Farben ausgefiltert? Innerhalb des RGB-Würfels werden zwei Farben gemischt, indem ihre Koordinaten vektorweise addiert werden.

$$(2.3) \quad N((r_1, g_1, b_1) + (r_2, g_2, b_2)) = \\ N((r_1 + r_2, g_1 + g_2, b_1 + b_2))$$

Fällt ein Strahl mit einer RGB-Farbe s durch eine transparente Ebene mit der Farbe f, so wird s mit f gefiltert; das hinter der Ebene (also nach der Filterung) herauskommende Licht hat dann die Farbe

$$(2.4) \quad N(s \cap f) = N(s - (Weiß - f)) \\ = N(s - ((1,1,1) - f))$$

Hier unterstützt die Funktion COL_It(f, o, fe, ft), die weiter unten besprochen wird.

Soweit die geometrische Verdeutlichung und das Rechnen mit RGB-Farben. Das ursprünglich aus der Physik hergeleitete HLS-Modell kann ebenso wie das RGB-Modell geometrisch veranschaulicht werden (sieh Abb.7.11).

Hierbei wird das Farbgebiet innerhalb einer sechskantigen Doppelpyramide mittels der Koordinaten

- Farbe $H \in [0°, 360°]$
- Helligkeit $L \in [0,1]$
- Sättigung $S \in [0,1]$

definiert.

Abb.7.11:
HLS-Geometrie

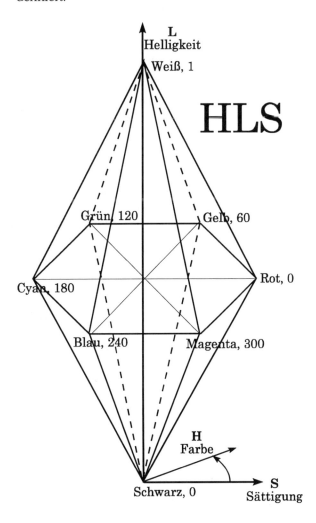

Es sind dabei aber nicht alle möglichen Koordinatenkombinationen aus $[0°,360°] \times [0,1] \times [0,1]$ erlaubt; wir hätten ja sonst ein zylinderförmiges Farbgebiet vor uns.

Da wir bereits jeweils eigene Farbtypen mit FARBE und HLSFARBE definiert haben, erscheint es auch notwendig, beide Darstellungsarten ineinander umformen zu können. Dies wird durch die beiden folgenden Funktionen realisiert, die besser als eine Formel die Umrechnungsmethode darstellen können.

```
FARBE COL_HLSinRGB(f)
HLSFARBE f;
{
        double r,g,b;
        double x1, x2;
        FARBE rgb;

        if( f.l <= 0.5 ){
                x2 = f.l * (1. + f.s);
        }
        else{
                x2 = f.l + f.s - f.l * f.s;
        }
        x1 = 2. * f.l - x2;

        if( f.s == 0. ){
                if(f.h == COLUNDEFINED){
                        r = f.l;
                        g = f.l;
                        b = f.l;
                }
                else{
                /* Hier ist vorher etwas falsch gelaufen
                                Fehlerbelegung : schwarz */
                        r = 0.;
                        g = 0.;
                        b = 0.;
                }
        }
        else{
                r = COL_HLSinRGBx(x1, x2, f.h + 120.);
                g = COL_HLSinRGBx(x1, x2, f.h);
                b = COL_HLSinRGBx(x1, x2, f.h - 120.);
        }

        /*...hier können Rundungsfehler auftreten !!!*/
        rgb.r = max(0, (COLTYPFARBE)floor( r * COLMAXFARBE ));

        rgb.g = max(0, (COLTYPFARBE)floor( g * COLMAXFARBE ));
```

```
                rgb.b = max(0, (COLTYPFARBE)floor( b * COLMAXFARBE ));

                return( rgb );
        }

        /* ...nur Hilfsfunktion : */
        double COL_HLSinRGBx(x1, x2, h)
        double x1, x2, h;
        {
                if(h>360.)
                        h -= 360.;
                if(h<0.)
                        h+=360.;

                if(h<60.)
                        return(x1 + (x2 - x1)*h/60.);
                else if(h<180.)
                        return(x2);
                else if(h<240.)
                        return(x1 + (x2 - 1.)*(240. - h)/60.);
                else
                        return(x1);
        }
```

Der umgekehrte Weg bildet den RGB-Würfel (Abb.7.10) in die HLS-Doppelpyramide ab.

```
        HLSFARBE COL_RGBinHLS(f)
        FARBE f;
        {
                HLSFARBE hls;
                double rgbmax, rgbmin, delta;
                double r, g, b;

                /* r,g,b aus [0,1] */
                r = (double)f.r / COLMAXFARBE;
                g = (double)f.g / COLMAXFARBE;
                b = (double)f.b / COLMAXFARBE;

                /* l */
                rgbmax = max(max(r, g), b);
                rgbmin = min(min(r, g), b);
                hls.l = (rgbmax + rgbmin) / 2;

                if( rgbmax == rgbmin){
                        hls.s = 0.;
                        hls.h = COLUNDEFINED;
                }
                else{
                        /* s */
                        if( hls.l <= 0.5){
```

```
                              hls.s = (rgbmax - rgbmin) / (rgbmax + rgbmin);
                      }
                      else{
              hls.s = (rgbmax - rgbmin) / (2 - rgbmax - rgbmin);
                      }

                      /* h */
              delta = rgbmax - rgbmin;
              if(r == rgbmax){
                      hls.h = (g - b) / delta;
              }
              else if(g == rgbmax){
                      hls.h = 2. + (b - r) / delta;
              }
              else if(b == rgbmax){
                      hls.h = 4. + (r - g) / delta;
              }
              hls.h *= 60.; /* in Grad */
              if(hls.h < 0.)
                      hls.h += 360.;
      }

      return( hls );
}
```

Die beiden vorgestellten Farbmodelle RGB und HLS decken in der praktischen Anwendung den größten Teil der Probleme ab.

Das RGB-Modell hat die implizit schon genannte Eigenschaft, mit additiven Grundfarben zu arbeiten: die Farbe *Weiß* wird durch die Addition aller drei Grundfarben r, g, und b bei ihrer jeweils vollen Intensität erzeugt; Schwarz wird durch völliges Fehlen aller drei Grundfarben repräsentiert.

Dies ist für einen selber Licht erzeugenden Monitor eine sinnvolle Vorgehensweise. Anders ist es aber bei einem - bereits oben erwähnten - Drucker. Hier ist es sinnvoll, die reine Papierfarbe, also das vollständige Fehlen aller Farbkomponenten als Farbe weiß, die Kombination aller drei Komponenten bei voller Intensität dann als Schwarz darzustellen. Dies wird deshalb ein sinnvolles Vorgehen sein, da bei einem Papierbild der Farbeindruck durch die Reflexion weißen Lichts auf den gefärbten Oberflächeteilen entsteht.

Abb.7.12:
Additives und subtraktives Farbsystem

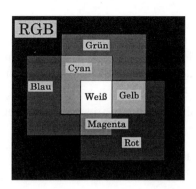 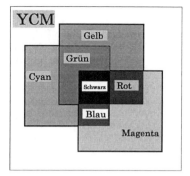

Das geht aber offensichtlich nicht mit dem additiven RGB-Modell. Wir brauchen ein umgekehrt arbeitendes, ein *subtraktives* Farbsystem (das ist *nicht* das bereits besprochene HLS-Modell!). Die Abb. 7.12. stellt das subtraktive CMY-Modell dem RGB-Modell gegenüber.

Die Umrechnung zwischen RGB- und CMY-Modell ist denkbar einfach.

(3.1) $$\begin{bmatrix} C \\ M \\ Y \end{bmatrix} = \begin{bmatrix} 1 \\ 1 \\ 1 \end{bmatrix} - \begin{bmatrix} R \\ G \\ B \end{bmatrix}$$

und umgekehrt...

(3.2) $$\begin{bmatrix} R \\ G \\ B \end{bmatrix} = \begin{bmatrix} 1 \\ 1 \\ 1 \end{bmatrix} - \begin{bmatrix} C \\ M \\ Y \end{bmatrix}$$

Dabei wird der jeweilige Koordinatenmaximalwert identisch 1 angesetzt; er ist aber durch Normierung auch anderweitig wählbar.

7.4 Programmierung

Wir werden weiter unten im Zusammenhang mit der Strahlverfolgung (in Kapitel 8ff) die in 7.2ff dargestellten verschiedenen Wechselwirkungen zwischen Licht und Oberflächen programmtechnisch erfassen müssen.
Hierbei müssen sowohl die Anteils- und Entfernungskoeffizienten als auch die Einflußnahme der beteiligten Farben berücksichtigt werden.

Bei der diffusen Reflexion von flicht an einer Oberfläche, die ihrerseits die Farbe foberflaeche hat, wird nur der Farbanteil des einfallenden Lichts reflektiert, der auch in der Oberflächenfarbe vorhanden ist; eine blaue Fläche kann kein rotes Licht diffus reflektieren.

Anders formuliert: je RGB-Farbanteil reflektiert eine Oberfläche maximal ihren Farbanteil diffus.

```
FARBE COL_Id(flicht, foberflaeche, fe, fd)
FARBE flicht, foberflaeche;
double fe, fd;
{
        FARBE result;

        result.r = min(flicht.r, foberflaeche.r);
        result.g = min(flicht.g, foberflaeche.g);
        result.b = min(flicht.b, foberflaeche.b);
        return ( COL_FarbeMalFaktor(result, fe*fd) );
}
```

Bei der Transmission eines Strahls durch eine Oberfläche wird hingegen der Farbanteil der Oberfläche aus dem Farbanteil des Strahls herausgefiltert.

```
FARBE COL_It(f, o, fe, ft)
FARBE f, o;
double fe, ft;
{
        FARBE x;

        x.r = COL_Limit( f.r + o.r - COLMAXFARBE );
        x.g = COL_Limit( f.g + o.g - COLMAXFARBE );
        x.b = COL_Limit( f.b + o.b - COLMAXFARBE );

        return ( COL_FarbeMalFaktor(x, fe*ft) );
}
```

Zuletzt die direkte spiegelnde Reflexion: im einfachen Ansatz gemäß 7.2.1(3) wird keine Abhängigkeit von den beteiligten Farbanteilen formuliert; die Berechnung beschränkt sich auf die Berücksichtigung der Koeffizienten.

```
FARBE COL_Ir(f, fe, fs)
FARBE f;
double fe, fs;
{
        return ( COL_FarbeMalFaktor(f, fe*fs) );
}
```

8 Strahlverfolgung

Unter dem Begriff Strahlverfolgung (raytracing) werden mehrere Algorithmen der Klasse 2 zusammengefaßt, die jeweils alle Leistungen eines Klasse 2-Verfahrens

- nur sichtbare Flächenteile,
- Schatten,
- Reflexionen,
- durchsichtige Objekte mit Lichtbrechung

erbringen (siehe 6.4ff). Allen diesen Verfahren ist die Grundkonstruktion gemeinsam; Unterschiede ergeb sich lediglich aus verschiedenen Ansätzen zur Beschleunigung des Verfahrens oder hinsichtlich mehr oder weniger restriktiver Modellannahmen. Ein Strahlverfolgungsverfahren setzt die Modellation einer Szene bestehend aus mindestens einem Objekt und mindestens einer Lichtquelle voraus; zusätzlich muß noch die Projektionsgeometrie (Lage des Projektionszentrums, der Bildebene etc.) definiert sein. Sowohl bei der Angabe einzelner Objekte als auch für das gesamte Modell müssen zusätzlich Parameter angegeben werden, die die Wechselwirkung von Licht und Oberflächen festlegen (siehe 7.2ff).

Wir werden i.f. sehen, daß Strahlverfolgungsalgorihmen - soweit der Basisalgorithmus implementiert ist - sehr wohl in Einzelheiten erweitert oder ggf. auch vereinfacht werden könnnen. Auch können Teile eines Strahlverfolgungsalgorithmus leicht im Zusammenhang anderer Verfahren eingesetzt werden. Die hier dargestellten Verfahren bilden also keinen feste, unveränderliche Algorithmenmenge, sondern können hybrid im Zusammenspiel mit anderen Verfahren kombiniert werden.

8.1 Grundidee

Das grundlegende Verfahren der Strahlverfolgung läßt sich zunächst in einem (zugegeben langen) Satz zusammenfassen:

Ausgehend vom Projektionszentrum wird durch jedes Pixel der Bildebene ein gedachter Lichtstrahl geschickt, der dann (falls er diese trifft) mit Objekten des Modells solange wechselwirkt, bis er eine Lichtquelle des Modells trifft und ihre Farbe unter Berücksichtigung der vorherigen Wechselwirkungen zur Farbe des Strahlpixels wird; trifft er kein Objekt oder keine Lichtquelle, so wird eine feste Hintergrundfarbe als Pixelfarbe gewählt.

Bevor wir auf die Schwierigkeiten der konkreten Umsetztung dieser Idee eingehen, soll sie noch anhand der Abb.8.1 verdeutlicht werden.

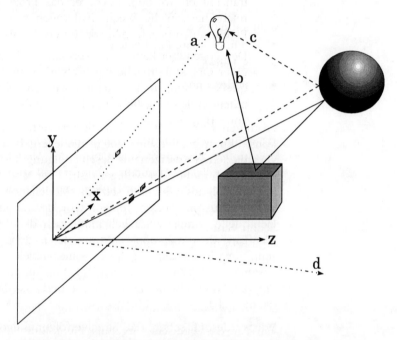

Abb.8.1:
Grundidee Strahlverfolgung

Strahlen vom Projektionszentrum durch ein Bildebenenpixel wollen wir i.f. abkürzend als Pixelstrahlen bezeichnen.

Die vier beispielhaft eingezeichneten Pixelstrahlen a, b, c und d gehen alle vom Projektionszentrum durch ein Bildschirmpixel (:= diskretes Flächenelement der Bildebene) und treffen unterschiedlich mit Objekten des Modells zusammen; diese 4 Arten der Wechselwirkung von Strahlen mit dem Modell sind typisch:

a. Der Pixelstrahl trifft, ohne auf ein Hindernis zu stoßen, direkt eine Lichtquelle; i.d.R. werden solche Effekte gar nicht berücksichtigt. Trotzdem werden wir diesen Strahlentyp a i.f. kurz behandeln. Der optische Effekt eines direkten Hineinsehens in eine Lichtquelle kann dann z.B. dadurch simuliert werden, daß man die Projektionsebene selbst als durchsichtige, lichtbrechende Glasscheibe annimmt. Insgesamt hat dann der Pixelstrahl, bevor er eine Lichtquelle getroffen hat (in unserer Darstellung) 0-mal mit einem Objekt eine Wechselwirkung gehabt. Abkürzend nennen wir solche Strahlen i.f. Lichtpixelstrahlen oder kurz p_{Licht}.

b. Der Pixelstrahl hat vor dem Treffen der Lichtquelle mehr als einmal mit einem Objekt wechselgewirkt. Er ist also - beginnend bei der Lichtquelle - mehrfach reflektiert und/oder transmittiert worden, bevor er das Projektionszentrum erreicht hat. Solche Wechselwikungen werden als *indirekte* Pixelstrahlen bezeichnet; wir führen die Abkürzung p_{ind} ein.

c. Demgegenüber kann ein Pixelstrahl auch genau einmal mit einer Objektoberfläche wechselwirken und dann die Lichtquelle treffen; in der Literatur werden solche Pixelstrahlen mit dem Attribut *direkt* belegt. Wir führen hier die Abkürzung p_{dir} ein.

d. Nun bleibt nur noch der letzte Strahlentyp: diese Strahlen treffen überhaupt kein Objekt des Modells und gehen ins Unendliche; Abkürzung hierfür soll p_{∞} sein. Ihre Pixel werden ggf. mit einer Hintergrundfarbe belegt.

Noch eine Bemerkung zur Begriffsbildung: Die im physikalischen Sinne rückwärts durchgeführte Verfolgung eines Pixelstrahls vom Projektionszentrum zur Lichtquelle wird i.a. als Strahlverfolgung bezeichnet. Als Sonderfall kann aber auch die umgekehrte Richtung - nämlich ausgehend von der Lichtquelle - sinnvoll zu betrachten sein; dies wird vereinbarungsgemäß dann als Rückwärtsverfolgung (backward raytracing) bezeichnet.

Ein für das grafische Ergebnis einer Strahlverfolgung ebenso wichtiger wie ärgerlicher Faktor ist die Unterteilung der Bildebene in diskrete (i.d.R. als quadratisch angenommene) Teilflächen, die bei der Darstellung auf einem Monitor sinnvollerweise identisch zu den Bildschirm- oder Fensterpixeln gewählt werden. Wir wollen hier nur kurz die dadurch entstehenden unrealistisch wirkenden Effekte darstellen; Lösungsansätze werden in einem anderen Kapitel besprochen.

Typisch sind zunächst Treppeneffekte, die besonders dann auffallen, wenn gerade Kanten eines Objekts dargestellt werden sollen; bei gekrümmten Objektbegrenzungen fällt der Treppeneffekt nicht weiter auf. Sie entstehen zwingend dadurch, daß nur eine begrenzte Pixelauflösung zur Verfügung steht, um eine nichtrechtwinklig verlaufende Gerade in ihrer Steigung zu approximieren. Dieser Effekt nimmt natürlich mit der verfügbaren Pixelauflösung *nicht* ab - er wirkt nur weniger störend.

Desweiteren treten insbesondere bei der Darstellung von Reflexionen unangenehme konzentrische Effekte auf, die durch mit zunehmendem Abstand vom Fußpunkt der Lichtquelle flacher werdenden Refelxionswinkeln bedingt werden. Einmal ist eine kontinuierliche Abnahme der reflektierten Intensität wegen der nur in diskreten Schritten vorhandenen Farbabstufung nicht möglich. Zum anderen ist die extreme Symmetrie besonders störend, die ihrerseits durch die Modellannahme der *punktförmigen* Lichtquelle und die absolut glatte Oberfläche hervorgerufen wird.

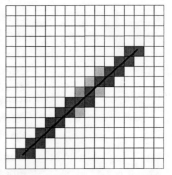

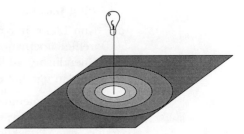

Die vorgestellten Störeffekte werden i.d.R. unter dem Begriff *Aliasingeffekte* zusammengefaßt.

8.2 Optische Parameter

Da wir bestimmte physikalische Parameter benötigen, um diese Wechselwirkungen berechnen zu können, müssen wir sowohl für Objekte als auch für Modelle jeweils Datenstrukturen schaffen, die diese physikalischen Parameter aufnehmen können.

Die erste Struktur beschreibt optische Eigenschaften eines Objekts - unabhängig von der Oberflächenbeschreibung.

```
typedef struct{
    /* 1. Spiegelung */
```

Parameter der spiegelnden Reflexion aus $f_S = k_S(\mathbf{RS})^r$

```
    double r;
    double ks;

    /* 2. Diffusion */
```

Parameter der streuenden Reflexion aus $f_D = k_D *$ **nL**

```
        double kd;

/* 3. Transmission */
```

Parameter der Transmission (Brechung) aus $f_T = k_T(\mathbf{TS})^t$, dabei ist my der Brechungskoeffizient des von der Oberfläche umschlossenen Objektvolumens.

```
        double my;
        double t;
        double kt;

/* 4. Indirekter Anteil */
```

Parameter der indirekten Anteile aus $J_T = l_T \, I_{gesamt}$ und $J_R = l_R \, I_{gesamt}$

```
        double lt;
        double lr;

/* 5. Weitere Oberflächeneigenschaften */
/* Farbe */
```

Hier wird separat eine Oberflächenfarbe definiert, die in den vorliegenden Funktionen als gültige Farbe genommen wird; vorherige Farbdefinitionen sind damit ungültig. Dieses Verhalten kann man aber auch sinnvoll umkehren; so ist es für ein Polygonobjekt u.U. durchaus sinnvoll, nicht wie hier eine Farbe für alle Polygone, sondern für jedes Polygon separat eine Farbe zu definieren.

Bei der Verwendung von Klasse 3- Verfahren könnte hier auch das Handle einer Oberflächenstruktur oder eines Oberflächenbildes untergebracht werden.

```
        FARBE farbe;
} OEOBJEKT;
```

Die optischen Eigenschaften eines Objekts werden als separate Datenstruktur gehandhabt, für die lediglich ein strukturunabhängiges Handle in der OBJEKT-Struktur vorgehalten wird.

```
typedef struct{
```

```
        HANDLE hoptik;
}OBJEKT;
```

Damit können noch optische Objekteigenschaften definiert werden, die je nach Objektmethode unterschiedlich sein dürfen.

Neben den optischen Eigenschaften jedes Objekts gibt es noch eine ganze Reihe von Parametern, die global für das ganze Modell zu definieren sind.

```
typedef struct{
        /* 1. indirekte Diffusion */
```

Parameter der indirekten Diffusion J_D

```
        double jd;

        /* 2. Entfernungsfaktoren */
```

Parameter des Entfernungsterms $\tilde{f}_E = \dfrac{1}{k_{E,1} + k_{E,2}(r_1 + r_2) + k_{E,3}(r_1 + r_2)^2}$

```
        double ke1;
        double ke2;
        double ke3;

        /* 3. Rekursionstiefe */
```

Der wesentliche Teil der Strahlverfolgung wird rekursiv aufgerufen; die Rekursionstiefe bricht diesen Prozeß entsprechend ab. Anschaulich ist `maxrekursion-1` die Anzahl der Spiegelbilder in Spiegelbildern ...

```
        char maxrekursion;

        /* 4. Brechungskoeffizient des Leerraums */
```

Bevor ein Strahl durch Transmission in ein Objekt eintritt, durchläuft er den Modelleerraum mit dem Brechungskoeffizienten my. Jetzt kann auch erläutert werden, wozu bei der Definition der Strahlstruktur neben Strahlursprung und Strahlrichtung zusätzlich ein Brechungskoeffizient my vorgesehen ist: Für den verfolgten Strahl wird hier einfach eingetragen, welchen Brechungskoeffizienten das Medium, in dem er sich aktuell bewegt, hat.

```
        double my;

        /* 5. Hintergrundfarbe (Suchstrahl geht ins Leere)
```

Die Hintergrundfarbe, falls ein Pixelstrahl sofort aus dem Modell heraus geht, ohne ein Objekt zu treffen. Auch hier kann ggf. wieder das Handle eines Hintergrundbildes eingefügt werden, falls Klasse 3-Methoden angewendet werden.

```
        FARBE hintergrundfarbe;

        /* 6. Unschärfe (antialaising, smoothschadow)     */
```

Man kann, um ungünstige Scharfzeichnungseffekte (z.B. exakte Schatten oder konzentrische Lichtringe) zu vermeiden, den Suchstrahl an bestimmten Stellen des Verfahrens willkürlich *aus der Richtung* bringen. Dieser Parameter gibt die maximal zulässige, zufällige Strahlrichtungsabweichung in %/100 an; mögliche Werte sind etwa 0.0001 (man kann aber hier auch experimentieren).

```
        double  unschaerfe;
   } OEMODELL;
```

Die OEMODELL-Daten werden in der MODELL-Struktur als eine Strukturvariable eingehängt.

```
        typedef struct{
          .
          .
          .
          OEMODELL optik;
        }MODELL;
```

Diese Definitionen der optischen Eigenschaften von Objekten und Modellen werden in einem separaten Teil der Dateien an die bereits besprochenen Daten angehängt; fehlen sie, so werden Voreinstellungen mit Standardwerten geladen.

Der Aufbau dieser Datenteile für Objektdateien unabhängig von der Methode der Oberflächenbeschreibung; als Beispiel soll eine polygonale Oberfläche dienen.

Der Dateianfang wurde bereits besprochen; er bleibt unverändert...

```
        Eine große ebene Grundfläche in der (x1,x3)-Ebene
        Ebene Polygone
```

```
MOD_M_POLYGON, MOD_E_KONVEX
MOD_M_UMKUGEL
1  // Anzahl Polygone
4  // Anzahl Ecken
1 -5 0 0
2 -5 0 5
3 +5 0 5
4 +5 0 0
4   Polygon 1
00 FF 00
1
2
3
4
```

...bis zum Anfang des Beschreibungsblocks für die optischen Eigenschaften. Die Trennzeile...

```
------------------OPTISCHE EIGENSCHAFTEN-----------------
```

...ist obligatorisch und dient zum Erkennen des Datenblocks. Nachfolgend werden die in den Kommentaren benannten Parameter definiert.

```
1.0  0.9              //Spiegelung:Güte r, Anteilswert ks
0.1                   //diffuse Reflexion kd
1.0  10  0.0          //Transmission:my, t, kt
1.0  1.0              //Indirekte Anteile lr, lt
FF AA FF              //Farbe für bestimmte Methoden
```

Ähnlich funktioniert das Anhängen eines Datenblocks für die optischen Eigenschaften eines Modells.

```
Einfaches Modell : Ebene mit Objekten, zwei Lichtquellen
4                         // Anzahl Objekte im Modell
EBENE.DAT
1 0  0  0                 // Transformationsmatrix fuer Objekt
0 1  0  0
0 0  1  0
0 0  0  1
```

Der Dateianfang der Modelldefinitionsdatei bleibt auch unverändert.

.
.
.

```
9.85e-1  3.02e-2   -1.71e-1  0// Transformation Modell
0        9.85e-1    1.74e-1  -2
1.74e-1  -1.71e-1   9.7e-1   5
0        0          0        1
```

8.2 Optische Parameter

Dann wird wieder ein Datenblock angehängt, der von einer obligatorischen Anfangszeile...

```
------------------OPTISCHE EIGENSCHAFTEN-----------------
```

...eingeleitet wird. Nachfolgend dann die Modellparameter.

```
0.5                //indirekte Diffusion jd
1 0 0              //Entfernungsfaktoren ke1,ke2,k3e
3                  //Rekursionstiefe Raytracing maxrekursion
1.0029             //Brechungskoeffizient des Leerraums my
0xFF 0xEE 0xEE //hintergrundfarbe
0.0                //Fehlerverschmierung unschaerfe
```

Die mittels eines beliebigen ASCII-Editors änderbaren Modelldateien werden - wie bekannt - durch die Funktion

```
short MOD_ModellAusDateiLaden(filename, pmodell)
```

aus dieser Datei gelesen. Der Aufbau folgt wie schon beschrieben der Grundstruktur...

.
.
.

...Datei öffnen,...

```
datei = OpenFile(filename, (LPOFSTRUCT)&of, OF_READ);
```

...Modelldaten einlesen,...

```
WHP_readformattedline(datei, buffer);
for(i=0;i<(int)strlen(buffer);i++){
     pmodell->modellname[i] = buffer[i];
}
    .
    .
    .
     WHP_readformattedline(datei, buffer);
     sscanf(buffer, "%d", &(pmodell->anzahlobjekte));
```

...und dann jede Objektdatei separat einlesen.

```
for(i=0; i<pmodell->anzahlobjekte; i++){
    .
    .
     pobjekt = (LPOBJEKT)GlobalLock(*(pobjekte+i));
     WHP_readformattedline(datei, buffer);
```

```
              error = MOD_ObjektAusDateiLaden(buffer,

              (LPOBJEKT)&objbuffer);
              .
              .
              .
              }
```

Nach dem Laden der Objektbeschreibungen wird jetzt geprüft, ob ein Block für die optischen Eigenschaften des Modells angehängt ist.

```
WHP_readformattedline(datei, buffer);
if(strstr(buffer, "OPTI")!=NULL) {
```

Ist dies der Fall, so werden die Parameter geladen.

```
WHP_readformattedline(datei, buffer);
sscanf(buffer, "%f", &d1);
pmodell->optik.jd = (double)d1;
   .
   .

WHP_readformattedline(datei, buffer);
sscanf(buffer, "%f %f %f", &d1,&d2,&d3);
   pmodell->optik.ke1 = (double)d1;
   pmodell->optik.ke2 = (double)d2;
   pmodell->optik.ke3 = (double)d3;
   .
   .

WHP_readformattedline(datei, buffer);
sscanf(buffer, "%d", &c);
pmodell->optik.maxrekursion = c;
   .
   .

WHP_readformattedline(datei, buffer);
sscanf(buffer, "%f", &d1);
pmodell->optik.my = (double)d1;
   .
   .

WHP_readformattedline(datei, buffer);
sscanf(buffer, "%X %X %X", &rot, &gruen, &blau);
pmodell->optik.hintergrundfarbe =
                      COL_NormiereRGBAufFarbe(RGB(rot, gruen, blau));
   .
   .
```

```
WHP_readformattedline(datei, buffer);
sscanf(buffer, "%f", &d1);
pmodell->optik.unschaerfe = (double)d1;
}
```

Sollte dieser Block nicht erkannt werden, so sind Standardwerte zu laden - jedes Modell erhält also seine optischen Eigenschaften.

```
else{
 pmodell->optik.jd = 0.8;
 pmodell->optik.ke1 = 0.8;
 pmodell->optik.ke2 = 0.2;
 pmodell->optik.ke3 = 0.01;
 pmodell->optik.maxrekursion = RAY_STDREKURSION;
 pmodell->optik.my = 1.00059;  /*Luft*/
 pmodell->optik.hintergrundfarbe =
            COL_NormiereRGBAufFarbe(RGB(0x40, 0x40, 0x40));
 pmodell->optik.unschaerfe = 0.0001;
}
.
.
.
_lclose(datei);
return(0);
}
```

Im Prinzip das gleiche Verfahren wird für das Lesen der Objektbeschreibungen eingesetzt. Die Funktion...

```
short MOD_ObjektAusDateiLaden(filename, pobjekt)
```

...liest entsprechend unter anderen Daten auch die der optischen Objekteigenschaften ein.

```
.
.
.
WHP_readformattedline(datei, buffer);
if(strstr(buffer, "OPTI")!=NULL) {
.
.
.
```

Jetzt muß der Speicher für die optischen Objekteigenschaften alloziert werden. Z.Zt. sind diese für alle Objektmethoden identisch, so daß hier die Unterscheidung nach Objektmethode wegfallen kann: es gibt für alle Objekte nur die eine OEOBJEKT-Struktur.

```
pobjekt->hoptik = GlobalAlloc(GMEM_MOVEABLE|GMEM_ZEROINIT,
                                sizeof(OEOBJEKT));
poptik = (LPOEOBJEKT)GlobalLock(pobjekt->hoptik);
```

Die Daten werden gelesen:

```
WHP_readformattedline(datei, buffer);
sscanf(buffer, "%f %f", &d2, &d1);
poptik->r = (double)d2;
poptik->ks = (double)d1;
WHP_readformattedline(datei, buffer);
sscanf(buffer, "%f", &d1);
poptik->kd = (double)d1;
WHP_readformattedline(datei, buffer);
sscanf(buffer, "%f %d %f", &d1, &b, &d2);
poptik->my = (double)d1;
poptik->t = b;
WHP_readformattedline(datei, buffer);
sscanf(buffer, "%f %f", &d1, &d2);
poptik->lt = (double)d1;
poptik->lr = (double)d2;
WHP_readformattedline(datei, buffer);
sscanf(buffer, "%x %x %x", &r, &g, &b);
poptik->farbe = COL_NormiereRGBAufFarbe( RGB(r,g,b) );
```

Und der Speicher defixiert.

```
GlobalUnlock(pobjekt->hoptik);
```

Sollte der OE-Block fehlen, so werden auch hier Standardwerte eingetragen.

```
else{
  poptik->r = 10;
  poptik->ks = 0.5;
  poptik->kd = 0.2;
  poptik->my = 0.8;
  poptik->t = 10;
  poptik->lt = 0.3;
  poptik->lr = 0.3;
  poptik->farbe = COL_NormiereRGBAufFarbe(
                        RGB(0xdd, 0xee, 0xff) );
}
```

8.3 Basisverfahren

Wir stellen im folgenden zunächst kurz das Basisverfahren der Strahlverfolgung vor und gehen in 8.4 dann auf die programmtechnische Umsetzung ein. In den Bibliotheksfunktionen sind nämlich einige Zwischenschritte eingefügt, die das Verfahren schneller machen helfen - aber das klare Verständis des Basisverfahrens stören würden.

Der Basisalgorithmus beginnt mit der Bestimmung eines Pixelstrahls **p** vom Projektionszentrum durch ein Bildebenenpixel.

Bevor wir dies tun können, müssen wir zunächst klären, was ein Strahl im mathematischen Sinne ist und wie er programmtechnisch beschrieben werden kann.

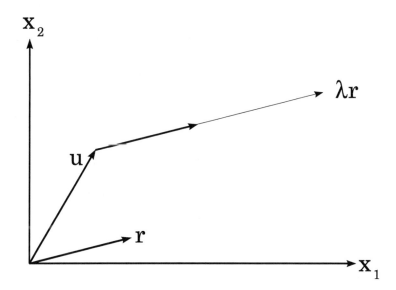

Abb.8.2: Strahldefinition

Wie Abb.8.2 der Einfachheit halber in zwei Dimensionen verdeutlicht, kann ein Strahl definiert werden als Menge aller Vektoren, die ein reelles Vielfaches der Richtung **r** haben und und zum Fußpunktvektor (oder Strahlursprung) **u** addiert werden:

(1) $\quad \mathbf{p} = \mathbf{u} + \lambda \mathbf{r}, \lambda \in \Re, \lambda \geq 0$

Wegen der Bedingung $\lambda \geq 0$ zeigt der Strahl dann auch tatsächlich nur in eine Richtung. Wir werden (1) dann benötigen, wenn wir den Schnittpunkt eines Strahls mit einer Oberfläche bestimmen müssen.

Programmtechnisch (alle folgenden Quellen i.d.R. aus RAY.C und RAY.H) ist der Strahl leicht als

```
typedef struct{
    PUNKT3D vu;
```

```
            PUNKT3D vr;
            double my;
    } STRAHL;
```

definiert; die Variable my ist der Brechungsindex des Mediums, in dem sich der Strahl gerade aufhält.

Die Strahlverfolgung wird nun damit begonnen, daß für jedes Pixel des Bildfensters zunächst der Pixelstrahl berechnet wird; für diesen Strahl wird dann eine Farbe ermittelt, indem man ihn unter bestimmten physikalischen Gesetzen mit den Oberflächen der Modellobjekte wechselwirken läßt. Ist diese Strahlfarbe einmal bestimmt, so wird das zugehörige Pixel entsprechend eingefärbt und das Verfahren geht zum nächsten Pixel über.

Die Ermittlung der Pixelstrahlfarbe macht bei dem Verfahren fast den gesamten Rechenaufwand aus. Letztendlich müssen dabei alle Intensitätsanteile, die bereits in 7.2ff eingeführt und in 7.2.6 zusammengefaßt sind, berechnet werden.

Zunächst wird der Pixelstrahl für ein festes Pixel der Bildebene bestimmt und festgestellt, ob er irgendeine Objektoberfläche schneidet; falls mehrere Objektoberflächen geschnitten werden, wird der dem Fußpunkt des Strahls nächstgelegene Schnittpunkt genommen.

Abb.8.3:
Pixelstrahl

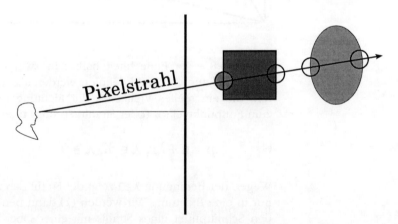

Wenn der Pixelstrahl gar keine Objektoberfläche schneidet, wird die Strahlfarbe mit der Hintergrundfarbe belegt und das Pixel so dargestellt.

Das Schneiden eines Strahls (hier: der Pixelstrahl) mit einer Oberfläche, die auf mehrere Arten definiert sein kann (Polygon-,

Bezierspline-, Funktionsoberfläche), kann ohne Übertreibung als zentrales Problem der Strahlverfolgung - was den Rechenzeitaufwand angeht - bezeichnet werden. Zum Ende dieses Teilkapitels werden wir kurz kalkulieren, wie oft ein solcher Schnittpunkt für ein Bild zu berechnen ist. Da dieser Punkt so wichtig ist, widmen wir ihm ein eigenes Kapitel 8.5.

Ist nun ein gültiger Schnittpunkt bestimmt worden, so muß die Farbe des Schnittpunkts (also die Farbe an diesem Oberflächenpunkt) ermittelt werden. Hierzu muß untersucht werden, wieviel Licht welcher Farbe zu diesem Oberflächenpunkt gelangt. Es kann nun Licht auf vielfältigen Wegen zu diesem Oberflächenpunkt abgestrahlt werden; jeder dieser Lichtwege trägt mit einer Teilintensität (es sind dies exakt die Intensitätsparameter aus 7.2.6) zu Farbe des Oberflächenpunkts bei. Die Abb. 8.4 faßt noch einmal diese Lichtwege zusammen.

Abb.8.4: Lichtwege

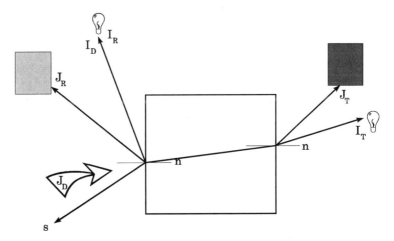

Dabei ist **s** der vom Oberflächen(schnitt)punkt zum Fußpunkt des (Pixel)Strahls weisende Strahl.

Jetzt sind wir auch schon fast fertig: wir sortieren die einzelnen Intensitätsanteile noch einmal (siehe 7.2.6) in eine Tabelle ein und vermerken, unter welchen Voraussetzungen welcher Intensitätsanteil überhaupt zu berechnen ist.

Tab.8.5:
Berechnungsvoraussetzungen

	Relative Lage der Lichtquelle	
Schattenfühler	Lichtquelle auf gleicher Seite mit Schnittpunktstrahl	Lichtquelle und Schnittpunktstrahl auf unterschiedlicher Oberflächenseite
Schattenfühler trifft Objektoberfläche	$J_R\ J_D\ J_T$	$J_R\ J_D\ J_T$ I_T
Schattenfühler trifft Lichtquelle direkt, keine Objektoberfläche	$J_R\ J_D\ J_T$ $I_R\ I_D$	$J_R\ J_D\ J_T$ I_T

Offensichtlich werden alle indirekten Anteile $J_R\ J_D\ J_T$ immer untersucht. Die direkten Lichtanteile, die unmittelbar aus einer Lichtquelle stammen, werden statt dessen nur unter den obigen Bedingungen untersucht.

Um zuerst ggf. alle aus direkter Reflexion von einer Lichtquelle stammenden direkten Intensitätsanteile I_R, I_D ausschalten zu können (wir müßten dann weniger für den aktuellen Schnittpunkt berechnen!), wird vom gefundenen Schnittpunkt ein neuer Strahl in Richtung der Lichtquelle geschickt; dieser Strahl wird häufig als *Schattenfühler* bezeichnet.

Sind mehrere Lichtquellen im Modell definiert, so muß dieser Schritt für jede Lichtquelle separat durchgeführt werden.

Abb.8.6:
Schattenfühler

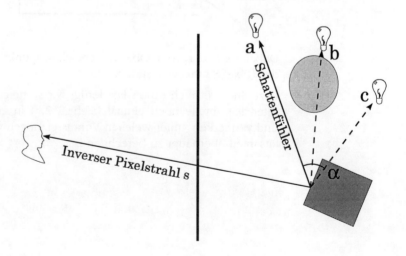

Im Beispiel der Abb.8.6 schneiden die Schattenfühler b und c jeweils andere Oberflächen; außerdem bildet der Schattenfühler c mit dem inversen Pixelstrahl (das ist der Strahl mit dem Schnittpunkt als Ursprung und der negativen Richtung des Pixelstrahls) einen stumpfen Winkel $\alpha > 90°$ und ist von daher von vornherein nicht zu berücksichtigen.

Sind nun für den oben bestimmten Schnittpunkt des Pixelstrahls mit einer Oberfläche die Bedingungen der Tabelle 8.5 geprüft worden und ist damit bekannt, welche Lichtanteile für diesen Schnittpunkt zu berücksichtigen sind, können die einzelnen Intensitätswerte bestimmt und zur Gesamtfarbwirkung des Schnittpunkts zusammengefaßt werden.

Dabei werden die einzelnen Intensitäts(Licht)anteile gemäß den Modellannahmen aus 7.2ff berechnet. Diese Berechnung ist für alle direkten Anteile unmittelbar aus den Formeln in 7.2ff abzuleiten; ebenso einfach ist die Berücksichtigung des indirekten Anteils J_D, da dieser immer nur als Konstante eingerechnet wird.

Abb.8.7:
Rekursionansatz

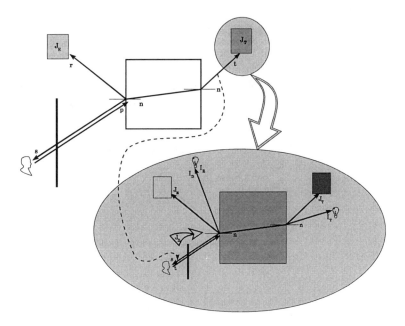

Interessant aber ist die Berechnung der beiden indirekten Anteile J_R und J_T, die jeweils vom Licht der vom reflektierten oder transmittierten Strahl getroffenen Fläche in dem jeweiligen

Schnittpunkt abhängen - der Farbwert an diesen Schnittstellen aber ist ja nicht bekannt!

Die Lösung ist - insbesondere programmtechnisch - allerdings sehr einfach: Abb.8.7 zeigt am Beispiel der indirekten Transmission (die indirekte Reflexion wird genauso behandelt), daß der Farbwert am Schnittpunkt des transmittierten Strahls **t** mit einem neuen Objekt ■ durch erneute Anwendung des gesamten Strahlverfolgungsverfahrens mit t als neuem (Pixel)Strahl berechnet wird. Diese Rekursion endet theoretisch erst dann, wenn alle erzeugten Suchstrahlen **t**, **r** in allen Rekursionstiefen kein Objekt mehr getroffen haben und ins Unendliche gehen.

Da dieses Endekriterium teilweise nie erreicht wird, muß künstlich ein Abbruchkriterium hinzugefügt werden; im einfachsten Fall wird die maximale Rekursionstiefe vorgegeben (siehe 8.2).

Damit sind jetzt alle Intensitäts- oder besser: Farbanteile berechenbar. Das folgende Teilkapitel zeigt jetzt die programmtechnische Realisierung.

8.4 Programmierung

Um zunächst den grundlegenden Aufbau darzustellen und gleichzeitig noch einmal die rekursive Konstruktion des Strahlverfolgungsverfahrens (siehe 8.3) zu explizieren, wollen wir zu Beginn den Aufrufbaum der (wichtigsten) beteiligten Funktionen zeigen. In dem hier gezeigten Aufrufbaum sind natürlich sehr viele in diesem Zusammenhang weniger wichtige Funktionen der Übersicht wegen weggelassen.

```
RAY_ModellDarstellen
-RAY_Strahlrueckverfolgung
--PRJ_3DVektorDurchPixelErmitteln
--RAY_BestimmeFarbwertdesStrahls
---RAY_StrahlTrifftNaechstesObjekt
---RAY_BestimmeFarbwertdesStrahls...
```

Einrücken liest sich als: Funktion wird von vorhergehender Funktion aufgerufen. Zunächst ist die Funktion RAY_Modell-Darstellen() der Einstieg in die Darstellung eines Modells mittels Strahlverfolgung. Die Strahlverfolgung selbst wird von RAY_Strahlrueckverfolgung() durchgeführt; hier wird nun i.w. die rekursiv arbeitende Funktion RAY_BestimmeFarbwertdesStrahls() benutzt, die sich offensichtlich selbst aufruft.

8.4 Programmierung

Betrachten wir nun die Programmierung der Strahlverfolgung im einzelnen. Den direkten Zugang stellt der Aufruf der Funktion RAY_ModellDarstellen() dar.

Der Aufruf dieser Funktion kann z.B. innerhalb der Bearbeitung einer WM_PAINT-Nachricht erfolgen:

```
case WM_PAINT:{
.
.
.
```

Nach einigen Vorbereitungen (Modell initialisieren und Projektion vorbereiten)...

```
MOD_ModellKopieren((LPMODELL)&modell,

(LPMODELL)&dummymodell);

    MOD_ModellInitialisieren(&dummymodell);
    PRJ_Einheitstransformation((TRANSFORMATION3D*)&m);
    t.x1 = (REAL)0.0;
    t.x2 = (REAL)0.0;
    t.x3 = (REAL)(2*prj_bildabstand);
    PRJ_Translation((TRANSFORMATION3D*)&m, t);
    m =  PRJ_MatrixMultiplikation(&m,
                    &prj_transformationsmatrix);
    MOD_ModellTransformieren((LPMODELL)&dummymodell,
                    (LPTRANSFORMATION3D)&m);
```

...beginnt die eigentliche Grafikausgabe mit der Bereitstellung eines Gerätekontextes und der Ermittlung der Fenstergröße.

```
    hDC = BeginPaint(hWnd, &ps);
        GetClientRect(hWnd, &rcc);
```

Die Funktion...

```
        RAY_ModellDarstellen((LPMODELL)&dummymodell,
                hDC, rcc, prj_bildabstand);
```

...erledigt jetzt die gesamte Strahlverfolgung incl. der Bilddarstellung. Während dieses Vorgangs (der je nach Bildgröße etc. mehrere Stunden dauert!) wird bei dieser Aufrufart kein Multitasking durchgeführt - das System befaßt sich nur mit der Strahlverfolgung.

```
        EndPaint(hWnd, &ps);
        MOD_ModellLoeschen((LPMODELL)&dummymodell);
    }
    break;
```

8.4.1 RAY_ModellDarstellen()

Die Funktion

```
short RAY_ModellDarstellen(pmodell, hDC, rcc, bildabstand)
```

erwartet also lediglich eine - vorher eingelesene - Modellbeschreibung...

```
LPMODELL pmodell;
```

einen Gerätekontext...

```
HDC hDC;
```

...und die Projektionsgeometrie.

```
RECT rcc;
double bildabstand;
{
```

Die Hauptaufgabe besteht nun darin, die in mehreren - bei Aufruf unfixierten - Speicherbereichen abgelegten Modell- und Objektbeschreibungen vorab zu fixieren und über far* addressierbar zu machen. Damit wird vermieden, daß während der ohnehin sehr rechenintensiven Strahlverfolgung noch Speicherbereiche fixiert werden müssen. Eine Verschiebbarkeit der Speicherbereiche während der Strahlverfolgung ist - da i.d.R. das Windows-Multitasking unterbrochen ist - sowieso nicht sinnvoll.

Es werden also für alle notwendigen Objekthandle die entsprechenden far* erzeugt und ihrerseits (wir wissen ja vorher nicht, wieviele Objekte im Modell sind) als near*-Vektoren abgelegt.

```
HLOCAL hobj, humv, hobjdat, hopt, hpkt, hpoly;
LPOBJEKT NEAR *pobj;
LPVOID NEAR *pumv;
LPVOID NEAR *pobjdat;
LPOEOBJEKT NEAR *popt;
LPPUNKT3D NEAR *ppkt;
LPPOLYGON NEAR *ppoly;
```

Innerhalb des Gerätekontexts werden jetzt einige Vorbereitungen durchgeführt: Zunächst wird der Fensterhintergrund gelöscht...

```
hBrush = CreateSolidBrush( RGB(0xFF, 0xFF, 0xFF) );
hOldBrush = SelectObject(hDC, hBrush );
hPen = GetStockObject(WHITE_PEN);
hOldPen = SelectObject(hDC, hPen);
```

```
Rectangle( hDC, rcc.left, rcc.top, rcc.right, rcc.bottom);
SelectObject( hDC, hOldBrush );
DeleteObject(hBrush);
SelectObject( hDC, hOldPen );
DeleteObject(hPen);
```

...und dann auf Pixelkoordinaten umgestellt.

```
SetMapMode(hDC, MM_ISOTROPIC);
SetWindowExt(hDC, MAXBILDINTERVALL, MAXBILDINTERVALL);
SetViewportExt(hDC, (rcc.right-rcc.left)/2,
                                -(rcc.bottom-rcc.top)/2);
SetViewportOrg(hDC, (rcc.right-rcc.left)/2,
                                 (rcc.bottom-rcc.top)/2);
```

Bevor nun die Objekthandle fixiert werden, werden noch für alle Objekte kugelförmige Umvolumina berechnet - und in der jeweiligen Objektbeschreibung abgespeichert. Wir werden weiter unten sehen, wozu diese Umvolumina benötigt werden.

```
MOD_BerechneAlleUmvolumina(pmodell, MOD_M_UMKUGEL);
```

Jetzt ist es soweit: alle Handle der Objektbeschreibungen werden fixiert und die daraus resultierenden far* in near*-Vektoren abgelegt.

```
pobjekte = (HANDLE FAR *)GlobalLock(pmodell->hobjekte);
```

Der Speicherplatz für die near*-addressierten far*-Adressen der Objekte muß alloziert werden; dabei ist der Pointertyp LPOBJEKT eindeutig bekannt.

```
hobj = LocalAlloc(LPTR,
                    sizeof(LPOBJEKT) * (pmodell->anzahlobjekte) );
pobj =(LPOBJEKT NEAR *)LocalLock(hobj);
```

Jetzt kann je Objekt vorgegangen werden.

```
for(i=0; i<pmodell->anzahlobjekte; i++){
      pobj[i] = (LPOBJEKT)GlobalLock(*(pobjekte+i));
}
```

Entsprechend wird jetzt für alle anderen Objekthandle vorgegangen. Ist der Pointertyp nicht bekannt, weil mehrere Möglichkeiten bestehehen, muß hier zunächst für einen LPVOID-Typ Platz vorgesehen werden.

```
/* Zeiger auf Umvolumina */
humv = LocalAlloc(LPTR,
```

```
                        sizeof(LPVOID) * (pmodell->anzahlobjekte) );
    pumv =(LPVOID NEAR *)LocalLock(humv);
    for(i=0; i<pmodell->anzahlobjekte; i++){
```

Diese Adressen werden später umgecastet.

```
            switch(pobj[i]->umvolumenmethode){
            case(MOD_M_UMQUADER):{
                        pumv[i] = (LPUMQUADER)GlobalLock(
                                        pobj[i]->humvolumen);
            }
            break;
            case(MOD_M_UMKUGEL):{
            pumv[i] = (LPUMKUGEL)GlobalLock(pobj[i]->humvolumen);
            }
            break;

            default:
                        pumv[i] = (LPVOID)NULL;
            }
    }
```

Es folgen die anderen Handle...

```
    hopt = LocalAlloc(LPTR,
                    sizeof(LPOEOBJEKT) * (pmodell->anzahlobjekte) );
    popt =(LPOEOBJEKT NEAR *)LocalLock(hopt);
    for(i=0; i<pmodell->anzahlobjekte; i++)
            popt[i] = (LPOEOBJEKT)GlobalLock(pobj[i]->hoptik);

    hobjdat = LocalAlloc(LPTR,
                    sizeof(LPVOID) * (pmodell->anzahlobjekte) );
    pobjdat =(LPVOID NEAR *)LocalLock(hobjdat);
    for(i=0; i<pmodell->anzahlobjekte; i++){
            pobjdat[i] = (LPVOID)GlobalLock(pobj[i]->hobjektdaten);
```

Falls sinnvoll, wird noch eine Nebenaufgabe eingeschoben: alles Berechnungen, die vorbereitend durchgeführt werden können.

```
            if(pobj[i]->objektmethode == MOD_M_POLYGON)
                    EFL_NormaleAufObjektpolygone(
                            (LPOBJEKT_AUS_POLYGON)pobjdat[i]);
    }

    hpkt = LocalAlloc(LPTR,
                    sizeof(LPPUNKT3D) * (pmodell->anzahlobjekte) );
```

Die Pointer ppkt[i] werden sowohl für Polygonobjekte (dann sind hier die Eckpunktkkoordinaten zu finden) als auch für Splineobjekte (es werden dann die Stützpunkte des Splines abgelegt) verwendet.

```
ppkt =(LPPUNKT3D NEAR *)LocalLock(hpkt);
for(i=0; i<pmodell->anzahlobjekte; i++){
        switch(pobj[i]->objektmethode){
        case MOD_M_POLYGON:{
                   ppkt[i] = (LPPUNKT3D)GlobalLock(
              ((LPOBJEKT_AUS_POLYGON)pobjdat[i])->heckpunkte);
        }
        break;
        case MOD_M_SPLINE:{
                   ppkt[i] = (LPPUNKT3D)GlobalLock(
                   (LPOBJEKT_AUS_SPLINE)pobjdat[i])->hbezier);
        }
        break;

        default:
                   ppkt[i] = (LPPUNKT3D)NULL;
        }
}
```

Für Polygonobjekte müssen zusätzlich noch die Eckenindizes adressierbar sein.

```
hpoly = LocalAlloc(LPTR,
                sizeof(LPPOLYGON) * (pmodell->anzahlobjekte) );
ppoly =(LPPOLYGON NEAR *)LocalLock(hpoly);
for(i=0; i<pmodell->anzahlobjekte; i++){
        switch(pobj[i]->objektmethode){
        case MOD_M_POLYGON:{
                   ppoly[i] = (LPPOLYGON)GlobalLock(
              ((LPOBJEKT_AUS_POLYGON)pobjdat[i])->hpolygone);
        }
        break;

        default:
                   ppoly[i] = (LPPOLYGON)NULL;
        }
}
```

Jetzt sind alle Pointer durch Fixierung gültig gemacht und können der eigentlichen Strahlverfolgung übergeben werden.

Der letzte Parameter (die 4) ist interessant, wir kommen weiter unten darauf zu sprechen.

```
RAY_Strahlrueckverfolgung(pmodell, hDC, rcc, bildabstand,
                          pobj, pumv, pobjdat,
                          popt, ppkt, ppoly, 4);
```

8 Strahlverfolgung

Die Strahlverfolgung ist abgeschlossen und im Gerätekontext dargestellt. Alle Pointer müssen freigegeben werden und die Pointervektoren können gelöscht werden.

```
for(i=0; i<pmodell->anzahlobjekte; i++)
       GlobalUnlock(pobj[i]->humvolumen);
LocalUnlock(humv);
LocalFree(humv);

for(i=0; i<pmodell->anzahlobjekte; i++)
       GlobalUnlock(pobj[i]->hoptik);
LocalUnlock(hopt);
LocalFree(hopt);

for(i=0; i<pmodell->anzahlobjekte; i++){
       switch(pobj[i]->objektmethode){
       case MOD_M_POLYGON:{
                     GlobalUnlock(
                     ((LPOBJEKT_AUS_POLYGON)pobjdat[i])->heckpunkte);
              }
              break;
       case MOD_M_SPLINE:{
                     GlobalUnlock(
                     ((LPOBJEKT_AUS_SPLINE)pobjdat[i])->hbezier);
              }
              break;
       .
       .
       .
```

Zum Schluß muß noch das Modellhandle freigegeben werden.

```
GlobalUnlock(pmodell->hobjekte);

return(0);
}
```

8.4.2 RAY_Strahlrueckverfolgung()

Die eigentliche Strahlverfolgung wird nun in

```
void RAY_Strahlrueckverfolgung(
       pmodell,hDC,rcc,bildabstand,
                                   pobj, pumv, pobjdat,
                                   popt, ppkt, ppoly,
                                          modus)
```

durchgeführt. Neben den Modelldaten,

```
LPMODELL pmodell;
```

...der Grafik und Projektionsgeometrie sowie...

```
HDC hDC;
RECT rcc;
double bildabstand;
```

...den Objektpointervektoren...

```
LPOBJEKT NEAR *pobj;
LPVOID NEAR *pumv;
LPVOID NEAR *pobjdat;
LPOEOBJEKT NEAR *popt;
LPPUNKT3D NEAR *ppkt;
LPPOLYGON NEAR *ppoly;
```

...wird auch ein Zähler

```
int modus;
```

übergeben (das war die 4 weiter oben), der das Strahlverfolgungsverfahren bei vertretbarer - und wählbarer - Vereinfachung erfreulich schneller machen hilft. Normalerweise (modus = 1) wird in x- und y-Richtung Pixel für Pixel des Fensters untersucht. Innerhalb vieler Bildbereiche aber haben - wenn auch nur in kleinen Bereichen - die Pixel die gleiche Farbe. Dies können wir ausnutzen: zunächst werden in einem ersten Schritt nur die 4 Eckpixel eines Quadrats mit einer Kantenlänge von modus Pixeln berechnet. Sind die Farben der vier Eckpixel alle identisch, so wird das gesamte Pixelquadrat mit dieser Farbe - ohne weitere Nachprüfung der enthaltenen Pixel - aufgefüllt. Es wird in diesen Fällen dann ein Faktor

$$\frac{(modus+1)^2}{4}$$

gespart. Der mögliche Fehler beschränkt sich dabei auf Bildstrukturen, die kleiner als modus Pixel in mindestens einer Dimension sind - und das auch nur, wenn sie bei der Quadratrasterung zufällig nicht mit einem Quadrateckpunkt getroffen werden. Test mit modus=4 haben keine bemerkbaren Bildfehler hinterlassen.

Ganz wie in 8.3 beschrieben, beginnen wir mit dem Pixelstrahl, der ja immer seinen Fußpunkt im Ursprung hat.

```
strahl.vu.x1 = 0;
strahl.vu.x2 = 0;
strahl.vu.x3 = 0;
```

Nun wird eine Doppelschleife über alle Pixel durchlaufen; der Parameter modus bestimmt dabei die Quadratgröße.

```
for(px = rcc.left; px <= rcc.right; px+=modus)
for(py = rcc.top; py <= rcc.bottom; py+=modus){
    ppx = px;
    ppy = py;
```

Aus den Pixelkoordinaten wird der Pixelstrahl (eigentlich seine Richtung; der Fußpunkt ist ja bereits bekannt) ermittelt...

```
strahl.vr = PRJ_3DVektorDurchPixelErmitteln(hDC,
                                    ppx,
                                    ppy,
                                    skalierung,
                                    bildabstand
                                    );
```

...und der Brechungsindex initialisiert (mit dem Modellbrechungsindex - meistens: Luft), in dem der Strahl sich aktuell aufhält. Dieser Eintrag wird benötigt, wenn weiter unten eine Transmission berechnet wird.

```
strahl.my = pmodell->optik.my;
```

Um die Rekursion kontrollieren zu können (und zwar in jeder Funktion), wird eine globale Variable (in RAY.H definiert)

```
RAY_Tiefe = 0;
```

initialisiert; sie führt die Rekursionstiefe.

Jetzt beginnt die Bestimmung der Pixelfarben für das erste Rasterquadrat. Dazu wird - wie bereits oben erwähnt - die Funktion

```
farbe[0] = RAY_BestimmeFarbwertdesStrahls(
                                strahl,pmodell,
                    popt,pobj,pumv,pobjdat,ppkt,ppoly);
```

...aufgerufen, wobei der aktuelle Pixelstrahl übergeben wird. Diese Funktion bestimmt dann (ggf. mittels Rekursion) die Farbe des Fensterpixels. Dabei wird funktionsintern als Hintergrundfarbe, die auch indentisch mit der Farbinitialisierung ist, die Farbe RGB=(0,0,0) (Schwarz) gewählt. Sollte nun der Pixelstrahl mit keinem Objekt wechselwirken, so wird als Ergebnis diese Initialisierungsfarbe *Schwarz* zurückgegeben. Dies muß aber nicht mit der im Rahmen der Modelldefinition (name.MOD) ausgewählten

Hintergrundfarbe übereinstimmen - also wird mittels eines Vergleichs

```
if(COL_IstSchwarz(farbe[0]))
```

...der ermittelten Farbe auf Schwarz...

```
farbe[0]=pmodell->optik.hintergrundfarbe;
```

die korrekte Hintergrundfarbe eingesetzt. Sollte natürlich (z.B. im Schatten auf einer schwarzen Fläche) während der Wechselwirkung des Pixelstrahls mit Objekten tatsächlich exakt (0,0,0)=*Schwarz* ermittelt werden, so würde diese Ersetzung zu einem Fehler führen. Sollte dies tatsächlich häufig auftreten (i.d.R. werden dem *Schwarz* nahe Farben mit leicht von (0,0,0) abweichenden Werten ermittelt), so müßte in RAY_BestimmeFarbwertdesStrahls() ein logisches Flag geführt werden, daß bei der ersten Wechselwirkung des Strahls mit einer Oberfläche gesetzt wird und dann die obige Ersetzung verhindert.

Das Verfahren hat aber auch einen interessanten Nebeneffekt: Schwarz wird hier praktisch zu einer bluebox-Farbe erklärt. Die Benennung stammt aus der Video-Overlaytechnik, bei der jedes Bildpixel der bluebox-Farbe durch das korrespondierende Pixel eines Hintergrundbildes ersetzt wird - den Effekt kann man immer während der Fernsehnachrichten sehen, wenn hinter dem Nachrichtensprecher Filmsequenzen eingeblendet werden: der Sprecher wird vor einer Wand in der bluebox-Farbe aufgenommen und anschließend diese Farbe durch die Filmsequenz ersetzt.

Das gleiche Verfahren ist auch hier denkbar.

Die berechnete Farbe wird jetzt für das Pixel dargestellt. Dabei wird wesentlich die Funktion...

```
SaveDC(hDC);
SetMapMode(hDC, MM_TEXT);
SetViewportOrg(hDC, 1, 1);
SetPixel(hDC, ppx, ppy, GetNearestColor(hDC,
                    COL_NormiereFarbeAufRGB(farbe[0])));
```

verwendet. Der Gerätekontext muß also zwingend diese Leistung unterstützen.

```
RestoreDC(hDC, -1);
```

8 Strahlverfolgung

Das Verfahren wird jetzt zunächst für die verbleibenden 3 Rasterquadrateckpunkte wiederholt.

```
ppx = px+modus;
ppy = py;
strahl.vr = PRJ_3DVektorDurchPixelErmitteln(hDC,
                                              ppx,
                                              ppy,
                                              skalierung,
                                              bildabstand
                                              );
.
.
.
ppx = px+modus;
ppy = py+modus;
strahl.vr = PRJ_3DVektorDurchPixelErmitteln(hDC,
                                              ppx,
                                              ppy,
                                              skalierung,
                                              bildabstand
                                              );
RAY_Tiefe = 0;
farbe[3] = RAY_BestimmeFarbwertdesStrahls(strahl,pmodell,
                    popt,pobj,pumv,pobjdat,ppkt,ppoly);
.
.
.
```

Jetzt sind die Quadrateckpunkte bekannt; die 4 Eckpunktfarben werden verglichen...

```
if(COL_NormiereFarbeAufRGB(farbe[0])==
    COL_NormiereFarbeAufRGB(farbe[1])
    &&
    COL_NormiereFarbeAufRGB(farbe[0])==
    COL_NormiereFarbeAufRGB(farbe[2])
    &&
    COL_NormiereFarbeAufRGB(farbe[0])==
    COL_NormiereFarbeAufRGB(farbe[3]) ){
```

Falls sie tatsächlich alle gleich sein sollten, wird das Rasterquadrat aufgefüllt.

```
            SaveDC(hDC);
            SetMapMode(hDC, MM_TEXT);
            SetViewportOrg(hDC, 1, 1);
            for(ppx = px; ppx <= px+modus; ppx++)
            for(ppy = py; ppy <= py+modus; ppy++){
                    SetPixel(hDC, ppx, ppy,
```

8.4 Programmierung

```
                    COL_NormiereFarbeAufRGB(farbe[0]));
        }
        RestoreDC(hDC, -1);
}
```

Sollte aber mindestens eine Farbe abweichend ermittelt sein, müssen alle Punkte des Quadrats berechnet werden.

```
else{
        for(ppx = px+1; ppx < px+modus; ppx++)
        for(ppy = py+1; ppy < py+modus; ppy++){
                strahl.vr = PRJ_3DVektorDurchPixelErmitteln(hDC,
                                                            ppx,
                                                            ppy,
                                                       skalierung,
                                                       bildabstand
                                                                );
                RAY_Tiefe = 0;
                farbe[0] =
                RAY_BestimmeFarbwertdesStrahls(strahl,pmodell,
                                popt,pobj,pumv,pobjdat,ppkt,ppoly);
                .
                .
                .
        }
}
```

8.4.3 RAY_BestimmeFarbwertdesStrahls()

Soweit zu Vorbereitung und Rasterverfahren. Die eigentliche Arbeit wird in

```
FARBE RAY_BestimmeFarbwertdesStrahls(strahl, pmodell, popt,
                            pobj, pumv, pobjdat, ppkt, ppoly)
```

...durchgeführt. Hier müssen nun die Teilintensitäten gemäß 7.2ff und unter Berücksichtigung von Tab.8.5 berechnet werden.

Als Initialisierung wird lediglich die letztendlich als Ergebnis zurückgegebene

```
gesamtfarbe = COL_KeinLicht();
```

mit RGB(0,0,0) besetzt. Wir müssen - wie bei allen rekursiv benutzten Funktionen - hier unbedingt auf den Gültigkeitsbereich der Variablen der Funktion achten: alle lokalen Variablen (wenn nicht explizit als **static** geschützt) werden bei jedem rekursiven Neuaufruf neu angelegt und existieren in jeder Rekursionstiefe solange, bis die jeweilige Funktion beendet wurde.

Jetzt wird der Schnittpunkt des Strahls mit dem nächstgelegenen Objekt gesucht. Diese Suche ist korrekt sowohl beim Start des Verfahrens für den Pixelstrahl als auch bei Rekursionen für den jeweils neuen Suchstrahl (vergl. Abb. 8.7).

Zunächst jetzt die Abfrage, ob überhaupt eine Wechselwirkung vorliegt.

```
if(! bool)
    return( gesamtfarbe );/* ...kein Schnittpunkt gefunden */
```

Ansonsten wird der Starhl nur weiter verfolgt, falls ein solcher Schnittpunkt tatsächlich vorhanden ist.

Der Strahl wird in seiner Richtung so umgekehrt, daß er vom Schnittpunkt weg weist.

```
r = strahl.vr;
r.x1 *= -1;
r.x2 *= -1;
r.x3 *= -1;
```

Es wird noch die Normale im Schnittpunkt s auf die Fläche berechnet. Die Funktion

```
n = RAY_NormaleAufFlaeche(obj, u, uv, r,
                    pobj, pobjdat, ppkt, ppoly);
```

unterscheidet dabei selbst zwischen ebenen und gekrümmten Flächen.

Nach diesen Vorbereitungen werden nun zunächst die in jedem Fall zu bestimmenden Intensitätsanteile berechnet.

Zunächst die modellglobale indirekte diffuse Reflexion Jd:

```
if( pmodell->optik.jd > 0 ){
    /* Schleife über alle Lichtquellen */
```

Hierzu wird ein mittlerer Farbwert für alle im Modell befindlichen Lichtquellen gebildet.

```
for(licht=0; licht<pmodell->anzahlobjekte; licht++){
```

Wir stoßen hier zum ersten Mal auf den bislang nicht besprochenen Objekttyp der *Lichtquelle*. Ein Lichtquellenobjekt wird mit der Struktur

```
typedef struct{
        FARBE farbe;
        PUNKT3D lichtposition;
}OBJEKT_IST_LICHTQUELLE;
```

definiert; sollen nicht nur punktförmige Lichtquellen, sondern auch Lichtquellen mit einer Ausdehnung simuliert werden, so kann hier die Geometrie beschrieben werden. Lichtquellenobjekte werden in Objektdateien name.LLL definiert:

```
Titelzeile
Triviale Methode : Lichtquelle in (0,0,0) //Textzeile 2
MOD_M_LICHTQUELLE // Methodenkonstante
MOD_M_UMNONE // Umvolumenmethode, Konstante
0xFF 0xAA 0xAA     // Farbe : Weiss mit ROTanteil
```

Solche Lichtobjekte werden hier gesucht...

```
if( pobj[licht]->objektmethode == MOD_M_LICHTQUELLE){
```

...und ihre Farbwerte gemittelt.

```
gesamtfarbe = COL_FarbeMittelwert(
    ((LPOBJEKT_IST_LICHTQUELLE)pobjdat[licht])->farbe,
              gesamtfarbe);
```

Daraus wird dann zusammen mit dem Modellfaktor jd der Anteil zu Gesamtfarbe ermittelt.

```
gesamtfarbe =
        COL_FarbeMalFaktor(gesamtfarbe, pmodell->optik.jd);
```

Als zweiter Anteil kommt jetzt die indirekte Transmission. Hierzu wird einfach die Brechung des Strahls durch die Oberfläche berechnet. Dabei kennt der Strahl ja bereits den Brechungskoeffizienten im bisherigen Medium; der Brechungskoeffizient nach der Brechung (also im Objekt) wird übergeben.

```
st = RAY_StrahlBrechung(strahl, n, vs, popt[obj]->my);
```

Die weitere Berechnung kann getrost der Rekursion überlassen werden. Dabei wird immer die Rekursionstiefe überwacht...

```
if( RAY_Tiefe <= pmodell->optik.maxrekursion ){
```

...und für folgende Rekursionen inkrementiert bzw...

```
RAY_Tiefe++;
```

```
                    farbe = RAY_BestimmeFarbwertdesStrahls(st, pmodell, popt,
                                            pobj, pumv, pobjdat,
                                                    ppkt, ppoly);
```

...nach der Rekursion dekrementiert.

```
            RAY_Tiefe--;
    }
```

Nach der Berechnung des Lichtwegfaktors fe...

```
    fe = RAY_fe(RAY_Vektorlaenge(strahl.vr),
                            pmodell->optik.ke1,
                            pmodell->optik.ke2,
                            pmodell->optik.ke3);
```

...kann dann die Transmissionsfarbe berechnet und...

```
    farbe = COL_lt( farbe, popt[obj]->farbe, fe, popt[obj]->lt);
```

...der Gesamtfarbe hinzugefügt werden.

```
    gesamtfarbe = COL_AddiereFarben(gesamtfarbe, farbe);
```

Die indirekte Spiegelung wird genauso berechnet: erst Durchführung der perfekten Spiegelung,...

```
    spiegelung.vr = RAY_PerfekteSpiegelung(r, n);
    spiegelung.vu = vs;
```

...dann Bestimmung der Farbe mittels Rekursion und...

```
    if( RAY_Tiefe <= pmodell->optik.maxrekursion ){
        RAY_Tiefe++;
        farbe = RAY_BestimmeFarbwertdesStrahls(spiegelung,pmodell,
                                    popt,pobj, pumv,
                                    pobjdat, ppkt,
                                    ppoly);
        RAY_Tiefe--;
    }
```

...Berechnung der Anteils- und Gesamtfarbe.

```
    farbe = COL_jr(farbe, popt[obj]->lr, popt[obj]->ks);
    gesamtfarbe = COL_AddiereFarben(gesamtfarbe, farbe);
```

Diese beiden letzten indirekten Anteile werden ja nun irgendwann (in der Rekursion) durch direkte Lichtanteile auf (anderen) Teilflächen bestimmt. Die Berechnung dieser direkten

Anteile folgt jetzt. Bei rekursiver Verwendung der Funktion wird also je Rekursion eine separater direkter Anteil ermittelt und solange wie erlaubt weiter rekursiert.

Die direkten Anteile berücksichtigen wieder jede Lichtquelle:

```
for(licht=0; licht<pmodell->anzahlobjekte; licht++){
    if( pobj[licht]->objektmethode == MOD_M_LICHTQUELLE){
```

Ist hier eine solche Lichtquelle...

```
lichtposition =
    ((LPOBJEKT_IST_LICHTQUELLE)pobjdat[licht])->lichtposition;
```

...mit der Richtung vom Schnittpunkt zur Lichtposition...

```
lr.x1 = lichtposition.x1 - vs.x1;
lr.x2 = lichtposition.x2 - vs.x2;
lr.x3 = lichtposition.x3 - vs.x3;
```

...gefunden worden, so wird jetzt getreu Tab.8.5 geprüft, ob Schnittpunkt und Lichtquelle auf derselben Objektseite liegen. Hierzu wird der Winkel (es reicht hier der Cosinus des Winkels) zwischen Normale und Richtung zum Licht gebildet.

```
cw = RAY_CosinusZwischenVektoren(n, lr);
```

Ist dieser Winkel...

```
if( 0<=cw && cw<=1){
```

...im Intervall [0,90] Grad, so ist der Fall *Gleiche Objektseite* gegeben. Hier kann nun noch ein Objekt zwischen Fußpunkt und Lichtquelle liegen:

```
zurlichtquelle.vu = vs;
zurlichtquelle.vr = lr;
    if( !RAY_StrahlTrifftNaechstesObjekt( &vs_schatten,
                                          &uv_schatten,
                                          &zurlichtquelle,
                                          &obj_schatten,
                                          &u_schatten,
                                          pmodell,
                              pobj, pumv, pobjdat,
                                    ppkt, ppoly)){
```

Hier ist ein solches Objekt nun nicht gefunden worden. Der Lichtwegfaktor fe wird berechnet...

```
           fe = RAY_fe(RAY_Vektorlaenge(zurlichtquelle.vr) +
                      RAY_Vektorlaenge(strahl.vr),
                          pmodell->optik.ke1,
                          pmodell->optik.ke2,
                          pmodell->optik.ke3);
```

...und dann die direkte spiegelnde Reflexion ...

```
    if( popt[obj]->ks > 0){
         zurlichtquelle.vu = vs;
         zurlichtquelle.vr = lr;
         fs = RAY_fs(zurlichtquelle, n, strahl,
                          popt[obj]->ks, popt[obj]->r);
         farbe = COL_Ir(
            ((LPOBJEKT_IST_LICHTQUELLE)pobjdat[licht])->farbe,
                 fe, fs);
         gesamtfarbe = COL_AddiereFarben(gesamtfarbe, farbe);
    }
```

...und die direkte diffuse Reflexion berechnet.

```
    if( popt[obj]->kd > 0){
         fd = RAY_fd(zurlichtquelle, n, popt[obj]->kd);
         farbe = COL_Id(
             ((LPOBJEKT_IST_LICHTQUELLE)pobjdat[licht])->farbe,
              popt[obj]->farbe, fe, fd);
         gesamtfarbe = COL_AddiereFarben(gesamtfarbe, farbe);
    }
```

Der Fall: *Unterschiedliche Objektseite* mit der hier notwendigen Transmission kommt als letztes. Der Strahl wird dann gebrochen...

```
    st = RAY_StrahlBrechung(strahl, n, vs, popt[obj]->my);
```

...und festgestellt, ob jetzt die Lichtquelle sichtbar ist. Mit dieser Aufteilung in rekursive Berechnung nach jeder Brechung und anschließendem, hier durchgeführten Test, ob jetzt die Lichtquelle sichtbar ist, sind viele komplizierte Situationen der Transmission erfaßt, deren explizite Behandlung umfangreich wäre.

Die einfache Handhabung geht allerdings - will man entsprechend Feinheiten sichtbar machen - auf Kosten der Rekursionstiefe.

8.4   *Programmierung*

Abb.8.8:
Komplizierte Transmissionen

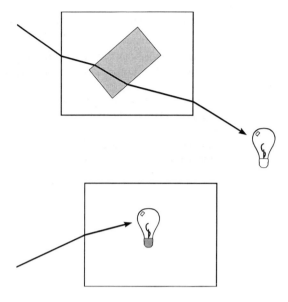

So sind z.B. die Fälle aus Abb.8.8 erfaßt, bei denen entweder mehrere Objektflächen zwischen dem Strahlfußpunkt und der Lichtquelle liegen oder lediglich *eine* Fläche transmittiert wird, bevor die Lichtquelle gefunden wird.

```
zurlichtquelle.vu = vs;
zurlichtquelle.vr.x1 = lichtposition.x1 - vs.x1;
zurlichtquelle.vr.x2 = lichtposition.x2 - vs.x2;
zurlichtquelle.vr.x3 = lichtposition.x3 - vs.x3;
if( !RAY_StrahlTrifftNaechstesObjekt(...)
```

Jetzt ist die Lichtquelle direkt sichtbar und der Anteil der direkten Transmission wird berechnet.

```
ft = RAY_ft(st.vr, zurlichtquelle.vr,
                          popt[obj]->t, popt[obj]->kt);
fe = RAY_fe(RAY_Vektorlaenge(zurlichtquelle.vr) +
                          RAY_Vektorlaenge(strahl.vr),
                          pmodell->optik.ke1,
                          pmodell->optik.ke2,
                          pmodell->optik.ke3);
farbe = COL_It(
         ((LPOBJEKT_IST_LICHTQUELLE)pobjdat[licht])->farbe,
                  popt[obj]->farbe, fe, ft);
gesamtfarbe = COL_AddiereFarben(gesamtfarbe, farbe);
```

253

8.4.4 RAY_StrahlTrifftNaechstesObjekt()

Von letztendlich auch zentraler Bedeutung ist die Bestimmung des dem Strahlfußpunkt nächstgelegenen Schnittpunkts dieses Strahls mit einer Oberfläche. Objektoberflächen können dabei mittels unterschiedlicher Methoden definiert sein. Die Funktion...

```
BOOL RAY_StrahlTrifftNaechstesObjekt(...)
```

...überträgt daher alle Schnittpunktberechnungen auf methodenspezifische Funktionen und übernimmt selber lediglich die Bestimmung des nächstgelegenen aller gefundenen Schnittpunkte.

Für die Funktion eigentlich nicht notwendig ist die zufällige Störung des Suchstrahls in seiner Richtung, um ggf. Alaisingeffekte abzuschwächen.

```
RAY_Verschmierung(pmodell->optik.unschaerfe, pstrahl);
```

Jetzt wird der Schnittpunkt des Strahls mit allen Objektoberflächen des Modells bestimmt - dies bedingt natürlich einen gewaltigen Aufwand, da letztendlich nur sehr wenige Objektflächen in Frage kommen.

```
for(i=0; i<pmodell->anzahlobjekte; i++){
```

An dieser Stelle nutzen wir jetzt die bereits bei der Modell- und Objektfixierung berechneten kugelförmigen Umvolumen um jedes Objekt.

```
if( pobj[i]->umvolumenmethode == MOD_M_UMKUGEL){
```

Nur wenn der Strahl das Umvolumen trifft,...

```
if( RAY_StrahlTrifftUmvolumen(*pstrahl,
                    *((LPUMKUGEL)pumv[i]) ) ){
```

...besteht überhaupt eine Chance, daß er auch eine Fläche des Objekts trifft. Damit sind mittels eines sehr schnellen Test bereits viele Objekte aus der weiteren Berechnung ausgeschieden worden.

Jetzt wird zunächst nach Objektmethode verzweigt.

```
switch(pobj[i]->objektmethode){
case MOD_M_POLYGON:{
```

Falls ein Polygonobjekt in einer Umkugel liegt, die getroffen wurde, wird jetzt für jedes seiner Oberflächenpolygone...

```
for(p=0;
     p<((LPOBJEKT_AUS_POLYGON)pobjdat[i])->anzahlpolygone;
     p++){
```

..., das jeweils durch seine Eckpunkte definiert ist...

```
for(e = 0; e < ppoly[i][p].anzahlecken; e++){
     p3d[e] = ( ppkt[i][ppoly[i][p].pp[e]-1] );
}
```

...getestet, ob ein solches Polygon getroffen wird.

```
if(RAY_StrahlTrifftPolygon(*pstrahl,p3d,

     ppoly[i][p].anzahlecken,&vs,&t)){
```

Jetzt kann der Strahl mehrere Polygone der Oberfläche treffen (das ist sogar die Regel: der Strahl geht ins Objekt rein und wieder raus - also mindestens 2 Schnittpunkte). Er kann aber jedes Polygon nur maximal einmal treffen. Je Polygonschnittpunkt muß also die Entfernung des Schnittpunkts vom Strahlfußpunkt ermittelt werden, um den nächstgelegenen Schnittpunkt heraussuchen zu können. Hierzu dient der Strahlparameter t (siehe 8.3(1); λ ist hier mit t benannt). Es schleicht sich an dieser Stelle leider sehr schnell ein logischer Fehler ein. Beim ersten Aufruf (für den Pixelstrahl) verläuft die Suche nach dem nächstgelegenen Schnittpunkt mit einer Oberfläche problemlos (siehe Abb.8.3). Wird allerdings beginnend bei einem Oberflächenpunkt **s** (dem vorherigen Schnittpunkt) rekursiv der neue *nächstgelegene Schnittpunkt* gesucht, so wird natürlich wieder **s** selbst gefunden, da hierfür die Strahllänge - und damit der als möglichst klein zu bestimmende Abstand vom Fußpunkt des Strahls zum neuen Schnittpunkt **s**' - identisch 0 (und damit unschlagbar der kleinste Abstand) ist.

Abb.8.9:
Logischer Fehler bei Schnittpunktsuche

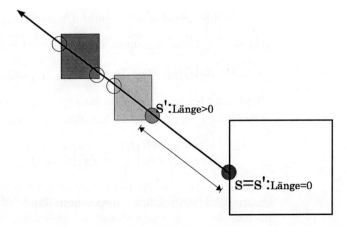

Dieser logische Fehler führt natürlich unmittelbar in eine endlose Rekursion, die - selbst wenn sie über die Rekursionstiefe irgendwann abgebrochen wird - vollkommen falsche Ergebnisse liefert. Das kann nun auf mehrere Arten verhindert werden - beide sind verwendet worden.

Zunächst einmal kann man sich die Fläche, auf der der Fußpunkt des Strahls (der vorherige Schnittpunkt **s**) liegt merken und diese Fläche von der Suche ausschließen. Dieses *Merken* der Startfläche könnte z.B. über Speicherung der Flächenindices realisiert werden. Hierzu ist aber vor jedem Aufruf der Funktion...

```
bool = RAY_StrahlTrifftNaechstesObjekt(...);
```

... das explizite Bestimmen der Flächenindizes notwendig - ein etwas aufwendiges Verfahren. Außerdem kann die Anwendung in einer rekursiv arbeitenden Funktion - und das ist ja tatsächlich so - zu logischen Fehlern führen, die nur aufwendig zu unterbinden sind.

Zum dritten kann der Ausschluß der Startfläche bei Splineoberflächen und Funktionsoberflächen ebenfalls zu Fehlern führen, da hierbei der Strahl - im Gegensatz zu ebenen Polygonen - tatsächlich die Startfläche noch einmal schneiden kann!

Erfreulicherweise gibt es noch eine sehr einfache Lösung: wir lassen einfach nur Schnittpunkte zu, die einen Mindestabstand von der Startfläche (oder besser: dem Fußpunkt des Strahls) haben. Dann machen wir nur dann einen Fehler, wenn zwei separate Flächen näher als der Mindestabstand aneinander liegen - das aber ist mit der Definition dieses Mindestabstands als

```
#define RAY_OBJEKTTRENNUNG 1e-5
```

zu ertragen. Diese Konstante wird jetzt wie beschrieben benutzt:

```
if(RAY_OBJEKTTRENNUNG<t && t<=tmin){
```

...und mit gleichem Ausdruck das jeweilige neue Minimum für t bestimmt.

```
vsbool = TRUE;
tmin = t;
```

Wenn ein neues Minimum für t gefunden wurde, wird der damit verbundene Schnittpunkt gespeichert. Zum Schluß ist dann der nächstgelegene Schnittpunkt in den Indexvariablen...

```
    *po = i;
    *pu = p;
    *pvs = vs;
}
```

...gespeichert; außerdem vermerkt vsbool, ob überhaupt ein Schnittpunkt gefunden wurde.

```
return(vsbool);
```

Auf ähnliche Weise wird dann der Schnittpunkttest für die anderen Objektmethoden eingefügt.

Die umfangreichste - weil sehr häufig durchgeführte - Rechenarbeit liegt also eindeutig in den Schnittpunkttests, die daher separat (8.5) ausführlich besprochen werden sollen.

8.4.5 Hilfsfunktionen

Hinzu kommen noch einige Funktionen, die (zwar wichtige, aber) algorithmisch untergeordnete Hilfsaufgaben erledigen.

Wir wollen diese Gruppe hier vorstellen.

Zunächst erfolgt die Berechnung der Faktoren der einzelnen Teilintensitäten je Wechselwirkung in den Funktionen

8 Strahlverfolgung

Funktion	Inhalt
RAY_fs()	$f_S = k_S(\mathbf{RS})^r$
RAY_fd()	$f_D = k_D * \mathbf{nL}$
RAY_fe()	$f_E = \dfrac{1}{k_{E,1} + k_{E,2}(r_1 + r_2) + k_{E,3}(r_1 + r_2)^2}$
RAY_ft()	$f_T = k_T(\mathbf{TS})^t$

Der Code ist trivial und wird nicht weiter erläutert.

Die Richtung des perfekt transmittierten Strahls wird in der Funktion...

```
STRAHL RAY_StrahlBrechung(s, n, vs, my)
```

...berechnet.

```
STRAHL s;
PUNKT3D n, vs;
double my;
{
        double sn, p, x;
        STRAHL t;
```

Nach einer Sicherheitsabfrage (my kann ja mal falsch deklariert sein)...

```
        if(my == 0.)
                my = 1.;
```

...wird der absolute Brechungskoeffzient bestimmt und damit...

```
        p = s.my / my;
        sn = RAY_CosinusZwischenVektoren(s.vr, n);
```

...die Richtung des perfekt transmittierten Strahls errechnet.

```
        x = -p*sn - sqrt(1 + p*p * (sn*sn - 1));

        t.vr.x1 = (REAL)(p*s.vr.x1 + x*n.x1);
        t.vr.x2 = (REAL)(p*s.vr.x2 + x*n.x2);
        t.vr.x3 = (REAL)(p*s.vr.x3 + x*n.x3);

        t.vu = vs;
```

Wichtig ist, daß der Strahls jetzt den relativen Brechungskoeffizienten des Materials nach der Brechung erhält.

```
        t.my = my;

        return( t );
}
```

Die Richtung der perfekten Reflexion wird mit RAY_Perfekte-Spiegelung() berechnet; der Code kann hier auch unkommentiert bleiben (siehe hierzu 7.2.1).

Wesenlich interessanter ist die Berechnung der Flächennormalen in einem Oberflächenpunkt. Die Funktion

```
PUNKT3D RAY_NormaleAufFlaeche(obj, u, uv, r, pobj, pobjdat,
                                              ppkt, ppoly)
```

berechnet die Normale auf einer Fläche in Richtung $\mathbf{r}^1$ und dient dabei nur als Verteiler auf die jeweilige Objektmethode:

```
switch(pobj[obj]->objektmethode){

case(MOD_M_POLYGON):{
```

Bei einer polygonalen Oberfläche werden die ersten drei Eckpunkte des Objekts obj und der Teilfläche u übergeben, die die Fläche definieren.

```
        n = RAY_NormaleAufEbene(ppkt[obj][ppoly[obj][u].pp[0]-1],
                 ppkt[obj][ppoly[obj][u].pp[1]-1],
                 ppkt[obj][ppoly[obj][u].pp[2]-1],
                 r);
}
break;

case(MOD_M_SPLINE):{
```

Liegt statt dessen eine Splineoberfläche vor, so muß neben dem Objektindex obj noch der Splinepunkt uv exakt den Oberflächenpunkt beschreiben, da die Normale für jeden Oberflächenpunkt eine andere Richtung hat.

```
        n = RAY_NormaleAufBezierpatch(uv, r, obj, pobjdat, ppkt);
}
break;
```

---

[1] Die Flächennormale wird ggf. mit (-1) multipliziert, damit der Winkel zwischen ihr und dem Vektor **r** zwischen -90 und +90 Grad liegt.

Die eigentliche Normalenberechnung wird dann von den aufgerufenen Funktionen erledigt. Zunächst berechnet dann...

```
PUNKT3D RAY_NormaleAufEbene(p0, p1, p2, r)
```

...gemäß 5.2.1.2(2) die Normale auf der durch die drei (beliebig als erste ausgesuchten) Eckpunktvektoren des Polygons aufgespannten Ebene; der exakte Punkt in der Ebene ist dabei uninteressant, da die Normale überall die gleiche Richtung hat.

```
        a.x1 = p1.x1 - p0.x1;
        a.x2 = p1.x2 - p0.x2;
        a.x3 = p1.x3 - p0.x3;
        b.x1 = p2.x1 - p0.x1;
        b.x2 = p2.x2 - p0.x2;
        b.x3 = p2.x3 - p0.x3;
    n.x1 = a.x2*b.x3 - a.x3*b.x2;
    n.x2 = a.x3*b.x1 - a.x1*b.x3;
    n.x3 = a.x1*b.x2 - a.x2*b.x1;
```

Es wird nur noch dafür gesorgt, daß die Normale in den durch **r** definierten Halbraum zeigt.

```
        cbeta = RAY_CosinusZwischenVektoren(n, r);
        if( !(0<=cbeta && cbeta<=1) ){
                n.x1 *= -1;
                n.x2 *= -1;
                n.x3 *= -1;
        }
        return(n);
}
```

Ist die Oberfläche eine Bezierfläche, so berechnet sich die Flächennormale in **p** sofort als Kreuzprodukt der beiden partiellen Ableitungen an der Stelle $[u_p, v_p] \in [0,1]*[0,1]$.

(1)
$$\mathbf{n} = \frac{\partial}{\partial u}\mathbf{p}(u_p, v_p) \times \frac{\partial}{\partial v}\mathbf{p}(u_p, v_p)$$

$$= \left[3\sum_{i=0}^{2}\sum_{j=0}^{3}(\mathbf{b}_{i+1,j} - \mathbf{b}_{ij}) B_i^2(u_p) B_j^3(v_p) \right] \times$$

$$\left[3\sum_{i=0}^{3}\sum_{j=0}^{2}(\mathbf{b}_{i,j+1} - \mathbf{b}_{ij}) B_i^3(u_p) B_j^2(v_p) \right]$$

Die Berechnung der Flächennormalen auf einem Bezierpatch ist also sehr wohl vom exakten Punkt uv auf dieser Fläche abhängig. Die Funktion...

```
PUNKT3D RAY_NormaleAufBezierpatch(uv, r, obj, pobjdat, ppkt)
```

...benötigt also neben dem Richtungsvektor...

```
PUNKT3D r;
```

...auch den exakten Oberflächenpunkt...

```
SPLINEPUNKT uv;
```

...als Funktionseingaben. Zunächst werden mittels des Objektindex obj und des Splinepunktes uv die Patchpunkte ermittelt.

```
nx = ((LPOBJEKT_AUS_SPLINE)pobjdat[obj])->nx;
for(u=0; u<4; u++){
for(v=0; v<4; v++){
       bpatch[u][v] = ppkt[obj][BEZ_Punkt3D(uv.iu+u,

                                            uv.iv+v, nx)];
}}
```

Die Normale selbst wird dann als Kreuzprodukt der beiden Richtungsableitungen...

```
a = RAY_ddUBezierpatch(uv.u, uv.v, bpatch);
b = RAY_ddVBezierpatch(uv.u, uv.v, bpatch);
```

...berechnet und wieder in Richtung **r** eingestellt.

```
n.x1 = a.x2*b.x3 - a.x3*b.x2;
n.x2 = a.x3*b.x1 - a.x1*b.x3;
n.x3 = a.x1*b.x2 - a.x2*b.x1;

cbeta = RAY_CosinusZwischenVektoren(n, r);
if( !(0<=cbeta && cbeta<=1) ){
        n.x1 *= -1;
        n.x2 *= -1;
        n.x3 *= -1;
}
return(n);
}
```

Die Funktionen

-     `RAY_ddUBezierpatch()`
-     `RAY_ddVBezierpatch()`

zur Berechnung der beiden Richtungsableitungen aus (1) folgen dabei exakt der dort gegebenen Definition.

8.5 Strahlschnittpunkte

Nicht nur bei den Strahlverfolgungsverfahren, sondern auch bei vielen anderen Gelegenheiten ist der Schnittpunkt eines Strahls mit einem Oberflächenelement wie z.B.

- einer Funktionsoberfläche (Kugel etc.),
- einem ebenen Polygon oder
- einem Splinepatch

zu bestimmen. Da i.d.R. diese Schnittpunkte sehr häufig in einem Verfahren gesucht werden (bei vielen Verfahren ist dies tatsächlich der eigentliche Engpaß!), müssen die hierfür zuständigen Algorithmen besonders schnell sein. Wir widmen diesem Thema daher ein eigenes Kapitel und besprechen i.f. die häufigsten Fragestellungen dieses Bereichs.

8.5.1 Schnittpunkt Strahl mit Kugel

Der Schnittpunkt eines Strahls mit einer Kugel wird insbesondere beim Test auf Schneiden eines kugelförmigen Umvolumens gesucht.

Es gibt natürlich viele Möglichkeiten zur Berechnung des Schnittpunkts eines Strahls mit einer Kugel - wir suchen allerdings weder

- den exakten Schnittpunkt, sondern nur eine Aussage, ob der Strahl die Kugel überhaupt (egal wo) trifft oder nicht noch
- irgendeine Berechnung, sondern eine möglichst rechenzeitsparende Beantwortung der Frage nach der Schnittpunktexistenz (denn diese Berechnung wird sehr oft in einer Strahlverfolgung durchgeführt).

Folgende Vorgehensweise wird i.d.R. als die mit dem geringsten Rechenaufwand genutzt.

Ein Strahl **v** ist ein Vektor, der von einem Anfangspunkt $\mathbf{v_u}$ in die Richtung $\mathbf{v_r}$ verläuft:

(1) $\quad \mathbf{v} = \mathbf{v_u} + t\mathbf{v_r},\ t \in \mathfrak{R},\ \|\mathbf{v_r}\| = 1$

Die implizite Darstellung einer Kugeloberfläche mit dem Mittelpunkt **m** und dem Radius R ist mit

(2) $\quad (x - m_x)^2 + (y - m_y)^2 + (z - m_z)^2 = R^2$

gegeben; die Gleichung (2) wird von genau allen Punkten auf der Kugeloberfläche erfüllt. Setzen wir nun (1) in (2) ein (also: Erfüllt ein Punkt auf dem Strahl die Bedingung für die Kugeloberfläche?), dann folgt sofort

(1+2) $\quad t^2 + at + b = 0$ mit
$a = -2(\mathbf{v}_{rx}(\mathbf{m}_x - \mathbf{v}_{ux}) + \mathbf{v}_{ry}(\mathbf{m}_y - \mathbf{v}_{uy}) + \mathbf{v}_{rz}(\mathbf{m}_z - \mathbf{v}_{uz}))$
$b = (\mathbf{m}_x - \mathbf{v}_{ux})^2 + (\mathbf{m}_y - \mathbf{v}_{uy})^2 + (\mathbf{m}_z - \mathbf{v}_{uz})^2 - R^2$

Diese Darstellung ist sinnvoll, da in (1+2) offensichtlich eine einfache quadratische Gleichung in t vorliegt, die genau dann lösbar ist, wenn ihre Diskriminante D

(3.1) $\quad D = \sqrt{\dfrac{a^2}{4} - b}$

eine reelle Lösung besitzt, was für

(3.2) $\quad a^2 \geq 4b$

der Fall ist; hierbei ist sichergestellt, das der Strahl (1) die Kugeloberfläche (2) zweimal (Schneiden) oder einmal (an der Oberfläche genau berühren) trifft - diese Prüfung aber genügt uns, wenn wir am exakten Schnittpunkt Strahl-Kugel nicht interessiert sind.

Sollte dieser Schnittpunkt jedoch explizit anzugeben sein, so muß lediglich (1+2) nach dem Strahlparameter t aufgelöst werden. Bekommen wir zwei reelle Lösungen, so repräsentieren diese den Ein- und Austrittspunkt des Strahls. Ist wg. $D = 0$ in (3.1) nur eine Lösung berechnet, so ist der Strahl gerade die Tangente an die Kugel.

8   *Strahlverfolgung*

8.5.2   **Schnittpunkt von Strahl mit Polygon**

Betrachten wir ein Polygon als Teil einer Objektoberfläche. Jedes Oberflächenpolygon definiert eine Ebene im Raum; handelt es sich um ein dreieckiges Polygon, dann definieren die drei Eckpunkte eindeutig eine Raumebene, bei mehr als drei Ecken muß explizit dafür gesorgt werden, daß alle Eckpunkte in einer Ebene liegen (vgl. 5.2ff).

Der Schnittpunkt eines Vektors mit der vom Polygon aufgespannten Ebene läßt sich einfach berechnen (siehe 6.2.(3)). Etwas mehr Aufwand erfordert allerdings die Beantwortung der Frage, ob dieser Ebenenschnittpunkt auch *innerhalb* des Polygons liegt.

8.5.2.1   **Flächenprojektion des Polygons**

Nehmen wir - zunächst für ein dreieckiges Polygon aus den Vektoren **p0, p1 und p2** aufgespannt - an, daß sich der Ebenenschnittpunkt **v** tatsächlich innerhalb des Polygons befindet.

Diese Tatsache ist offensichtlich zunächst unabhängig von der Betrachtungs- oder Projektionsrichtung. Wir können also eine Abbildung der dreidimensionalen Situation (obwohl alle interessanten Vektoren schon in einer Ebene liegen: die Eckpunkte und der Ebenenschnittpunkt) in eine zweidimensionale durch irgendeine Projektion herbeiführen.

Der Grund für diese Dimensionsreduzierung liegt in dem folgenden geringeren Rechenaufwand (nur zwei Komponenten je Vektor) und vor allem in der Vermeidung von Algorithmusfehlern aufgrund von Fließkommaungenauigkeiten - hierzu gleich mehr.

Eine triviale Möglichkeit der Dimensionsreduzierung besteht darin, die dritte Vektorkomponente (z-Koordinate) einfach wegzulassen - dies erfordert unbestritten den geringsten Rechenaufwand. Anschaulich nehmen wir dabei eine Parallelprojektion bezgl. der Bildebene des Modells vor. 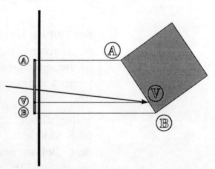 Diese einfache Möglichkeit kann allerdings auch ihre Tücken haben: liegt das betrachtete Polygon in einem sehr ungünstigen Winkel zur Bildebene, so können die reellen Koordinaten der Eckpunkte (beliebig innerhalb der Darstellungsgenauigkeit) nahe beieinander liegen und zu Rundungsfehlern führen - damit also u.U. zu einer Fehlbeurteilung der Frage, ob der Schnittpunkt innerhalb oder außerhalb des Polygons liegt.

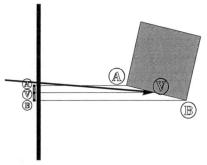

In RAY_StrahlTrifftPolygon() wird trotz dieser Bedenken aus Gründen der Rechengeschwindigkeit die einfache Parallelprojektion vorgezogen.

Nachdem zunächst mit Hilfe der Flächennormalen n der Schnittpunkt des Strahls mit der Polygonebene bestimmt wurde...

```
/* Flächennormale holen oder neu berechnen */
if( !(nmodus & EFL_POLY_NORMALEBERECHNET)){
        a.x1 = p[1].x1 - p[0].x1;
        a.x2 = p[1].x2 - p[0].x2;
        a.x3 = p[1].x3 - p[0].x3;
        b.x1 = p[2].x1 - p[0].x1;
        b.x2 = p[2].x2 - p[0].x2;
        b.x3 = p[2].x3 - p[0].x3;
        n.x1 = a.x2*b.x3 - a.x3*b.x2;
        n.x2 = a.x3*b.x1 - a.x1*b.x3;
        n.x3 = a.x1*b.x2 - a.x2*b.x1;
}

t = ( (n.x1*p[1].x1 + n.x2*p[1].x2 + n.x3*p[1].x3) -
  (n.x1*beam.vu.x1+n.x2*beam.vu.x2+n.x3*beam.vu.x3))/
  (n.x1*beam.vr.x1+n.x2*beam.vr.x2+n.x3*beam.vr.x3);
.
.
.
pvs->x1 = beam.vu.x1 + t*beam.vr.x1;
pvs->x2 = beam.vu.x2 + t*beam.vr.x2;
pvs->x3 = beam.vu.x3 + t*beam.vr.x3;
```

...können nun die Polygoneckpunkte und der Flächenschnittpunkt in pvs auf eine Ebene projiziert werden.

```
for(e = 0; e <= panzahl-1; e++){
        /* Strahl : von Ecke beginnend durch pvs : */
        u1 = p[e].x1;
        u2 = p[e].x2;
        r1 = pvs->x1 - u1;
        r2 = pvs->x2 - u2;
```

8.5.2.2 Kantenkriterium

Wir haben bislang die Bestimmung der Schnittpunktposition (innerhalb oder außerhalb des Polygons) lediglich auf eine Ebene *reduziert* - aber noch nicht algorithmisch beantwortet. Beschränken wir uns zunächst auf einfache drei- oder viereckige Polygone; für mehreckige Polygone wird die Betrachtung schwieriger, da komplizierte Außenkantenverläufe besondere nichtkonvexe Polygongrenzen erzeugen können.

Für dreieckige Polygone ist immanent sichergestellt, daß sie konvexe Grenzen haben. Hierbei sieht unser Problem grafisch also so

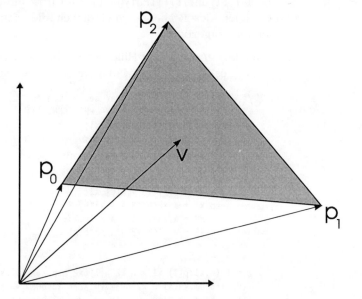

aus. Der Schnittpunkt v liegt dann im Inneren des Polygons, wenn für jede Polygonecke gilt:

Der Strahl von der Polygonecke in Richtung v schneidet mindestens einmal eine Polygonkante, wobei die direkt an die Ausgangsecke anstoßenden Kanten ausgenommen sind.

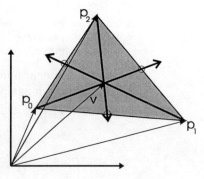

Liegt **v** außerhalb des Polygons, so ist diese Bedingung für mindestens zwei Ecken verletzt.

Die Formulierung der Eckenbedingung kann auch für viereckige Polygone verwendet werden - selbst wenn sie konkav sind !

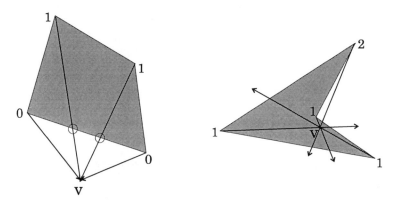

Die Anzahl der Strahlschnittpunkte mit Polygonkanten ist jeweils an der Ursprungsecke notiert.

Jetzt kann mit Hilfe des Schnittpunktkriteriums leicht - und mit wenig Rechenaufwand - die relative Lage des Schnittpunkts überprüft werden. Dazu werden folgende Formulierungen gewählt.

(1.1) $\quad$ Strahl $\mathbf{s} = \mathbf{p}_i + t(\mathbf{v} - \mathbf{p}_i)$ mit $t > 0, t \in \mathfrak{R}$
$\quad\quad\quad$ Kante $\mathbf{k} = \mathbf{a} + s(\mathbf{b} - \mathbf{a})$ mit $s \in [0,1] \subset \mathfrak{R}$

Der Strahl **s** schneidet die Kante **k** somit, wenn

(1.2) $\quad \begin{aligned}&\mathbf{p}_i + t(\mathbf{v} - \mathbf{p}_i) = \mathbf{a} + s(\mathbf{b} - \mathbf{a}) \Leftrightarrow \\ &\mathbf{u} + t\mathbf{r} = \mathbf{a} + s(\mathbf{b} - \mathbf{a}) \Rightarrow \\ &s = \frac{r_1(a_2 - u_2) - r_2(a_1 - u_1)}{r_2(b_1 - a_1) - r_1(b_2 - a_2)} \\ &t = \frac{(a_2 - u_2) + s(b_2 - a_2)}{r_2}\end{aligned}$

Zuerst wird die Anzahl der Schnittpunkte gleich null gesetzt.

```
anzahlschnittpunkte[e] = 0;
```

Jede Kante wird untersucht :

8 Strahlverfolgung

```
for(k = 0; k <= panzahl-2; k++){
```

wobei Kanten, die direkt an die Ecke e grenzen, ausgeschlossen werden.

```
if( e!=k && e != (k+1) ){
```

Kanteneckpunktkoordinaten...

```
a1 = p[k].x1;
a2 = p[k].x2;
b1 = p[k+1].x1;
b2 = p[k+1].x2;
```

...und einige Vorberechnungen...

```
a2minusu2 = a2 - u2;
a1minusu1 = a1 - u1;
b2minusa2 = b2 - a2;
b1minusa1 = b1 - a1;
```

...liefern sofort die Parameter s, t des Schnittpunkts, der...

```
s = (  r1*a2minusu2 - r2*a1minusu1 ) /
       ( r2*b1minusa1 - r1*b2minusa2 );
t = (  a2minusu2 + s*b2minusa2 ) / r2;
```

...für die richtigen Parameterwerte tatsächlich vorliegt und für die Ecke...

```
if( s>=0 && s<=1 && t>0 )
```

...notiert wird.

```
anzahlschnittpunkte[e]++;
}}
```

Falls das Schnittpunktkriterium auch nur für eine Ecke e nicht erfüllt ist...

```
for( e = 0; e < panzahl; e++)
    if( anzahlschnittpunkte[e] == 0 )
```

...wird der Schnittpunkt als außenliegend erkannt.

```
                                    innen = FALSE;
```

8.5.2.3 Konkave Polygone

Diese einfache Berechnungsmöglichkeit verwendet die Voraussetzung, daß das Polygon *konvex* ist (was bei einem dreieckigen Polygon immer der Fall ist) oder zumindest eine sehr einfache konkave Form hat. Bei Polygonen mit mehr als vier Ecken können aber sehr wohl komplizierte konkave Formen auftreten; in diesem Fall würde ein etwas komplexerer Bestimmungsalgorithmus notwendig werden (der z.B. die Anzahl der Kantendurchgänge ausgehend von v durch jede Außenkante zählt). Erfreulicherweise ist ein solcher Algorithmus unter Windows bereits implementiert:

```
HRGN hrgn;
POINT p2d[MAXINDEXPOLYGONE];
POINT innen;
char e;
double skalierung = 0.75*MAXBILDINTERVALL;
```

Zunächst wird dafür gesorgt, daß die Eckpunkte (in reellen Modellkoordinaten) in logische Gerätekoordinaten umgewandelt und in einem entsprechenden Feld

```
for(e = 0; e < panzahl; e++){
    p2d[e].x = (int)ceil(skalierung * (double)p[e].x1);
    p2d[e].y = (int)ceil(skalierung * (double)p[e].x2);
}
```

gespeichert werden. Das gleiche Vorgehen wird auf den Punkt angewendet, für den getestet werden soll, ob er im Polygoninneren liegt. Vorher ist dieser Punktvektor so bestimmt worden, daß er zumindest in der vom Polygon aufgespannten Ebene liegt.

```
innen.x = (int)ceil(skalierung * (double)pvs->x1);
innen.y = (int)ceil(skalierung * (double)pvs->x2);
```

Jetzt verwenden wir die Möglichkeit, polygonale Regionen in Windows zu deklarieren; wir machen aus der Projektion der Eckpunkte **p2d[ ]** eine Region:

```
hrgn = CreatePolygonRgn((POINT FAR*)&p2d,
                        panzahl,
                        ALTERNATE);
```

Damit können wir einer Windowsfunktion die obige Aufgabe übertragen.

```
PtInRegion(hrgn, innen.y, innen.x);
```

Hierbei ist aber zu beachten, daß Windows innerhalb PtInRegion() offensichtlich ein Scangeradenverfahren benutzt, daß in Abhängigkeit von skalierung ggf. sehr rechenzeitintensiv werden kann.

8.5.2.4 Vektorielles Scangeradenverfahren

Eine alternative Möglichkeit zur Durchführung des Tests, ob ein Punkt **v** innerhalb eines Polygons liegt, besteht darin, beginnend mit **v** einen Strahl **s** in eine beliebige Richtung (allerdings innerhalb der durch das Polygon aufgespannten Ebene) weisen zu lassen und die Schnittpunkte dieses

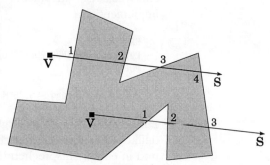

Strahls mit allen Polygonkanten zu bestimmen. Ist die Gesamtzahl aller dieser Schnittpunkte ungerade, so liegt **v** innerhalb, - ist sie gerade, so liegt **v** außerhalb des Polygons. Besonders erfreulich ist, daß dieser einfache - und auch nicht sehr rechenintensive - Test für beliebige (auch konkave) Polygone funktioniert.

8.5.2.5 Triangularisierungsverfahren

Bei vielen Anwendungen kann man zur Rechenzeitreduktion ausnutzen, daß bekannterweise nur sehr einfache und immer konvexe Polygone zu untersuchen sind. Ein solcher Fall liegt z.B. dann vor, wenn Bezierpatches durch viereckige Polygone approximiert werden sollen. Diese viereckigen Polygone sind immer konvex und können sehr schnell untersucht werden, wenn sie jeweils in zwei flächige Dreiecke zerlegt und diese dann separat untersucht werden. Der Code ist trivial und in...

```
void EFL_TriangularisiereViereck(viereck, dreieck1, dreieck2)
```

...realisiert.

```
PUNKT3D viereck[4], dreieck1[3], dreieck2[3];
{
```

```
                    dreieck1[0] = viereck[0];
                    dreieck1[1] = viereck[1];
                    dreieck1[2] = viereck[3];
                    dreieck2[0] = viereck[1];
                    dreieck2[1] = viereck[2];
                    dreieck2[2] = viereck[3];
}
```

Der Schnittpunkt eines Strahls mit einem Dreieck (das Verfahren läßt sich auch auf mehreckige Polygone erweitern) im Raum kann dann sehr schnell berechnet werden.

Abb.8.10:
Schnelle Innenpunktbestimmung bei Dreiecken

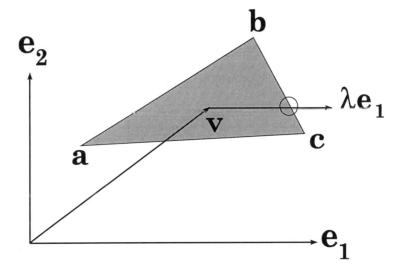

Zunächst wird der Schnittpunkt des Strahls mit der durch das Dreieck aufgespannten Ebene im Raum berechnet und die Dreieckvektoren **a,b,c** sowie der Schnittpunkt **v** wie oben beschrieben in eine Fläche (Abb.8.10) abgebildet.

Untersucht man jetzt den Schnittpunkt des von **v** ausgehenden, in die (willkürlich ausgewählte!) Richtung der ersten Koordinatenachse zielenden Strahls mit allen Dreieckkanten, so liegt **v** genau dann innerhalb des Dreiecks, wenn genau ein Kantenschnittpunkt ermittelt wird. Wir ignorieren hierbei die Ausnahmesituation, daß das Dreieck ungünstig liegt und der Teststrahl genau durch eine Ecke geht - und damit 2 Schnittpunkte ermittelt werden. Dies ist sehr unwahrscheinlich und es lohnt sich erfahrungsgemäß nicht, hier rechenzeitaufwendige Tests durchzuführen.

8 Strahlverfolgung

Die Auswahl der Teststrahlrichtung bringt eine wesentliche Vereinfachung: der Teststrahl ist

(1) $$\mathbf{v}+t\mathbf{e}_1 = \mathbf{v}+t\begin{bmatrix}1\\0\end{bmatrix} = \begin{bmatrix}\mathbf{v}_1\\\mathbf{v}_2\end{bmatrix}+t\begin{bmatrix}1\\0\end{bmatrix}$$

und der Schnittpunkt dieses Teststrahls mit einer Dreieckkante (hier willkürlich die Kante **ab**) ist dann

(2.1) $$\begin{bmatrix}\mathbf{v}_1\\\mathbf{v}_2\end{bmatrix}+t\begin{bmatrix}1\\0\end{bmatrix} = \begin{bmatrix}\mathbf{a}_1\\\mathbf{a}_2\end{bmatrix}+\lambda\begin{bmatrix}\mathbf{b}_1-\mathbf{a}_1\\\mathbf{b}_2-\mathbf{a}_2\end{bmatrix} \; t,\lambda \in \Re, \; t \geq 0, \; \lambda \in [0,1]$$

Davon ist aber wegen der Auswahl der Richtung des Teststrahls besonders die zweite Vektorkomponente interessant.

(2.2) $$\mathbf{v}_2 + t*0 = \mathbf{a}_2 + \lambda(\mathbf{b}_2-\mathbf{a}_2) \;\Rightarrow$$
$$\lambda = \frac{\mathbf{v}_2-\mathbf{a}_2}{\mathbf{b}_2-\mathbf{a}_2}$$

Dieser Streckenparameter λ muß aber innerhalb des reellen Intervalls [0,1] liegen, damit eine Schnittpunkt mit der Kante vorliegt. Ein solcher Test ist sehr schnell durchzuführen und muß, wie die nebenstehende Abbildung plausibilisiert bei Durchführung des Schnittpunktests (2.2) mit 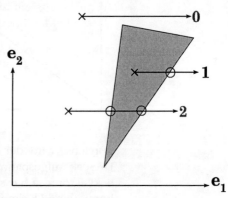 jeder Dreieckseite zusammen exakt einen Schnittpunkt ergeben, wenn der Punkt innerhalb des Dreiecks liegt. Werden 0 oder 2 Schnittpunkte ermittelt, so liegt der zu testende Punkt außerhalb des Dreiecks. Insgesamt sind 5 Subtraktionen und 3 Divisionen sowie die Schnittpunktsummierung und -kontrolle mit 4 Vergleichen und drei Additionen durchzuführen. Tatsächlich sind noch etwas weniger Operationen in der Funktion

    BOOL **RAY_StrahlTrifftDreieck**(beam, p, pvs, pt)

verwendet worden, da ja zunächst der Schnittpunkt des Strahls mit der Dreiecksebene bestimmt wird. Hierbei werden aber schon zwei Differenzen gebildet, ...

```
/* Flächennormale berechnen */
a.x1 = (REAL)p[1].x1 - (REAL)p[0].x1;
a.x2 = (REAL)p[1].x2 - (REAL)p[0].x2;
a.x3 = (REAL)p[1].x3 - (REAL)p[0].x3;
b.x1 = (REAL)p[2].x1 - (REAL)p[0].x1;
b.x2 = (REAL)p[2].x2 - (REAL)p[0].x2;
b.x3 = (REAL)p[2].x3 - (REAL)p[0].x3;
```

...die beim Innen-Test verwendet werden können.

.
.
.

```
/* Liegt vs im Inneren ? */
{
        REAL x, lambda;
        char summeschnittpunkte=0;
```

Auch die erste Zählerdifferenz wird zweimal verwendet. Die Vergleichslogik kann auch noch etwas verbessert werden, wenn man berücksichtigt, daß ein Fortführen des Tests unsinnig wird, wenn bereits ein zweiter Kantenschnittpunkt gefunden wurde - die Codierung überlassen wir hier dem geneigten Leser.

```
        x = vs.x2 - p[0].x2;
        lambda = x / a.x2;
        if(0 <= lambda && lambda <= 1)
                summeschnittpunkte++;

        lambda = x / b.x2;
        if(0 <= lambda && lambda <= 1)
                summeschnittpunkte++;

        lambda = (vs.x2 - (REAL)p[1].x2) /
                ((REAL)p[2].x2 - (REAL)p[1].x2);
        if(0 <= lambda && lambda <= 1)
                summeschnittpunkte++;

        if( summeschnittpunkte == 1)
                return(TRUE);
        else
                return(FALSE);
}
```

8.5.3 Schnittpunkt von Strahl mit Bezieroberfläche

Werden Objektoberflächen mittels bikubischer Bezierfunktionen beschrieben, so tritt bei der Strahlverfolgung entsprechend der Überlegungen bzgl. Polygonoberflächen auch hier das gleiche

8 Strahlverfolgung

Problem auf: *an welcher Stelle schneidet ein Strahl eine solche Bezieroberfläche?*

Offensichtlich - die Bezieroberfläche besteht ja aus mehreren zusammengesetzten Flächenstücken (siehe 5.3.5) - reduziert sich die Fragestellung auf die Bestimmung des Schnittpunkts von Strahl mit einem solchen Flächenstück; ist dies einmal berechenbar, so kann prinzipiell jedes Flächenstück auf einen Schnittpunkt hin untersucht werden. Da wir schon jetzt annehmen, daß die Berechnung des Schnittpunkts rechenzeitintensiv sein wird, muß an dieser Stelle algorithmisch für möglichst wenige Schnittpunkttests gesorgt werden.

8.5.3.1 Algebraischer Ansatz

Bestimmen wir aber zunächst den oben genannten Schnittpunkt eines Strahls

(1) $\quad \mathbf{s} := \mathbf{f} + t\mathbf{r},\ t \geq 0,\ t \in \Re$

mit einem bikubischen Bezierspline

(2.1) $\quad \mathbf{p}(u,v) := \sum_{i=0}^{3} \sum_{j=0}^{3} \mathbf{b}_{ij} B_i^3(u) B_j^3(v),\ u,v \in [0,1] \subset \Re$

dessen Oberflächenpunkte dann die $\mathbf{p}(u,v)$ sind. Setzen wir in (2.1) die Ausdrücke für die Bernsteinpolynome B ein, so ergibt sich für die Punkte der Splineoberfläche sofort

(2.2) $\quad \mathbf{p}(u,v) := \sum_{i=0}^{3} \sum_{j=0}^{3} \mathbf{b}_{ij} \left(\binom{3}{i} u^i (1-u)^{3-i} \right) \left(\binom{3}{j} v^j (1-v)^{3-j} \right)$

Wir brauchen (2.2) gar nicht weiter auszuschreiben: offensichtlich liegen hier gemischte Terme der Form $cu^3v^3, cu^3v^2, \cdots, cu^3v^3, \cdots, cu^0v^0$ vor. Ein Schnittpunkt liegt nun genau dann vor, wenn

(3.1) $\quad \mathbf{p}(u,v) = \mathbf{s}(t)$

oder ausführlich gilt:

(3.2) $\quad \sum_{i=0}^{3} \sum_{j=0}^{3} \mathbf{b}_{ij} \left(\binom{3}{i} u^i (1-u)^{3-i} \right) \left(\binom{3}{j} v^j (1-v)^{3-j} \right) = \mathbf{f} + t\mathbf{r}$

Die Gleichung (3.2) repräsentiert aber nun - sie gilt ja jeweils für jede der drei Vektorkomponenten und zerfällt damit in 3 separate Gleichungen - ein nichtlineares Gleichungssystem mit den Unbekannten (u,v,t).

Das Stichwort *nichtlineares Gleichungssystem* aber bestätigt unsere obigen Befürchtungen: es läßt sich i.d.R. nur numerisch und damit nur mit hohem Rechenaufwand lösen. Eine solche Lösung aber ist für jede Schnittpunktberechnung zwischen jedem Strahl des Algorithmus und jedem Splineteilstück nötig!

8.5.3.2   Quadratisch konvergentes Newtonverfahren

Da alles Klagen nicht weiterführt: hier ein tatsächlich recht einfaches, schnelles und gegen Rundungsfehler stabiles Verfahren zur Lösung eines nichtlinearen Gleichungssystems (es handelt sich um das *quadratisch konvergente Newtonverfahren*). Dieses Verfahren hat aber einen entscheidenden Nachteil: es muß mit einem der Lösung schon sehr nahe liegenden Startwert (u,v,t) begonnen werden, damit das Verfahren konvergiert. Wenn ein solcher Startwert leicht gefunden werden kann, dann findet sich sehr schnell eine Lösung mit äußerst geringem Fehler.

Wir geben i.f. nur die Beschreibung, nicht aber den Konvergenzbeweis des Verfahrens an.

Wir wollen unser nichtlineares Gleichungssystem der Ordnung n (also n Gleichungen und n Unbekannte) so umschreiben, daß rechts vom Gleichheitszeichen immer (d.h. für alle Gleichungen) der Wert 0 steht:

$$(4.1) \quad \begin{aligned} f_1(x_1, x_2, \ldots, x_n) &= 0 \\ f_2(x_1, x_2, \ldots, x_n) &= 0 \\ &\vdots \\ f_n(x_1, x_2, \ldots, x_n) &= 0 \end{aligned}$$

Unter der Voraussetzung, daß alle Funktionen f_i zweimal stetig differenzierbar sind (das sind unsere Gleichungen (3.2)!) bilden wir jetzt die Jakobimatrix **J**

$$(4.2) \quad \mathbf{J} = \left(\frac{\partial f_i}{\partial x_k}\right), i, k = 1, \ldots, n = \begin{pmatrix} \frac{\partial f_1}{\partial x_1} & \frac{\partial f_1}{\partial x_2} & \cdots & \frac{\partial f_1}{\partial x_n} \\ \frac{\partial f_2}{\partial x_1} & \frac{\partial f_2}{\partial x_2} & \cdots & \frac{\partial f_2}{\partial x_n} \\ \vdots & \vdots & \ddots & \vdots \\ \frac{\partial f_n}{\partial x_1} & \frac{\partial f_n}{\partial x_2} & \cdots & \frac{\partial f_n}{\partial x_n} \end{pmatrix}$$

Strahlverfolgung

Für diese Matrix muß nun immer gelten, daß ihre Determinante $\det(\mathbf{J}) \neq 0$ ist (weil wir i.f. die Matrix $\mathbf{J}$ invertieren wollen!).

Die Lösung von (4.1) wird nun in mehreren Iterationsschritten $\eta = 0,1,2,\ldots$ hintereinander berechnet.

Für den ersten Iterationsschritt $\eta = 0$ wird ein sinnvoll gewählter Anfangswert für den gesuchten Lösungsvektor $\mathbf{x}$ (i.d.R. aus dem konkreten Problem heraus) als

$$(4.3) \quad \mathbf{x}^{(\eta = 0)} = \mathbf{x}^{(0)} = \left(x_1^{(0)}, x_2^{(0)}, \ldots, x_n^{(0)}\right)$$

gesetzt. Beginnend mit diesem Anfangswert wird nun solange eine Iteration

$$(4.4) \quad \begin{aligned} (1) \quad & \Delta\mathbf{x}^{(\eta+1)} = -\mathbf{J}^{-1}_{(\mathbf{x}^{(\eta)})} \mathbf{f}_{(\mathbf{x}^{(\eta)})} \\ (2) \quad & \mathbf{x}^{(\eta+1)} = \mathbf{x}^{(\eta)} + \Delta\mathbf{x}^{(\eta+1)} \end{aligned}$$

durchlaufen, bis der Iterationsfehler

$$(4.5) \quad \left\|\mathbf{x}^{(\eta+1)} - \mathbf{x}^{(\eta)}\right\| \leq \varepsilon,\ \varepsilon > 0, \varepsilon \in \Re$$

ist. Dann ist $\mathbf{x}^{(\eta)}$ der gesuchte Lösungsvektor.

Neben der Wahl des Startvektors (4.3), der natürlich schon möglichst nahe am Lösungsvektor $\mathbf{x}^{(\eta)}$ liegen sollte, bereitet vor allem der Iterationsschritt (4.4.(1)) Sorgen: hier soll die Jakobimatrix für den Vektor $\mathbf{x}^{(\eta)}$ berechnet und invertiert werden. Die Inversion einer Matrix nach einem numerisch stabilen Algorithmus aber ist eine sehr zeitaufwendige Sache - erfreulicherweise aber können wir dieses Problem algebraisch (vor)lösen, da wir nur eine (3*3)-Matrix vorliegen haben (wg. der drei Unbekannten (u,v,t)).

Nachvollziehen der Schritte (4.ff) für das nichtlineare Gleichungssystem (3.2) liefert jetzt die Iterationsvorschriften für die Schnittpunktbestimmung zwischen Strahl und Bezieroberfläche.

Das Gleichungsystem (3.2) wird in die homogene Form (4.1) gebracht und kann als

8.5 Strahlschnittpunkte

$$(5.1) \quad \sum_{i=0}^{3}\sum_{j=0}^{3}\mathbf{b}_{ij}\left(\binom{3}{i}u^i(1-u)^{3-i}\right)\left(\binom{3}{j}v^j(1-v)^{3-j}\right)-\mathbf{f}-t\mathbf{r}=0$$

geschrieben werden. Dabei würde die explizite Formulierung mit den drei Vektoren

$$(5.1.1) \quad \mathbf{b}_{ij}=\begin{bmatrix}b_{ij}^x,\ b_{ij}^y,\ b_{ij}^z\end{bmatrix} \quad \mathbf{f}=[f^x,\ f^y,\ f^z] \quad \mathbf{r}=[r^x,\ r^y,\ r^z]$$

dann die drei Gleichungen für die drei Unbekannten (u,v,t) bilden. Die Jakobimatrix mit ihren einfachen partiellen Ableitungen $\left[\dfrac{\partial}{\partial u}\ \dfrac{\partial}{\partial v}\ \dfrac{\partial}{\partial t}\right]$ schreibt sich unmittelbar als:

$$\mathbf{J}=\begin{bmatrix}j_{11} & j_{12} & j_{13}\\ j_{21} & j_{22} & j_{23}\\ j_{31} & j_{32} & j_{33}\end{bmatrix}\text{ mit}$$

$$\begin{bmatrix}j_{11}\\ j_{21}\\ j_{31}\end{bmatrix}=3\sum_{i=0}^{2}\sum_{j=0}^{3}(\mathbf{b}_{i+1,j}-\mathbf{b}_{ij})B_i^2(u)B_j^3(v)$$

$$\begin{bmatrix}j_{12}\\ j_{22}\\ j_{32}\end{bmatrix}=3\sum_{i=0}^{3}\sum_{j=0}^{2}(\mathbf{b}_{i,j+1}-\mathbf{b}_{ij})B_i^3(u)B_j^2(v)$$

$$(5.2) \quad \begin{bmatrix}j_{13}\\ j_{23}\\ j_{33}\end{bmatrix}=-\mathbf{r}$$

Die Bestimmung des Startvektors

$$(5.3) \quad \mathbf{x}^{(\eta\,=\,0)}=\mathbf{x}^{(0)}=\left(u^{(0)},\ v^{(0)},\ t^{(0)}\right)$$

lassen wir zunächst noch offen; eine sinnvolle Startbelegung wird später besprochen. Dann ist die Iterationsvorschrift sofort klar:

$$(1) \quad \Delta \mathbf{x}^{(\eta+1)} = -\mathbf{J}^{-1}_{[u^{(\eta)}, v^{(\eta)}, t^{(\eta)}]} * \begin{bmatrix} f^x_{[u^{(\eta)}, v^{(\eta)}, t^{(\eta)}]} \\ f^y_{[u^{(\eta)}, v^{(\eta)}, t^{(\eta)}]} \\ f^z_{[u^{(\eta)}, v^{(\eta)}, t^{(\eta)}]} \end{bmatrix}$$

(5.4)

$$(2) \quad \mathbf{x}^{(\eta+1)} = \mathbf{x}^{(\eta)} + \Delta \mathbf{x}^{(\eta+1)}$$

Dabei wird in (5.4.(1)) die Jakobimatrix für den genannten aktuellen Iterationsvektor zunächst berechnet und dann algebraisch vorformuliert invertiert und mit (-1) multipliziert.

Die Funktion RAY_QNewtonStrahlBezierpatch(...) führt die oben genannte Iteration aus.

8.5.3.3 Intervallschachtelung

Versucht man, eine bereits möglichst an der exakten Lösung von (3.1) liegende Näherungslösung (u,v,t) zu finden, so stößt man schnell auf ein sehr einfaches Verfahren, daß schon für sich genommen ein befriedigendes Näherungsverfahren darstellt. Die Grundidee ist schnell umrissen:

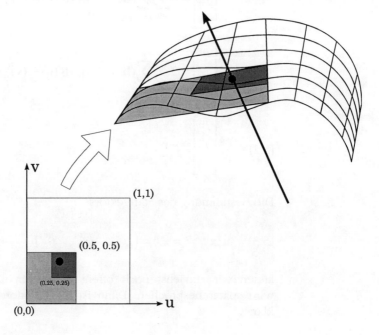

Abb.8.11:
Intervallschachtelung bei Bezierpatches

Die Abb.8.11 zeigt, daß der Schnittpunkt eines Strahls mit einem Bezierpatch eingeschachtelt werden kann, wenn folgende drei Schritte mehrfach hintereinander durchgeführt werden (dies kann als Iteration oder auch Rekursion beschrieben werden).

1. Teile das Parametergebiet (u,v) des Patchs (z.B. durch Viertelung mittels des de Casteljauschen Verfahrens (siehe 5.3.5.2,3,4))
2. Untersuche die aus der Teilung des Parametergebiets resultierenden Teile des Patchs in geeigneter Weise, in welchem der Patchteile der Schnittpunkt liegt (z.B. durch Umvolumen um die konvexe Hülle des Teilpatchs oder (siehe Abb.8.11) durch Approximation jedes Teilpatchs mittels eines vierekkigen Polygons)
3. Mache das so gefundene Teilpatch zum Ausgangspunkt einer neuen Unterteilung gemäß (1)

Auf diese Weise wird das Parameterintervall, in dem der Schnittpunkt liegen muß, sehr schnell (bei Viertelung in 2er-Potenzen) kleiner; schon bei 10 Teilungen liegt die Intervallgröße bei $1/1024 < 10^{-3}$.

8.6 Verfahrenserweiterungen

Das im Verlauf des Kapitels 8.ff vorgestellte Strahlverfolgungsverfahren wurde bewußt modular konzipiert, um einmal einen Einsatz von Teilen des Verfahrens zusammen mit anderen Ansätzen zu ermöglichen - aber auch, um andererseits gegenüber Erweiterungen offen zu sein.

Neben Farbschattierungsverfahren werden einige Sondersituationen bearbeitet, die in dem Standardstrahlverfolgungsverfahren keine Berücksichtigung finden.

Die Motivation zur Einführung der nachfolgend beschriebenen Schattierungsverfahren von Gouraud und Phong liegt einfach in der Tatsache, daß bei mittels ebener Polygone beschriebenen Oberflächen, teilweise von Polygon zu Polygon sichtbare Farbunterschiede berechnet werden: man sieht die Kante zwischen je zwei Polygonen als einen diskontinuierlichen Farbsprung.

Der Grund hierfür liegt darin, daß für jede Polygonfläche die zur Berechnung fast aller Intensitätsanteile (siehe 7.2.6) maßgebende Flächennormale für jeden Punkt innerhalb des Polygons konstant ist - und sich ggf. stark von der Richtung der Normalen des nebenliegenden Polygons unterscheidet.

Hier sind dann Oberflächen von Vorteil, die als Splines definiert schon von vorneherein gekrümmt sind und für jeden Oberflächenpunkt eine eigene Normalenrichtung haben, die sich kontinuierlich über die Fläche ändert.

Für polygonal beschriebene Oberflächen aber muß der Verlauf der Farbschattierung geeignet manipuliert werden, um diskontinuierliche Farbänderungen an den Polygonkanten zu vermeiden. Dies ist das Ziel der i.f. vorgestellten Farbschattierungsverfahren, die dann ohne großen Aufwand im Rahmen einer Strahlverfolgung eingesetzt werden können.

8.6.1 Farbschattierung nach Gouraud

Das Verfahren von Gouraud eignet sich besonders zur Überarbeitung von Objektoberflächen, die aufgrund ihrer optischen Parameter einen besonders hohen Anteil an *diffuser Reflexion* haben. Den Grund hierfür sehen wir im Verlauf der Beschreibung des Verfahrens.

Zunächst machen wir uns noch einmal die Situation bei polygonal beschriebenen Oberflächen deutlich (siehe Abb.8.12).

Die Idee ist nun, für jeden Knoten, an dem mehrere Polygone zusammenstoßen, eine gemittelte Normalenrichtung **k** aus den Normalen **n** der angrenzenden P Polygone zu definieren.

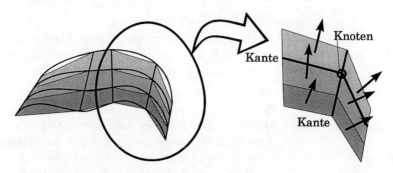

Abb.8.12: Kanten und Knoten bei polygonalen Oberflächen

Eine solche Mittelung kann als

$$(1) \quad \mathbf{k} := \frac{1}{P} \sum_{p=1}^{P} \mathbf{n}_p = \frac{1}{P} \left[\sum_{p=1}^{P} n_{x_p}, \sum_{p=1}^{P} n_{y_p}, \sum_{p=1}^{P} n_{z_p} \right]$$

8.6 Verfahrenserweiterungen

definiert werden.

Abb.8.13:
Knotennormale

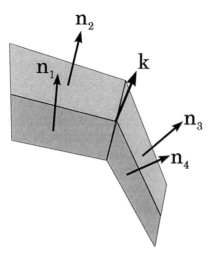

An dieser Stelle müssen wir auf eine Schwierigkeit bei der Definition derjenigen Polygone hinweisen, die in eine solche Mittelung einbezogen werden sollen. Der Sinn einer Normalenmittelung ist offensichtlich, in einer i.f. noch darzulegenden Weise einen kontinuierlichen Farbübergang entlang der Polygonkanten zu erreichen - dies aber nur für die Polygone, die genau dieselbe gekrümmte Fläche approximieren. Abb.8.14 zeigt einen Zylinder, bei dem wohl die Polygone der Mantelfläche einer Mittelung unterzogen werden dürfen, nicht aber die Polygone der kreisförmigen Deckflächen!

Abb.8.14:
Fehlerquelle bei
Normalenmittelung

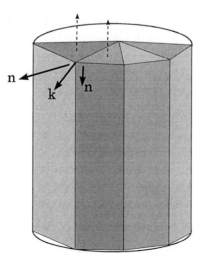

Da eine solche Entscheidung (welche Polygone in eine Mittelung einbezogen werden können) nur sehr schwer algorithmisch lösbar ist, muß man im Vorfeld derartige Objekte aus mehreren separaten Objektflächen zusammensetzen; im Beispiel wären dies die zwei kreisförmigen Deckflächen, die eben sind und keiner Farbschattierungsbehandlung bedürfen und die Mantelfläche, die dann komplett mit allen Polygonen der Gouraudschattierung zu unterwerfen wäre.

Nach diesem kurzen Exkurs zur Anwendung der Gouraudschattierung wollen wir nun das Verfahren weiter vorstellen.

Sind einmal alle Knotennormalen **k** bestimmt, so können nun mit den in 7.2.6 beschriebenen Wechselwirkungen diejenigen Teilintensitäten an den Knoten mit den Knotennormalen **k** bestimmt werden, die zu ihrer Berechnung lediglich die für einen Knoten bekannten Vektoren benötigen; bekannt sind aber je Knoten nur die gemittelte Normalenrichtung **k** und die Richtung zur Lichtquelle **L**. *Nicht bekannt* ist aber die Richtung **s** eines Verfolgungsstrahls, da ein solcher Verfolgungsstrahl ja im Rahmen der Rückverfolgung entweder als Pixelstrahl durch die Pixelkoordinaten oder als reflektierter oder transmittierter Strahl durch die entsprechenden Wechselwirkungsgesetze vorbestimmt ist und nur per Zufall exakt einen Knoten treffen könnte.

Ein Blick in die Tabelle 7.2.6 zeigt, daß nur eine einzige Wechselwirkung zu berücksichtigen ist:

(2) $\quad I_D = f_E k_{D^*} \mathbf{nL}$

Die diffuse Reflexion kann unmittelbar mit dem Normalenvektor (statt **n** ist hier dann **k** einzusetzen) und der Richtung zur Lichtquelle **L** berechnet werden; dies ist auch der Grund für die eingangs erwähnte Beschränkung des Gouraudverfahrens auf die diffus reflektierenden Objekte.

Tatsächlich kann man zwar eine von der Verfolgungsstrahlrichtung **s** etwas abweichende Richtung **s'** definieren, die dann doch den Knoten exakt trifft und so die Einbeziehung auch der anderen Teilintensitäten ermöglicht - die Ergebnisse einer solchen Näherung sind dann aber wenig befriedigend, so daß das Gouraudverfahren die besten Ergebnisse liefert, wenn es nur auf den Teil der diffusen Reflexion angewendet wird.

Mit der Berechnung einer Teilintensität (R_k, G_k, B_k) je Knoten k ist der Teil des Gouraudverfahrens, der im Modellraum stattfindet abgeschlossen. Der Rest des Verfahrens wird jetzt auf der Projektionsebene durchgeführt.

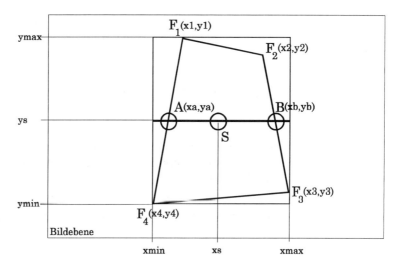

Abb.8.15: Gouraudinterpolation

Die Interpolation wird für jede Farbkomponente R,G,B separat durchgeführt; wir sprechen i.f. allgemein von einer Farbkomponente F. Die Abb.8.15 zeigt ein projiziertes Polygon mit den Farbknotenwerten $F_1, ..., F_4$.

Es muß dafür gesorgt werden, daß die Pixelfarben entlang der Polygonkanten kontinuierlich ineinander übergehen - das war ja der Sinn des Verfahrens!

Dazu wird ein Umschließungsrechteck [xmin,xmax][ymin,ymax] um das Polygon[2] gelegt mit

(3)
$$xmin = \min\{x_i, i=1,4\}$$
$$xmax = \max\{x_i, i=1,4\}$$
$$ymin = \min\{y_i, i=1,4\}$$
$$ymax = \max\{y_i, i=1,4\}$$

---

[2] eigentlich: das Projektionsbild des Polygons; wir sprechen abkürzend von einem Polygon

Für jede Pixelkoordinate zwischen ymin und ymax wird jetzt eine parallel zur x-Achse der Bildebene verlaufende Scangerade angelegt, die (siehe Abb.8.15) die Polygonkanten in A und B schneidet. Die Farbwerte in den Punkten A,B und S werden dann gemäß

(4.1) $\quad F_A = F_1 \frac{y_s - y_2}{y_1 - y_2} + F_2 \frac{y_1 - y_s}{y_1 - y_2}$

(4.2) $\quad F_B = F_3 \frac{y_s - y_4}{y_3 - y_4} + F_4 \frac{y_3 - y_s}{y_3 - y_4}$

(4.3) $\quad F_S = F_A \frac{x_b - x_s}{x_b - x_a} + F_B \frac{x_s - x_a}{x_b - x_a}$

interpoliert. Dabei stellen (4.1) und (4.2) sicher, daß entlang der Kanten kontinuierliche Farbverläufe dargestellt werden. Die Pixel (xa,ya), (xb,yb) und (xs,ys) werden dann mit den Farben aus (4.1,2,3) belegt.

Das Verfahren erspart übrigens zumindest für die diffuse Reflexionskomponente die Standardberechnung (7.2.6) im Modellraum und spart ggf. - bei realitätsnaher Darstellung - zusätzlich Rechenzeit.

8.6.2 Farbschattierung nach Phong

Das Phong-Schattierungsverfahren berechnet ebenso wie das Gouraudverfahren zunächst die Knotennormalen **k**. Um aber die Beschränkung des Gouraudverfahrens auf diffuse Reflexionen zu umgehen, wird im nächsten Schritt je Pixel innerhalb des Polygonbildes auf der Bildebene (siehe Abb.8.16) jeweils eine Normale aus den Knotennormalen interpoliert.

Abb.8.16:
Phonginterpolation

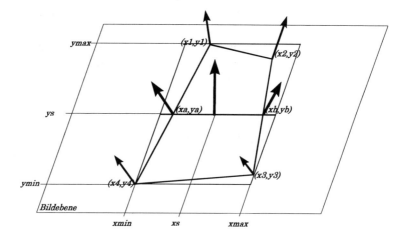

Mit den gleichen Benennungen wie in 8.6.1 wird jede dieser Pixelnormalen mittels

(1.1) $\quad \mathbf{n}_A = \mathbf{n}_1 \frac{y_s - y_2}{y_1 - y_2} + \mathbf{n}_2 \frac{y_1 - y_s}{y_1 - y_2}$

(1.2) $\quad \mathbf{n}_B = \mathbf{n}_3 \frac{y_s - y_4}{y_3 - y_4} + \mathbf{n}_4 \frac{y_3 - y_s}{y_3 - y_4}$

(1.3) $\quad \mathbf{n}_S = \mathbf{n}_A \frac{x_b - x_s}{x_b - x_a} + \mathbf{n}_B \frac{x_s - x_a}{x_b - x_a}$

berechnet. Sind diese Normalen an den Kanten und im Inneren des Polygonbildes bekannt, so kann für jedes Pixel mit dieser eigenen Normalen das Standardverfahren der Intensitätsberechnung nach 7.6.2 durchlaufen werden.

Das Phongverfahren fügt sich damit programmtechnisch wesentlich einfacher in die Codierung der Strahlverfolgung ein - ist aber auch rechenzeitintensiver. Eine nicht unerhebliche Reduzierung dieser zusätzlichen Rechenzeit kann man durch die Übertragung der Schrittintervallmethode (siehe 8.4.2) erreichen; bei einer Schrittweite von 2 Pixeln wird etwa 50% der Rechenzeit eingespart!

8.6.3 Inverse Strahlverfolgung

Um aufgrund der unglücklichen Benennung von vornherein kein Mißverständnis aufkommen zu lassen: das Standardverfahren der Strahlverfolgung beginnt im Projektionszentrum und sendet von hier Pixelstrahlen ins Modell hinein - also entgegen der physikalischen Strahlrichtung.

Die i.f. besprochene *inverse Strahlverfolgung* beginnt statt dessen bei der Lichtquelle und verfolgt Strahlen in der physikalisch korrekten Richtung von der Lichtquelle zur Bildebene.

Die Notwendigkeit einer solchen Betrachtung läßt sich leicht grafisch veranschaulichen; Abb.8.17 verdeutlicht an einem einfachen Modell, bestehend aus einer Lichtquelle, einer (sowohl spiegelnd als auch diffus) reflektierenden Ebene und einem Spiegel (nur spiegelnde Reflexion) die Lücke, die das Standardverfahren offen läßt.

Abb.8.17:
Inverse Strahlverfolgung

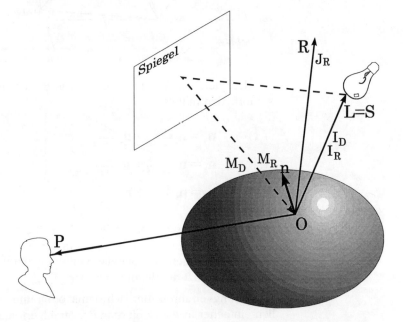

Die Abb.8.17 zeigt zunächst die bereits eingeführten Intensitätsanteile

- I_R Spiegelnde Reflexion $I_R \approx (\mathbf{RS})^r$
- $I_D \approx \mathbf{nL}$ Diffuse Reflexion $I_D \approx \mathbf{nL}$
- J_D Indirekte diffuse Reflexion (konstant im Modell)
- J_R Indirekte spiegelnde Reflexion (nur aus Richtung $\mathbf{R}$)

Die wesentliche Einschränkung liegt dabei im Term J_R; es wird im Objektpunkt O zur Suche nach einem Licht abgebenden Objekt nur die Richtung der exakten Spiegelung **R** auf Schneiden mit einer Oberfläche untersucht.

Dieser Verfolgungsstrahl kann aber u.U. (wie in der Abbildung) gar kein Objekt treffen, sondern ins Leere gehen. Über den Spiegel jedoch kann sehr wohl ein Lichtstrahl ▬ ▬▶ von der Lichtquelle **L** den Objektpunkt **O** erreichen - und hier sowohl diffus als auch spiegelnd reflektiert werden. Die von diesem Strahl transportierten Intensitätsanteile wollen wir

- M_R Inverse spiegelnde Reflexion
- M_D Inverse diffuse Reflexion

nennen.

Abb.8.18:
Stufe 0-Strahlen

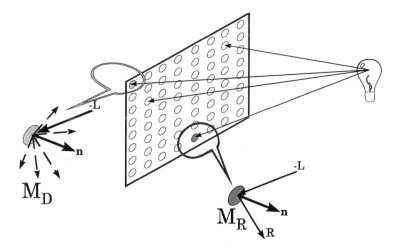

Beide Anteile können nur dann ermittelt werden, wenn im inversen Verfahren zunächst eine Objektoberfläche (hier: der Spiegel) von der Lichtquelle aus angestrahlt wird - Abb.8.18 verdeutlicht diesen Vorgang. Dabei wird die Oberfläche, die mit unmittelbar von der Lichtquelle stammenden Strahlen (wir vergeben für dieses Strahlenpaket den Index 0) bedeckt wird mit einem diskreten Punktegitter überzogen; es werden nur 0-Strahlen zu diesen Stützpunkten berechnet (wir können ja nicht unendlich viele 0-Strahlen zu jeder reellwertigen Punktkoordinate auf der Oberfläche berechnen!).

Auf jedem Stützpunkt des 0-Gitters wird nun

- M_R mit dem exakten Reflexionsstrahl R und
- M_D global für alle Winkel

berechnet. Befassen wir uns nun zunächst weiter mit dem spiegelnd reflektierten Anteil M_R.

Für jeden Stützpunkt im 0-Gitter wird der so reflektierte Strahl weiterverfolgt und geprüft, ob er ggf. eine andere Objektoberfläche trifft. Ist dies der Fall, so wird dieser Vorgang - ausgehend dann von diesem Stufe 1-Treffer - bis zu einer festzulegenden Schachtelungstiefe wiederholt.

Der Vorgang wird vor Erreichen der Schachtelungstiefe abgebrochen, wenn kein Oberflächenschnittpunkt für den reflektierten Strahl der Stufe n ermittelt wird.

Abb.8.19:
Stufe n-Spiegelung

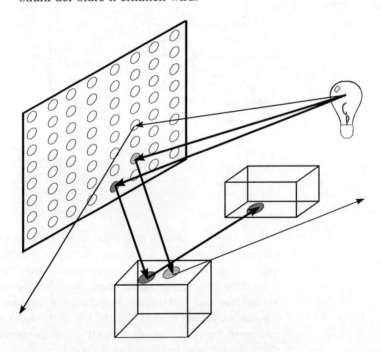

Die gefundenen Schnittpunkte der invers spiegelnd reflektierten Strahlen werden je Objektoberfläche (zusammen mit ihrem Farbanteil RGB) gemerkt.

8.6   *Verfahrenserweiterungen*

Der inverse diffuse Anteil M_D wird nicht weiterverfolgt, sondern lediglich in der 0-Stufe als Intensitätsanteil der 0-Oberfläche genutzt.

Zurück zu den mit erheblichem Aufwand berechneten inversen Spiegelungen: Nach Beendigung des inversen Verfolgungsprozesses wird der bereits dargestellte Standardverfolgungsprozeß gestartet.

Dabei tritt nun ggf. folgende Situation (Abb.8.20) ein. Eine Objektoberfläche, die nun von einem Standardverfolgungsstrahl (ausgehend von dem Projektionszentrum!) getroffen wird, hat mehrere Treffer der inversen Spiegelungen erhalten.

Abb.8.20:
Interpolation der Inversen Spiegelung

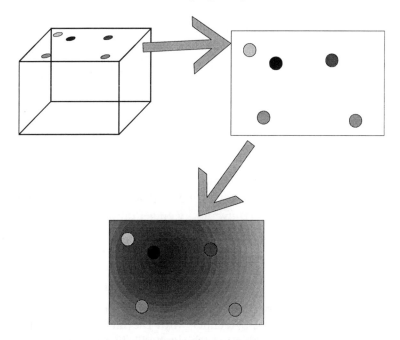

Diese Treffer liegen, da nur durch die Reflexions- und Oberflächengeometrie bestimmt i.d.R. ungleichmäßig verteilt - jeder Treffer mit einem anderen RGB-Wert versehen - auf der Objektoberfläche.

Da praktisch auszuschließen ist, daß der Verfolgungsstrahl die Oberfläche exakt in einem solchen Stufe-n-Punkt schneidet, muß ausgehend von den Stufe-n-Treffern die gesamte Objektoberfläche (oder ggf. je Flächenstück) einer zweidimensionalen Interpolation unterworfen werden, so daß dann ein Interpolationswert für die inverse Intensität M_R^n der Stufe n am Schnittpunkt des Verfolgungsstrahls bekannt ist und in die Kalkulation mit eingehen kann.

Eine einfache und schnell berechnbare Interpolationsmöglichkeit ist folgender Ansatz. Seien die Stufe-n-Treffer t gegeben als

(1) $\quad t := \left(\mathbf{p}, (R, G, B)_p\right)$

mit dem Oberflächenpunkt $\mathbf{p} = [\mathbf{p}_x, \mathbf{p}_y, \mathbf{p}_z] \in \Re^3$ im Modellraum und dem Farbwert (R,G,B) an dieser Stelle. Dann wird der hieraus resultierende Farbwert an dem Schnittpunkt **s** des Verfolgungsstrahls mit der Oberfläche berechnet als

(2) $\quad (R, G, B)_\mathbf{s} = \left(\frac{1}{P} \sum_{i=1}^{P} \frac{R(i)}{\|\mathbf{p}_i - \mathbf{s}\|}, \; \frac{1}{P} \sum_{i=1}^{P} \frac{G(i)}{\|\mathbf{p}_i - \mathbf{s}\|}, \; \frac{1}{P} \sum_{i=1}^{P} \frac{B(i)}{\|\mathbf{p}_i - \mathbf{s}\|} \right)$

Dabei wird also jeder Farbanteil jedes der P Stufe-n-Treffer durch die Entfernung des Trefferpunkts **p** zum Schnittpunkt **s** dividiert (je weiter weg, desto weniger Wirkung) und diese Werte aufaddiert und mit der Anzahl der Trefferpunkte P gewichtet. Dieser Ansatz zeichnet sich vor allem durch seinen geringen Berechnungsaufwand - weniger durch seine Realitätstreue - aus[3].

Wir wollen das inverse Strahlverfolgungsverfahren noch um die

- M_T inverse Transmission

erweitern, die vollkommen entsprechend der inversen Spiegelung berechnet wird. Die Interaktion der inversen Verfolgungsstrahlen mit Objektoberflächen wird dabei durch die exakte Brechung der Strahlen an der Oberfläche beschrieben; Abb.8.21 verdeutlicht den Vorgang, der natürlich auch wieder bis zu einer maximalen Schachtelungstiefe n weitergeführt werden kann.

---

[3] Für leistungsfähigere Ansätze (die auch mehr Rechenzeit fordern!) siehe z.B.
Engeln-Müllges,G., Reutter,F., Formelsammlung zur numerischen Mathematik, BI-Verlag

Abb.8.21:
Stufe n-Brechung

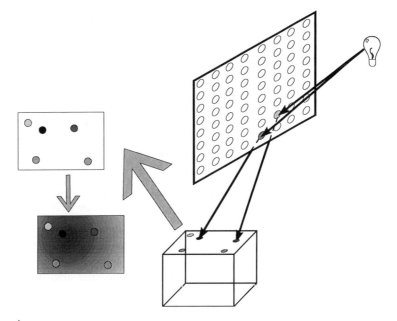

Gerade die inverse Transmission ermöglicht die Realisation von Lichtbrechungseffekten z.B. an Linsen oder auch einer Wasseroberfläche.

Zur Realisierung dieses Verfahrens sind im Standardverfahren der Strahlverfolgung folgende Schritte einzufügen.

```
Für jede Lichtquelle:{

    Für jede Objektoberfläche mit spiegelnder und/oder transmit-
    tierer Eigenschaft:{

        Berechne Strahlen von der Lichtquelle zu Oberflächenpunkten
        in einem (nicht zwingend, aber üblich) äquidistanten Recht-
        eckgitter : Stufe-0-Punkte.

        Für jeden Stufe-0-Punkt:{

            Für alle erlaubten Iterationsstufen:{

                Berechne den exakten gespiegelten und/oder gebroche-
                nen Strahl und suche den nächsten Schnittpunkt die-
                ses Strahls mit einer Objektoberfläche

                Merke diesen Schnittpunkt und den Intensitätsanteil,
                der durch den Strahl auf diesen Schnittpunkt trans-
                portiert wurde
```

```
                        Mache den Schnittpunkt zum Ausgangspunkt der näch-
                        sten Iteration

                }
            }
        }
    }

    Führe Standardverfahren der Strahlverfolgung aus

    Bei Schnittpunkt eines Verfolgungsstrahls mit einer Oberfläche,
    die Stufe-n Punkte enthält:{

        Interpoliere über alle Stufe-n Punkte der geschnittenen Ober-
        fläche die resultierende Intensität am Strahlschnittpunkt

        Summiere diese Teilintensitäten mit auf
    }
```

Da über die Stufe-0 Punkte alle inversen Verfolgungsstrahlen über alle Objekte des Modells weiterverfolgt werden, ist die Stützpunktdichte der Stufe-0 Punkte entscheidend für die Dichte der zur Interpolation der Teilintensitäten notwendigen Stufe-n Punkte. Je höher das zulässige n ist (je mehr Iterationen erlaubt sind), desto geringer wird die Dichte der Punkte der n-ten Stufe. Als Abschätzung kann man etwa die notwendige Stufe-0 Dichte bestimmen als

$$(3) \qquad d_0 \approx d_n^{1.2*n}$$

Will man also auch nur 10 Stützpunkte auf der letzten Iterationsstufe n haben und läßt man eine Iterationstiefe von 3 Stufen zu, so sind auf den Stufe-0 Flächen etwa 10^4 Stützpunkte zu berechnen!

Ein Umstand kann allerdings über diesen enormen zusätzlichen Rechenaufwand hinwegtrösten: die inverse Strahlverfolgung (also alle Terme *M*!) benutzt zu keiner Zeit die Projektionsgeometrie (also Lage von Bildebene, Projektionszentrum, Normierungsfaktor) des Modells und damit sind die einmal berechneten Stufe-n Punkte invariant gegenüber Modelltransformationen. Sie müssen also zu Beginn einmal berechnet werden und können dann für alle Modelltransformationen (verschiedene Ansichten des Modells) unverändert benutzt werden.

8.6.4 Weiche Schatten

Zunächst: was meinen wir mit dem Begriff „*Weich*" in der Kapitelüberschrift? Ein Standardstrahlverfolger (z.B.) arbeitet mit punktförmigen Lichtquellen, die entlang der Objektkanten exakte Übergänge zwischen beleuchteten und unbeleuchteten (Schatten) Gebieten berechnen.

Abb.8.22:
Schattenbildung

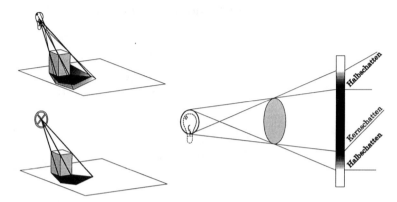

Wir haben in allen vorherigen Grafiken das Glühlampensymbol ༡ stillschweigend als punktförmige Lichtquelle ohne eigene Ausdehnung verwendet - alle Lichtstrahlen kommen also dabei von einem geormetrischen Punkt. In Abb.8.22 nehmen wir nun, um einen grafischen Unterschied zu erzeugen, das Symbol ⊗ für die punktförmige Lichtquelle und die Glühlampe, teilweise mit Umkugel dargestellt ༡ als Symbol für eine kugelförmige Lichtquelle.

Übrigens werden wir uns i.f. auf die Berücksichtigung kugelförmiger Lichtquellen konzentrieren; die Darstellungsauswirkungen von Lichtquellen mit komplizierteren Geometrien (Leuchtstoffröhre=Zylinder, ggf. komplexere Formen) werden nicht besprochen.

Die Abb.8.22 zeigt nun die Auswirkung von (kugelförmigen) Lichtquellen mit einer meßbaren Ausdehnung. Bei gradliniger Lichtausbreitung (keine Kantenbeugung!) ergibt sich ein Kernschattenbereich, in den kein Licht aus der Lichtquelle einfallen kann und ein Halbschattenbereich, in den je nach Meßpunkt innerhalb dieses Bereichs mehr oder weniger Licht aus der Lichtquelle einfällt; der Halbschattenbereich geht dann *weich* in den

Nichtschattenbereich über, der das gesamte Licht aus der Lichtquelle empfängt.

Bevor wir zur Konstruktion von solchen weichen Schattenübergängen kommen, wollen wir kurz die klassisch verwendeten Schattenberechnungsverfahren zusammenfassen.

1. Verfahren, die zu den Klasse-1-Methoden zählen, arbeiten mit dem besprochenen Scanline-Verfahren, der z-Puffer-Methode und ähnlichen Ansätzen. Die genannten Techniken werden i.a. in gleicher Weise wie zur Berechnung der Projektion eingesetzt - nur das Projektionszentrum liegt dabei in 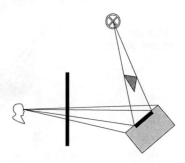 der Lichtquelle. Die jeweiligen Objektoberflächen werden dann zur Projektionsfläche und die ggf. dort berechneten Schatten werden als separate, neue Polygone mit der aktuellen Schattenfarbe in die Modellbeschreibung eingefügt und in einem zweiten Durchgang dann zusammen mit allen anderen Objektoberflächen auf die Projektionsebene abgebildet. Bei allen diesen Ansätzen werden i.d.R. nur Kernschattenbereiche ermittelt und dargestellt.

2. Die zweite Verfahrensgruppe wird in Zusammenhang mit Klasse-2-Verfahren wie Strahlverfolgungs- und Strahlungsfeldmethoden verwendet. Diesen Verfahren widmen wir uns i.f. genauer, da sie sich leicht in die genannten Klasse-2-Verfahren (also auch in den Strahlverfolger) einfügen lassen. Hier werden dann auch Halbschattenbereiche korrekt dargestellt.

Zunächst - noch bevor das Verfahren selbst dargestellt ist - wollen wir uns ansehen, wo eine solche Verfahrenserweiterung zur Berchnung weicher Schatten in einen Standardstrahlverfolger eingefügt werden kann. In der Routine...

  FARBE **RAY_BestimmeFarbwertdesStrahls**(...)

...werden zunächst via Rekursion einige Lichtanteile berechnet; diese können wir getrost übergehen, da sie ggf. im Verlauf der Rekursion auf die Berechnung weicher Schatten stoßen werden.

```
                /* Indirekt Transmission jt */
                .
                .
                /* Strahl brechen */
                st = RAY_StrahlBrechung(strahl, n, vs, popt[obj]->my);

                if( RAY_Tiefe <= pmodell->optik.maxrekursion ){
                        RAY_Tiefe++;
                        farbe = RAY_BestimmeFarbwertdesStrahls(st, pmodell, popt,
                                                    pobj,pumv,pobjdat,
                                                              ppkt, ppoly);
                        RAY_Tiefe--;
                }
                .
                .

                farbe = COL_It( farbe, popt[obj]->farbe, fe, popt[obj]->lt);
                .
                .
                .
```

Interesant wird es bei der (nun nicht mehr rekursiven) Berücksichtigung der Lichtquellen:

```
                /* Schleife über alle Lichtquellen */
                for(licht=0; licht<pmodell->anzahlobjekte; licht++){
                        if( pobj[licht]->objektmethode == MOD_M_LICHTQUELLE){
                                .
                                .
                                .
```

Hier wird nun geprüft, ob eine Oberfläche zwischen der Lichtquelle und dem Fußpunkt des Verfolgungsstrahls liegt

```
                                /* Prüfen, ob kein Objekt zwischen
                                Schnittpunkt und Lichtquelle liegt */
                                zurlichtquelle.vu = vs;
                                zurlichtquelle.vr = lr;
```

In der Funktion...

```
                                if( !RAY_StrahlTrifftNaechstesObjekt(...)){
                                        /* Punkt wird direkt beleuchtet... */
```

...wird von einer punktförmigen Lichtquelle ausgegangen; es reicht aus, wenn der Verfolgungsstrahl in Richtung Lichtquellenzentrum von einer anderen Fläche unterbrochen wird, um hier den Rückgabewert zu bekommen. Hier sind also erste Änderungen notwendig:

Die Darstellung des Kernschattens soll nur dann erfolgen, wenn die gesamte Licht(quellen)kugel nicht sichtbar ist - in allen anderen Fällen soll der Halbschatten- oder Keinschattenanteil berechnet werden.

Eine Funktion ist also hier alternativ aufzurufen, ...

```
if( RAY_StrahlTrifftLichtkugel(...) ){
        /* Punkt wird direkt (ggf. teilweise) beleuchtet... */
```

...die genau dann den Wert liefert, wenn noch irgendein Anteil der Licht(quellen)kugel vom Fußpunkt des Strahls aus sichtbar ist. Umgekehrt wird nur genau dann zurückgegeben, wenn kein Teil der Lichtquelle vom Fußpunkt des Strahls sichtbar ist - dann wird der Kernschatten korrekterweise berechnet!

Ist also irgendein Teil der Lichtquelle sichtbar, so wird nun die direkte Beleuchtung berechnet. Da bei jeder direkten Wechselwirkung jetzt damit gerechnet werden muß, daß die Lichtquelle nicht komplett sichtbar ist, müssen alle Wechselwirkungsfunktionen geändert werden. Die Funktionen

```
/* Direkte Spiegelnde Reflexion ir */
fs = RAY_fs(zurlichtquelle, n, strahl, popt[obj]->ks,
                                        popt[obj]->r);
.
/* Direkte Diffuse Reflexion id */
fd = RAY_fd(zurlichtquelle, n, popt[obj]->kd);
```

...berücksichtigen immer den gesamten Farbanteil der Lichtquelle. Sie müssen entsprechend ersetzt werden, so daß nur der sichtbare Anteil der Lichtquelle Berücksichtigung findet:

```
fs = RAY_fsLichtkugel(...);
.
fd = RAY_fdLichtkugel(...);
```

Auch die durch Transmission berechneten Anteile können für Halbschattenberechnung korrigiert werden:

```
/* Transmission it durch die Oberfläche zur Lichtquelle */
.
.
.
st = RAY_StrahlBrechung(strahl, n, vs, popt[obj]->my);
* Ist die Lichtquelle sichtbar ? */
```

Zunächst ist wieder die Funktion...

```
if( !RAY_StrahlTrifftNaechstesObjekt(...) ){
```

...durch...

```
if( RAY_StrahlTrifftLichtkugel(...) ){
```

...zu ersetzen.

```
/* Lichtquelle ist sichtbar/nicht verdeckt */
```

Ist die Lichtquelle hier als zumindest teilweise sichtbar ermittelt worden, so muß der Anteilsfaktor...

```
/* Transmissionskoeffizient */
ft = RAY_ft(...);
```

... ebenfalls durch eine Funktion ersetzt werden, die den Sichtbarkeitsanteil der Lichtquelle berücksichtigen kann:

```
ft = RAY_ftLichtkugel(...);
```

in ihrer korrigierten Fassung zurückgegeben werden kann, ohne weitere Funktionen ändern zu müssen. Dieses Einfügen einer erweiterten Methode zeigt deutlich, wie einfach die Verbesserung des Standardstrahlverfolgers durchgeführt werden kann.

Nachdem wir nun die zu ändernden Funktionen als

Alt	Neu
!RAY_StrahlTrifftNaechstesObjekt()	RAY_StrahlTrifftLichtkugel()
fs = RAY_fs();	fs = RAY_fsLichtkugel();
fd = RAY_fd();	fd = RAY_fdLichtkugel();
ft = RAY_ft();	ft = RAY_ftLichtkugel();

identifiziert wurden, ist noch darzustellen, wie der Algorithmus aussehen kann, der die teilweise Sichtbarkeit einer kugelförmigen Lichtquelle feststellt und meßbar macht.

Zunächst betreiben wir hierzu etwas Trigonometrie: Betrachtet man eine (Licht)Kugel vom Fußpunkt des Verfolgungsstrahls aus, dann ist bei endlichen Entfernungen a dieses Fußpunkts vom Kugelmittelpunkt immer nur ein Teil der Halbkugeloberfläche, die in Richtung des Fußpunkts deutet sichtbar. Der Anteil dieser Teilfläche an der Gesamthalbkugelfläche läßt sich aus Abb.8.23 leicht ablesen.

Abb.8.23:
Sichtbarkeitsmaß
einer Lichtkugel

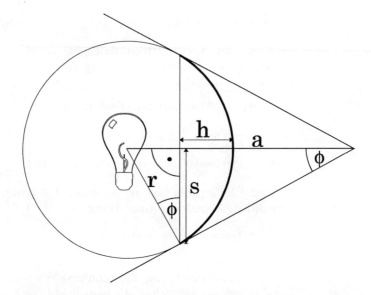

Der Winkel Φ der Kugeltangenten zum Mittelpunktsstrahl taucht zweimal in der Geometrie des Problems auf. Daraus läßt sich schnell der Flächeninhalt F der durch die Tangenten definierten Kugelkappe bestimmen.

(1)
$$\Phi = \arcsin\frac{r}{a}$$
$$s = r\cos\Phi$$
$$h = r - r\sin\Phi$$
$$F = \pi(2r^2 + h^2)$$

Am Fußpunkt des Verfolgungsstrahls kann also von der gesamten die Lichtkugel verlassenden Strahlung nur maximal der Anteil

(2)
$$l = \frac{\frac{4}{3} * (2r^2 + h^2)}{4r^2}$$

ankommen, wenn keinerlei Hindernis im Weg liegt. Die Multiplikation mit $\frac{4}{3}$ im Zähler ergibt sich aus der Überlegung, daß die Farbe der Lichtquelle, die in der Objektdatei definiert wurde, die Strahlung aus der Halbkugel bedeuten soll - es ist nichts anderes als eine Normierung.

Bleibt die Situation zu klären, wie eine teilweise Verdeckung der Lichtkugel aus Sicht des Strahls feststellbar und meßbar gemacht werden kann. Die Lösung ist wie meist sowohl rechenzeitaufwendig als auch einfach zu implementieren:

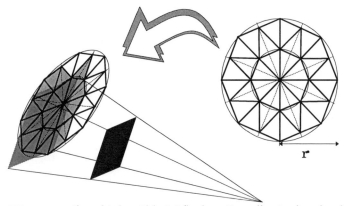

Abb.8.24: Sichtbarkeitsmaß einer Lichtkugel bei teilweiser Verdeckung

Wir unterteilen (siehe Abb.8.24) den Grundkreis der durch den Abstand r bestimmten Kugelkappe (also Reduzierung der dreidimensionalen Kugelkappe auf die zweidimensionale Kreisfläche!) in t gleich große und gleichmäßig angeordnete Dreiecke (man kann auch andere Formen wählen).

Jetzt muß beginnend beim Fußpunkt des Verfolgungsstrahls ein Schattenfühler zu jedem Flächenelement (hier: Dreieck) des Lichtkreises geschickt werden. Wird für den Schattenfühler ein erstes Hindernis (Schnittpunkt mit einer anderen Objektfläche) ermittelt, so wird das entsprechende Kreiselement als inaktiv (beschattet) markiert. Hat man alle diese Schattenfühler berechnet und die Schnittpunkttests durchgeführt, so ist klar, welche Kreiselemente beschattet sind (Anzahl u) und umgekehrt von wievielen der Elemente Licht zum Fußpunkt gelangen kann. Mit diesem Faktor wird der Abstandsfaktor l aus (2) korrigiert; das Ergebnis ist der Korrekturfaktor $\tilde{l}$ für die Lichtquellenfarbe.

$$(3) \quad \tilde{l} = \frac{\frac{4}{3}*(2r^2+h^2)}{4r^2} * \frac{u}{t}$$

Werden die t Schattenfühler zusätzlich einer kleinen Störung ihrer Richtung unterworfen, so unterbleiben auch die lästigen konzentrischen Alaisingeffekte, die typisch für ungestörte Schattenberechnungen sind.

9 Strahlungsfeldverfahren

Das hier vorgestellte Strahlungsfeldverfahren (radiosity method) gehört wie die Strahlverfolgungsmethode zu den Klasse2 Verfahren. Die Intension zur Formulierung einer solchen Methode liegt wesentlich darin begründet, daß man die Teilintensitäten der diffusen Reflexion und der inversen diffusen Reflexion nicht mehr nur grob annähern, sondern möglichst exakt beschreiben möchte. Ein wichtiger Aspekt ist dabei vor allem der Intensitätsterm J_D der Diffus-Diffus Interaktion, der ja bei Strahlverfolgungsmethoden lediglich als modellglobale Konstante berücksichtigt wird.

Im Umkehrschluß heißt diese Methodengrundlage aber auch, daß vor allem diffuse Interaktionen zwischen Licht und Oberflächen gut beschrieben werden - und die realitätsnahe Beschreibung von spiegelnder Interaktion weniger gut gelöst wird.

Diese Vermutung - wir nehmen dies voraus - trifft auch tatsächlich so zu. Für die Berechnung von Bildern im Bereich virtuelle Realität werden daher mit großem Erfolg geeignete Verfahrenskombinationen aus Strahlverfolgungsmethoden und Strahlungsfeldmethoden eingesetzt.

Kostenvergleiche (Rechenzeit, Speicher) zwischen beiden Methodentypen sind nur sehr schwer durchzuführen, da letztendlich die Qualität (Realitätstreue) der berechneten Bilder zu normieren wäre - dies ist aber kein objektives Kriterium. Festhalten kann man aber sicherlich den empirischen Grundeindruck, daß Strahlungsfeldverfahren wesentlich höhere Rechenzeiten als Strahlverfolgungsverfahren fordern.

9.1 Grundalgorithmus

Die Grundidee der Strahlungsfeldmethode ist schnell genannt: Licht wird in einem Modell von i.a. mehreren Lichtquellen abgegeben und ein Teil dieses Lichts erreicht, nachdem verschiedene Wechselwirkungen mit Oberflächen stattgefunden haben, das Projektionszentrum. Dabei tauschen einzelne Flächenpunkte in einer durch die Objekt- und Modellparameter festgelegten Weise

Licht untereinander aus - durch Reflexionen oder Transmissionen verschiedenster Art. Der Clou ist nun, daß dieses Austauschverhalten - oder allgemein das gesamte Strahlungsfeld innerhalb des Modells zeitlich konstant ist - der Bildeindruck eines Betrachters im Projektionszentrum ändert sich nicht, wenn sich an den Objekt- und Modellparametern nichts ändert!

Also müßte man *nur* das gesamte Strahlungsfeld innerhalb des Modells berechnen und hätte damit für jeden Oberflächenpunkt die von ihm (in jede Richtung und damit auch in Richtung des Projektionszentrums) ausgesandte Strahlung (also den Farbeindruck) berechnet, der dann nur noch mit einem Standardstrahlverfolger darzustellen wäre.

Der Strahlverfolgungsalgorithmus müßte sich dann nicht mehr um die rekursive Berechnung von indirekten Intensitätsanteilen kümmern, sondern nur noch die Verdeckungsordnung darstellen.

Da die Berechnung der Farbe jedes Oberflächenpunkts ohne eine Berücksichtigung der Projektionsgeometrie auskommt, können mit dem einmal berechneten Strahlungsfeld dann ohne Neuberechnung verschiedene Modellansichten dargestellt werden.

Wir beginnen die Herleitung der dem Verfahren zugrundeliegenden Mathematik mit dem Begriff des Oberflächenpunkts, den wir oben benutzt haben. Wir konkretisieren diesen Begriff (und machen ihn damit berechenbar) dahingehend, das wir jede Objektoberfläche in infinitesimal kleine Flächenstücke dA zerlegen.

Abb.9.1:
Strahlungsaustausch zwischen zwei Flächenstücken

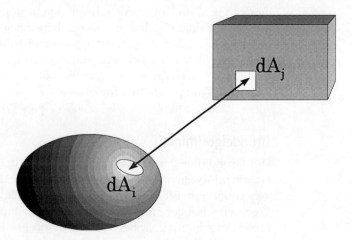

9.1 Grundalgorithmus

Die Strahlung, die nun von der Fläche dA_i abgegeben wird, besteht einmal aus der

1. Emittierten Strahlung $E_i dA_i$, die allerdings nur dann auftritt, wenn die Oberfläche eine Lichtquelle ist. Dabei ist dann E_i die Strahlungsdichte in $\left[\frac{W}{m^2}\right]$ (Watt/Flächeneinheit), so daß bei der Multiplikation mit der Fläche $dA_i[m^2]$ letztendlich die Strahlung in Watt herauskommt.

2. Aus der von dem Flächenelement dA_i reflektierten Strahlung, die von anderen Flächenelementen dA_j kommt.

Zusammengefaßt ist die vom i-ten Flächenelement abgegeben Strahlung dann

(1) $$B_i dA_i = E_i dA_i + \rho \int_{A_j} B_j dA_j \mathfrak{F}_{dA_j dA_i}$$

mit den Komponenten

Emissionsdichte E_i

Reflexionskoeffizient der i-ten Fläche ρ_i

Strahlungsdichte der j-ten Fläche B_j

Formfaktor $\mathfrak{F}_{dA_j dA_i}$, der den Anteil der von der j-ten Fläche zur i-ten Fläche gelangten Energie angibt.

Nimmt man an, daß sich die Strahlungsdichte über ein makroskopisches Flächenelement A nicht ändert, so kann (1) auch als Summe geschrieben werden.

(2) $$B_i A_i = E_i A_i + \rho \sum_j B_j A_j \mathfrak{F}_{ji}$$

Diese Annahme macht das Strahlungsfeld innerhalb der Modellgeometrie berechenbar - und verursacht, da viele dieser Flächenstücke angenommen werden müssen, den immensen Rechenaufwand des Verfahrens.

Weil der Formfaktor $\mathfrak{F}_{ji}$ nur von der durch die Modellgeometrie bestimmten relativen Lage des i-ten und j-ten Flächenelements zueinander bestimmt ist, muß gelten

(3) $$A_j \mathfrak{F}_{ji} = A_i \mathfrak{F}_{ij} \Rightarrow \mathfrak{F}_{ij} = \mathfrak{F}_{ji} \frac{A_j}{A_i}$$

Damit schreibt sich nun (2) sofort als

(4) $$B_i = E_i + \rho_i \sum_j B_j \mathfrak{F}_{ij}$$

Eine solche Gleichung kann nun für jedes Flächenelement (diese Flächenelemente sind nicht zwingend indentisch mit den zur Objektdefinition verwendeten Flächenelementen wie z.B. Polygonen - meist werden die Definitionsflächenelemente noch einmal in kleinere Flächenelemente unterteilt!) aufgestellt werden. Da wir die von Lichtquellenoberflächen abgegeben Strahlungsanteile E_i bei der Objektdefinition ebenso festlegen wie die Reflektionskoeffizienten ρ_i bleiben als einzige Unbekannten

- die von den einzelnen Flächenelementen reflektierten Strahlungsanteile B_i und
- die aus der relativen Lage der Flächenelemente zueinander bestimmbaren Formfaktoren $\mathfrak{F}_{ij}$.

Schreiben wir die Grundgleichung des Strahlungsfeldverfahrens (4) in Matrizenform als lineares Gleichungssystem.

(5) $$\begin{bmatrix} 1-\rho_1\mathfrak{F}_{11} & -\rho_1\mathfrak{F}_{12} & \cdots & -\rho_1\mathfrak{F}_{1n} \\ -\rho_2\mathfrak{F}_{21} & 1-\rho_2\mathfrak{F}_{22} & \cdots & -\rho_2\mathfrak{F}_{2n} \\ \vdots & \vdots & \ddots & \vdots \\ -\rho_n\mathfrak{F}_{n1} & -\rho_n\mathfrak{F}_{n2} & \cdots & 1-\rho_n\mathfrak{F}_{nn} \end{bmatrix} \begin{bmatrix} B_1 \\ B_2 \\ \vdots \\ B_n \end{bmatrix} = \begin{bmatrix} E_1 \\ E_2 \\ \vdots \\ E_n \end{bmatrix}$$

Dieses Gleichungssystem (5) kann erst aufgestellt und dann gelöst werden, wenn innerhalb der Koeffizientenmatrix alle n^2 Formfaktoren bekannt sind. Die Ermittlung dieser Formfaktoren aber stellt die eigentliche Schwierigkeit dar; wir widmen dieser Aufgabe das folgende Teilkapitel und ignorieren die unbekannten Formfaktoren bis dahin.

Die rechte Seite des Gleichungssystems gibt je Flächenelement die emittierte Strahlung an; dieser Wert ist aber nur für Lichtquellen von 0 verschieden. Da dies i.d.R. nur für sehr wenige Objektoberflächen der Fall ist, sind die meisten der E_i identisch 0. Dies kann man später bei der Lösung des linearen Gleichungssystems (5) ausnutzen.

Eine weitere Eigenschaft muß noch erwähnt werden: sowohl die Reflexionskoeffizienten ρ_i als auch die emittierten Strahlungsanteile E_i sind wellenlängenabhängig; wir berücksichtigen dies, indem für jeden Farbanteil R,G und B ein separates Gleichungssystem (5) lösen. Dies ist natürlich nur eine grobe Näherung, da eigentlich für jedes Flächenstück i sowohl der Reflexionskoeffizient als auch die emittierte Energie eine Funktion der Wellenlänge ist : $\rho_i = f_i(\lambda)$, $E_i = g_i(\lambda)$. Daher kann (5) auch für mehr als nur die genannten 3 Wellenlängen aufgestellt und gelöst werden. Mit einer geeignet genauen Diskretisierung der Wellenlänge lassen sich dann z.B. Beugungserscheinungen an Prismen (Farbzerlegung, Regenbogen) berechnen.

Das Gleichungssystem (5) läßt sich numerisch stabil z.B. durch ein Gauss-Seidel-Verfahren lösen.

9.2 Formfaktoren

Die Formfaktoren $\mathfrak{F}_{ij}$ beschreiben also die räumliche Lage je zweier Flächenelemente i und j im Modell relativ zueinander. Dabei ist es unerheblich, ob beide Flächenelemente zu unterschiedlichen Objekten oder einem Objekt gehören - es ist auch unerheblich, ob sie zu einem Objektpolygon oder zu unterschiedlichen Oberflächenteilen gehören.

Teilt man alle Objektoberflächen in insgesamt n Flächenelemente auf, so sind zunächst n^2 Formfaktoren zu bestimmen.

(6) Der Lichtaustausch zwischen ein und demselben Flächenelement[1] ist identisch 0; damit sind die Formfaktoren $\mathfrak{F}_{ii} = 0$ und somit nur noch die $n^2 - n$ Formfaktoren außerhalb der Diagonalen der Matrix in (5) zu bestimmen; das Gleichungssystem (5) bekommt damit die Form

(6.1)
$$\begin{bmatrix} 1 & -\rho_1\mathfrak{F}_{12} & \cdots & -\rho_1\mathfrak{F}_{1n} \\ -\rho_2\mathfrak{F}_{21} & 1 & \cdots & -\rho_2\mathfrak{F}_{2n} \\ \vdots & \vdots & \ddots & \vdots \\ -\rho_n\mathfrak{F}_{n1} & -\rho_n\mathfrak{F}_{n2} & \cdots & 1 \end{bmatrix} \begin{bmatrix} B_1 \\ B_2 \\ \vdots \\ B_n \end{bmatrix} = \begin{bmatrix} E_1 \\ E_2 \\ \vdots \\ E_n \end{bmatrix}$$

---

[1] das gilt nicht für gekrümmte *und gleichzeitig* konkave Flächen

Eine weitere, wenn auch nicht in diesem Maße einsparend wirkende Vorüberlegung kann aus der Physik heraus gemacht werden.

(7) Alles Licht, das vom i-ten Flächenelement abgestrahlt wird, muß irgendwo innerhalb des Modells auftauchen - es kann weder Licht verloren gehen noch zusätzlich zu den Emittenten E_i erzeugt werden. Damit müssen alle Formfaktoren des i-ten Flächenelements zusammen identisch 1 sein:

(7.1) $$\forall_{i=1,n} : \sum_{j=1}^{n} \mathfrak{F}_{ij} = 1$$

Damit können je Matrixzeile ggf. Vereinfachungen bei der Berechnung der Formfaktoren ausgenutzt werden. Noch eine dritte Vereinfachung kann gemacht werden.

(8) Ein Formfaktor beschreibt die Geometrie des *direkten* Lichtaustauschs zwischen je zwei Flächenelementen. Bestimmt man nun mittels eines Schattenfühlers (siehe Strahlverfolgung 8.ff), ob ein anderes Flächenelement zwischen dem i-ten und dem j-ten Element liegt, so kann eine einfache *Verdeckungsfunktion* $\mathfrak{S}_{ij}$ eingeführt werden, die dann auch symmetrisch ist.

(8.1) $$\mathfrak{S}(i,j) = \begin{cases} 0 \Leftrightarrow A_i \text{ ist nicht direkt sichtbar von } A_j \\ 1 \Leftrightarrow A_i \text{ ist direkt sichtbar von } A_j \end{cases}$$

Dabei ist allerdings Vorsicht geboten: beide Flächenelemente müssen gegenseitig *vollständig* unsichtbar sein. Da die Flächenelemente nicht als infinitesimal, sondern mit meßbarer Ausdehnung angenommen wurden, kann durchaus der Fall eintreten, daß die Sicht von i nach j nur teilweise verdeckt ist.

9.2   Formfaktoren

Abb.9.2:
Schattenfühler zwischen Umrechtecken

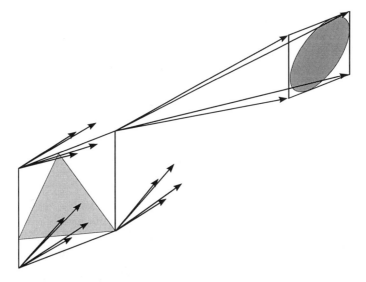

Der vollständigen Vereckung sicher ist man sich dann, wenn (siehe Abb.9.2) Umschließungsrechtecke beider Flächenelemente vollständig auf Verdeckung untersucht wurden. Dabei wird je Flächenelementepaar (i,j) zunächst untersucht, ob überhaupt ein drittes Flächenelement k dazwischen liegt. Dazu reicht es aus, einen Schattenfühler zwischen jeweils irgendeinem Punkt in i und j zu untersuchen; dies können z.B. jeweils ein Eckpunkt eines Polygons sein. Nur wenn hier eine Verdeckungsfläche k ermittelt wird, kann (muß aber noch nicht!) überhaupt eine vollständige Verdeckung vorliegen. Ist solch eine Verdeckung hier gefunden worden, so lohnt sich der Aufwand gemäß Abb.9.2 auf vollständige Verdeckung zu testen.

Dies geschieht recht effektiv durch die Berechnung von insgesamt 16 Schattenfühlern je Flächenelementepaar (i,j), die im Erfolgsfall alle dasselbe Flächenelement k schneiden.:

1. Berechne jeweils das umschließende Rechteck um das Flächenelement i und j.

2. Berechne jeweils den Schattenfühler zwischen jedem Eckpunkt des Umschließungsrechtecks des Elements i und jedem Eckpunkt des Umschließungsrechtecks des Elements j.

   3. Teste für jeden der 16 Schattenfühler auf Schnittpunkt mit jeweils einem festen Element $k \neq i, k \neq j$. Abbruch des Tests, wenn der erste Schattenfühler keinen solchen Schnittpunkt liefert. Es gilt (8.1), wenn alle Schattenfühler einen Schnittpunkt mit (nicht notwendigerweise demselben) einem k-ten Flächenelement lieferte.

Hat man alle Vereinfachungsmöglichkeiten (6,7,8) ausgeschöpft, so müssen nun die restlichen Formfaktoren berechnet werden; der Aufwand der Vorabberechnung sogar gemäß (8) lohnt sich - die explizite Berechnung der Formfaktoren braucht eine immense Rechenzeit!

Abb.9.3:
Formfaktorgeometrie

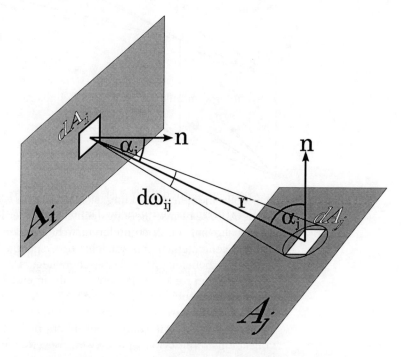

Betrachten wir zur Herleitung des Formfaktors zwischen dem Flächenelement Ai und dem Flächenelement Aj die Abb.9.3; für beide (makroskopischen) Flächenelemente wird die Geometrie zweier infinitesimaler Flächen dAi bzw. dAj innerhalb der Flächenelemente veranschaulicht.

Der Formfaktor zwischen zwei infinitesimalen Flächenstücken dA_j, dA_i ist der Quotient aus der Strahlungsenergie pro Zeiteinheit² dE_i, die dA_j von dA_i aus erreicht durch die gesamte Strahlungsenergie pro Zeiteinheit E_i, die dA_i in alle Richtungen abgibt:

(9.1) $$\mathfrak{F}_{dA_i dA_j} = \frac{dE_i dA_i}{E_i dA_i}$$

Der Zähler kann mit dem Raumwinkel aus Abb.9.3 sofort als

(9.2) $$\mathfrak{F}_{dA_i dA_j} = \frac{I_i \cos\alpha_i \, d\omega_i \, dA_i}{E_i dA_i}$$

geschrieben werden. Dabei ist I_i die Strahlungsstärke der Fläche A_i, die übrigens die gleiche Dimension wie die Strahlungsleistung hat. Wir woll noch erklären, wie der Ausdruck $I_i \cos\alpha_i$ in den Zähler kommt: Eigentlich gilt die Strahlungsstärke I_i nur in Richtung der Flächennormalen **n** der Fläche A_i und ist ansonsten eine Funktion des Abstrahlwinkels $I_i = f(\alpha_i)$, die eigentlich je strahlungender Fläche separat beschrieben werden müßte. Dies wäre dann für jedes Flächenelement $A_{i, i=1,N}$ unserer Objekte getrennt zu definieren und jeweils zu berechnen. Wir sparen diesen Aufwand, indem wir annehmen, daß alle Objekte vollkommen rauhe Oberflächen haben und damit perfekt diffus reflektieren. Sie gehorchen damit dem von I.H.Lambert formulierten *Cosinussatz*, der gerade die genannte Abhängigkeit

(9.2.1) $\quad I_i(\alpha_i) = I_i \cos\alpha_i$

---

² Wir haben bislang die zeitliche Normierung nicht beachtet; tatsächlich ist sie auch nur von Interesse, wenn die korrekten physikalischen Größen benutzt werden sollen. die pro Zeiteinheit ausgestrahlte Strahlungsenergie E wird dann dimensioniert als [erg/sec] oder [$\frac{kg * m^2}{sec^2}$] oder kurz in [Watt]; sie wird auch benannt als *Strahlungsleistung*.

formuliert - diese Winkelabhängigkeit bedingt also gerade den Umstand, daß Strahlungsfeldmethoden besonders gut diffuse Reflexionen wiedergeben können.

Damit ist klar, daß in (9.2) der differentielle Zusammenhang

(9.2.2) $\quad \dfrac{dE_i}{d\omega_i} = I_i(\alpha_i) = I_i \cos\alpha_i$

benutzt wurde. Wir kommen aber in (9.2) nur dann weiter, wenn es uns gelingt, den Raumwinkel $d\omega_{ij}$ durch die Geometrie in Abb.9.3 auszudrücken. Betrachten wir hierzu eine Vergrößerung aus Abb.9.3.

Abb.9.4:
Raumwinkelgeometrie

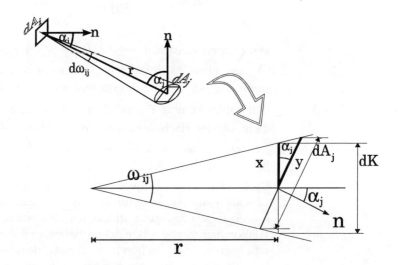

Falls r sehr groß gegenüber dem Schnitt durch die infinitesimale Fläche dA_j ist, kann man (Abb.9.4) zwei Dreiecke mit der Ankathete x und der Hypothenuse y (hier ist nur das obere gezeichnet) konstruieren, die annähernd rechtwinklig sind und für die jeweils gilt: $\dfrac{x}{y} = \cos\alpha_j$. Addiert man beide y-Werte für beide Dreiecke (oberhalb und unterhalb von r), so ergibt sich die unter dem Raumwinkel sichtbare Fläche dK.

Für kleine Raumwinkel ω und große Abstände r gilt zusätzlich $\omega * r^2 = dK$. Damit können wir endgültig den differentiellen Raumwinkel als

(9.2.3) $\quad d\omega_{ij} = \cos\alpha_j \dfrac{dA_j}{r^2}$

schreiben. Einsetzen dieser Beziehung in (9.2) liefert dann sofort

(9.3) $\quad \mathfrak{F}_{dA_i dA_j} = \dfrac{I_i \cos\alpha_i \cos\alpha_j dA_i dA_j}{r^2 E_i dA_i}$

Jetzt müssen wir *nur* noch die in alle Richtungen abgestrahlte Strahlungsleistung im Nenner berechnen. Das ist eigentlich das Integral

(9.4*) $\quad E_i = \displaystyle\int_0^{4\pi} I_i d\omega = 4\pi I_i$

über die kugelförmige Umgebung von dA_i. Allerdings führen wir hier eine kleine Korrektur aufgrund unseres Modellansatzes (vgl.Abb.9.2) ein: die betrachtete Fläche dA_i strahlt nur in Richtung des Oberflächenäußeren - nicht aber in das Objekt hinein. Daher muß in (9.4*) nicht über die ganze Umgebung, sondern nur über die Halbkugelumgebung von dA_i integriert werden. Wir korrigieren (9.4*) also entsprechend zu

(9.4) $\quad E_i = \displaystyle\int_0^{2\pi} I_i d\omega = 2\pi I_i$

Einsetzen in (9.3) und Kürzen in Zähler und Nenner liefert dann die Grundgleichung zur Bestimmung der Formfaktoren.

(10) $\quad \mathfrak{F}_{dA_i dA_j} = \dfrac{\cos\alpha_i \cos\alpha_j dA_j}{2\pi\, r^2}$

Leider suchen wir nicht die differentiellen Formfaktoren $\mathfrak{F}_{dA_i dA_j}$ gemäß (10), sondern uns interessieren die Formfaktoren

9 Strahlungsfeldverfahren

$\mathfrak{F}_{A_iA_j} := \mathfrak{F}_{ij}$ zwischen den ganzen Flächenelementen. Diese erhalten wir formal sehr einfach durch Integration über beide beteiligten Gesamtflächen A_i und A_j.

$$(11^*) \quad \mathfrak{F}_{ij} = \frac{1}{A_i} \int_{A_i} \int_{A_j} \frac{\cos\alpha_i \cos\alpha_j}{2\pi r^2} dA_j dA_i$$

Das Integral in (11) muß noch um die bereits oben in (8.1) diskutierte Verdeckungsfunktion $\mathfrak{S}_{ij}$ erweitert werden.

$$(11) \quad \mathfrak{F}_{ij} = \frac{\mathfrak{S}(i,j)}{A_i} \int_{A_i} \int_{A_j} \frac{\cos\alpha_i \cos\alpha_j}{2\pi r^2} dA_j dA_i$$

Die Integration in (11) ist leider nicht nur von der einfach zu bestimmenden Geometrie im Integranden (nur die beiden Normalenwinkel und der mittlere Abstand beider Flächen voneinander) abhängig, sondern leider auch von der allgemein nicht bekannten und beliebig komplizierten Form der beiden beteiligten Flächen - also den beiden Integrationsgebieten A_i und A_j. Eine analytische Lösung ist also fast nie zu berechnen - wir müssen uns bemühen, eine geschickte numerische Lösung für (11) zu finden.

9.2.1 Umformung in Randintegrale nach Stokes

Ein einfacher Ansatz folgt aus einer Anwendung des Stokesschen Integralsatzes:

$$(12) \quad \mathfrak{F}_{ij} = \frac{\mathfrak{S}(i,j)}{2\pi A_i} \oint_{\partial A_i} \oint_{\partial A_j} \left(\ln(r) dx_i dx_j + \ln(r) dy_i dy_j + \ln(r) dz_i dz_j \right)$$

Dabei bezeichnen $\partial A_i, \partial A_j$ die Ränder der beiden Integrationsflächen, die zur Integration auf die Koordinatenachsen projiziert werden und dort entlang $dx_i, \ldots, dz_j$ integriert werden. Das gemäß (12) in ein Integral über die Ränder der Flächenelemente umgeformte Integral (11) muß dann aber trotzdem numerisch gelöst werden. Abhängig von der Wahl der Integrationsflächen können hier aber doch recht einfache Integrale anfallen, so daß (12) dann tatsächlich eine Vereinfachung bringt.

9.2.2 Halbkugelapproximation

Unter der Voraussetzung, daß die beiden Flächenelemente (und damit die beiden Integrationsgebiete in (11))

13.1. klein gemessen an ihrem Abstand r und

13.2. vollständig gegenseitig sichtbar

sind, folgt, daß der Winkel α_i fast konstant für alle dA_j auf dem Integrationsgebiet A_j ist; damit ist das Integral über dA_i identisch dem Flächeninhalt von A_i. Daher geht näherungsweise (11) über in

$$(13) \quad \Delta\mathfrak{F}_{dA_iA_j} = \frac{\cos\alpha_i \cos\alpha_j}{2\pi\ r^2} \Delta A_j$$

Die oben genannten beiden Bedingungen lassen sich übrigens algorithmisch in fast allen Fällen dadurch erzeugen, daß die ursprünglichen Integrationsgebiete A_i und A_j nur genügend in kleinere Flächen unterteilt werden müssen, um die Voraussetzungen (13.1,2) für (13) zu schaffen.

Immerhin haben wir mit einer einfachen Näherungsannahme, die auch noch in den meisten Fällen zu realisieren ist, das Doppelintegral in (11) auf eine einfache Integration reduziert. Auch diese kann nun weiter vereinfacht werden.

Dazu betrachten wir die Abb.9.5. Man umgibt das als ebene Fläche angenommene Integrationsgebiet A_i mit einer Kugel mit Radius 1 (Einheitskugel); hier kann auch auf die Halbkugel reduziert werden, die in Richtung des zweiten Flächenelements A_j liegt.

Abb.9.5:
Halbkugelmethode

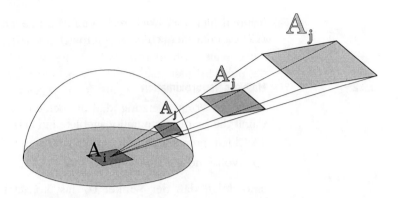

Die Idee ist nun ganz einfach: alle Flächen dA_i, deren Projektion auf die Einheitshalbkugel mit A_i im Zentrum den gleichen Flächeninhalt $\tilde{A}_j$ haben, haben auch den gleichen Formfaktor bzgl. A_i. Dieser Formfaktor ist dann gegeben als

$$(14) \quad \tilde{\tilde{\mathfrak{F}}}_{ij} \approx \frac{\tilde{A}_j}{2\pi\,(1)^2}$$

Zur Bestimmung der Fläche $\tilde{A}_j$ in (14) kann bei dreieckigen Integrationsgebieten näherungsweise die Projektion der Fläche A_j auf die Einheitshalbkugel um A_i durch Zentralprojektion bestimmt werden. Daraus erhält man Schnittpunkte der Verbindungen zwischen Kugelzentrum und den drei Ecken von A_j auf der Kugelfläche. Diese Projektionspunkte auf der Kugelfläche werden dann als ebenes Dreieck verbunden und dessen Flächeninhalt als $\tilde{A}_j$ bestimmt.

Liegen andere, kompliziertere Integrationsgebiete vor, so kann das nachfolgend beschriebene Prinzip der Halbwürfelmethode auch hier übertragen angewendet werden.

9.2.3 Halbwürfelapproximation

Die Halbwürfelmethode (hemicube method) beginnt zunächst mit der gleichen Idee und Geometrie wie die Halbkugelmethode; nur wird hier statt der Halbkugel ein Halbwürfel mit Kantenlänge 2 um die Fläche A_i als Zentrum gelegt (Abb.9.6).

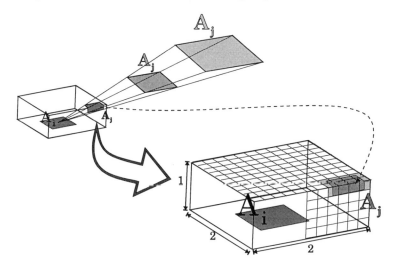

Abb.9.6: Halbwürfelmethode

Die Oberflächen des Halbwürfels werden in kleine, gleich große Rechtecke (Würfelpixel) unterteilt; meist wird hier mit $50^2...100^2$ Würfelpixeln je Seite gearbeitet. Durch Rückprojektion vom Würfelzentrum durch die einzelnen Würfelpixel (oder ggf. mit mehr Aufwand durch die Pixelecken) zur Fläche A_j werden diejenigen Würfelpixel (hellgrau) bestimmt, die von der Projektion (dunkelgrau) von A_j auf den Halbwürfel überdeckt werden.

Jetzt muß aus der Geometrie des Würfels heraus (relative Lage der betroffenen Würfelpixel zum Würfelmittelpunkt) noch der Beitrag zum Formfaktor jedes von der Projektion betroffenen Pixels bestimmt werden.

$$(14) \quad \tilde{\mathfrak{F}}_{ij} \approx \sum_{p=1}^{P} \frac{w}{2\pi r_p^4}$$

Dabei ist w der Flächeninhalt eines Würfelpixels, der für alle Pixel gleich sein soll, und r_p ist der Abstand des jeweiligen Würfelpixels zum Würfelmittelpunkt.

Der Pixelabstand r_p kann bei unserem Halbwürfel nach den Seitenflächen getrennt berechnet werden.

(15.1)
$$r_p^2 = \begin{cases} 1 + x_p^2 + y_p^2 & \text{für obere Fläche} \\ 1 + y_p^2 + z_p^2 & \text{für rechte und linke Fläche} \\ 1 + x_p^2 + z_p^2 & \text{für vordere und hintere Fläche} \end{cases}$$

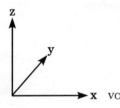

Dabei wird das Orthonormalsystem vorausgesetzt.

Da die Pixelfaktoren

(15.2) $$f(p) = \frac{w}{2\pi r_p^4}$$

für jeden Halbwürfel gleich sind, unabhängig davon, um welche Integrationsfläche er gelegt wurde, ist es sinnvoll, die Pixelfaktoren (15.2) zu Beginn einmal auszurechnen und zu speichern. Bei jedem Würfelpixelzugriff muß dann nur noch in dieser Faktorentabelle der zum p-ten Pixel gehörende Faktorenwert aufgesucht und in die Summe (14) eingefügt werden. Man spart damit eine Menge Rechenzeit, da ja wg. r_p einige Multiplikationen auszuführen sind.

Wir wollen nun abschließend einige Probleme ansprechen, die sowohl bei der Halbkugel als auch bei der Halbwürfelmethode in der Praxis auftreten.

Eine wesentliche Voraussetzung für die Gültigkeit der Approximation (in beiden Modellen) ist, daß der Abstand der betrachteten Flächenelemente groß gegen die Flächengrößen ist. Zwar kann man in den meisten Fällen einfach durch Verkleinerung der Flächenelemente mittels weiterer Unterteilung diese Voraussetzung erfüllen - liegt aber eine Oberfläche eines Objekts unmittelbar auf oder eben sehr nahe an der Oberfläche eines anderen Objekts, so führt eine höhere Segmentzahl - also kleinere Flächenelemente - entweder gar nicht weiter oder man erreicht fast sofort die Darstellungsgenauigkeit der Fließkommazahlen und produziert von daher in Folge Rundungsfehler.

9.2 Formfaktoren

Es empfiehlt sich, vorab solche Sondersituationen abzutesten und dann ggf. andere Methoden zu verwenden.

Eine weitere Fehlerquelle wurde eigentlich schon benannt: die teilweise Verdeckung einer Teilfläche aus Sicht des Zentrums der anderen Teilfläche (siehe Abb.9.7).

Abb.9.7:
Teilweise Verdeckung

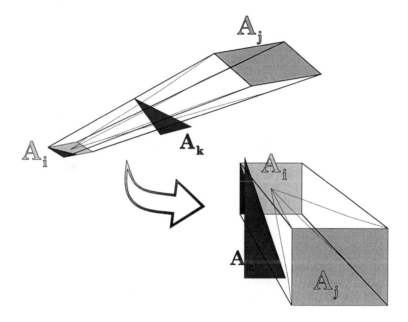

Hier verdeckt ein Flächenelement A_k teilweise - und das ist das Problem! - den Strahlungsverlauf von A_j nach A_i. Diese Verdeckung wird noch nicht einmal vom Zentrum von A_i aus sichtbar: die Zentrumsstrahlen .... treffen A_k nicht.

Trotzdem hat der Schatten natürlich einen Einfluß auf den Formfaktor von i nach j. Diese Fehlersituation sinkt in ihrer Häufigkeit und, falls doch noch eintretend, auch in ihrer Auswirkung allerdings mit der Feinheit der Unterteilung und kann so auf Kosten der Flächenelementezahl reduziert werden.

Untersucht man vor der Segmentierung der Objektflächen in Flächenelemente zusätzlich noch, ob überhaupt solche potentiellen Verdeckungsflächen zwischen je zwei Oberflächenteilen i und j liegen, so kann man bei ungehinderter Sicht (kein solche potentielle schattenproduzierende Fläche) zwischen i und j diese beiden Flächen ggf. weniger stark segmentieren und so Rechenzeit einsparen.

317

9.2.4 Analytische Lösung

Einen ganz anderen Ansatz[3] verfolgt man, wenn in der Grundgleichung (10) zunächst für den Strahlungsemittenten A_j statt der differentiellen Fläche dA_j eine endliche quadratische Fläche ΔA_j eingeführt wird; damit wird der Strahlungsemittent in gleich große *Deltaflächen* ΔA_j (Abb.9.8) unterteilt. Die Grundgleichung lautet dann

(16.1) $\quad \Delta\mathfrak{F}_{dAiAj} = \dfrac{\cos\alpha_i \cos\alpha_j}{2\pi \, r^2} \Delta A_j$

Abb.9.8:
Verwendung einfacher Geometrie

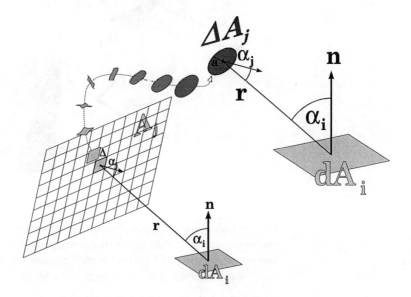

Daraus läßt sich der Formfaktor wieder durch Aufsummieren aller s=1,...,S Deltaflächen ΔA_j bilden:

(16.2) $\quad \mathfrak{F}_{dAiAj} = \sum_s \dfrac{\cos\alpha_{is} \cos\alpha_{js}}{2\pi \, r_s^2} \Delta A_j$

---

[3] siehe hierzu Wallace,J.R., Kells,A.E., Haines,E., A ray tracing algorithm for progressive radiosity, Computer Graphics, 23(3),315-24,Proc.SIGGRAPH'89

Jetzt muß die Geometrie von ΔA_j und dA_i so einfach gewählt werden, daß die noch ausstehende Integration über dA_i *analytisch* gelöst werden kann - damit wäre dann alle numerische Integration überflüssig!

Wir überführen (siehe Abb.9.8) gedanklich die Deltafläche in eine ebene Kreisfläche, deren Anordnung relativ zu dA_i durch zwei Winkel und den Abstand r beschrieben ist. Der hierzu analytisch zu ermittelnde Delta-Formfaktor ist

$$(16.3) \quad \Delta\mathfrak{F}_{dA_iA_j} = \frac{\cos\alpha_i \cos\alpha_j}{2\pi\ r^2 + \pi\ a^2} dA_i$$

und letztendlich der gesuchte Formfaktor

$$(17) \quad \mathfrak{F}_{dA_iA_j} = dA_i \frac{1}{S} \mathfrak{S}(s) \sum_{s=1}^{S} \frac{\cos\alpha_{i_s} \cos\alpha_{j_s}}{2\pi\ r_s^2 + \frac{\pi a^2}{S}}$$

10 Oberflächenstrukturen

Wir wenden uns jetzt in den folgenden Kapiteln den Klasse-3-Verfahren zu. Bislang wurde
- die Modellation glatter Oberflächen,
- die Beschreibung allgemeiner makroskopischer optischer Oberflächeneigenschaften (Spiegelung, Brechung etc.) und
- die Darstellung dieser Flächen und Eigenschaften im Rahmen eines aus physikalischer Sicht schon recht umfassenden Verfahrens (Strahlverfolgungs- und Strahlungsfeldverfahren)

realisiert. Entscheidend ist dabei, daß alle Eigenschaften der Oberflächen - und damit auch die Fähigkeit der oben genannten Darstellungsverfahren - makroskopisch sind: ihre Krümmung ist immer für eine größere Teiloberfläche definiert, Farben und z.B. Reflexionsverhalten gelten immer für eine solche große Teiloberfläche.

Natürlich sind z.B. Polygonoberflächen u.U. aus sehr vielen, gemessen an der Gesamtoberfläche kleinen Polygonen zusammengesetzt, denen jeweils unterschiedliche Oberflächeneigenschaften zuzuordnen sind. Und insbesondere mit Hilfe der Farbschattierungsverfahren von Gouraud und Phong lassen sich schon sehr realistische Farbverläufe entlang der Oberfläche darstellen.

Was damit aber *nicht* realisierbar ist: eine *mikroskopische* Änderung des optischen Oberflächenverhaltens. Wir müssen die Verwendung des Begriffs „*mikroskopisch*" in diesem Zusammenhang definieren; wir nennen eine Oberflächeneigenschaft mikroskopisch, wenn sie sich in der Oberflächenprojektion auf der Bildebene in der Größenordnung von Pixeln ändern kann.

Dies könnten wir bislang nur dann realisieren, wenn das Bild eines Oberflächenteils Pixelgröße hätte - dann aber hätten wir ein Vielfaches an Oberflächenteilen zu handhaben und viele Algorithmen würden aufgrund der begrenzten Fließkommagenauigkeit versagen. Mit einem Satz: ein solcher Ansatz wäre sinnlos.

10 Oberflächenstrukturen

10.1 Texturen

Solche mikroskopischen - also pixelgestützten - optischen Eigenschaften sind nicht etwa nur theoretisch von Interesse; praktische Anwendungen solcher pixelorientierten Oberflächeneigenschaften machen gerade den Reiz der Klasse-3-Verfahren aus und tragen wesentlich zur Realitätsnähe damit erzeugter Grafik bei. Zwar kann mit einer geschickten Verbindung der dargestellten Klasse-2-Verfahren die Beleuchtung, Farbverläufe und Schattenbildung realitätsnah berechnet werden - die (Teil)Oberflächen wirken aber immer künstlich (wegen ihrer nur ganzflächigen optischen Eigenschaften).

Unsere natürliche Umgebung zeichnet sich aber gerade u.a. dadurch aus, daß Oberflächen eine oben benannte mikroskopische Struktur haben. Wir wollen solche mikroskopischen Oberflächeneigenschaften *Texturen* nennen.

Eine Textur läßt sich gut beschreiben (und verstehen) als ebenes, zweidimensionales Muster, daß in geeigneter Weise auf eine unserer Oberflächen abgebildet wird - und dabei natürlich die makroskopische Form der Oberfläche unverändert läßt. Wäre dies bei der Aufbringung der Textur auf die (ggf. gekrümmte) Oberfläche nicht gewährleistet, so würde sich ja die Form des gesamten Objekts ändern, was nicht erwünscht ist!

Abb.10.1: Texturabbildung

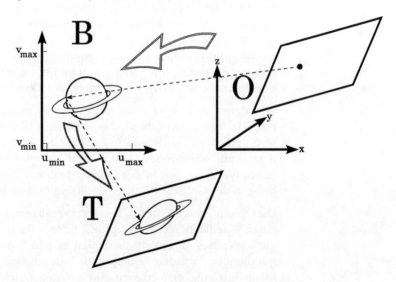

Formal läßt sich die Textur als

(1.1) $\quad T: O \subset \Re^3 \to B \subset \Re^2$

beschreiben: Jedem Punkt der Oberfläche O, die im dreidimensionalen Raum $\Re^3$ definiert ist, wird genau ein Punkt des Texturbildes B zugeordnet, das seinerseits in der Fläche $\Re^2$ definiert ist. Gehen wir einmal von einer Situation gemäß Abb.1 aus, bei der ein rechteckiges Muster (Texturbild, hier aus darstellungstechnischen Gründen eine einfache Vektorgrafik - es kann auch eine Bitmap sein) auf eine hier ebene Oberfläche abgebildet werden soll, so kann (1.1) konkretisiert werden als

(1.2) $\quad \begin{aligned} &T: O \subset \Re^3 \to [u_{min}, u_{max}] \otimes [v_{min}, v_{max}] \subset \Re^2 \\ &T([x,y,z]) = [u,v] \end{aligned}$

Wir gehen i.f. der Einfachheit halber immer von rechteckigen Definitionsbereichen des Bildes B im $\Re^2$ aus; dies ist auch keine nenneswerte Einschränkung, da Texturbilder i.d.R. als Rechtecke definiert werden.

Die praktische Anwendung der Texturabbildung (1.1,2) liegt nun darin, daß z.B. Texturbilder von natürlichen Oberflächen wie z.B. Stein, Marmor, Holz etc. zunächst als Rechteckbild (i.d.R. Rechteckbitmap) erzeugt und anschließend auf Objektoberflächen *aufgeklebt* werden können.

Wir müssen nun noch beschreiben, wie

1. der Aufklebevorgang (die Texturabbildung) für beliebige Oberflächen definiert und wie
2. unterschiedliche Materialoberflächen (Texturbilder) erzeugt

werden können.

10.2 Texturabbildungen

Beschäftigen wir uns zunächst mit der Formulierung von Texturabbildungen gemäß (1). Diese Formulierung der Texturabbildung erfüllt schon eine wichtige Voraussetzung. Da wir die Texturmethode innerhalb eines Strahlverfolgungs- oder Strahlungsfeldmethode einsetzen wollen, bei der Schnittpunkte des

10 Oberflächenstrukturen

Verfolgungsstrahls mit Oberflächen bestimmt werden, muß zu jedem solchen Oberflächenschnittpunkt (mit dem Strahl) der zugehörige Punkt des Texturbilds bestimmbar sein.

Formulieren wir statt (1) eine *inverse* Texturabbildung

(2.1)
$$S:[u_{min},u_{max}] \otimes [v_{min},v_{max}] \subset \Re^2 \rightarrow O \subset \Re^3$$
$$S([u,v]) = [x,y,z]$$

bei der ausgehend vom rechteckigen Texturbild jedem Punkt des Texturbildes genau ein Oberflächenpunkt [x,y,z] zugeordnet ist, so muß wegen obiger Bedingung diese Funktion umkehrbar sein

(2.2) $S^{-1} = T$

damit vom Schnittpunkt (u,v) = T(x,y,z) ausführbar ist.

10.2.1 Polygon mit 4 Ecken

Einen einfachen Fall stellen Oberflächen dar, die mittels beliebiger, viereckiger Polygone beschrieben sind (siehe Abb.10.2).

Abb.10.2: Texturabbildung bei Polygonen

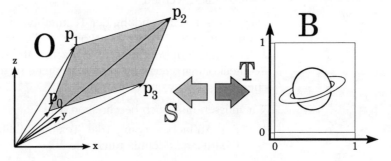

Nehmen wir zunächst an, daß das Texturbild rechteckig und auf das Definitionsbereichsintervall $[0,1][0,1]$ normiert ist. Das Texturbild ist innerhalb dieses Quadrats pixelweise beschrieben.

Das Polygon hingegen muß lediglich viereckig (man kann auch je zwei dreieckige Polygone zusammenfassen) und durch die Eckvektoren **p0,p1,p2,p3** beschrieben sein.

324

Zunächst soll die Abbildung S gemäß (2) formuliert werden. Sie lautet für jeden Punkt (u,v) des Texturbildes

$$S(u,v) = uv(\mathbf{d}-\mathbf{a}) + u\mathbf{a} + v\mathbf{b} \text{ mit}$$

(3)
$$\mathbf{a} = \mathbf{p}_1 - \mathbf{p}_0$$
$$\mathbf{b} = \mathbf{p}_3 - \mathbf{p}_0$$
$$\mathbf{d} = \mathbf{p}_2 - \mathbf{p}_3$$

Suchen wie jetzt die inverse Abbildung hierzu: gegeben sei ein Punkt **q** innerhalb des Polygons **p0,p1,p2,p3**. Welcher Punkt (u,v) des Texturbildes ist ihm zugeordnet? Es ist zunächst möglich, einfach Gleichung (3) nach u und v aufzulösen; hierbei bedingt aber der Term uv eine Gleichung zweiten Grades, deren Lösung etwas rechenintensiv ist.

Wir bilden daher

(4) $$\mathbf{q} \times (\mathbf{c}-\mathbf{b}) = v(\mathbf{b} \times (\mathbf{c}-\mathbf{b})) + u(\mathbf{a} \times (\mathbf{c}-\mathbf{b}))$$

Wird dies ausgerechnet, so ergibt sich ein überbestimmtes Gleichungssystem (3 Gleichungen für 2 Unbekannte u,v), das letztendlich (wir unterschlagen das explizite Durchrechnen) mit

(5.1)
$$Q_x = q_y(c_x - b_x) - q_x(c_y - b_y)$$
$$Q_y = q_z(c_x - b_x) - q_x(c_z - b_z)$$
$$A_x = b_y(c_z - b_z) - b_z(c_y - b_y)$$
$$A_y = b_z(c_x - b_x) - b_x(c_z - b_z)$$
$$B_x = a_y(c_z - b_z) - a_z(c_y - b_y)$$
$$B_y = a_z(c_x - b_x) - a_x(c_z - b_z)$$

zu

(5.2)
$$u = \frac{Q_x(A_yB_x - A_xB_y) - Q_yA_xB_x + Q_xA_xB_y}{B_x(A_yB_x - A_xB_y)}$$
$$v = \frac{Q_yB_xQxB_y}{A_yB_x - A_xB_y}$$

führt. Die Nenner sind für alle Punkte innerhalb des Polygons konstant; es lohnt sich, sie nur einmal vorab zu berechnen - immerhin ist je Schnittpunkt zwischen Verfolgungsstrahl und Fläche diese Texturabbildung zu berechnen.

Damit ist die Texturabbildung $T([x,y,z]) = [u,v]$ bekannt - zumindest für reelle Koordinaten u,v im Texturbild. Das Bild aber ist i.d.R. als Bitmap aus diskreten Pixeln zusammengesetzt. Es fehlt also noch der Übergang von den aus (5.1,2) ermittelten reellen Koordinaten u,v zu Pixelkoordinaten pu,pv.

Sei die Bitmap aus [0,pu_max-1][0,pv_max-1] Pixeln aufgebaut. Eine mögliche Umrechnung wäre dann

(5.3)
$$pu = \texttt{floor}(u * (pu\_max - 1))$$
$$pv = \texttt{floor}(v * (pv\_max - 1))$$

10.2.2 Allgemeine Polygonoberflächen

Die Texturabbildung (5.1,2,3) löst zunächst das Kernproblem: die Abbildung einer Bitmap auf ein beliebiges viereckiges Polygon.

Allerdings sind Objektoberflächen meist aus mehreren Polygonen aufgebaut oder approximierbar (Bezieroberflächen) - und ein Texturbild soll ggf. gleichmäßig auf die gesamte Oberfläche abgebildet werden (siehe Abb.10.3). Daher wird vor die eigentliche Texturabbildung (5.1,2,3) eine Aufteilungsabbildung geschaltet, die Teile der Texturbitmap auf einzelne Teilflächen (Polygone oder Bezierpatchs) abbildet. Diese Aufteilungsabbildung aber hängt von der Form der Zielfläche (der Objektoberfläche) entscheidend ab.

10.2.2.1 Zylinderförmige Flächen

Ist die Oberfläche, die aus den einzelnen Polygonen zusammengesetzt ist, von einer einfachen geometrischen Form, so ist die Abbildung leicht zu finden.

Für einen Zylindermantel mit Radius r und Höhe h z.B., dessen einzelne Oberflächenteile rechteckige Polygone sind, lassen sich die Eckpunkte je Polygon i=0,1,...,p schon im Verlauf der Objektkonstruktion bestimmen.

10.2   Texturabbildungen

$$
\begin{aligned}
\mathbf{A}(i) &= \left[r\cos(i\tfrac{2\pi}{p-1}), r\sin(i\tfrac{2\pi}{p-1}), 0\right] \\
\mathbf{B}(i) &= \left[r\cos(i\tfrac{2\pi}{p-1}), r\sin(i\tfrac{2\pi}{p-1}), h\right] \\
\mathbf{C}(i) &= \left[r\cos((i+1)\tfrac{2\pi}{p-1}), r\sin((i+1)\tfrac{2\pi}{p-1}), 0\right] \\
\mathbf{D}(i) &= \left[r\cos((i+1)\tfrac{2\pi}{p-1}), r\sin((i+1)\tfrac{2\pi}{p-1}), h\right]
\end{aligned}
$$

(6.1)

Diese Werte und/oder ihre Bilder in der Texturbitmap werden am besten schon während der Objektkonstruktion gespeichert.

Abb.10.3: Zylindertextur

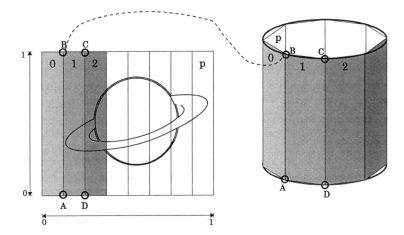

Sind je Polygon die Eckpunktvektoren bekannt, so kann nun die Texturabbildung in die Bitmap definiert werden; wir nehmen wieder an, daß die Bitmap auf $u, v \in [0,1]$ normiert ist. Mit (6.2) wird dann entsprechend der Abb.10.3 die Bitmap entsprechend dem Zielgebiet in Rechtecke aufgeteilt und so die Zylinderabbildung Z definiert.

(6.2)

$$
\begin{aligned}
Z(\mathbf{A}(i)) &= \left[\tfrac{i}{p-1},\ 0\right] \\
Z(\mathbf{B}(i)) &= \left[\tfrac{i}{p-1},\ 1\right] \\
Z(\mathbf{C}(i)) &= \left[\tfrac{i+1}{p-1},\ 1\right] \\
Z(\mathbf{D}(i)) &= \left[\tfrac{i+1}{p-1},\ 0\right], i = 0,\ldots, p-1
\end{aligned}
$$

Ist nun erst einmal die Zylinderabbildung Z ausgeführt, so kann nun für jedes einzelne Bitmaprechteck ABCD die Texturabbildung (nach geeigneter Normierung) gemäß (5.1,2,3) durchgeführt werden.

10.2.2.2 Ebene Flächen

Entsprechend der Abbildung Z für Zylindermantelflächen lassen sich weitere einfache Aufteilungsabbildungen definieren. Ist die Zielfläche eine (auch nur nahezu) ebene, rechteckige Fläche, so kann gemäß Abb.10.4

$$R(\mathbf{A}(i,j)) = \left[\tfrac{i}{I-1},\ \tfrac{j}{J-1}\right]$$

$$R(\mathbf{B}(i,j)) = \left[\tfrac{i}{I-1},\ \tfrac{j+1}{J-1}\right]$$

(7) $\quad R(\mathbf{C}(i,j)) = \left[\tfrac{i+1}{I-1},\ \tfrac{j+1}{J-1}\right]$

$$R(\mathbf{D}(i,j)) = \left[\tfrac{i+1}{I-1},\ \tfrac{j}{J-1}\right], \begin{matrix} i = 0,...,I-1 \\ j = 0,...,J-1 \end{matrix}$$

gewählt werden

Abb.10.4: Flächentextur

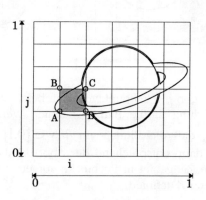
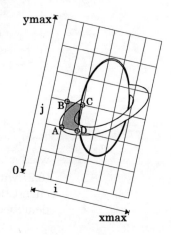

Die Aufteilungsabbildung R ist auch geeignet, wenn die Zielfläche eine Bezieroberfläche über einem rechteckigen Grundgebiet ist. Dann werden Rechtecke der Bitmap auf Bezierpatchs abgebildet; teilt man jedes Bezierpatch noch einmal in 4, 16, ... Teilpatches auf (de Casteljau Algorithmus), so kann diese Abbildung durchaus (bei einigermaßen normalen Flächenformen) annehmbare Ergebnisse liefern. Nicht geeignet ist dieses Verfahren, wenn die Bezieroberfläche an den Kanten verknüpft ist - dann nimmt man besser die Aufteilungsabbildung Z für Zylinderflächen. Auch sollte die Bezieroberfläche sich nicht selbst durchdringen - ein solcher Fall erfordert dann eine spezifische Behandlung, die sich nach der Art der Durchdringung richten muß und nicht allgemeingültig besprochen werden kann.

10.2.2.3 Kugelförmige Flächen

Eine Aufteilungsabbildung für *ganze* Kugeloberflächen (oder ähnliche Oberflächenformen) läßt sich nur mit unbefriedigenden Ergebnissen definieren - der Grund hierfür liegt darin, daß an den Kugelpolen eine eindeutige Abbildung nicht möglich ist. Ein gangbarer Ausweg (oder besser: Umweg) besteht darin, daß man (siehe Abb.10.5) zunächst die Pole ausspart und nur einen Teil der Kugeloberfläche (bis nahe an die Pole heran) auf die Textur abbildet. Dieser Teil des Kugelmantels wird dann mittels der Rechteckabbildung (7) auf die Texturbitmap abgebildet.

Abb.10.5: Kugeltextur

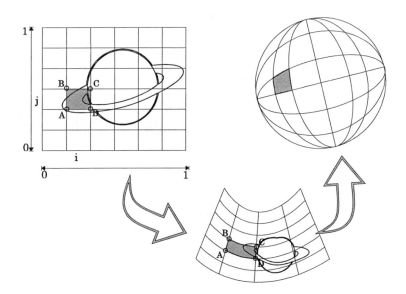

10.2.2.4 Würfelflächen

Offensichtlich läßt sich mit den Aufteilungsabbildungen R und Z schon eine größere Menge von Oberflächenformen bearbeiten. Eine Sonderstellung nimmt der Würfel (als Stellvertreter für eine ganze Familie von Oberflächen mit scharfen Kanten wie z.B. Pyramide) ein. Zwar sind solche Oberflächen mit scharfen Kanten eigentlich ideal für die Anwendung der Abbildung R geeignet - die scharfen Kanten aber erzwingen Unstetigkeiten und damit jeweils Sonderbehandlungen.

Wir halten also fest: die eigentlich zu verwendende Aufteilungsabbildung ist die Flächenabbildung R; durch geeignete Sonderbehandlung muß vorher dafür gesorgt werden, daß

- die richtigen Texturteile
- mit korrekter Orientierung
- auf die passenden Teilflächen

abgebildet werden. Wir müssen also *nur* die Objektoberfläche an den Kanten *aufschneiden* und geeignet auf die Textur *legen* - und dann je Teilfläche R oder ggf. direkt die Texturabbildung (5.1,2,3) anwenden.

Abb.10.6 zeigt diese Vorausteilung am Beispiel eines Würfels.

Abb.10.6: Würfeltextur

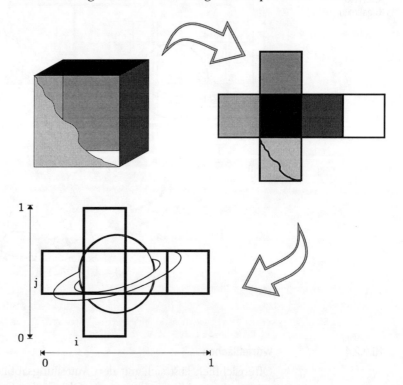

10.2 Texturabbildungen

Der Würfel wurde dabei zum besseren Verständnis seitenweise unterschiedlich eingefärbt und seine Vorderseite aufgeschnitten. Die Abbildung zeigt, wie der Würfel aufgeschnitten und auf die Textur gelegt werden kann. Wichtig ist dabei die Orientierung der Koordinatenachsen der Objektkoordinaten im $\Re^3$.

Man bestimmt also für einen gefundenen Schnittpunkt des Verfolgungsstrahls mit einer der 6 Würfelflächen den Index der Fläche und damit (i.d.R. mittels `switch`-Anweisung) die gültige Koordinatentransformation gemäß Abb.10.7.

Abb.10.7:
Würfelflächenkoordinaten

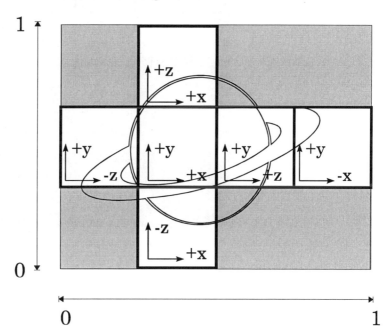

Schwierigkeiten machen zusätzlich noch die in Abb.10.7 ▨ - unterlegten Texturbitmapteile: sie werden wie abgebildet nicht dargestellt und an den Würfelkanten treten damit Diskontinuitäten auf. Dieser Effekt fällt dann nicht sonderlich ins Gewicht, wenn die Textur nur eine feine Musterung (z.B. eine Steinoberfläche siehe Abb.10.8) darstellt und kein (wie in der Abbildung angedeutet) zusammenhängendes großstrukturiertes Bild.

Ein praktikabler Weg kann auch die Normierung der Texturbitmap auf ein kleineres Intervall sein, so daß dann mehr Bildanteile auf die Würfelteile entfallen.

10 Oberflächenstrukturen

Allerdings kann man sich bei Texturen wie beispielsweise in Abb.10.8 dargestellt fast schon den Aufwand der Aufteilungsabbildung sparen und einfach jeder Würfeloberfläche direkt mittels der Texturabbildung (5) eine eigene Texturbitmap zuordnen - gehen die Teilflächen wie beim Würfel diskontinuierlich ineinander über, so wird dieses Vorgehen kaum unangenehm auffallen. Bei anderen Oberflächen allerdings sollten die besprochenen Aufteilungsabbildungen benutzt werden.

Abb.10.8:
Würfeltextur:Marmor

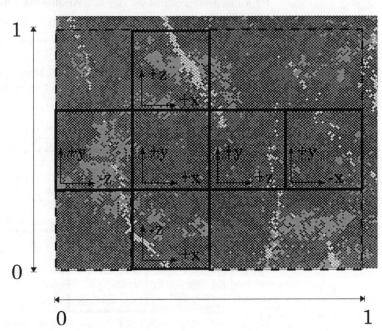

10.2.3 Beliebige Oberflächen

Sollten einmal Oberflächenformen vorliegen, bei denen die Aufteilungsabbildungen des vorherigen Kapitels nicht direkt anwendbar sind, so kann man sich eines 2-Schrittverfahrens bedienen[1].

Hier wird in einem ersten Schritt (dem s-mapping) eine der besprochenen Aufteilungsabbildungen entsprechend der Form der Objektoberfläche geschickt ausgewählt. Diese Auswahl kann

---

[1] In der englischsprachigen Literatur häufig als S-O-mapping bezeichnet. Siehe hierzu z.B. Bier, E.A., Sloan, K.R., Two-Part texture mapping, IEEE Computer graphics and Applications, 6(9), 40-53, 9'86

(soweit bekannt) kaum algorithmisiert werden, sondern muß im Rahmen der Objektmodellierung explizit angegeben werden. In jedem Fall sollte die Aufteilungsabbildung möglichst gut der Form des Objekts entsprechen.

Ist dies einmal durchgeführt (an dieser Stelle haben wir in 10.2.2 die weitere Verarbeitung direkt der Texturabbildung (5) überlassen) und ist das Ergebnis jetzt noch nicht qualitativ ausreichend, so kann nun noch eine zweite Abbildung hinzugefügt werden (engl.: o-mapping).

Diese zweite Abbildung hat aber gegenüber der Aufteilungsabbildung (s-mapping) einen entscheidenden Vorteil: nach der (ersten) Aufteilungsabbildung ist die Textur bereits auf einer Oberfläche X im Raum vorhanden - nicht mehr als rechteckige Bitmap in der Fläche!

Die gesuchte zweite Abbildung O (wir übernehmen einfach die Bezeichnung o-mapping) ist also formal

(8)
$$O: X \subset \Re^3 \to \Re^3$$
$$O([x, y, z]) = [x', y', z'] \in \Re^3$$

zu beschreiben. Wir machen es uns nun besonders einfach: die gesuchte Abbildung O hängt ja von der Form der Objektoberfläche ab - wird also gar nicht explizit zu beschreiben sein. Damit versuchen wir gar nicht erst eine explizite Angabe von O, sondern beschreiben O direkt als Algorithmus.

Wir stellen sogar noch die zusätzliche Forderung auf, daß nach Durchführung des Algorithmus O auf das Ensemble (Texturoberfläche X + Objektoberfläche P) keine zusätzliche Texturabbildung gemäß (5) notwendig sein soll.

Abb.10.9:
s-o-Abbildung der Texturfläche

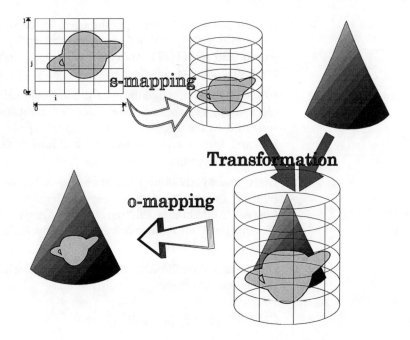

Die Beschreibung von O als Verfahren ist einfach:

1. Normieren und Verschieben der Texturoberfläche X derart, daß sie geeignet um das Objekt P liegt - P also im *Inneren* von X liegt (siehe Abb.10.9)
2. Projizieren von X auf P (siehe Abb.10.10); Verfolgungsstrahlen eines raytracers müssen dabei die um P liegende Fläche X vor der ersten Wechselwirkung mit P ignorieren.

Wir machen uns damit unsere Kenntnisse der Projektion und/oder Strahlverfolgung zunutze, um O durchzuführen.

10.2 Texturabbildungen

Abb.10.10:
o-Abbildungen der Texturfläche

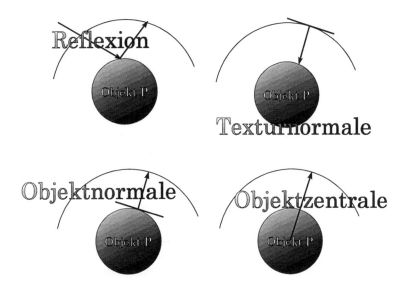

Die einzelnen Möglichkeiten, die Texturfläche auf die Objektoberfläche zu projizieren, sind in Abb.10.10 dargestellt. Wir betrachten hier das Beispiel aus Abb.10.9 von oben: der Kegel ist das Objekt P, die Zylinderfläche X ist jeweils teilweise dargestellt. Alle 4 gezeigten Möglichkeiten der o-Abbildung sind übrigens prinzipiell geeignet, die gesamte Oberfläche des Objekts P mit der Texturfläche X zu bedecken. Die Projektionsmöglichkeiten sind nun

1. **Reflexion**

   Der Verfolgungsstrahl eines laufenden Strahlverfolgungsverfahrens wird an der Objektoberfläche exakt spiegelnd reflektiert. Es wird der Schnittpunkt des reflektierten Strahls mit der Texturfläche bestimmt und der Farbwert dieses Schnittpunkts auf den Spiegelpunkt der Objektoberfläche übertragen. Übrigens bietet sich hier eine wichtige Erweiterung an: statt des reflektierten Strahls könnt man auch den Strahl transmittieren (zweimal: ins Objekt hinein und aus dem Objekt hinaus) und dann die Texturfläche schneiden. Der optische Effekt wäre dann der eines durchscheinenden Objekts, wobei man sowohl die Oberflächenstruktur diesseits (durch Reflexion) als auch jenseits auf der abgewandten Seite des Objekts sehen könnte.

335

Die 3 weiteren Projektionsverfahren arbeiten unabhängig von irgendwelchen Verfolgungsstrahlen und sind daher geeignet, die Textur einmalig zu Beginn einer Strahlverfolgung auf die Objektoberfläche zu projizieren und sich diese Abbildung zu merken - sie ist nämlich unabhängig vom Betrachtungswinkel und daher insbesondere für Strahlungsfeldverfahren geeignet.

2. **Objektnormale**
Zu jedem diskreten Oberflächenpunkt (wir legen hierzu ein diskretes Punktgitter über die Oberfläche) wird die Normale auf die Objektoberfläche bestimmt und der Schnittpunkt dieser Normalen mit der Texturfläche ermittelt.

3. **Texturnormale**
Hier wird die Texturfläche mit einem Punktgitter überzogen und für jeden Gitterpunkt die Normale auf der Texturfläche bestimmt. Der Schnittpunkt dieser Normalen mit der Objektoberfläche bestimmt dort die Oberflächenfarbe. Damit wird ein diskretes Punktegitter auf der Objektoberfläche induziert.

4. **Objektzentrale**
Abweichend zu (2) wird nicht die Normale in einem Gitterpunkt, sondern die Objektzentrale durch diesen Gitterpunkt verfolgt, bis sie die Texturfläche schneidet.

Bei den Projektionsmöglichkeiten 2,3,4 besteht das Problem, daß nur an den endlich vielen Gitterpunkten ein Oberflächenfarbwert für das Objekt bestimmt wird - wir können damit nicht die Objektoberfläche geschlossen abdecken. Abhilfe schafft hier folgendes zusätzliche Vorgehen:

Zunächst wird also an den diskreten Gitterpunkten gemäß 2,3 oder 4 ein Farbwert auf der Objektoberfläche ermittelt.

Ist nun danach der Farbwert an einem bestimmten Objektpunkt gefragt, so wird dieser aus den bekannten Farbwerten der Gitterpunkte durch Interpolation berechnet

10.3 Unebene Oberflächen

Bei den Texturen wird ein flächiges Bild auf eine glatte Oberfläche *geklebt*. Dabei ändert sich aber nichts daran, daß die Oberflächenstruktur selbst geometrisch perfekt glatt ist - dies ist eine mikroskopische Eigenschaft, die nichts mit Flächenkrümmungen etc. zu tuen hat.

Viele Objekte der Realität aber haben keine glatte Oberfläche - im Gegenteil müssen wir *außerhalb* des Bereichs künstlich erzeugter Objekte (Spiegel, Autokarosserie etc.) lange nach wirklich glatten Oberflächen suchen.

Wollen wir also insbesondere Objekte der natürlichen Umwelt darstellen, so müssen wir die aufgrund unserer Beschreibungsmodelle für Oberflächen (Polygone, Bezierflächen) immanent glatten Flächen nachträglich mit einer definierbaren *Oberflächenstruktur* versehen.

Eine solche Oberflächenstruktur kann zusätzlich mit einer glatten Textur (siehe vorherige Kapitel) kombiniert werden, um auch die entsprechende Farbgebung simulieren zu können.

10.3.1 Normalenstörung

Wir wollen zunächst vermeiden, die mittels Modellation geschaffene Oberflächenform explizit zu verändern und damit neu definieren zu müssen.

Statt dessen belassen wir die geometrische Form unserer Objektoberfläche und *simulieren* lediglich eine Oberflächenstruktur. Alle Klasse-2-Verfahren benutzen als wesentliche Information jeweils die Flächennormale in einem Oberflächenpunkt. Wenn die Oberfläche geometrisch glatt ist, ändert sich diese Flächennormale kontinuierlich mit der Flächenkrümmung - bei Polygonen bleibt sie z.B. konstant über das gesamte Polygon.

Ist die Oberfläche aber rauh, so ändert sich die Normalenrichtung zwar immer noch entsprechend der Flächenkrümmung kontinuierlich - zusätzlich kommt aber eine *kleine Störung* hinzu, die sich ggf. schneller als die Flächenkrümmung ändert.

Von der Art dieser *kleinen Störung* hängt es dann ab, welche Oberflächenstruktur simuliert wird.

10 Oberflächenstrukturen

Gehen wir vom schwierigeren Fall aus: die Oberfläche ist durch einen Bezierspline $O(u,v)$, $u,v \in [0,1]$ beschrieben; das Folgende läßt sich aber auch sofort auf Polygonoberflächen übertragen.

Die Flächennormale in einem Oberflächenpunkt ist dann

$$(9) \quad \mathbf{n}(u,v) = \frac{\partial \mathbf{O}}{\partial u}(u,v) \times \frac{\partial \mathbf{O}}{\partial v}(u,v)$$

Jetzt stören wir diese Normalenrichtung mit einer Störfunktion $\mathfrak{S}(u,v)$, die hier erst einmal als gegeben angenommen werden soll; wir werden weiter unten zeigen, wie solche Störfunktionen aussehen können.

$$(10) \quad \tilde{\mathbf{O}}(u,v) = \mathbf{O}(u,v) + \mathfrak{S}(u,v) \frac{\mathbf{n}(u,v)}{|\mathbf{n}(u,v)|}$$

Die Störfunktion wird mit der Normalen, die hier auf Einheitslänge normiert wird, multipliziert; die daraus resultierende gestörte Normalenrichtung wird zur glatten Oberfläche hinzuaddiert. Da ist soweit schon alles - wir müssen nur noch bestimmen, wie jetzt der neue Normalenvektor der gestörten Oberfläche $\tilde{\mathbf{O}}(u,v)$ berechnet wird. Denn alle Klasse-2-Verfahren benötigen ja diesen neuen Normalenvektor. Setzt man (10) in (9) ein, so folgt

$$(11.1) \quad \tilde{\mathbf{n}}(u,v) = \frac{\partial \tilde{\mathbf{O}}}{\partial u}(u,v) \times \frac{\partial \tilde{\mathbf{O}}}{\partial v}(u,v)$$

Ausrechnen liefert mit (10)

$$\tilde{\mathbf{n}}(u,v) = \left(\frac{\partial \mathbf{O}}{\partial u} \times \frac{\partial \mathbf{O}}{\partial v}\right) +$$
$$(11.2)$$
$$\left(\frac{\partial \mathfrak{S}}{\partial u} \frac{\mathbf{n}}{|\mathbf{n}|} \times \frac{\partial \mathbf{O}}{\partial v}\right) + \left(\frac{\partial \mathbf{O}}{\partial u} \times \frac{\partial \mathfrak{S}}{\partial v} \frac{\mathbf{n}}{|\mathbf{n}|}\right)$$

Dabei haben wir drei Terme fallenlassen, die entweder nur sehr kleine Beiträge liefern und die Berechnung unnötig komplizieren würden oder sogar identisch 0 sind. Der erste Term in (11.2) ist aber die alte, ungestörte Normale $\mathbf{n}$ und der zweite term läßt sich noch etwas umschreiben, so daß endlich

$$\text{(12)} \quad \tilde{\mathbf{n}}(u,v) = \mathbf{n}(u,v) + \left(\frac{\partial \mathfrak{S}}{\partial u} \frac{\mathbf{n} \times \frac{\partial \mathbf{O}}{\partial v}}{|\mathbf{n}|} \right) + \left(\frac{\partial \mathfrak{S}}{\partial v} \frac{\mathbf{n} \times \frac{\partial \mathbf{O}}{\partial u}}{|\mathbf{n}|} \right)$$

heraus kommt. Für eine ebene Fläche - also i.w. den Polygonen wird (12) einfach zu

$$\text{(13)} \quad \tilde{\mathbf{n}}(u,v) = \mathbf{n}(u,v) + \left(\frac{\partial \mathfrak{S}}{\partial u} \frac{\mathbf{n}}{|\mathbf{n}|} \right) + \left(\frac{\partial \mathfrak{S}}{\partial v} \frac{\mathbf{n}}{|\mathbf{n}|} \right)$$

Wir müssen also nur geeignete Störfunktionen $\mathfrak{S}(u,v)$ kennen und ihre partiellen Ableitungen in (12) bzw. (13) einsetzen - den daraus resultierenden gestörten Normalenvektor $\tilde{\mathbf{n}}(u,v)$ bieten wir dann jeweils den Klasse-2-Verfahren statt des *normalen* Normalenvektors an.

10.3.2 Störfunktionen

Die Definition einer Störfunktion muß eigentlich nur drei Regeln folgen:

1. Die Störfunktion muß sich mit dem Oberflächenpunkt ändern (sonst bleibt die Fläche ungestört und glatt!) - also $\mathfrak{S}(u,v)$
2. Da die Flächenparameter (u,v) i.d.R. im Intervall [0,1] variieren, sollte dies in der Störfunktion berücksichtigt werden; falls gewünscht, kann sich die Störfunktion dann schnell innerhalb dieses Intervalls ändern - oder auch langsam.
3. Die partiellen Ableitungen $\frac{\partial \mathfrak{S}}{\partial u}$ und $\frac{\partial \mathfrak{S}}{\partial v}$ müssen (möglichst leicht) berechenbar sein.

Wie sie nun konkret aussieht, ist i.w. der Experimentierfreude des Programmiers überlassen, der damit unterschiedlichste Oberflächenstrukturen erschaffen kann. Wir wollen i.f. nur einige Anregungen geben.

10.3.2.1 Wellenformen

Wellenförmige Oberflächen finden sich recht häufig in der Natur. Wir führen daher gleich eine ganze Funktionenmenge ein, die -

10 Oberflächenstrukturen

abhängig von diversen Parametern - solche Wellenstrukturen auf eine Fläche bringen können.

Zunächst die Funktion und ihre partiellen Ableitungen, die ja in (12) und (13) benötigt werden.

(14.1) $\quad \mathfrak{S}(u,v) = A\sin(Bu+C) * \sin(Dv+E)$

(14.2)
$$\frac{\partial}{\partial u}\mathfrak{S}(u,v) = AB\cos(Bu+C) * \sin(Dv+E)$$
$$\frac{\partial}{\partial v}\mathfrak{S}(u,v) = AD\sin(Bu+C) * \cos(Dv+E)$$

Die Parameter haben dabei (etwa) die folgenden Funktionen - am besten probiert man aber ihre Wirkung aus!

Parameter	Bedeutung	Wertintervall
A	Wellenhöhe insgesamt	etwa 0.01 - 0.1
B,D	Länge der Wellen in beiden Richtungen, zusätzlich individuell Wellenhöhe	1:volle Sinuswelle, >1:mehrere Sinuswellen <1:Teil einer Welle
C,E	jeweils Startverschiebung der Welle	[0,1]

Interessant können auch die Effekte sein, wenn statt (14) eine Addition benutzt wird.

(15.1) $\quad \mathfrak{S}(u,v) = A\sin(Bu+C) + \sin(Dv+E)$

(15.2)
$$\frac{\partial}{\partial u}\mathfrak{S}(u,v) = AB\cos(Bu+C)$$
$$\frac{\partial}{\partial v}\mathfrak{S}(u,v) = AD\cos(Dv+E)$$

Die Parameter haben dabei etwa die obigen Wirkungen. Insgesamt ergibt sich allerdings eine ungestörte, exakte zweidimensionale Wellenstruktur.

10.3.2.2 Rauschen

Gleichgültig, welche Störfunktion letztendlich benutzt wird, ist das Ergebnis das Bild einer geometrisch exakten Funktion. Zufällige Änderungen in der Störfunktion müssen zusätzlich implementiert werden.

Wir wollen als begriffliche Unterscheidung zu den Störfunktionen (die ja durchaus regelmäßige Bilder liefern) den Begriff der Rauschfunktion rauschen() einführen, wenn wir über zufällige Störungen reden.

Leider kann man nun nicht einfach einen geeignet normierten Zufallszahlengenerator z.B. auf zweidimensionale flächige Texturen, den bereits fertig gestörten Normalenvektor $\tilde{n}$ oder auch auf einzelne Parameter der Störfunktion angewenden; die Rauschfunktion muß nämlich zwei ganz wesentliche Bedingungen erfüllen.

1. Die Rauschfunktion muß in ihrer Wirkung steuerbar sein, also entsprechende Parameter besitzen.
2. Das Resultat einer Verrauschung muß kontinuierlich sein. Das bedeutet, daß zwar das Bild der Störfunktion insgesamt (großflächig) zufälligen Änderungen unterworfen wird, die Differenz dieser Änderungen (sozusagen die Änderung des Rauschen) aber für jeweils benachbarte Oberflächenpunkte nur sehr gering sein darf.

Wenn insbesondere die zweite Bedingung verletzt wird, produzieren wir i.d.R. nebelähnliche Strukturen.

Eine Lösung dieses Problems[1] besteht darin, zunächst ein in seiner Dimension der Dimension der zu verrauschenden Textur entsprechendes Gitter mit diskreten Gitterpunkten zu schaffen (siehe Abb.10.11).

---

[1] Grundlegende Arbeit hierzu: Perlin, K., An Image Synthesizer, Computer Graphics, 19(3), 287ff, Proc. SIGGRAPH 1985

10 Oberflächenstrukturen

Abb.10.11:
Rauschfunktion

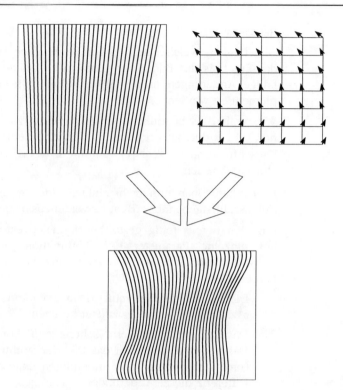

Für das Verrauschen einer zweidimensionalen Störfunktion z.B. wird dann ein zweidimensionales Feld mit Fließkommazufallszahlen aus dem Intervall [0,1] berechnet. Die Anzahl der Feldelemente entspricht der Stützpunktdichte des Gitters - und das Gitter muß nicht unbedingt quadratisch sein.

Schon die Anzahl der Stützpunkte je Dimension ist ein wichtiger Parameter: je mehr Stützpunkte definiert werden, desto näher liegen die einzelnen Zufallswerte aneinander - desto verrauschter (unregelmäßiger) ist die Wirkung.

Programmtechnisch muß zunächst ein globales Feld...

```
#define MAX_INTRAUSCHEN 128
double rauschen2D[MAX_INTRAUSCHEN ][MAX_INTRAUSCHEN ];
```

...definiert und vor der ersten Nutzung einmal initialisiert werden:

```
void TEX_InitialisiereRauschen2D(umax, vmax)
unsigned short umax, vmax;
{
    unsigned short i, j;
```

```
if( umax > MAX_INTRAUSCHEN || vmax > MAX_INTRAUSCHEN )
         return(-1); /* Fehler */

for(i=0; i< umax ; i++)
  for(j=0; j< vmax; j++)
```

Die Zufallswerte des diskreten Gitters werden auf das Intervall [0,1] normiert; eine Umnormierung kann später im Verfauf der Texturbildung vorgenommen werden.

```
rauschen2D[i][j] = (double)rand()/(double)RAND_MAX;
```

```
          return(0); /* done ok */
}
```

Hier werden eindimensionale Zufallswerte je Stützpunkt im zweidimensionalen Gitter berechnet; statt dessen kann man auch - wie in Abb.10.11 - je Stützpunkt zwei Zufallswerte abspeichern - also je Stützpunkt einen Verschiebevektor zufällig bestimmen.

Benötigt man nun einen Zufallswert (egal ob Skalar oder Vektor) an einem Punkt z.B. der zweidimensionalen Störfunktion $\mathfrak{S}(u,v)$, dann ist $u,v \in [0,1] \subset \mathfrak{R}$ eine reellwertige Koordinate (in der Ebene). Die Rauschwerte aber sind nur an diskreten Gitterstützpunkten definiert. Um den gesuchten Rauschwert an der Stelle (u,v) zu erhalten, interpoliert man die umgebenden Gitterwerte mittels linearer, bilinearer oder kubischer Interpolation - je nach Dimension des Problems. Durch die Interpolation ist die Bedingung 2 gewährleistet - die zufälligen Störungen gehen glatt ineinander über und bilden ein großflächiges, zufälliges Muster. Im zweidimensionalen Fall könnte eine solche Interpolation durch die Funktion[2] ...

```
double TEX_Rauschen2D(u, v, umax, vmax)
double u, v;
unsigned short umax, vmax;
```

...realisiert werden. Dabei werden die reellwertigen Koordinaten (u,v) und die beiden Stützpunktdichten umax, vmax übergeben.

```
{
         int iu, iv, ip, iq;
         double du, dv, bottom, top;
```

---

[2] in Anlehnung an: Watt, A., Watt, M., Advanced Animation and Rendering Techniques, Addison-Wesley

10 Oberflächenstrukturen

```
            du = modf(u, &iu);
            dv = modf(v, &iv);

            iu = iu % (int)umax;
            iv = iv % (int)vmax;
            ip = (iu+1)%(int)umax;
            iq = (iv+1)%(int)vmax;

            bottom = rauschen2D[iu][iv] + du*(rauschen2D[ip][iv] -

                rauschen2D[iu][iv]  );
            top    = rauschen2D[iu][iq] + du*(rauschen2D[ip][iq] -

                rauschen2D[iu][iq]  );

            return(bottom + dv*(top-bottom));
     }
```

Auch die Wirkung der Rauschfunktion (Forderung 1) ist gegeben. Wir haben schon den Einfluß der Stützpunktdichte genannt. Hinzu kommt noch die Möglichkeit, die Normierung der Zufallszahlen anders als [0,1] zu wählen - damit wird die Wirkung der zufälligen Verrauschung global für das ganze Gitter gesteuert. Macht man zusätzlich diese Normierung vom Gitterstützpunkt abhängig und variiert sie über die Stützpunktindizes, so lassen sich Materialkonzentrationen simulieren.

Ein komplexes Beispiel für die Verwendung der zweidimensionalen Rauschfunktion und gleichzeitig ein Beispiel dafür, das die Simulation bestimmter natürlicher Materialien (hier: Marmor) schon zu recht komplizierten Funktionen führen kann, ist die Funktion[3]

```
     COLORREF TEX_Marmor2D(u, v)
```

Hier wird zunächst eine Bandstruktur (3 unterschiedliche Intensitäten) definiert.

```
     double u, v;
     {
            double breite, intensitaet, d1, d2;

            breite = 0.03;   /*Streifenbreite*/
```

Diese drei Bänder werden in ihrer Breite verrauscht.

---

[3] in Anlehnung an: Rauber, T., Algorithmen der Computergrafik, Teubner

```
            d1 = (sin(u)+1000.)*250*breite +
                            7*TEX_Rauschen2D(u/100., v/100.);
            d2 = ((int)d1)%17;
```

Hier wird entschieden, welches der drei Bänder vorliegt.

```
        if(d2 < 4){
        intensitaet = 0.7 + 0.2*TEX_Rauschen2D(u/70., v/70.);
        }
        else if( (d2<9) || (d2>12) ){
        d1 = fabs(d1 - fmod(d1, 17.)*17. - 10.5)*0.1538462;
                    intensitaet = 0.4 + 0.3 * d1 +
                            0.2*TEX_Rauschen2D(u/100., v/100.);
        }
        else {
                    intensitaet = 0.2 +
                            0.2*TEX_Rauschen2D(u/100., v/100.);
        }
```

Der hier dargestellt Marmor ist einfarbig und unterscheidet sich nur nach seinem Grauwert.

```
            return( RGB(0.9*intensitaet,  0.8*intensitaet,
                                    0.6*intensitaet) );
}
```

Neben der oben erwähnten Rauschfunktion erweist sich ein Algorithmus, der die Pixelgröße pixelgroesse (erfragbar via GetDeviceCaps() des Windows SDK oder mittels WHP_ErmittleGrafikfaehigkeiten()) berücksichtigt, als sehr günstig, wenn etwas größer dimensionierte Verrauschungen erwünscht sind - wir benennen diesen Effekt zur Unterscheidung als Turbulenz. Die entsprechende Realisierung[4] ist dann mittels

```
double TEX_Turbulenz2D(u, v, umax, vmax)
double u, v;
unsigned short umax, vmax;
{
        double t = 0.;
        double s = 1.;

        while(s > pixelgroesse){
                    t += s * TEX_Rauschen2D(u/s,v/s,umax,vmax);
                    s /= 2.;
```

---

[4] in Anlehnung an: Watt, A., Watt, M., Advanced Animation and Rendering Techniques, Addison-Wesley

```
        }
                return(t);
}
```

schnell beschrieben. Wir wollen zum Abschluß noch eine Funktion vorstellen, die die typische Oberflächentextur von Holz nachbildet.

```
COLORREF TEX_Holz3D(u,v,w,hellefarbe,dunklefarbe)
```

Offensichtlich werden nicht zwei Flächenkoordinaten, sondern drei Raumkoordinaten u,v,w übergeben; die zweidimensionale Fassung der Funktion folgt weiter unten.

```
double u,v,w;
```

Das Holz hat dabei nur Ringe in 2 Farben.

```
COLORREF hellefarbe, dunklefarbe;
{
        double r, a;
        int g;

        r = sqrt(u*u + w*w);
```

Es wird explizit eine Division durch w==0 verhindert:

```
        if( w==0. && u>0.)
                a = 0.;
        else if( w==0. && u<0)
                a = 4.*arctan(1.);
        else
                a = arctan(u/w);
```

Der (bislang exakt kreisförmige Radius des Rings, auf dem der Punkt (u,w) liegt, wird etwas *verzogen*.

```
        r += 2.*sin(20.*a + v/150.);
```

Jetzt muß nur noch entschieden werden, welche Farbe der Ringpunkt hat.

```
        g = floor(r)%60.;
        if (g<40)
                return( hellefarbe );
        else
                return( dunklefarbe );
}
```

Die Holzmaserungsfunktion TEX_Holz3D() produziert nicht nur hübsche Muster - sie ist ein Beispiel für eine Art von Texturbild, das bislang nicht besprochen wurde! Zur Erinnerung: wir haben oben einen erheblichen Aufwand betrieben, um geschickt zweidimensionale Texturbitmaps auf Oberflächen im Raum zu *kleben*. Das könnte man zwar auch mit einer zweidimensionalen Holztextur machen. Ist aber ein Objekt (anschaulich) aus dem Material Holz *herausgeschnitten,* so werden ja die räumlichen Strukturen des Materials je nach Oberflächenform des Objekts an unterschiedlichen Raumpunkten (des *Holzblocks*) sichtbar - ein einfaches *Aufkleben* einer Flächentextur kann diesen Effekt nur sehr schlecht wiedergeben.

Deshalb definieren wir den *Holzblock* als Raumtextur und können nun jedem Oberflächenpunkt des Objekts (der ja ein Raumpunkt ist) nach einer Koordinatentransformation (das Objekt wird in einen Würfel mit der kantenlänge 1, der symmetrisch um den Ursprung liegt transformiert) mittels obiger Funktion sofort der korrekte Farbwert der Holzmaserung zugewiesen werden. Das geht natürlich auch mit anderen Materialien.

Will man (z.B. für eine Tischfläche) eine flächige Holztexturfunktion haben, so erfüllt diesen Wunsch

```
COLORREF TEX_Holz2D(u,w,umax,vmax,hellefarbe,dunklefarbe)
double u,w;
unsigned short umax, vmax;
COLORREF hellefarbe, dunklefarbe;
{
        double r, a;
        int g;

        r = sqrt(u*u + w*w)*0.4*TEX_Rauschen2D(u,w,umax,vmax);
```

Es wird explizit eine Division durch w==0 verhindert:

```
        if( w==0. && u>0.)
                a = 0.;
        else if( w==0. && u<0)
                a = 4.*arctan(1.);
        else
                a = arctan(u/w);
        r += 2.*sin(20.*a);
        g = floor(r)%60.;
        if (g<40)
                return( hellefarbe );
        else
                return( dunklefarbe );
}
```

10.4 Oberflächengenerierung

Die in 10.2,3 besprochenen Texturverfahren versehen Polygon- und Bezieroberflächen mit bestimmbaren Oberflächeneigenschaften, die sehr gut Materialoberflächen aus der Natur wiedergeben können. Außerdem haben wir in vorherigen Kapiteln definiert, wie solche Oberflächen beschrieben werden können.

Zwar könnten wir mittels dieser Oberflächenbeschreibungsverfahren (Polygone, Beziersplines) Objekte wie z.B. einen Berg, eine Wolke oder einen Baum in allen Einzelheiten konstruieren - wir müßten nur einen unvertretbaren Modellationsaufwand betreiben, um z.B. die kantige Felsstruktur eines Bergs (hier bietet sich wg. der natürlich wirkenden Kanten eine Polygonbeschreibung der Felsoberfläche an) in allen ihren Einzelheiten explizit Polygon für Polygon zu beschreiben. Bei hohem Qualitätsanspruch müßten wir solch einen Felsen mittels einiger 1000 oder 10000 Einzelpolygone modellieren; die Kapazität des Rechners schafft das zwar - aber wie lange braucht ein Designer wohl zur richtigen, naturgetreuen Anordnung all dieser Polygone?

Was also erforderlich ist, sind Verfahren zur automatischen Generierung makroskopischer Oberflächenformen - im Gegensatz zu den bisher in diesem Kapitel behandelten mikroskopischen Änderungen. Jetzt wollen wir also gezielt die großflächige Form der Oberfläche mittels geeigneter Algorithmen bestimmen, allerdings bis hinein in sehr feine Oberflächendetails.

10.4.1 Fraktale Oberflächen

Bleiben wir bei der Menge von Objektoberflächen, als deren Vertreter oben schon der Fels angesprochen wurde. Solche - von Natur aus scharfkantigen - Oberflächen lassen sich sehr gut mit Polynomen beschreiben.

Die automatische Generierung basiert auf der Erkenntnis, daß viele natürliche Objekte fraktal aufgebaut sind. Dieser Begriff erfordert eine kurze Erläuterung; eine exakte Einführung ist der Literatur[5] zu entnehmen.

10.4.1.1 Grundidee

Man kommt der Grundidee nahe, wenn man sich die oberflächlich betrachtet triviale (und hier zitierte, weil für die Fraktaltheorie klassische) Frage stellt: *wie lang ist die Küste von England?* Die Antwort ist keineswegs trivial: wenn man nämlich nachmißt (und anders kann man die Länge der Küste wohl kaum bestimmen), muß man ein Längenmaß mit einer festen Länge L_1 benutzen. Nimmt man ein solches Maß und legt es an einem beliebigen Punkt der Küstenlinie an, bestimmt den Endpunkt des Maßstabs wiederum auf der Küste und legt dort erneut an, so erhält man bei iterativer Fortführung dieses Vorgangs eine natürliche Zahl n_1 von Maßstabslängen, die zum Bemessen der gesamten Küstenlinie erforderlich sind; genau kommt man wahrscheinlich nicht am Startpunkt heraus - der Bruchteil des Maßes aber ist nicht weiter wichtig.

Entscheidend aber ist, daß die Werte $L_i * n_i$ (Längenmaß mal Anzahl der Maße) von der Wahl der Maßlänge abhängen (mit kleineren Längenmaßen muß man immer mehr Feinheiten mitmessen) und ihr Verhalten von der Art der immer weiter ineinander geschachtelten Feinheiten des realen Objekts abhängt.

Dies führt zu der Idee, den Begriff der *Dimension eines Objekts* genauer zu untersuchen (siehe Abb.10.12). Wir definieren als fraktale Dimension D eines Objekts O

(16)
$$\text{Teile Objekt } O \text{ in } N \text{ gleiche Teile } O_n \text{ gleicher Form} \Rightarrow$$
$$\text{Der Skalierungsfaktor } S: O \rightarrow O_n \text{ ist } S = \frac{1}{N^{\frac{1}{D}}} \Rightarrow D = \frac{\log N}{\log \frac{1}{S}}$$

---

[5] Allgmeinverständliche Einführung: Peitgen, H.-O., Richter, P.H., The Beauty of Fractals, Springer
Mathematische Hintergründe z.B. in: Mandelbrot, B., The Fractal Geometry of Nature, Freeman
Feigenbaum, M., Quantitative Universitality for a Class of Nonlinear Transformations

Abb.10.12:
Fraktale Dimension

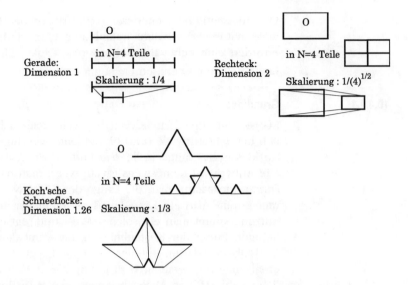

Eine Gerade, das wissen wir, hat die Dimension 1. Teilt man die Gerade in N gleiche Teile, dann muß man die Ausgangsgerade mit dem Wert $\frac{1}{N} = \frac{1}{N^{\frac{1}{1}}}$ skalieren, um exakt die Teilgeraden zu erhalten; also: D=1 für eine Gerade.

Bei einem Rechteck (wir erwarten hier die Dimension 2 für die Fläche) ergibt der Skalierungsfaktor auch tatsächlich $\frac{1}{\sqrt{N}} = \frac{1}{N^{\frac{1}{2}}}$, also D=2.

Bei der Kochschen Schneeflocke sieht die Welt dann plötzlich etwas seltsam aus. Offensichtlich ist der notwendige Skalierungsfaktor $\frac{1}{3}$ - aber für eine Aufteilung in 4 gleiche Teile!

Mit (16) ergibt sich daraus

$$\frac{1}{3} = \frac{1}{4^{\frac{1}{D}}} \Rightarrow D = \frac{\log 4}{\log 3} \approx 1.26...$$

und damit eine gebrochene (fraktale) Dimension. Eine ähnliche Untersuchung liefert eine ebenso fraktale Dimension für den natürlichen *Gegenstand „Küstenlinie"*! Wir folgern daraus:

Viele natürliche Objekte
- haben eine fraktale Dimension und

10.4 Oberflächengenerierung

- lassen sich konstruieren, wenn man einen Prozeß mit dieser fraktalen Dimension auf ein einfaches Grundobjekt (siehe Kochsche Schneeflocke) anwendet.
- Nur für geometrisch elementare Objekte (z.B. Grade, Rechteck) geht die fraktale Dimension in die erwartete, geometrische mit ganzzahligen Dimensionen über.

Der einmal begonnene fraktale Prozeß (siehe z.B. die Kochsche Flocke) wird dann iterativ auf die jeweils im verherigen Durchlauf erzeugten Teilflächen angewendet.

10.4.1.2 Fraktale Prozesse

Wir müssen also eigentlich *nur* einen solchen fraktalen Prozeß beschreiben, der zu dem erwarteteten natürlichen Objekt paßt, um sein Aussehen simulieren zu können. Anschaulich muß dieser fraktale Prozeß noch die Bedingungen erfüllen, daß unabhängig von der Iterationsstufe niemals

- eine gegenseitige Durchdringung der erzeugten Linien oder Flächen stattfindet oder
- eine Diskontinuität an der gemeinsamen Kante je zweier Teilflächen auftritt.

Es wird nun an einem einfachen, aber elementar und damit häufig nutzbaren Beispiel ein solch fraktaler Prozeß $\mathfrak{P}$ beschrieben.

Abb.10.13:
Fraktales Gebirge/1

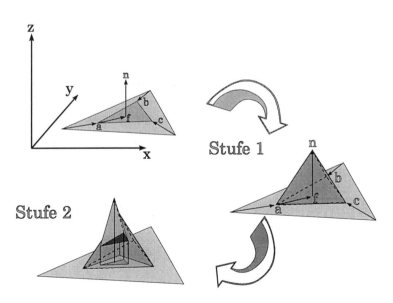

Der Prozeß hat als Ausgangsobjekt ein dreieckiges Polygon, das wir der Einfachheit halber als auf der (x,y)-Ebene liegend annehmen. Ziel ist es, auf diesem Dreieck als Grundfläche eine Art Kalksteingebirge zu konstruieren - Kalkstein bildet häufig spitze, fast senkrechte Nadeln aus.

Wir haben es hier also schon mit einem direkt verwendbaren Prozess zu tun, der offensichtlich eine Oberfläche generiert und keine Linienform wie die Kochsche Schneeflocke aus Abb.10.12.

Die Abb.10.13 verdeutlicht die ersten 2 Iterationsschritte dieses Prozesses. Im Ausgangsdreieck auf der (x,y)-Ebene wird ein innenliegendes Basisdreieck mit den Eckvektoren **a,b,c** bestimmt. Es muß hier lediglich dafür gesorgt werden, daß sich alle drei Eckvektoren *innerhalb* des Ausgangsdreiecks auf der Grundfläche (x,y) befinden; ihre genau Lage kann mittels einer Rauschfunktion variiert werden.

Wiederum innerhalb dieses Innendreiecks **abc** wird der Fußpunkt **f** einer Senkrechten auf der (x,y)-Ebene festgelegt (wieder verrauscht!). Hierin wird diese Senkrechte **n**=(0,0,L) mit einer bestimmten Länge L festgelegt. Dieses L legt anschaulich fest, wie hoch der neue Zacken auf dem vorherigen Grunddreieck sein wird. Läßt man Werte für L zu, die unterhalb des Schnittpunkts der Senkrechten mit der alten Dreiecksfläche liegen, so kann das Gebirge auch relative

Senken haben; läßt man nur größerer Werte für L zu, so besteht das Gebirge nur aus relativen Spitzen. Sammeln wir noch abschließend die Parameter des gerade beschrieben fraktalen Prozesses und benennen ihre Bedeutung.

Paramter	Bedeutung
Iterationstiefe I	Komplexität des Objekts
Flächenintervall [a,A] Das Dreieck abc nimmt eine bestimmte Fläche des Grunddreiecks ein. Wir bestimmen ein Intervall [a,A], innerhalb dessen sich der Anteil der Fläche abc an der Grundfläche bewegen muß.	Großes Intervall: Massiver Objekteindruck Kleines Intervall: Filigraner Eindruck

10.4 Oberflächengenerierung

Paramter	Bedeutung
Länge L Die Normale auf der Dreiecksgrundfläche abc hat die z-Koordinate L. Die (ggf. verlängerte) Senkrechte durchstößt die alte Zackenfläche bei einem z-Wert Z.	L>Z: Nur Spitzen, keine Täler L<Z: Nur Senken, keine Spitzen L [Z-b, Z+B]: Sowohl Senken als auch Spitzen erlaubt. Die Größe des Intervalls steuert die Schroffheit des Gebirges L [Z-b(Z), Z+B(Z)]: Senken- und Spitzenhöhe hängt von der Gesamthöhe Z in diesem Bereich ab. Damit läßt sich steuern, daß mit zunehmender Höhe die Senken- und Zackenausschläge (relative Höhen) z.B. abnehmen. Eine weitere Möglichkeit ist die Steuerung über die Iterationstiefe: L [Z-b(I), Z+B(I)]

Da je Iterationsstufe und Grunddreieck immer genau ein Zackenpunkt neu bestimmt wird, der dann zur Spitze von drei neuen Dreiecken wird, muß nicht auf Diskontinuitäten (Flächenlücken) an den Kanten geachtet werden - sie sind bei diesem Verfahren immanent ausgeschlossen.

Man kann den Prozeß weiter verfeinern, indem z.B.

- die Eckenzahl des Grundpolygons (hier nur abc) variiert wird,
- die Normale n etwas von der Senkrechten abweichen darf (schräge Zacken),
- sich die Grundpolygone auf der (x,y)-Ebene gegenseitig überlappen dürfen (dieser Fall ist recht schwierig zu behandeln, da räumlich beliebig orientierte Schnittkanten zwischen den Zackenflächen auftreten).

Abb.10.14:
Fraktaler Prozeß/2

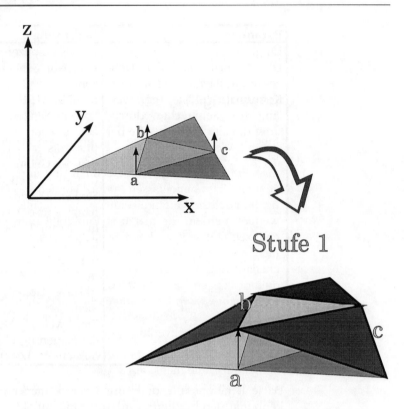

Nun noch ein weiterer fraktaler Prozeß[6], der auch auf der Dreiecksfläche basiert. Wiederum beginnend mit einer Dreiecksfläche werden auf jeder Kante ein Punkt (verrauscht) gewählt, so daß diese drei Punkte (abc) ein innenliegendes Dreieck bilden (Abb.10.14). In jedem der drei Punkte abc wird nun eine Flächennormale mit jeweils unterschiedlicher (zufälliger) Länge erzeugt. Die Endpunkte dieser drei Normalen zusammen mit den ursprünglichen Dreieckspunkten bilden dann 4 neue Dreiecke, die ihrerseits Ausgangspunkt für die nächste Iteration sind.

---

[6] Mathematisch etwas anspruchsvollere Algorithmen finden sich z.B. in: Peitgen, H.-O., Saupe,D., The Science of Fractals Images, Springer

11 Bewegungen

Eine wichtige Anwendung von grafischen Methoden in der VR ist die Erzeugung bewegter Bilder - z.B. für Filmsequenzen. Da man Einzelbilder separat berechnen und anschließend zu einer Sequenz zusammenfassen kann, können je Einzelbild schon hochkomplexe Verfahren auf ebenso detaillierte Modelle angewendet werden; die hierzu je Einzelbild notwendige lange Rechenzeit fällt später - beim Betrachten der Sequenz im Film - ja nicht mehr auf. Sehr wohl unangenehm macht sich der hohe Rechenaufwand während der Berechnungsphase aber bei den Produktionskosten bemerkbar. Also besteht ein nicht nur akademisches Interesse an der theoretischen und algorithmischen Untersuchung von Bewegungsabläufen in der VR - immer mit dem Ziel der Rechenzeitverkürzung.

Eine Bewegung - um Mißverständnissen vorzubeugen - läuft immer im dreidimensionalen Modellraum ab und wird je Einzelbild separat mittels eines Klasse-2-Verfahrens projiziert; es geht also nicht darum, Bewegungsabläufe zwischen zwei Projektionen auf der Bildebene flächig zu berechnen.

Das Problem der Bewegungssimulation durch aufeinanderfolgende Einzelbilder läßt sich zunächst in folgende Teilaspekte gliedern:

1. *Kamerabewegungen (Modellbewegungen);* dabei bewegen sich keinerlei Objekte innerhalb des Modells, sondern eine gedachte Kamera ändert ihre relative Position zum Gesamtmodell. Dies kann auch durch entsprechende Bewegung des Gesamtmodells realisiert werden.

2. *Objektbewegungen;* die Objekte eines Modells ändern ihre Position und Orientierung innerhalb des Modells. Ihre Form aber bleibt unverändert.

3. *Objektverformungen;* die makroskopische Form einer Objektoberfläche ändert sich

4. *Objekteigenschaftenänderung;* hier wird die Objektoberfläche in ihren Eigenschaften in der Zeit geändert. Dies kann z.B. eine Änderung der Textur oder auch der Farbe oder des Reflexionsverhaltens der Oberfläche sein.

355

Diese Einzelaspekte können i.d.R. beliebig miteinander kombiniert werden, so daß sich naturrealistische Effekte ebenso wie faszinierende künstliche Vorgänge darstellen lassen - letzteres finden wir leicht, wenn wir einmal aufmerksam einen Werbeblock betrachten.

Gleichgültig, welcher Bewegungsvorgang nun dargestellt wird - eine Grundforderung muß immer erfüllt sein. Wir wollen diese Grundbedingung in mehreren unterschiedlichen äquivalenten Formulierungen angeben.

1. Der dargestellte Bewegungsvorgang muß kontinuierlich erscheinen.
2. Die Änderungen zwischen je zwei aufeinanderfolgenden Einzelbildern (gemessen in der Anzahl geänderter Pixel) dürfen einen bestimmten Prozentsatz des Gesamtbildes nicht überschreiten[1]. Dabei muß bei der Ermittlung der Anzahl der geänderten Pixel berücksichtigt werden, daß eine reine flächige Verschiebung des Bildes (z.B. um ein Pixel nach links) sehr wohl (fast) alle Pixel des Bildes ändert, aber trotzdem einen kontinuierlichen Eindruck hinterläßt.
3. Jede Bewegung wird durch eine endliche Anzahl Parameter beschrieben; eine Objektdrehung z.B. im einfachsten Fall durch einen Winkel. Die Änderung dieser Parameter von Bild zu Bild muß kontinuierlich erfolgen.
4. Die Bewegungsparameter einer Sequenz sollen als Funktionen in Abhängigkeit von der Zeit (oder diskret: von der Bildnummer) beschrieben sein. Diese Funktion müssen stetig sein.

Als Abschluß der Übersicht noch eine Begriffsseparierung: die darzustellenden Bewegungen können inhaltlich (also nicht aus technischer Sicht) in unterschiedliche Gruppen eingeteilt werden.

1. Determinierte Bewegungen; alle Bewegungsparameter werden ohne zufällige Einflußnahmen bestimmt. Typische Beispiele hierfür sind Körperbewegungen wie z.B. das Sprin-

---

[1] Es gibt natürlich Abläufe, die eine Verletzung dieser Bedingung erforderlich machen, um realistisch erscheinen zu können. Ein einfaches Beispiel ist die Explosion eines Gegenstands; hier kann von einem Bild zum anderen u.U. die gesamte Pixelzahl eine Änderung erfahren.

gen eines Balls auf einer Ebene oder auch die Gehbewegung einer Figur.
2. Stochastische Bewegungen; einzelne Bewegungsparameter werden mittels einer Rauschfunktion zufällig geändert. Hier sind typische Beispiele das Flackern einer Flamme oder die Bewegung von Wasseroberflächen.

Wir wollen uns im folgenden konkret mit der Bewegung eines Objekts entlang von Raumkurven befassen. Da eine komplette Darstellung sicherlich den Inhalt eines neuen Buchs ausmachen würde, beschränken wir uns auf einige wichtige Teilaspekte, die aber schon wesentliche Gestaltungsmöglichkeiten öffnen.

11.1 Bewegungsparameter

Oben haben wir von der Parametrisierung der Bewegungsabläufe gesprochen. Inhaltlich meint dies, daß wir eine endliche Menge

(1.1) $\quad \mathfrak{L} = \{p_1, ..., p_n\}$

(i.a.) reeller Zahlen definieren, deren Anzahl von der darzustellenden Bewegung abhängt, sich von Bild zu Bild nicht ändert und deren Zahlenwerte i.a. stetig von Bild zu Bild geändert werden. Diese Menge nennen wir die lokalen (weil von Bild zu Bild geänderten) Parameter $\mathfrak{L}$. Jeder lokale Parameter variiert im Zeitintervall [0,T], das für alle lokalen Parameter gleich ist.

Zusätzlich gibt es noch die Menge

(1.2) $\quad \mathfrak{G} = \{g_1, ..., g_m\}$

der globalen Parameter einer Sequenz, die sich nicht mit der Zeit ändern und z.B. Richtungen fest vorgeben.

11.2 Gradlinig gleichförmige Bewegung

Um diesen Ansatz deutlich zu machen, wählen wir zunächst ein triviales Beispiel: ein Objekt soll mit gleichförmiger Geschwindigkeit entlang einer Graden bewegt werden (siehe Abb.11.1). Gesucht sind die Objektpositionen $\mathbf{x}(t)$ entlang der (diskreten=bildweisen) Zeitachse.

11 Bewegungen

Anfangs- und Endpunkt der Bewegung ist hier durch den Strahl $s = f + \lambda r$, $\lambda \in [0,1]$ festgelegt. Da die Bewegung mit gleichförmiger Geschwindigkeit im Zeitintervall [0,4] ablaufen soll, ergibt sich die Bewegungsgleichung für die gleichförmige, gradlinige Bewegung eines Objekts als

(2.1) $\quad q(t) = f + \dfrac{t}{T} r,\ t \in [0,T]$

Dabei ist t der einzige lokale Parameter und der Strahl bestimmt die Menge der globalen Parameter:

(2.2) $\quad \begin{aligned} \mathfrak{L} &= \{t\} \\ \mathfrak{G} &= \{T, f, r\} \end{aligned}$

Abb.11.1: Gleichförmige Translation

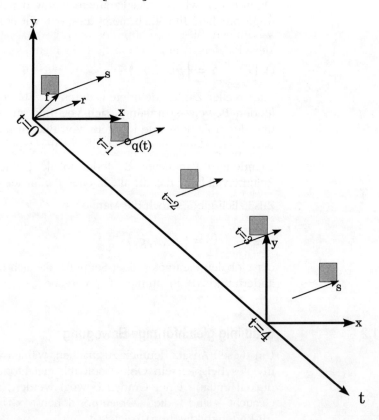

358

11.3 Gradlinig beschleunigte Bewegung

Wir bleiben zunächst noch bei der gradlinigen Bewegung eines Objekts entlang eines Strahls. Die Bewegung soll nun mit einer bestimmten Geschwindigkeit $\mathbf{v}_0$ beginnen und beschleunigt ablaufen (die Geschwindigkeit nimmt entlang der Zeitachse zu oder ab). Die Bewegungsgleichung[2] für den Objektfußpunkt $\mathbf{q}(t)$ lautet dann

$$(3.1) \quad \mathbf{q}(t) = \frac{1}{2}(2(\mathbf{r}-\mathbf{v}_0))\left(\frac{t}{T}\right)^2 + \mathbf{v}_0\left(\frac{t}{T}\right) + \mathbf{f}, \; t \in [0,T]$$

$$(3.2) \quad \begin{aligned} \mathfrak{L} &= \{t\} \\ \mathfrak{G} &= \{T, \mathbf{v}_0, \mathbf{f}, \mathbf{r}\} \end{aligned}$$

Dabei ist t wieder der einzige lokale Parameter, und der Strahl zusammen mit der Anfangsgeschwindigkeit bestimmt die Menge der globalen Parameter; die Beschleunigung a ist durch das Zeitintervall T und die Streckenlänge r festgelegt.

11.4 Krummlinig gleichförmige Bewegung

Jetzt wollen wir abschließend noch die nicht beschleunigte Bewegung eines Objekts entlang einer Kurve K im Raum zeigen (Abb.11.2).

---

[2] Bewegungsgleichung ist $s(t) = \frac{1}{2}at^2 + v_0 t + s_0$

Abb.11.2:
Bewegung
auf Kurve K(t)

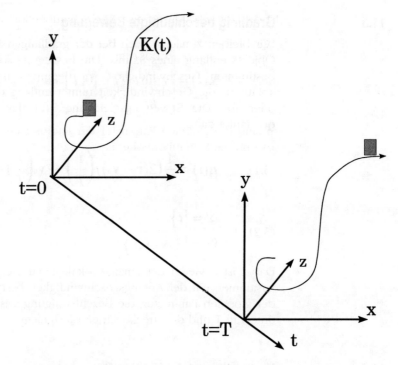

Zunächst einmal ist die Bewegungsbahn (die Kurve K) als eine Parameterdarstellung

(4.1) $$\mathbf{K}(t) = \begin{bmatrix} K_x(t) \\ K_y(t) \\ K_z(t) \end{bmatrix}, t \in [0,T]$$

gegeben. Der Fußpunkt **q**(t) (irgendein fester Punkt) des Objekts soll sich nun gleichförmig - also mit konstanter Geschwindigkeit - entlang dieser Raumkurve bewegen. Dann können wir die gesuchte Bewegungsgleichung sofort hinschreiben:

(4.2) $\mathbf{q}(t) = \mathbf{K}(t)$

Auch die lokalen und globalen Parameter lassen sich sofort benennen.

(4.3) $$\mathfrak{L} = \{t\}$$
$$\mathfrak{G} = \{T, \text{Parameter der Kurve } \mathbf{K}\}$$

Ist die Kurve beispielsweise eine Schraubenlinie im Raum mit

$$(4.4) \qquad \mathbf{K}(t) = \begin{bmatrix} r\cos t \\ r\sin t \\ ht \end{bmatrix}, t \in [0, T]$$

so sind die globalen Parameter der Radius r des Schraubenkreises und die Schraubenhöhe h.

12 Anhang 1 – Oberflächenformung

Neben den Beispielprogrammen VR_DEMOx.C, die i.d.R. einzelnen Themenbereichen zugeordnet sind und beispielhaft den programmiertechnischen Umgang mit den in den entsprechenden Kapiteln besprochenen Algorithmen demonstrieren sollen, wird hier die Minimallösung des Programms SPLTOOL.EXE vorgestellt, das der geometrischen Gestaltung von Oberflächenformen auf Basis von

- ebenen Polygonen und
- bikubischen Beziersplineflächen

dient. Der Quellcode des Programms steht zur Verfügung, sodaß eine Erweiterung oder Anpassung an eigene Bedürfnisse leicht vorgenommen werden kann. In der vorliegenden Fassung stehen jedoch schon alle notwendigen Operationen zur Bearbeitung von Objektoberflächen des Typs name.DAT und name.SPL zur Verfügung.

12.1 Bedienung von SPLTOOL

Grundsätzlich kann SPLTOOL Objekte aus Objektdateien laden, ihre Oberflächenform durch Verschieben der Stützpunkte ändern und die ggf. geänderten Objektdaten wieder in Dateien speichern. Zusätzlich können auch neue Objekte (zu Beginn einfache rechteckige Flächen im Raum) erzeugt und ihrerseits wieder geändert und gespeichert werden.

SPLTOOL öffnet hierzu insgesamt 4 Darstellungsfenster, wobei zu Programmbeginn lediglich das Hauptfenster Oberflächenmodellation geöffnet ist. In diesem Hauptfenster  findet sich das Programmenü, das u.a. die Möglichkeit eröffnet, die Objektdarstellung in diesem Fenster (nur in diesem !) beliebigen Transformationen zu unterwerfen (Rotation etc.).

Die 3 anderen Fenster zeigen immer genau eine Hauptansicht des Objekts: die Hauptprojektionsrichtungen

- von Oben (X,Z)-Ebene,
- von Vorne (X,Y)-Ebene und
- von Rechts (Y,Z)-Ebene.

Transformationen in diesen 3 Richtungsfenstern sind nicht möglich.

Mit der gleichzeitigen Darstellung der Objektoberfläche in einer beliebigen Ansicht im Hauptfenster und den 3 Hauptrichtungen in den entsprechenden Hauptrichtungsfenstern können Verschiebungen von Stützpunkten (sowohl bei Polygonecken als auch bei Gitterstützpunkten der Splineoberfläche) in den 3 fest definierten Hauptebenen durchgeführt und ihre perspektivische Wirkung im Hauptfenster sichtbar gemacht werden.

Wie im einzelnen Stützpunkte verschoben werden können, werden wir i.f. genauer beschreiben. Zunächst sollen jetzt die Programmfunktionen einzeln besprochen werden.

12.1.1 Dateioperationen

Das Menü des Hauptfensters realisiert unter dem Menüpunkt **Datei** den Zugang zu externen, in Dateien abgelegten Objektbeschreibungen (eigentlich nur zur Oberflächenbeschreibung der Objekte).

Datei	Werkzeug
Objekt neu	
Objekt öffnen	
Objekt speichern	
Objekt speichern als	
Programmende	

Dabei führen die Menüpunkte

- **Objekt neu**
- **Objekt öffnen**
- **Objekt speichern** (erst zugänglich, wenn ein Objekt tatsächlich existiert)
- **Objekt speichern als** (ebenfalls nur bei einem existierenden Objekt wählbar)

zu den sicherlich hinreichend bekannten Dateiauswahldialogen; wir stellen daher beispielhaft nur den Dialog zu **Datei öffnen** (Abb. 12.1) vor.

12.1 Bedienung von SPLTOOL

Abb.12.1:
Dialog Objekt öffnen

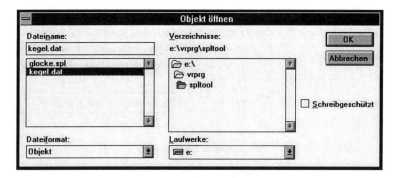

Hier wird der Standarddateidialog für Dateien mit den Erweiterungen name.DAT und name.SPL benutzt. Tatsächlich können auch Objekte des Typs name.FKT geöffnet und dargestellt werden; eine Änderung der Oberflächenform ist bei diesen aber nicht möglich.

Ähnliche Dialoge werden für das Speichern einer Objektbeschreibung in eine Datei benutzt.

Neben der Möglichkeit bereits existierende Objekte zu editieren, können auch sowohl eine Splineoberfläche als auch eine Polygonoberfläche als Objekt neu erzeugt werden.

Abb.12.2:
Dialog Objekt neu einrichten

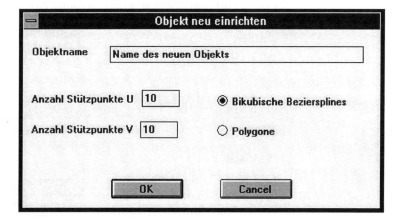

Die Abb.12.2 zeigt den entsprechenden Dialog, der bei Anwahl des Menüpunkts **Objekt neu** gezeigt wird.

Zunächst kann der Name des neuen Objekts festgelegt werden; dieser Name wird als Objektname in der Objektdatei abgelegt und dient zur eindeutigen Bezeichnung des Objekts. Mittels zweier Radioknöpfe muß nun gewählt werden, ob bikubische

Beziersplines oder (immer viereckige) Polygone die Grundlage der Flächenbeschreibung liefern. Es wird in jedem Fall eine quadratische ebene Fläche erzeugt, die parallel zur Projektionsebene liegt und die Abmessung [-1,1]*[-1,1] in der (X,Y)-Ebene hat.

Objektname | Name des neuen Objekts

◉ **Bikubische Beziersplines**

○ **Polygone**

In beiden Beschreibungsmethoden muß abschließend noch festgelegt werden, wieviele Stützpunkte das Rechteckgitter in der (X,Y)-Ebene hat. Die beiden Achsen werden als Parameterraumachsen (U,V) unabhängig voneinander mit jeweils mindestens 3 Stützpunkten gewählt. Die Voreinstellung ist (10*10) Stützpunkte - für eine Splineoberfläche eine recht rechenzeitintensive Wahl, die ggf. kleiner gewählt werden kann.

Anzahl Stützpunkte U | 10

Anzahl Stützpunkte V | 10

Es werden über diesen Dialog **Objekt neu** lediglich ebene Flächen erzeugt, die dann beliebig verformt werden können. Will man Oberflächen mit verknüpften Außenkanten weiter verarbeiten, so müssen diese als bereits bestehende Oberfläche geladen werden.

Nach Abspeichern einer Oberflächenbeschreibung liegt eine einfache Objektbeschreibung als ASCII-Text vor; in dieser Datei können Änderungen wie z.B. Konvexität der Oberfläche oder auch Flächenfarben mittels eines beliebigen Editors durchgeführt werden.

12.1.2 Werkzeug

Der Menüpunkt **Werkzeug** enthält zunächst mit dem Unterpunkt **Transformation ausführen** die Möglichkeit, beliebige Transformationen *innerhalb des Hauptfensters* auf das Objekt anzuwenden - das Objekt kann z.B. durch geeignete Rotation aus allen Blickrichtungen betrachtet werden. Die Abb.A1.3 zeigt den Transformationsdialog, der bereits in einigen Demoprogrammen angewendet wurde.

Werkzeug
Transformation ausführen
Ansicht von Rechts
Ansicht von Oben
Ansicht von Vorne

Zuerst muß eine Einheitsmatrix definiert werden; erst danach können beliebige Transformationparameter eingegeben und die so definierten Transformationen ausgeführt werden. Das Ergebnis der Gesamttransformation wird allerdings erst auf das Objekt (in einem Schritt) angewendet, wenn **Projektion manuell** ausgewählt wird.

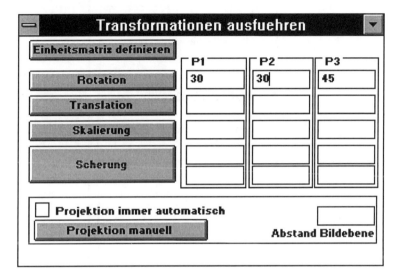

Abb.12.3:
Dialog Transformation ausführen

Wählt man allerdings vor der Transformationsanwahl **Projektion immer automatisch** aus, so wird jede Transformation direkt auf das Objekt angewendet und sichtbar gemacht.

Alle diese Transformationen beziehen sich nur auf die Darstellung des Objekts im Hauptfenster; die Darstellungen in den 3 Richtungsfenstern bleibt davon unberührt. Abb.A1.4 zeigt für eine glockenförmige Oberfläche alle 4 Dartstellungsfenster - die Stützpunkte sind dabei jeweils als Quadrat gekennzeichnet.

Die weiteren Menüunterpunkte
- **Ansicht von Rechts**,
- **Ansicht von Oben** und
- **Ansicht von Vorne**

stellen lediglich das entsprechende Richtungsfenster dar, falls dieses minimiert sein sollte.

Abb.12.4:
Objektprojektionen

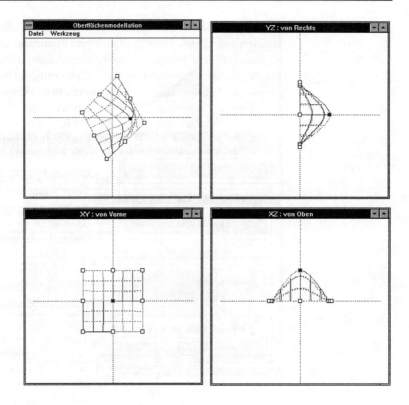

12.1.3 Stützpunkte verschieben

Die Position von Stützpunkten wird immer nur mit der Maus durchgeführt - eine Eingabe absoluter oder relativer Koordinatenwerte via Dialogbox ist nicht vorgesehen, kann aber ggf. wegen der exakten Positionierung sinnvoll sein. Nachfolgend zeigt Abb.A1.5 den Vorgang des Markierens und anschließenden Verschiebens eines Stützpunkts.

12.1 Bedienung von SPLTOOL

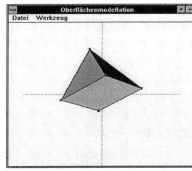

Als Beispiel wird eine viereckige Pyramide als Objekt geladen. Das Hauptfenster zeigt (bei entsprechender Transformation) eine perspektivische Ansicht der Pyramide. Gleichzeitig kann in einem der Richtungsfenster eine Projektion die Sicht von Oben auf diese Pyramide zeigen.

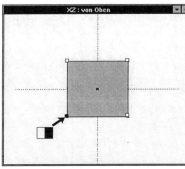

Zeigt man nun mit dem Mauszeiger auf einen Stützpunkt (dies geht in **allen** 4 Ansichtsfenstern) und klickt dann die rechte Maustaste, so wird dieser Stützpunkt selektiert und entsprechend markiert.

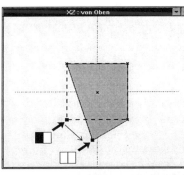

Erneutes Selektieren eines anderen Stützpunkts löscht die Auswahl des Vorherigen; will man mehrere Stützpunkte gleichzeitig selektieren, muß die SHIFT-Taste beim Klicken mit der rechten Maustaste gedrückt werden. Um Rechenzeit zu sparen, wird eine Markierung erst dann in einem anderen Fenster aktualisiert dargestellt, wenn dieses Fenster aktiviert wird.

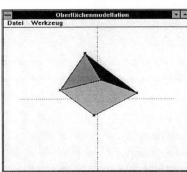

Nach erfolgter Selektion mindestens eines Stützpunkts zeigt man mit dem Mauspfeil auf einen der markierten (= selektierten) Stützpunkte, drückt die linke Maustaste und verschiebt den Mauspfeil bei gedrückt gehaltener linken Maustaste auf eine Endposition. Läßt man nun die linke Maustaste los, ist so der Endpunkt der Verschiebung definiert.

369

12 Anhang 1 – Oberflächenformung

Dieses Verschieben aller selektierten Stützpunkte wird *nur in den 3 Richtungsfenstern* durchgeführt - im Hauptfenster geht es nicht!

Nach erneuter Aktivierung des Hauptfensters kann der perspektivische Effekt der Verschiebung geprüft werden.

12.2 Programmaufbau von SPLTOOL

Der Quellcode \SPLTOOL\SPLTOOL.C nutzt im wesentlichen die Bibliotheksfunktionen PRJ_funktion(), MOD_funktion() und BEZ_funktion().

12.2.1 Hauptfunktion MainWndProc()

Die Programmstruktur des Hauptprogramms selbst wird durch einen kurzen Blick auf MainWndProc() deutlich.

```
long FAR PASCAL MainWndProc(hWnd, message, wParam, lParam)
HWND hWnd;
unsigned message;
WORD wParam;
LONG lParam;
{
```

Die Nachrichtenbearbeitung...

```
switch (message) {
```

...initialisiert zu Beginn...

```
case WM_CREATE:{
```

...neben dem Programmicon...

```
icon2 = LoadIcon(hInst, "TRANSF");
```

...auch einige globale Variablen.

```
PRJ_Einheitstransformation(&prj_transformationsmatrix);
prj_bildabstand = 10;
```

Die Variable gi wird benötigt, um die horizontale und die vertikale Auflösung des Fensters in Pixeln zu ermitteln. Mit diesen beiden Informationen wird dann die Größe des Selektionskästchens um einen Stützpunkt der Fenstergröße angepaßt (sonst sind die Stützpunktkästchen z.B. bei einem kleinen Fenster so groß, daß sie sich überlappen).

370

```
hDC = BeginPaint(hWnd, &ps);
     WHP_ErmittleGrafikfaehigkeiten(hDC, &gi);
EndPaint(hWnd, &ps);
```

Interessant ist aber die Initialisierung des Feldes selectedpoints[ ]. In diesem Feld wird in selectedpoints[0] die Anzahl der selektierten Stützpunkte und in selectedpoints[i>0] die Indizes der selektierten Stützpunkte vermerkt. Die Initialisierung ist eintsprechend.

```
for(i=1; i<256; i++)
     selectedpoints[i] = -1;
selectedpoints[0] = 0;
```

Ebenfalls zu Beginn werden die 3 Richtungsfenster als Dialoge geöffnet und sofort minimiert; im Programmverlauf können sie dann wahlweise durch Doppelklick auf das minimierte Icon oder durch entsprechende Menüwahl im Hauptfenster geöffnet werden. Bei Programmende werden die Dialogfenster gelöscht.

```
lpProc = MakeProcInstance( DlgVonRechts, hInst);
hwndDlgVonRechts = CreateDialog( hInst,
                                           "IDD_VONRECHTS",
                                                  hwndHaupt,
                                                  lpProc);
ShowWindow(hwndDlgVonRechts, SW_MINIMIZE);

lpProc = MakeProcInstance( DlgVonVorne, hInst);
hwndDlgVonVorne = CreateDialog( hInst,
                                           "IDD_VONVORNE",
                                                  hwndHaupt,
                                                  lpProc);
ShowWindow(hwndDlgVonVorne, SW_MINIMIZE);

lpProc = MakeProcInstance( DlgVonOben, hInst);
hwndDlgVonOben = CreateDialog( hInst,
                                           "IDD_VONOBEN",
                                                  hwndHaupt,
                                                  lpProc);
ShowWindow(hwndDlgVonOben, SW_MINIMIZE);
```

12.2.2 Stützpunkt selektieren : WM_RBUTTONDOWN

Durch Klick mit der rechten Maustaste auf einem Stützpunkt soll eine Selektion dieses Stützpunkts bewirkt werden. Diese Operation ist in allen 4 Fenstern (also auch in den drei Dialogfenstern der Hauptrichtungsprojektion) erlaubt - entsprechend findet sich nachfolgender Code auch in den Dialogfunktionen der drei Richtungsfenster.

```
case WM_RBUTTONDOWN:{
int p;
int mausx, mausy;
int umgebung;
```

Zuerst wird die eigentliche Modellbeschreibung in eine Dummyvariable *gerettet*; hier kann sie beliebig überschrieben werden, ohne das die Ursprungsinformation in modell verloren geht.

```
MOD_ModellKopieren((LPMODELL)&modell,(LPMODELL)&dummymodell);
MOD_ModellInitialisieren(&dummymodell);
```

Das Objekt wird bezogen auf das Projektionszentrum hinter die Bildebene geschoben...

```
PRJ_Einheitstransformation((TRANSFORMATION3D*)&m);
t.x1 = (REAL)0.0;
t.x2 = (REAL)0.0;
t.x3 = (REAL)(2*prj_bildabstand);
PRJ_Translation((TRANSFORMATION3D*)&m, t);
```

...und entsprechend der durch den Dialog *Transformation ausführen* gesetzten Parameter transformiert.

```
m = PRJ_MatrixMultiplikation(&m,
                    &prj_transformationsmatrix);
MOD_ModellTransformieren((LPMODELL)&dummymodell,
                            (LPTRANSFORMATION3D)&m);
```

Jetzt wird die Größe des Umgebungskästchens um jeden Stützpunkt in Pixeln berechnet...

```
umgebung =      (int)ceil(((double)(gi.horzres+gi.vertres))/5);
```

...und die Mauskoordinaten (in Pixeln bezogen auf das Fenster links oben) aus dem Nachrichtenparameter lParam ermittelt.

```
mausx = LOWORD(lParam);
mausy = HIWORD(lParam);
```

Durch die Funktion...

```
p = MOD_CheckMausGegenStuetzpunkt(hWnd,
                                            mausx,
                                            mausy,
                              (LPMODELL)&dummymodell,
```

```
                                    umgebung,
                                    prj_bildabstand,
                                    (LPPOINT)&pos);
```

...wird nun ermittelt, ob die Mauskoordinaten innerhalb des Umgebungskästchens eines Stützpunkts des Modells liegen, wenn die Bildebene vom Projektionszentrum den Abstand `prj_bildabstand` hat. Zurückgegeben wird als return-Wert der Feldindex p des gefundenen Stützpunkts und die Koordinaten des Stützpunkts im Parameterraum (i,j) bei Polygonobjekten bzw. (u,v) bei Splineobjekten.

Verlassen wir kurz das Hauptprogramm `MainWndProc()` und schauen zum näheren Verständnis in diese Funktion `MOD_CheckMausGegenStuetzpunkt()` hinein.

```
int MOD_CheckMausGegenStuetzpunkt(hWnd, mausx, mausy, pmodell,umgebung, bildabstand, p2Dindex)
```

Die Funktionparameter sind wie oben besprochen: das Fensterhandle hWnd wird benutzt, um einen geeigneten Gerätekontext zur Koordinatentransformation kreieren zu können.

```
HWND hWnd;
int mausx, mausy;
LPMODELL pmodell;
int umgebung;
double bildabstand;
LPPOINT p2Dindex;
{
```

Wesentlich für einen korrekten Koordinatenvergleich zwischen den Mauskoordinaten und der Projektion des Umgebungskästchens der Stützpunkte ist die richtige Bereitstellung des hDC.

```
hDC = BeginPaint(hWnd, &ps);
    GetClientRect(hWnd, &rcc);
    SetMapMode(hDC, MM_ISOTROPIC);
    SetWindowExt(hDC, MAXBILDINTERVALL, MAXBILDINTERVALL);
    SetViewportExt(hDC, (rcc.right-rcc.left)/2,
                                    -(rcc.bottom-rcc.top)/2);
    SetViewportOrg(hDC, (rcc.right-rcc.left)/2,
                                    (rcc.bottom-rcc.top)/2);
```

Ist der hDC einmal korrekt eingestellt, so können die Mauskoordinaten von Pixelkoordinaten in logische Gerätekoordinaten umgerechnet werden.

```
                    pos.x = mausx;
                    pos.y = mausy;
                    DPtoLP(hDC, (LPPOINT)&pos, 1);
            EndPaint(hWnd, &ps);
```

Jetzt ist der Test, ob die so umgerechneten Mauskoordinaten in den Umgebungen der Projektion der Objektstützpunkte...

```
    pobjekte = (HANDLE FAR *)GlobalLock(pmodell->hobjekte);
    pobjekt = (LPOBJEKT)GlobalLock(*(pobjekte));
```

...liegt, recht einfach. Zunächst muß nach der Objektmethode separiert werden.

```
    switch (pobjekt->objektmethode) {
    case(MOD_M_POLYGON):{
```

In jedem Fall werden die Objektdaten fixiert...

```
    pobjpolygon = (LPOBJEKT_AUS_POLYGON)
    GlobalLock(pobjekt->hobjektdaten);
    peckpunkte = (LPPUNKT3D)GlobalLock(pobjpolygon->heckpunkte);
```

...und die Projektionsmatrix initialisiert.

```
    PRJ_Einheitstransformation((TRANSFORMATION3D*)&m);
    PRJ_ProjektionHinzufuegen((TRANSFORMATION3D*)&m,bildabstand);
```

Jeder Eckpunkt ...

```
    for(p=0; p<pobjpolygon->anzahleckpunkte; p++){
```

...wird zuerst projiziert...

```
            p3d = peckpunkte[p];
            p2d = PRJ_PunktProjektion((TRANSFORMATION3D*)&m,
                                        (PUNKT3D*)&p3d);
            pkt.x = (int)(skalierung*p2d.p1);
            pkt.y = (int)(skalierung*p2d.p2);
```

...und dann das Umgebungskästchen um die Projektion des Eckpunkts berechnet.

```
        rect.left = pkt.x-umgebung;
        rect.top = pkt.y+umgebung;
        rect.right = pkt.x+umgebung;
        rect.bottom = pkt.y-umgebung;
```

Falls die Mauskoordinaten innerhalb dieses Rechtecks liegen...

12.2 Programmaufbau von SPLTOOL

```
if( (rect.left <= pos.x && rect.right >=pos.x) &&
    (rect.bottom <= pos.y && rect.top >= pos.y)){
```

...werden die Fixierungen freigegeben und...

```
GlobalUnlock(pobjpolygon->heckpunkte);
GlobalUnlock(pobjekt->hobjektdaten);
GlobalUnlock(*(pobjekte));
GlobalUnlock(pmodell->hobjekte);
```

...der Feldindex des Stützpunkts zurückgegeben.

```
            return(p);                                          }
}
```

Wird die Schleife über alle Stützpunkte jedoch ohne vorheriges **return(p)** abgearbeitet, so ist kein passender Stützpunkt gefunden worden.

```
GlobalUnlock(pobjpolygon->heckpunkte);
GlobalUnlock(pobjekt->hobjektdaten);
}
break;
```

Für Polygonobjekte funktioniert der Prüfvorgang entsprechend.

```
case(MOD_M_SPLINE):{
    .
    .
    .
```

Der Suchvorgang wird über die zweidimensionalen Feldindizes durchgeführt.

```
for(i=0; i<=(int)pobjspline->nx; i++){
    for(k=0; k<=(int)pobjspline->ny; k++){
        p3d = pbezier[BEZ_Stuetzpunkt3D(i,k,pobjspline->nx)];
        p2d = PRJ_PunktProjektion( (TRANSFORMATION3D*)&m,
                                    (PUNKT3D*)&p3d
                                                            );
            q.x = (int)(skalierung*p2d.p1);
            q.y = (int)(skalierung*p2d.p2);
            rect.left = q.x-umgebung;
            rect.top = q.y+umgebung;
            rect.right = q.x+umgebung;
            rect.bottom = q.y-umgebung;
            if( (rect.left <= pos.x && rect.right >=pos.x)
&&
            (rect.bottom <= pos.y && rect.top >= pos.y)){
```

Hier ist der richtige Stützpunkt gefunden worden, und es werden sowohl die ein- als auch die zweidimensionalen Feldindices zurückgegeben.

```
p2Dindex->x = i;
p2Dindex->y = k;
p = BEZ_Stuetzpunkt3D(i,k,pobjspline->nx);
```

.
.
.

```
            return(BEZ_Stuetzpunkt3D(i,k,pobjspline->nx));
        }
    }
}
```

Falls kein Stützpunkt gefunden wurde und somit kein frühzeitiges return ausgeführt wurde, wird hier der Suchmißerfolg signalisiert.

```
    p2Dindex = NULL;
    return(-1);
}
```

Zurück zum Hauptprogramm und der Funktion MainWndProc(); nachdem wie beschrieben das Treffen eines Stützpunkts getestet wurde, kann das Dummymodell gelöscht werden (Ressourcenschutz!).

```
MOD_ModellLoeschen((LPMODELL)&dummymodell);
```

Ist die Shift-Taste gedrückt, so wird der ggf. gefundene Punkt der Liste der selektierten Punkte hinzugefügt - sonst wird der gefundene Stützpunkt als einziger (neuer) selektierter Stützpunkt vermerkt.

```
if(wParam & MK_SHIFT){
    /* SHIFT ist gedrückt : Mehrere Punkte selektierbar */
    if(p >= 0 && selectedpoints[0]<255){
        selectedpoints[0]++;
        selectedpoints[ selectedpoints[0] ] = p;
    }
}
else{
    selectedpoints[0] = 1;
    selectedpoints[1] = p;
}
```

Das Fenster wird nur dann neu gezeichnet, wenn tatsächlich ein Stützpunkt gefunden wurde.

```
        if(p >= 0){
            GetClientRect(hWnd, &rect);
            InvalidateRect(hWnd, &rect, TRUE);
            UpdateWindow(hWnd);
        }
    } /*Ende WM_RBUTTONDOWN */
    break;
```

12.2.3 Fensterinhalt zeichnen : WM_PAINT

Wird wie gerade oben geschehen ein

```
case WM_PAINT:{
```

ausgelöst, so müssen ja die ggf. neu selektierten Stützpunkte korrekt eingezeichnet werden. Nach der üblichen Vorbereitung...

```
    MOD_ModellKopieren((LPMODELL)&modell,(LPMODELL)&dummymodell);
    MOD_ModellInitialisieren(&dummymodell);
    PRJ_Einheitstransformation((TRANSFORMATION3D*)&m);
    t.x1 = (REAL)0.0;
    t.x2 = (REAL)0.0;
    t.x3 = (REAL)(2*prj_bildabstand);
    PRJ_Translation((TRANSFORMATION3D*)&m, t);
    m =  PRJ_MatrixMultiplikation(&m,&prj_transformationsmatrix);
    MOD_ModellTransformieren((LPMODELL)&dummymodell,
                                     (LPTRANSFORMATION3D)&m);
    hDC = BeginPaint(hWnd, &ps);
        GetClientRect(hWnd, &rcc);
```

...wird daher eine etwas abgewandelte Version der sonst üblichen Funktion MOD_ModellProjektion() benutzt, die zusätzlich die Umgebungskästchen der Stützpunkte einzeichnet.

```
        SPLTOOL_ModellProjektion((LPMODELL)&dummymodell, hDC, rcc,
                                                    prj_bildabstand);
    EndPaint(hWnd, &ps);
```

Alles andere läuft wie üblich.

12.2.4 Menüauswahl : WM_COMMAND

Die Menüauswahl...

```
    case WM_COMMAND:
    switch (wParam) {
```

aktiviert zunächst jeweils eins der drei Richtungsfenster,...

```
        case ID_VONRECHTS:
                ShowWindow(hwndDlgVonRechts, SW_SHOWNORMAL);
        break;

        case ID_VONVORNE:
                ShowWindow(hwndDlgVonVorne, SW_SHOWNORMAL);
        break;

        case ID_VONOBEN:
                ShowWindow(hwndDlgVonOben, SW_SHOWNORMAL);
        break;
```

...legt ein neues Objekt an, indem die Dialogfunktion DlgObjektNeu() aktiviert wird,..

```
        case ID_OBJEKTNEU:
        {
                MOD_ModellLoeschen((LPMODELL)&modell);
                MOD_StandardModellKreieren("dummymodell", 1,
                                           (LPMODELL)&modell);
                lpProc = MakeProcInstance( DlgObjektNeu, hInst);
                hwndDlgObjektNeu = CreateDialog(hInst,
                                                "OBJEKTNEU",
                                                hwndHaupt,
                                                lpProc);
                ShowWindow(hwndDlgObjektNeu, SW_SHOW);
                .
                .
                .
        }
        break;
```

...oder öffnet ein bereits in einer Objektdatei beschriebenes Objekt.

```
        case ID_OBJEKTOEFFNEN:
        {
                .
                .
                .
                if(GetOpenFileName(&ofn)) {
                        .
                        .
                        .
```

Dabei muß, da ja nur die Objektbeschreibung und keine Modellbeschreibung in der Objektdatei vorhanden ist, ein Standardmodell als *Rahmen* kreiert werden; denn die meisten MOD_funktionen erwarten die Übergabe eines Modells - und wenn es auch nur aus einem Objekt besteht.

```
              MOD_StandardModellKreieren("dummymodell",1,
                                       (LPMODELL)&modell);
.
.
.
```

Jetzt kann das Objekt gefahrlos in den Objektbereich des Standardmodells geladen werden.

```
              MOD_ObjektAusDateiLaden((char*)ofn.lpstrFile,
                                      (LPOBJEKT)&objbuffer);
.
.
.
}
break;
```

Das Speichern des Objekts wird mittels der üblichen Standarddialoge ausgeführt.

```
case ID_OBJEKTSPEICHERN:
{
.
.
.
        MOD_ObjektNachDateiSpeichern((char*)ofn.lpstrFile,
                                     pobjekt);
.
.
.
}
break;

case ID_OBJEKTSPEICHERNALS:
{
.
.
.
        if(GetSaveFileName(&ofn)) {
            .
            .
            .
            MOD_ObjektNachDateiSpeichern((char*)ofn.lpstrFile,
                                         pobjekt);
            .
            .
            .
        }
}
break;
```

Auch das Aktivieren des Transformationsdialogs ist bekannt.

```
case ID_TRANSFORMATION:
{
    lpProc = MakeProcInstance( DlgTransf, hInst);
    hwndDlgTransf = CreateDialog( hInst,
                                        "TRANSFORMATIONEN",
                                        hwndHaupt,
                                        lpProc);
    SetClassWord(hwndDlgTransf, GCW_HICON, icon2);
    ShowWindow(hwndDlgTransf, SW_SHOW);
}
break;
```

Nicht vergessen: zum Schluß die Datenbereiche in `modell` löschen, sonst gehen Ressourcen verloren!

```
case IDM_EXIT:
    MOD_ModellLoeschen((LPMODELL)&modell);
    DestroyWindow(hWnd);
break;
```

12.2.5 Stützpunkte verschieben : DlgVonOben( )

Die Hauptnachrichtenbearbeitung zeigt demnach - außer vielleicht für `WM_RBUTTONDOWN` - nichts weiter Kompliziertes. Die eigentliche Funktionalität ist in den Dialogfunktionen der drei Hauptrichtungsdialogfenster verborgen. Da alle drei Dialogfunktionen prinzipiell identisch aufgebaut sind, wollen wir uns exemplarisch die Dialogfunktion...

```
BOOL FAR PASCAL DlgVonOben(hWnd, message, wParam, lParam)
HWND hWnd;
unsigned message;
WORD wParam;
LONG lParam;
{
```

...anschauen. Neben üblichen Nachrichtenverarbeitungen...

```
switch (message) {
    .
    .
    .
```

...steht das Verschieben der selektierten Punkte hier im Vordergrund. Ein solches Verschieben ist nur in den drei Richtungsfenstern vorgesehen, da hier schon durch die Auswahl des Anfangspunkts der Verschiebung eindeutig eine Ebene parallel zur

12.2 Programmaufbau von SPLTOOL

Bildebene und - dies ist entscheidend - parallel zu einer Ebene mit x=0, y=0 oder z=0 festgelegt wird. Die Verschiebung erfolgt dann in dieser Ebene und ist damit in ihrem Effekt leichter vorherzusehen als bei einer beliebigen Ebene z.B. im Hauptfenster.

Das Verschieben aller vorher selektierten Punkte (mit der rechten Maustaste und in beliebigen Fenstern!) beginnt mit einem *LinkeMaustasteKlick* auf einen (nicht unbedingt vorher selektierten) Stützpunkt; die linke Maustaste bleibt dann gedrückt. Damit wird *genau eine* Nachricht...

```
case WM_LBUTTONDOWN:{
```

erzeugt. Zur Berechnung der Kästchengröße um jeden Stützpunkt wird die Fenstergröße in Pixeln ermittelt.

```
GRAFIKINFO gi;
hDC = BeginPaint(hWnd, &ps);
    WHP_ErmittleGrafikfaehigkeiten(hDC, &gi);
EndPaint(hWnd, &ps);
```

Falls vorher überhaupt Punkte selektiert wurden...

```
if(selectedpoints[0] > 0){
```

...wird der Feldindex sa des Stützpunkts gesucht, der den Anfangspunkt der Verschiebung definert.

```
MOD_ModellKopieren((LPMODELL)&modell,(LPMODELL)&dummymodell);
MOD_ModellInitialisieren(&dummymodell);
PRJ_Einheitstransformation((TRANSFORMATION3D*)&m);
```

Da das Objekt von oben betrachtet wird - und daher natürlich auch die Stützpunkte entsprechend projiziert werden müssen - wird hier eine feste Rotation eingefügt. Bei den beiden anderen Richtungsfenstern wird hier eine entsprechend andere Rotation ausgeführt.

```
PRJ_Rotation((TRANSFORMATION3D*)&m, -90, ACHSE1);
t.x1 = (REAL)0.0;
t.x2 = (REAL)0.0;
t.x3 = (REAL)(2*prj_bildabstand);
PRJ_Translation((TRANSFORMATION3D*)&m, t);
MOD_ModellTransformieren((LPMODELL)&dummymodell,

(LPTRANSFORMATION3D)&m);
```

Anhang 1 – Oberflächenformung

Wie bekannt wird der Feldindex des Anfangspunkts (zwingend ein Stützpunkt!) bestimmt.

```
sa = MOD_CheckMausGegenStuetzpunkt(
                    hWnd,
                    LOWORD(lParam),
                    HIWORD(lParam),
                    (LPMODELL)&dummymodell,
             (int)ceil(((double)(gi.horzres+gi.vertres))/5),
                    prj_bildabstand,
                    LPPOINT)&pos);
                                                             }
   .
   .
   .
   }
   break;
```

Nachdem jetzt ein Anfangspunkt für die Verschiebung gefunden wurde und die linke Maustaste gedrückt bleibt, kann der Mauszeiger beliebig im Projektionsbild (Fensterinhalt) verschoben werden, bis der gewünschte Endpunkt (**nicht** zwingend ein Stützpunkt!) erreicht ist. Wird dann die linke Maustatste losgelassen, so wird eine Nachricht...

```
case WM_LBUTTONUP:{
```

...erzeugt. Falls nun ein Verschiebungsanfangspunkt gefunden wurde...

```
    if(sa >= 0){
```

...müssen jetzt die Koordinaten des Endpunkts der Verschiebung berechnet werden.

Dies erfordert einige Vorüberlegungen, da ja zunächst nur die **zwei**dimensionalen Pixelkoordinaten (wir wollen diese i.f. mit selectedpixelende **pe** bezeichnen) der Bildebene (des Fensters) bekannt sind; gesucht werden dagegen die **drei**dimensionalen Koordinaten (i.f. selectedende **e** genannt) im Modellraum.

Die Berechnung des Endpunktvektors der Verschiebung aus den Pixelkoordinaten ist einfach, wenn man (willkürlich) festlegt, daß diese Verschiebung *parallel* zur Bildebene erfolgen soll. Mit dem bereits bekannten Anfangspunkt der Verschiebung selectedanfang **a**, dem damit ebenfalls bekannten Punkt $\mathbf{p_a}$ auf der Bildebene und dem Punkt selectedpixelende $\mathbf{p_e}$ (ebenfalls auf der Bildebene), der ja durch das Ende des Verschiebevorgangs bekannt ist, läßt sich der Vektor **e** sofort wie folgt berechnen.

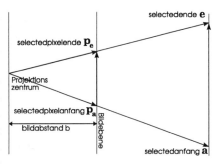

$$\mathbf{e} = \alpha \mathbf{p_e}$$

(1) $$\frac{\alpha|\mathbf{p_e}|}{|\mathbf{p_e}|} = \alpha = \frac{|\mathbf{a}|}{|\mathbf{p_a}|}$$

$$\mathbf{p_a} = \frac{b}{a_z}\mathbf{a}$$

(2) $\Rightarrow$

$$\mathbf{e} = \alpha \mathbf{p_e} = \frac{|\mathbf{a}|}{|\mathbf{p_a}|}\mathbf{p_e} = \frac{a_z}{b}\mathbf{p_e}$$

Offensichtlich reicht der Quotient $\dfrac{a_z}{b}$ aus z-Koordinate des Anfangsvektors und Bildebenenabstand aus, um aus den Pixelkoordinaten (natürlich vorher in Modellkoordinaten umgerechnet!) den Endvektor des Verschiebevorgangs im Modellraum zu berechnen.

```
hDC = BeginPaint(hWnd, &ps);
```

Zuerst wird der Gerätekontext hDC - genau wie bei der Projektion von Objektdaten - mit den korrekten Normierungen versehen.

```
GetClientRect(hWnd, &rcc);
SetMapMode(hDC, MM_ISOTROPIC);
SetWindowExt(hDC, MAXBILDINTERVALL, MAXBILDINTERVALL);
SetViewportExt(hDC, (rcc.right-rcc.left)/2,
                                    -(rcc.bottom-rcc.top)/2);
SetViewportOrg(hDC, (rcc.right-rcc.left)/2,
                                     (rcc.bottom-rcc.top)/2);
```

Die Mauskoordinaten aus lParam...

```
pos.x = LOWORD(lParam);
pos.y = HIWORD(lParam);
```

...können mit diesen Einstellungen leicht in Modellraumkoordinaten umgerechnet werden.

```
DPtoLP(hDC, (LPPOINT)&pos, 1);
```

Vor der Bestimmung des 3D-Vektors durch den Verschiebeendpunkt auf der Bildebene muß auf Pixelmodus **MM_TEXT** umgestellt werden.

```
SetMapMode(hDC, MM_TEXT);
SetViewportOrg(hDC, 1, 1);
            pende = PRJ_3DVektorDurchPixelErmitteln(hDC,
                                        pos.x, pos.y,
                                    0.75*MAXBILDINTERVALL,
                                       prj_bildabstand);
EndPaint(hWnd, &ps);
```

Jetzt sind sowohl Anfangsvektor als auch Endvektor der Verschiebung im dreidimensionalen Modellraum bekannt.

Im der richtigen Transformation entsprechenden dummymodell muß nun der daraus resultierende Verschiebungsvektor berechnet werden (einfach als **e - a**).

Dies geschieht in Abhängigkeit von der Objektmethode; jetzt beispielhaft für Polygone gezeigt.

```
switch (pobjekt->objektmethode) {
case(MOD_M_POLYGON):{
   .
   .
   .
```

Der Anfangsvektor wird über den bereits bekannten Feldindex **sa** bestimmt.

```
panfang = peckpunkte[sa];
```

Daraus läßt sich gemäß A1.(2) der Streckungsfaktor...

```
stretch = panfang.x3 / (REAL)prj_bildabstand;
```

und mit diesem der gesuchte Verschiebungsvektor bestimmen. An dieser Stelle muß auf die Hauptrichtungsprojektion geachtet werden; damit haben die drei Dialogfunktionen hier unterschiedliche Codierung.

```
pverschiebung.x1 = stretch * pende.x1 - panfang.x1;
pverschiebung.x2 = 0;
pverschiebung.x3 = stretch * pende.x2 - panfang.x2;
.
.
.
}
break;
```

Für Splincobjekte wird der Verschiebevektor entsprechend berechnet.

```
case(MOD_M_SPLINE):{
.
.
.
panfang = pbezier[sa];
stretch = panfang.x3 / (REAL)prj_bildabstand;
.
.
.
}
break;
```

Das dummymodell wird nicht mehr gebraucht und kann gelöscht werden.

```
MOD_ModellLoeschen((LPMODELL)&dummymodell);
```

Nachdem der Verschiebevektor bekannt ist, muß die eigentliche Verschiebung der selektierten Stützpunkte am modell durchgeführt werden, damit sie Wirkung für spätere Operationen (z.B. Speichern des Objekts) haben kann.

```
pobjekte = (HANDLE FAR *)GlobalLock(modell.hobjekte);
pobjekt  = (LPOBJEKT)GlobalLock(*pobjekte);
```

Dies geschieht wieder separiert nach Objektmethode.

```
switch (pobjekt->objektmethode) {
case(MOD_M_POLYGON):{
```

Alle selektierten Stützpunkte, deren Feldindizes in selectedpoints[i>0] gespeichert sind, werden um den Verschiebevektor verschoben.

```
for(s=1; s<=selectedpoints[0]; s++){
        panfang = peckpunkte[selectedpoints[s]];
        panfang.x1 += pverschiebung.x1;
        panfang.x2 += pverschiebung.x2;
        panfang.x3 += pverschiebung.x3;
        peckpunkte[selectedpoints[s]] = panfang;
}
    .
    .
    .
}
break;
```

Splineobjekte werden entsprechend translatiert.

```
case(MOD_M_SPLINE):{
    .
    .
    .
        for(s=1; s<=selectedpoints[0]; s++){
                panfang = pbezier[selectedpoints[s]];
                .
                .
                .
        }
}
break;
```

Die Dialogfunktion hat genauso wie die Hauptfensterfunktion MainWndProc() die Behandlung der Nachricht

```
case WM_RBUTTONDOWN:{
```

vorgesehen, die sich aber nicht von der Methode in MainWndProc() unterscheidet und daher hier nicht zusätzlich kommentiert wird.

```
}
break;
```

Bei der Abarbeitung von...

```
case WM_PAINT:{
```

...muß lediglich die Hauptrichtungsrotation...

```
MOD_ModellKopieren((LPMODELL)&modell,(LPMODELL)&dummymodell);
MOD_ModellInitialisieren(&dummymodell);
PRJ_Einheitstransformation((TRANSFORMATION3D*)&m);
```

...eingefügt werden.

```
PRJ_Rotation((TRANSFORMATION3D*)&m, -90, ACHSE1);
t.x1 = (REAL)0.0;
t.x2 = (REAL)0.0;
t.x3 = (REAL)(2*prj_bildabstand);
PRJ_Translation((TRANSFORMATION3D*)&m, t);
MOD_ModellTransformieren((LPMODELL)&dummymodell,
                                      (LPTRANSFORMATION3D)&m);
```

Hier wird wieder die etwas abgewandelte Funktion `MOD_ModellProjektion()` benutzt, damit die Stützpunkte markiert werden können.

```
SPLTOOL_ModellProjektion((LPMODELL)&dummymodell, hDC, rcc,
                                      prj_bildabstand);
EndPaint(hWnd, &ps);
MOD_ModellLoeschen((LPMODELL)&dummymodell);
}
break;
```

Damit ist die wesentliche Programmstruktur von SPLTOOL (das ja eigentlich auch POLYTOOL ist) erläutert. Bei der Bedienung fällt auf, daß Änderungen (Stützpunktselektion, Verschiebungen) nur dann in einem der drei zunächst nicht betroffenen Fenstern aktualisiert dargestellt wird, wenn dieses Fenster (i.d.R. mittels Mausklick) aktiviert wird.

Der Grund hierfür ist der nicht unerhebliche Zeitaufwand für die Neuberechnung und -darstellung vor allem von Splineoberflächen. Damit wird also nur dann der aufwendige Bildaufbau betrieben, wenn er explizit gewünscht wird.

Eine Änderung, bei der immer alle Fenster neu aufgebaut werden sollen, ist am einfachsten zu realisieren, wenn im `case WM_PAINT` des aktiven Fensters A eine `WM_PAINT`-Nachricht an alle drei anderen Fenster geschickt wird. Es muß durch vorheriges Setzen einer Kennung verhindert werden, daß die `WM_PAINT`-Blocks der angesprochenen Fenster nun ihrerseits erneut diese Nachricht abschicken (*Lawinengefahr!*).

13 Anhang 2 – Datentypen, Strukturen und Funktionen

DECASTELJAU

Die Zwischenpunkte des de Casteljau Verfahrens für einen kubischen Spline

```
typedef struct{
    PUNKT3D b01;
    PUNKT3D b12;
    PUNKT3D b23;
    PUNKT3D b012;
    PUNKT3D b123;
    PUNKT3D b0123;
}DECASTELJAU;
typedef DECASTELJAU* PDECASTELJAU;
```

FARBE

RGB-Wert mit (im Bereich unsigned short) beliebig großen Intensitäten; diese können später auf COLORREF-Werte normiert werden

```
typedef struct{
    COLTYPFARBE r;
    COLTYPFARBE g;
    COLTYPFARBE b;
}FARBE;
```

GRAFIKINFO

Siehe GetDeviceCaps(), Windows Programmers Reference

```
typedef struct {
    int technology;
    int horzsize;
    int vertsize;
    int horzres;
    int vertres;
    int bitspixel;
    int planes;
    int numcolors;
    int clipcaps;
} GRAFIKINFO;
```

389

HLSFARBE

HLS-Farbwert. Die Werte für Farbe (hue), Helligkeit (lightness) und Sättigung (saturation)

```
typedef struct{
    double h;
    double l;
    double s;
}HLSFARBE;
```

INTEGER

Darstellungsgenauigkeit von Ganzen Zahlen

```
typedef int INTEGER;
```

INTERVALL2D

Ein zweidimensionales, reelles Intervall wird für Berechnungen bei Beziersplineflächen benötigt.

```
typedef struct{
    double umin;
    double umax;
    double vmin;
    double vmax;
}INTERVALL2D;
typedef INTERVALL2D* PINTERVALL2D;
```

LINIE3D

Strecke mit Anfangs- und Endpunkt im R3

```
typedef struct{
    PUNKT3D a;
    PUNKT3D b;
}LINIE3D; 3D-Strecke
```

LINIE2D

Strecke mit Anfangs- und Endpunkt im R2

```
typedef struct{
    PUNKT2D a;
    PUNKT2D b;
}LINIE2D; 3D-Strecke
```

MODELL

Als oberste (umfaßenste) Kategorie wird das MODELL definiert, das aus einzelnen separaten Objekten zusammengesetzt ist. Hierzu muß neben der jeweiligen Objektbeschreibung (hier ist noch nicht festgelegt mit welcher Methode das Objekt beschrieben wird) auch je Objekt eine TRANSFORMATION3D-Matrix definiert werden, die die Größe (Skalierung) und räumliche Einordnung (Rotation, Translation, ggf. Scherung) des Objekts innerhalb des Modells beschreiben. Diese Matrizen sind modellspezifisch und nicht kanonisch mit dem Objekt verbunden. Daher werden sie hier bei MODELL festgelegt.

```
typedef struct{
    1. Modellname (Freitext)
    char modellname[TXTMITTEL];

    2. Anzahl Objekte im Modell
    int anzahlobjekte;

    3. Vektor mit Handlen der einzelnen Objekte, soll
        in einem global memory block gespeichert werden.
        Das Handle des Speicherbereichs wird gespeichert
    HANDLE  hobjekte;
    4. Vektor mit Transformationsmatrizen, die je zu
        einem Objekt gehören, soll in einem global
    memory block gespeichert werden. Diese Matrizen*/
    ordnen jedes Objekt mit gleichem Vektorindex
    aus (3) innerhalb des Modells räumlich ein
    Das Handle des Speicherbereichs wird hier
    gespeichert
    HANDLE hobjekttransformation;
    5. Transformationsmatrix, die auf das ganze Modell
        angewendet werden soll (NULL:Keine T.matrix)
    TRANSFORMATION3D modelltransformation;
        6. Handle Datenstruktur, die die optischen Eigenschaften
            des Modells (globale Konstanten) beschreibt
        OEMODELL optik;

} MODELL;
typedef MODELL far* LPMODELL;
```

OBJEKT

Mehrere Objekte bilden zusammen mit den objektspezifischen Transformationen (siehe MODELL.modelltransformation) eine Modell. Ein Objekt kann dabei mittels unterschiedlicher Methoden beschrieben werden. Daher verweist die Struktur OBJEKT auch lediglich auf objektbeschreibende Strukturen, ohne selbst diese Daten zu beinhalten.

```
typedef struct{
   1. Name des Objekts (Freitext)
   char objektname[TXTMITTEL];
   2. Bezeichnung der Beschreibungsmethode (Freitext)
   char objektmethodetext[TXTMITTEL];
   3. Konstante, die Beschreibungsmethode(n) definiert
      Siehe hierzu Konstanten MOD_M_xxxxx in dieser Datei
      ggf. können mehrere Konstanten verodert werden
   WORD objektmethode;
   4. Konstante, die Objekteigenschaften definiert*/
      Siehe hierzu Konstanten MOD_E_xxxxx in dieser Datei
      ggf. können mehrere Konstanten verodert werden
   WORD objekteigenschaft;
   5. Handle Beschreibungstypabhängige Datenstruktur
      (gemäß (3) objektmethode)
   HANDLE hobjektdaten;
   6. Konstante der Beschreibungsmethode(n) des das Objekt
      umfaßenden Umvolumens (6)
      Siehe hierzu Konstanten MOD_M_xxxxx in dieser Datei
   WORD umvolumenmethode;
   7.Handle Datenstruktur, die gemäß (4) ein Volumen
      beschreibt, das das gesamte Objekt einschließt
      Dies kann entweder ein Quader (MOD_M_UMQUADER) oder
      eine Kugel (MOD_M_UMKUGEL) sein.
      Das UmVolumen wird immer in dem Koordinatensystem
      definiert, in dem auch das Objekt selbst definiert
      ist; es muß daher auch derselben Transformation
      unterworfen werden, wenn das Modell gebildet wird.
   HANDLE humvolumen;
    8. Handle Datenstruktur, die die optischen Eigenschaften
         des Objekts (Objektinneres und Oberfläche) beschreibt
   HANDLE hoptik;
}OBJEKT;
  typedef OBJEKT far* LPOBJEKT;
```

OBJEKT_AUS_FUNKTION

Ein Objekt besteht aus einer einzigen Oberfläche, die als explizite Funktion

f:R2->R3

unter Angabe ihres Definitionsbereichs gegeben ist. Die Definition dieser Funktion muss in FKT.C vorgenommen worden sein, sodas ein Zeiger auf den Funktionsnamen gebildet werden kann.

Datentypen, Datenstrukturen und Funktionen

```
typedef struct{
    1. Zeiger auf Funktionsname
    PUNKT3D (*pFktName)();
    2. Grenzen des Definitionsbereichs
    double umin;
    double umax;
    double vmin;
    double vmax;
    3. Parametervektor
    double parameter[FKT_MAXPARAMETER];
    4. Flächenfarbe
    COLORREF farbe;
    5. Darstellungsauflösungen in u- und v-Richtung
    int auflsgU;    Anzahl U-paralleler Projektionen
    int auflsgV;    Anzahl V-paralleler Projektionen
    6. Gesamttransformation, die auf alle
       Projektionskurven angewendet werden muß
       Es wird auch ein Flag gesetzt, ob eine TMatrix
       vorliegt
    TRANSFORMATION3D transfkt;
}OBJEKT_AUS_FUNKTION;
typedef OBJEKT_AUS_FUNKTION FAR* LPOBJEKT_AUS_FUNKTION;
```

OBJEKT_AUS_POLYGON

Ein Objekt wird durch die Angabe seiner Oberflaechenteile definiert. Jedes dieser Oberflaechenteile wird durch ein ebenes Polygon (eine durch Strecken begrenzte ebnene Flaeche mit n>=3 Ecken) beschrieben. Offensichtlich kann jeder Eckpunkt ggf. zu mehreren Polygonen gehören. Um speichersparend zu arbeiten (ein Objekt kann u.U. aus mehreren tausend Polygonen zusammengesetzt sein) werden zwei Strukturen geführt : in OBJEKT_AUS_POLYGON wird ein Vektor mit allen Eckpunktkoordinaten angelegt; die einzelnen Polygone definieren ihre Eckpunkte dann nur noch durch Angabe dieser Vektorindices.

```
typedef struct{
    1. Anzahl Polygone in der Objektbeschreibung
    UINTEGER anzahlpolygone;
    2. Gesamtzahl Eckpunkte im Objekt
    UINTEGER anzahleckpunkte;
    3. Eckpunkte; auf die Indices dieses Vektors wird
       in der Polygonbeschreibung zugegriffen
           der Vektor wird in einem global memory block
           abgelegt. Das Handle dieses Blocks wird gespeichert
    HANDLE heckpunkte;
    4. Polygone; das Handle des gmb wird gespeichert
    HANDLE hpolygone;
} OBJEKT_AUS_POLYGON;
typedef OBJEKT_AUS_POLYGON far* LPOBJEKT_AUS_POLYGON;
```

OBJEKT_AUS_SPLINE

Ein Objekt wird durch die Angabe eines bikubischen Beziersplines definiert. Es sind nx*ny Pflaster vorgesehen. Damit gibt es (nx+1)*(ny+1) Stützstellen (Pflastereckpunkte) vom Typ PUNKT3D. Jedes Pflaster wird durch einen bikubischen Bezierspline beschrieben, der stetig (C1-stetig) in seine Nachbarpflaster-Splines übergeht.

```
typedef struct{
    1. Anzahl Pflaster
    UINTEGER nx;
    UINTEGER ny;
    2. Handle des Speichers für alle Bezierpunkte (incl. Eckpunkte)
    HANDLE hbezier;
    3. Verknüpfungsmodus der Flächenkanten
    WORD modus_u;
} OBJEKT_AUS_SPLINE;

typedef OBJEKT_AUS_SPLINE far* LPOBJEKT_AUS_SPLINE;
```

OBJEKT_IST_LICHTQUELLE

Eine Lichtquelle wird definiert

```
typedef struct{
    1. Farbe der Lichtquelle
    FARBE farbe;
    2. Position der Lichtquelle bei Initialisierung
    PUNKT3D lichtposition;
} OBJEKT_IST_LICHTQUELLE;
typedef OBJEKT_IST_LICHTQUELLE far* LPOBJEKT_IST_LICHTQUELLE;
```

OEMODELL

Alle optischen Eigenschaften für ein Gesamtmodell werden definiert

```
typedef struct{
    1. indirekte Diffusion
    double jd;
    2. Entfernungsfaktoren
    double ke1;
    double ke2;
    double ke3;
    3. Rekursionstiefe
    char maxrekursion;
    4. Brechungsköffizient des Leerraums
```

Datentypen, Datenstrukturen und Funktionen

```
    double my;
    5. Hintergrundfarbe (Suchstrahl geht ins Leere)
    FARBE hintergrundfarbe;
    6. Unschärfe (antialaising, smoothschadow)
    double  unschärfe;
}OEMODELL;
typedef OEMODELL FAR* LPOEMODELL;
```

OEOBJEKT

Alle optischen Eigenschaften für ein Objekt werden definiert

```
typedef struct{
    1. Spiegelung
    double r;
    double ks;
    2. Diffusion
    double kd;
    3. Transmißion
    double my;
    double t;
    double kt;
    4. Indirekter Anteil
    double lt;
    double lr;
    5. Weitere Oberflächeneigenschaften
    Farbe, soweit nicht bereist bei OBJEKT_AUS_xxx anderweitig definiert
    FARBE farbe;
}OEOBJEKT;
typedef OEOBJEKT FAR* LPOEOBJEKT;
```

POLYGON

Ebenes Polygon mit anzahlecken >= 3 . Es wird unterstützt, daß innerhalb eines Objekts Polygone unterschiedliche Eckpunkt-Anzahlen haben können (z.B. eine Pyramide kann einfach aus einem Rechteck und vier Dreiecken zusammengesetzt werden).

```
typedef struct{
    1. Anzahl Eckpunkte in diesem Polygon
    BYTE anzahlecken;
    2. Flaechenfarbe
    FARBE farbe;
      3. Indexliste auf Eckpunkte
    UINTEGER pp[MAXINDEXPOLYGONE];
    4. Flaechennormale (Vektor senkrecht auf Flaeche, nach
       aussen weisend
    PUNKT3D normale;
    5. Modus, z.B. Sichtbarkeit des Polygons
```

```
                    Konstanten lauten EFL_POLY_xxxxxxx
      WORD modus;
}POLYGON;
typedef POLYGON FAR* LPPOLYGON;
```

PUNKT2D

Zweidimensionaler reelwertiger Vektor

```
typedef struct{
    REAL p1;
    REAL p2;
}PUNKT2D; 2D-Punkt
```

PUNKT3D

Dreidimensionaler reellwertiger Vektor

```
typedef struct{
    REAL x1;
    REAL x2;
    REAL x3;
}PUNKT3D; 3D-Punkt
typedef PUNKT3D FAR* LPPUNKT3D;
```

REAL

Darstellungsgenauigkeit von Standard-Fließkommazahlen

```
typedef float REAL;
```

SPLINEPUNKT

Der Schnittpunkt eines Strahls mit einer Bezieroberfläche muß sowohl den geschnittenen Patch mittels seiner Indices iu, iv als auch die reellwertigen Parameterraumkoordinaten (u,v) jeweils aus dem Intervall [0,1] angeben.

```
typedef struct{
    1. patchindices
    int iu;
    int iv;
    2. (u,v)-Raumkoordinaten
    double u;
    double v;
    } SPLINEPUNKT;
typedef SPLINEPUNKT*  PSPLINEPUNKT;
```

Datentypen, Datenstrukturen und Funktionen

STRAHL

Beginnend mit einem Startvektor vu geht der Strahl in Richtung vr (normiert); Definition im R3.

```
typedef struct{
    PUNKT3D vu;
    PUNKT3D vr;
    double my; aktueller Brechungsindex der Materie, in der der
    Strahl ist
}STRAHL;
typedef STRAHL far* LPSTRAHL;
typedef STRAHL NEAR* PSTRAHL;
```

TRANSFORMATION3D

Die homogene Transformationsmatrix wird mit ihren 4*4 Elementen elementweise bereitgestellt.

```
typedef struct{
    REAL m11;
    REAL m12;
    REAL m13;
    REAL m14;
    REAL m21;
    REAL m22;
    REAL m23;
    REAL m24;
    REAL m31;
    REAL m32;
    REAL m33;
    REAL m34;
    REAL m41;
    REAL m42;
    REAL m43;
    REAL m44;
}TRANSFORMATION3D; Homogene 3D-Transformationsmatrix
typedef TRANSFORMATION3D FAR* LPTRANSFORMATION3D;
```

UINTEGER

Ganzzahliger Datentyp im wesentlichen für max. Listenindex

```
typedef unsigned short UINTEGER
```

UMKUGEL

Für jedes OBJEKT kann ein (natürlich möglichst minimales) Volumen bestimmt werden, das das OBJEKT vollständig umschließt. Für alle Verfahren, die Oberflächenpunkte des OBJEKTs bestimmen müssen, kann die Kenntnis dieses Umvolumens zeitsparend wirken. Es werden nur 2 Umvoluminatypen unterstützt: UMQUADER und UMKUGEL.

```
typedef struct{
    1. Koordinaten des Kugelmittelpunkts
    PUNKT3D kugelmitte;
    2. Kugelradius
    REAL kugelradius;
} UMKUGEL;
typedef UMKUGEL far* LPUMKUGEL;
```

UMQUADER

Für jedes OBJEKT kann ein (natürlich möglichst minimales) Volumen bestimmt werden, das das OBJEKT vollständig umschließt. Für alle Verfahren, die Oberflächenpunkte des OBJEKTs bestimmen müssen, kann die Kenntnis dieses Umvolumens zeitsparend wirken. Es werden nur 2 Umvoluminatypen unterstützt: UMQUADER und UMKUGEL.

```
typedef struct{
    1. Vektor mit Maximalgrenzen
    PUNKT3D pmax;
    2. Vektor mit Minimalgrenzen
    PUNKT3D pmin;
} UMQUADER;
typedef UMQUADER far* LPUMQUADER;
```

14 Sachwortverzeichnis

—4—

4-Vektoren 17
4x4-Matrizen 18

—A—

Additive Farben 216
Alaisingeffekt, konzentrisch 299
Aliasingeffekte, Beispiel 222
Allozierungsvorgänge, Laden von Objektdaten 71
Amplitude, Definition 184
Anschlußbedingungen, Splines 84
Aufrufbaum, Strahlverfolgungsverfahrens 236
Aufteilungsabbildung 326
Aufteilungsabbildung, 2-Schrittverfahren 332
Aufteilungsabbildung, s-o-mapping 332
Augenpunkt 35
Ausgabebeschränkung 163

—Ä—

Äußeren Bezierpunkte 86

—B—

backward raytracing 221
Begriffseinordnung Virtuelle Realität 2
Bernsteinpolynom, Definition 78
Beschreibungsparameter, Licht 204
Bessel-Schema, Bezierpunkte 88
BEZ_2DSPLINEOFFEN, Beispiel 91
BEZ_3DFlaecheBerechnen, Beispiel 142; 146
BEZ_3DKurveBerechnen, Beispiel 92
BEZ_3DSPLINE1KANTE_U, Beispiel 136
BEZ_3DSPLINE1KANTE_V, Beispiel 137
BEZ_3DSPLINE2KANTE, Beispiel 137
BEZ_3DSPLINEOFFEN, Beispiel 136
BEZ_ALLEUDURCHNORM, Beispiel 91
BEZ_AllocMemSpline2DObjekt, Beispiel 91
BEZ_AllocMemSpline3DObjekt, Beispiel 132
BEZ_B0Punkt2D, Beispiel 94
BEZ_Bezier3Quick, Beispiel 112
BEZ_BikubischerBezierSpline, Beispiel 114; 144
BEZ_deCasteljau, Beispiel 119
BEZ_MehrBezierpunkteImPatch, Beispiel 128
BEZ_PLOTAUFLSG, Beispiel 144
BEZ_PLOTLINIEN, Beispiel 143
BEZ_Punkt3D, Beispiel 132
BEZ_SegmentiereBezierpatch, Beispiel 125
BEZ_StuetzPunkt2D, Beispiel 91
BEZ_Stuetzpunkt3D, Beispiel 132
BEZ_TeileKubischenSpline, Beispiel 118
Bezierkurve, Einhüllung 118
Bezierkurve, Teilung 116
Bezierkurve, Zwischenpunkte 115
Bezierpolygon, konvexe Hülle 117
Bezierpolygon, Zwischenkante 115
Bezierpolynom, Definition 79
Bezierpunkte bei Änderung eines Stützpunkts 107
Bezierpunkte der Gesamtpflasterung 98
Bezierpunkte, äußere 86
Bezierpunkte, Bessel-Schema 88
Bezierpunkte, innere 86

Beziersplineoberflächen, Projektion von 141
Beziersplines, Kantenverknüpfungen 136
Beziersplines, Beispiel 89
Beziersplines, bikubische 95
Beziersplines, Feldindex 132
Beziersplines, Objekt aus 134
Beziersplines, Transformation von 145
Bikubische Bezierfunktion, Definition 97
Bikubische Bezierfunktionen, de Casteljau Algorithmus 120
Bildebene 31
Bildkoordinaten 40
Bildkoordinaten ermittelt 37
Bildkoordinaten, Skalierung von 41
Bildpunkt 35
Bildspeicher 165
Bildsystem 38
Bilinearität der Bezierfunktion 113
Bluebox-Farbe 245
Brechung 187
Brechung von Licht 192
Brechungsindex 193
Brechungskoeffizient 223

—C—

C^0-Stetigkeit, Definition 84
C^1-Stetigkeit, Definition 84
C^2-Stetigkeit, Definition 84
clipping 163
CLUT 208
CMY-Modell 217
COL_AddiereFarben, Beispiel 211; 250
COL_FarbeMalFaktor, Beispiel 211; 212
COL_FarbeMittelwert, Beispiel 249
COL_HLSinRGB, Beispiel 214
COL_Id, Beispiel 218; 252
COL_Ir, Beispiel 218; 252
COL_IstSchwarz, Beispiel 245
COL_It, Beispiel 218; 250; 253
COL_jr, Beispiel 250
COL_KeinLicht, Beispiel 247
COL_Limit, Beispiel 207
COL_NeuePaletteErzeugen, Bsp. 209
COL_NormiereFarbeAufRGB, Beispiel 212
COL_NormiereRGBAufFarbe, Beispiel 211; 230
COL_PaletteNachFenster, Beispiel 210
COL_RGBinHLS, Beispiel 215
Color Lockup Table 208
Cook/Torrance versus Phong-Reflexionsmodell 199
Cook-Torrance Funktion 202
Cook-Torrance Modell 201

—D—

Darstellung, stereoskopische 44
Darstellungsgenauigkeit bei Transformationen 27
de Casteljau - Schema 111
de Casteljau Algorithmus für Bezierflächen 113
de Casteljau Algorithmus, Bikubische Bezierfunktionen 120
de Casteljau Algorithmus, Definition 107
de Casteljau'sche Algorithmus 80
de Casteljau, geometrische Bedeutung 114
DECASTELJAU Struktur, Beispiel 119
Deltaflächen, Formfaktorberechnung 318
Demoprogramme, Testrechner 7
Diffus-Diffus Interaktion 301
Diffusion, indirekte 224
Dimension eines Objekts 349
Drahtlinienmodell 42
Dreieck, de Casteljau 111
Durchstoßpunkt 35

—E—

Ebene im Raum, Definition 62
Ebenenkonstante 161
Eckenbedingung 267
Eckpunktdarstellung 61
Eckpunktliste 68
EFL_NormaleAufObjektpolygone, Beispiel 73
EFL_POLY_NORMALEBERECHNET, Beispiel 74
EFL_POLY_SICHTBAR, Beispiel 73

EFL_RechteckUmPolygon, Beispiel 167
EFL_RueckprojektionPolygon, Beispiel 168
EFL_TriangularisiereViereck, Beispiel 270
Einheitstransformation, homogen 25
Einzeltransformationsmatrizen, Kombination von 18
Emissionsdichte 303
Energiemenge 203
Entfernungsfaktor 194
Entfernungskorrekturfaktor 195
euklidischer Raum 10

—F—

Farbauflösung 207
Farbdarstellung, Windows 208
Farbdrucker 205
FARBE, Beispiel 207
Farbeindruck, Definition 186
Farbempfinden 204
Farben, gleichzeitig darstellbare 208
Farbmodell, HLS 212
Farbmodelle 205
Farbpalette 208
Farbschattierungsverfahren 279
Farbsprung, diskontinuierlicher 279
Farbtiefe 208
Farbtöne 208
Farbtyp 207
Fehldarstellungen bei clipping 163
Fehler bei Projektionen 159
Feldstärke 182
Felsoberfläche 348
Filmsequenzen 355
Filterung von Farben 212
Flächen, gekrümmte im Raum 76
Flächendefinition 47
Flächennormale auf Bezierfläche 260
Flächennormale, äußere 64
Flächennormale, Definition 63
Flächennormale, Manipulation der Oberfläche 337
Flächenpflasterung, Definition 96
Flächenstücke, infinitesimal kleine 302
Formfaktor 303
Formfaktor, Berechnung 305
Formfaktor, Deltaflächen 318

Formfaktor, Grundgleichung 311
Formfaktor, Halbkugelnäherung 313
Formfaktor, Halbwürfelmethode 315
Formfaktor, Stokes'scher Integralsatz 312
Frequenz, Definition 184
Fresnel'sche Gesetz 202
Funktion, Parameterdarstellung 77
Fußpunktvektor 231

—G—

Geradengleichung, parametrisierte 21
Gerätekoordinaten 163
Gesamtoperation, bei Transformationen 10
Gesamtpflasterung, Bezierpunkte der 98
Gleichungssystem des Strahlungsfeldverfahrens 304
Gouraudfarbschattierung 280
Grundfarben, additive 216
Grundfarben, subtraktive 216
Grundtransformation 12

—H—

Halbkugeloberfläche 297
Halbschattenbereich 293
Halbwürfelmethode, Formfaktor 315
Hauptflächennormale 203
Helligkeitseindruck 204
Helligkeitseindruck, Definition 186
hidden surface algorithm 160
Hintergrundfarbe 245
HLS, Umrechnung in RGB 214
HLSFARBE, Beispiel 208
HLS-Modell 207; 212
Homogene Koordinaten 17
Homogene Transformation, Inverse von 26
Homogene Transformationen, Invertierung 25
homogene Transformationsmatrizen 18
Homogene Vektoren 17
Homogenisierungstransformation 17
hue 204
Hülle einer Bezierkurve 118

401

—I—

Indexverschiebung 109
Indirekte Lichtabgabe 196
Indirekte Lichtanteile 223
Innere Bezierpunkte, Lage der 86
Intensiät, Berechnung aller Faktoren 197
Intensitätsanteile 233
Interpolation der Farbkomponenten, Gouraudverfahren 283
Interpolation von Raumpunkten 82
Inverse homogener Transformationen 25
Invertierung homogener Transformationen 26
isotrop 41

—K—

Kamerabewegungen 355
Kanteneliminierung bei Plottern 173
Kantenprojektionen 173
Kantenteilungsalgorithmus 173
Kantenverknüpfungen, Beziersplines 136
Klasse-3-Verfahren 321
Knotennormalen 282
Koeffizienten, Beziersplines 85
Komplizierte Transmissionen 253
Konvexe Hülle, Bezierpolygon 117
Konvexität 64
Kooordinatensystem, rechtsdrehend 34
Koordinatensysteme, rechtsdrehend, linksdrehend 38
Kubische Bezierpolynome, Definition 80
Kubischer Bezierspline , Beispiel 108
Kubischer Bezierspline , geometrische Bedeutung 108
Kugelkappe 298
Kugeloberfläche, implizite Darstellung 263
Kugeltangente 298

—L—

Laden von Objektdaten, Allozierungsvorgänge 71
Lambert-Strahler 309

Licht, physikalischer Hintergrund 181
Licht, physiologische Wirkung 186
Lichtabgabe, indirekt 196
Lichtaustausch 305
Lichtbrechung 192
Lichtbrechungseffekte 291
Lichtkreis 299
Lichtquelle 176
Lichtquelle, kugelförmige 293
Lichtquelle, sichtbare 220
Lichtquelle, Syntax 249
Lichtquelle, unendlich entfernt 195
Lichtquellenfarbe, Korrekturfaktor 299
Lichtquellenobjekt , Definition 248
Lichtstrahl, Wechselwirkung mit Oberflächen 181
Lichtwegfaktor , Beispiel 250
Lichtwellenparameter 186
lightness 204
Logische Koordinaten 163
LPOBJEKT, Beispiel 51
LPOBJEKT_AUS_POLYGON, Beispiel 51
LPPUNKT3D, Beispiel 72
LPUMQUADER, Beispiel 54

—M—

Makroskopische Oberflächeneigenschaft 321
Marmor 344
Materialoberflächen 323
MAXBILDINTERVALL , Beispiel 162
MAXBILDINTERVALL, Beispiel 42
MAXINDEXPOLYGONE , Beispiel 69
maxrekursion, Beispiel 224
Maxwell'schen Gleichungen 182
Methodenklassen 169
Mikrofläche 200
Mikroflächennormalen 203
Mikroskopische Oberflächeneigenschaft 321
Mischfarben 212
Mittelung von Normalen 281
MOD_BerechneAlleUmvolumina, Beispiel 239
MOD_M_EXPLFUNKTION, Beispiel 154
MOD_M_POLYGON, Beispiel 66

MOD_ModellAusDateiLaden, Beispiel 57; 58
MOD_ModellInitialisieren, Beispiel 59
MOD_ModellKopieren, Beispiel 58; 59
MOD_ModellLoeschen, Beispiel 58; 60
MOD_ModellProjektion, Beispiel 59
MOD_ModellTransformieren, Beispiel 59
MOD_SelbstverdeckteFlaechen, Beispiel 166
MOD_zBuffer, Beispiel 59; 166
MODELL, Datenstruktur 52
Modell, Projektion 59
MODELL, Strukturerweiterung 225
Modellaufbau 48
Modellbewegungen 355
Modelldatei, Beispiel 56
Modelldatei, Syntax 56
Modelle, optische Eigenschaften 225
Modellgeometrie, Formfaktor 303
Modellierung einer Szene 38
Modellkoordinatensystem 39
modus, Strahlverfolgung 243
Muster 322

—N—

Normalenmittelung 281
Normalenvektor, Test auf äußeren 74

—O—

Oberfläche, analytische, Syntax 152
Oberfläche, automatische Generierung 348
Oberfläche, Fels 348
Oberfläche, perfekt spiegelnde 189
Oberfläche, Rauhheit 337
Oberflächen aus analytischen Funktionen 151
Oberflächen, wellenförmige 339
Oberflächenbeschreibung, optische 222
Oberflächeneigenschaft 190
Oberflächeneigenschaft, mikroskopische 322
Oberflächeneigenschaft, makroskopische 321

Oberflächenformen, makroskopische 348
Oberflächenmethode, Verwendungsbeispiel 53
Oberflächenmethoden, Einbindung in Datenstruktur OBJEKT 49
Oberflächenmethoden, verschiedene Ansätze 48
Oberflächenpunkt 302
Oberflächensplines 95
Oberflächenstruktur 337
Oberflächenstrukturen, Übersicht 178
Oberflächenteile, immer unsichtbare 65
Objekt aus Beziersplines 134
Objekt aus Splines, Syntax 139
OBJEKT, Datenstruktur 52
Objekt, Punkt im Inneren 74
OBJEKT, Strukturerweiterung 224
OBJEKT_AUS_FUNKTION, Beispiel 154
OBJEKT_AUS_POLYGON, Beispiel 68
OBJEKT_AUS_SPLINE, Beispiel 131; 135
OBJEKT_IST_LICHTQUELLE, Beispiel 249
Objektbeschreibungsdatei, Syntax 55
Objektbewegungen 355
Objektdarstellungen, Fehler bei 159
Objektdimension, fraktale 349
Objekte, optische Eigenschaften 225
Objektflächen, Tiefenordnung 172
Objektkoordinatensystem 39
Objektraum 31
OBJEKT-Struktur, Verweistechnik 50
Objektsystem 38
OEMODELL, Beispiel 225
OEOBJEKT, Beispiel 223
Operator zur Indexverschiebung, Definition 109
Optische Eigenschaften, Syntax 225
Orthonormalsystem 11

—P—

Paletten, Windows 209
Parabolid, Beispiel 78
Parallelprojektion 33
Parameter der Bewegung 357
Parameterintervall 77

Parameterlinien 96
parametrisierten Geradengleichung 21
Pflaster 95
Phase, Definition 184
Phong-Reflexionsmodell 189
Phong-Reflexionsmodell versus Cook/Torrance 199
Phong-Schattierungsverfahren 284
Pixelstrahlen , Definition 220
Pixelstrahlen, indirekte 221
Pixelstrahlfarbe 232
Polarisation, Definition 184
Polarisation, elliptische 185
Polarisation, lineare 185
Polarisation, zirkulare 185
Polarisationsformen einer Lichtwelle 185
Polygon , Definition 63
POLYGON, Beispiel 72
Polygon, Drehsinn 73
Polygon, konkaves 269
Polygon, Test auf Innenpunkt 264
Polygone als Objektoberfläche 61
Polygonebenengleichung 171
Polygoneckpunkte und Flächenschnittpunkt 265
Polygonindexliste 68
Polygonkanten, Innentest 270
Polygonknoten 280
Polygonoberfläche, Datensyntaxbeispiel 69
Polygonoberflächen, Datenstruktur 67
Polygonschnittpunkt 255
Polygonzustand, Definition 69
PRJ_2DVektorDurchPixelErmitteln, Beispiel 164
PRJ_3DVektorDurchPixelErmitteln, Beispiel 164; 168; 246
PRJ_Einheitstransformation, Beispiel 30; 59
PRJ_FLTMAX, Beispiel 41
PRJ_MatrixMultiplikation, Beispiel 59
PRJ_ProjektionHinzufuegen, Beispiel 41
PRJ_PunktProjektion, Beispiel 41
PRJ_Translation, Beispiel 41; 59
Projektion 31
Projektion von Beziersplineoberflächen 141

Projektion, ebene geometrische 33
Projektion, inverse 161
Projektion, perspektivische 32; 33
Projektionsbedingungen 31
Projektionsfehler 159
Projektionsmatrix kombinieren 37
Projektionspunkt 33
Projektionssystem 38
Punkt, Strukturdefinition 28
Punkte, Dateizugriff auf 29
Punktvektor 10

—Q—

Quadratrasterung 243

—R—

radiosity method 301
Raumwinkel 309; 311
Rauschfunktion , Definition 341
Rauschfunktion, mit Pixelgröße 345
Rauschwert 343
RAY_BestimmeFarbwertdesStrahls, Beispiel 244; 247
RAY_BestimmeFarbwertdesStrahls, Rekursion 250
RAY_CosinusZwischenVektoren, Beispiel 251
RAY_ddUBezierpatch, Beispiel 261
RAY_ddVBezierpatch, Beispiel 261
RAY_fd, Beispiel 252
RAY_fe, Beispiel 250; 252; 253
RAY_fs, Beispiel 252
RAY_ft, Beispiel 253
RAY_ModellDarstellen, Beispiel 237
RAY_NormaleAufBezierpatch, Beispiel 259; 261
RAY_NormaleAufEbene, Beispiel 259
RAY_NormaleAufFlaeche, Beispiel 248; 259
RAY_OBJEKTTRENNUNG , Beispiel 257
RAY_PerfekteSpiegelung, Beispiel 250
RAY_StrahlBrechung, Beispiel 249; 252; 258
RAY_Strahlrueckverfolgung, Beispiel 241; 242
RAY_StrahlTrifftDreieck, Beispiel 272

RAY_StrahlTrifftNaechstesObjekt, Beispiel 251; 254
RAY_StrahlTrifftPolygon, Beispiel 255
RAY_StrahlTrifftUmvolumen, Beispiel 254
RAY_Vektorlaenge, Beispiel 252
RAY_Verschmierung, Beispiel 254
Rechtsdrehendes Koordinatensystem 38
Reflektion, diffuse 191
Reflexion an gekrümmter Oberfläche 190
Reflexion, Cook-Torrance Modell 201
Reflexion, diffuse 187
Reflexion, indirekte diffuse 197
Reflexion, spiegelnde 187; 189; 222
Reflexion, streuende 223
Reflexionsgesetz 190
Reflexionskoeffizient 303
Reflexionsmodell, Modellannahmen 188
Rekursion, Strahlverfolgung 236
Rekursionskontrolle 244
Rekursionstiefe, Strahlverfolgung 224
RGB Modell 205
RGB, Addition von Farben 211
RGB, Multiplikation mit Faktor 211
RGB, Normierungsoperation 206
RGB, Umrechnung in HLS 214
RGB-Farbdarstellung 205
RGB-Würfel 206
Richtungsableitung, partielle 190
Richtungsableitungen, Bezierfläche 261
Rotation 12
Rotationsachse, beliebige 21
Rotationsmatrix, homogen 19
Rotationsmatrizen 14
Rückprojektion, bei z-Puffer 165
Rückwärtsprojektion 161
Rückwärtsverfolgung 221

—S—

Sättigung 204
saturation 204
Scanebene , Beispiel 171
Scangeraden Algorithmus 170
Scharfzeichnungseffekte 225
Schattenberechnungsverfahren 294
Schattenfühler 234; 299; 306
Scherung 15
Scherungsmatrix, homogen 24
Scherungsmatrizen 16
Schnittgerade 171
Schnittpunkt Strahl Dreieck 271
Schnittpunkt Strahl mit Kugel 262
Schnittpunkt Vektor mit Polygon 264
Schnittpunktberechnungen 254
Schnittpunktsuche, logischer Fehler 255
Schnittpunktvektor mit Ebene 161
Sichtbare Oberflächen 164
Skalierung 14; 163
Skalierung von Bildkoordinaten 41; 42
Skalierungsmatrix 15
Skalierungsmatrix, homogen 23
Snell'sche Gesetz 193
s-o mapping 332
Spiegelgüte 190
Spiegelung 187; 189
Spiegelung, Cook-Torrance Modell 201
Spiegelung, indirekte 197
Spiegelung, inverse 289
Splinefunktionen 82
Splineinterpolation BEZ_3DKurveBerechnen 99
Splineinterpolation einer Oberfläche 82
Splinekurve 82
Splineoberfläche 95
Splineobjekte, Syntax 139
SPLINEPUNKT , Beispiel 261
Standardgrafikkarte 4
Stereoskopische Darstellung 44
Stetigkeit , Definition 84
Störfunktion , Definition 339
Störfunktion, Normalenstörung 338
Störfunktion, Verrauschen 342
Strahl , Definition 231
STRAHL, Beispiel 232
Strahlparameter 255
Strahlung, emittierte 303
Strahlung, reflektierte 303
Strahlungsdichte 303
Strahlungsdichte , Definition 303
Strahlungsfeld 302
Strahlungsfeldverfahren 301
Strahlungsmodellverfahren, Definition 177

Strahlungsverhalten, modellglobales 178
Strahlursprung 231
Strahlverfolgung, Basisalgorithmus 232
Strahlverfolgung, inverse 286
Strahlverfolgung, near*-Vektoren 238
Strahlverfolgung, Objekthandle 238
Strahlverfolgungsverfahren, Definition 176; 219
Strahlverfolgungsverfahren, Beschleunigung 243
Strecke, Strukturdefinition 28
Subtraktive Farben 216
Suchstrahl 248

—T—

Teiloberflächen, immer unsichtbare 65
Textur, Definition 322
Texturabbildung 323
Texturabbildung, inverse 324
Texturbild 324
Texturfläche, Projektion 335
Tiefensortierungsalgorithmen 172
Transformation von Beziersplines 145
TRANSFORMATION3D, Beispiel 30
Transformationen, Programmierung von 30
Transformationsalgorithmen, homogen 26
Transformationsfunktionen 29
Transformationsmatrix 10
Transformationsmatrix, Initialisierung von 30
Transformationsmatrix, Strukturdefinition 27
Transformationsmatrizen, homogene 18
Translation 12
Translationsmatrix, homogen 18
Transmission 187; 192; 223
Transmission, indirekte 197
Transmission, inverse 291
Transmissionen, komplizierte 253
Treppeneffekte 221
Turbulenz 345

—Ü—

Überlagerung, komplexe 173

—U—

Umrechnung, COLORREF nach FARBE 211
Umrechnung, HLS gegen RGB 214
Umrechnung, RGB und CMY 217
Umschließungsrechteck 283
Umvolumen, Datenstrukturen 53
unschaerfe, Beispiel 225

—V—

Variablentypen bei Transformationen 26
Vektor, geometrische Manipulationen 10
Vektor, Grundtransformation 12
Vektor, Scherung 15
Vektor, Skalierung 14
Vektor, speichersparende Beschreibung von 9
Vektoraddition 12
Vektorausgabegerät 164
Verdeckung, vollständige 307
Verdeckungsalgorithmen 160
Verdeckungsfunktion 306
Verdeckungsordnung, fehlerhafte 159
Video-Overlay 245
Virtuelle Realität
  Umgebungen 2
Virtuelle Realität, Grafiken, Beispiel 4
VR
  Umgebungen 2
VR-Bilder, Beispiel 4

—W—

Watt 303
Wechselwirkungen, Lichtstrahl mit Oberfläche 187
Welle, ebene elektrische 183
Wellengleichung 182
Wellengleichung, komplexe 184
Wellenlänge, Definition 184
Wellenzahl, Definition 184
Würfelpixel 315

—Z—

Zentralprojektion, homogene Matrix 35
z-Puffer Algorithmus 164
z-Puffer Algorithmus, Laufzeitverhalten 165
Zusammenhang MODELL und OBJEKT 49
Zylinderabbildung 327

SuperVGA

Einsatz und professionelle Programmierung

von Arthur Burda

1994. X, 506 Seiten mit Diskette. Gebunden.
ISBN 3-528-05402-6

Aus dem Inhalt: Hardwarenahe Grafikprogrammierung, die bekanntesten Chipsätze – VESA-Programmierung – Programmierung von HiColor- und TrueColor-Modi (16,7 Millionen Farben) – Fraktalgrafiken – TSR-Programmierung am Beispiel eines Bildschirmschoners – Grafikformate: PCX, GIF und TGA – Animationen – SuperVGA-Karten: Leistungsübersicht und -vergleich – Dokumentation von BIOS-Routinen – Grafikprogrammierung unter Windows.

Dieses Buch vermittelt dem Leser den „state of the art" zum Thema SuperVGA-Grafik. Der Leser wird Schritt für Schritt in die Programmierung der SuperVGA-Karten unter DOS und Windows anhand zahlreicher Beispielprogramme eingeführt. Angefangen mit der Programmierung der 16- und 256-Farben-Modi bis zum TrueColor-Modus mit 16,7 Millionen Farben wird die gesamte Palette der Möglichkeiten von SuperVGA-Karten vorgestellt. Als besonderer „Leckerbissen" befindet sich auf der Diskette zum Buch direkt einsetzbare Software, deren Entwicklung im Buch detailliert und mit ausführlich kommentierten Source-Codes in Pascal, Assembler und C beschrieben wird. So findet der Nutzer einen Bildschirmschoner mit VGA-Effekten, zahlreiche Fraktalgrafiken und eindrucksvolle Animationen. Eine detaillierte Dokumentation der VESA-Funktionen gehört ebenfalls zum Umfang dieses Buches.

Verlag Vieweg · Postfach 58 29 · 65048 Wiesbaden